नवीकरण का रास्ता:
तिब्बत की एक यात्रा

नवीकरण का रास्ताः

तिब्बत की एक यात्रा

डांग यिमिन

GYAN

प्रकाशित

1. 用胸膛行走西藏 :- द पीपुल्स लाइब्रेशन आर्मी लिटरेचर एण्ड आर्ट पब्लिशिंग हाऊस (चाइना भाषा में प्रकाशित सन् 2013)
2. Roads of Renewal: A Tibetan Journey:-ऑरोरा पब्लिशिंग एलएलसी, 215 यूनिवर्सिटी बूलिवर, नॉटिंघम, एनजी9 2जीजे (ब्रिटेन) (अंग्रेजी भाषा में प्रकाशित सन् 2015)
3. नवीकरण का रास्ताः तिब्बत की एक यात्राः- ज्ञान पब्लिशिंग हाऊस (हिन्दी भाषा में प्रकाशित सन् 2018)

नवीकरण का रास्ताः तिब्बत की एक यात्रा

ISBN: 978-81-212-1368-4

भारत में सन् 2018 में प्रकाशित
ज्ञान पब्लिशिंग हाऊस,
5, अंसारी रोड, दरियागंज,
नई दिल्ली-110002
Phone : 9811692060
ई-मेलः books@gyanbooks.com

मुद्रितः जी. प्रिंट प्रोसेस, दिल्ली

विषय–सूची

प्रस्तावना

एक सड़क के अंत से ही दूसरी सड़क शुरू होती है।

स्वर्ग की ओर जाने वाले कितने रास्ते हैं? स्वर्ग कितनी दूर है? यह सिर्फ धर्मनिष्ठ शिष्य ही जानते होंगे, मैं भी उनमें से एक हूँ। तिब्बत मेरा स्वर्ग है, मेरा मंदिर है। मैं तीस से भी ज्यादा बार तिब्बत जा चुका हूँ, और इसकी ओर जाती हर सड़क पर चला हूँ। कुछ सड़कों में तो कई बार चला हूँ, पर हर बार मैं एक नयी चीज अनुभव करता हूँ। शायद कुछ सड़कों से एक ही बार यात्रा करने का मौका मिला हो, लेकिन उन्होंने भी मेरे मस्तिष्क पर गहरा प्रभाव डाला है, जो मुझे हमेशा याद रहेगा।

सिचुआन–तिब्बत हाईवे और शिनजियांग–तिब्बत हाईवे की यात्राएँ सबसे अविस्मरणीय रहीं। यह दोनों हाईवे मानो तिब्बत की ओर अपनी बाँहें फैलाए हुए हैं, शान्ति, समृद्धि और सभ्यता की पुकार लगा रहे हैं, और अपनी ओर आने वाले हर यात्री का स्वागत कर रहे हैं।

यह दोनों रास्ते न सिर्फ तिब्बत में जाकर मिलते हैं, एक पूर्व दिशा में और दूसरा पश्चिम दिशा से तिब्बत में प्रवेश करता है, बल्कि इन दोनों हाईवे की सड़कें पूरे तिब्बत में फैली हुई हैं; 2004 की गर्मियों में बीजिंग पहुँचकर चालीस दिन बीमार रहने से पहले, मैंने पूरे तिब्बत की यात्रा अड़तीस दिनों में पूरी की। पर सबसे महत्वपूर्ण बात है कि "तिब्बत की जीवन रेखा" कहे जाने वाले इन दोनों हाईवे की रक्षा मेरे साथी हथियारबंद सैनिक कई सालों से कर रहे हैं।

शिनजियांग–तिब्बत हाईवे से यात्रा थकावट भरी होती है और सिचुआन–तिब्बत हाईवे की यात्रा बहुत खतरनाक होती है। शिनजियांग–तिब्बत हाईवे पर चलना किसी मांस के टुकड़े को तेज चाकू

से छिलने जैसा है, बल्कि सिचुआन–तिब्बत हाईवे पर चलना किसी जीवित मनुष्य के चाकू घोंपने जैसा है। शिनजियांग–तिब्बत हाईवे आपके शरीर पर बहुत धीरे–धीरे प्रभाव डालता है, आपको पता भी नहीं चलता। बल्कि भूस्खलन, हिमस्खलन, कीचड़, पत्थरों के तेज प्रवाह के कारण सिचुआन–तिब्बत हाईवे में आपकी जान भी जा सकती है।

मुझे तिब्बत में कई जानलेवा दुर्घटनाओं का सामना करना पड़ा। एक सत्रह साल का नया सैनिक एक परिवहन वाहन से चलते–चलते कूद गया, बर्फीली जमीन को छूने से पहले ही वह बेहोश हो गया और दोबारा कभी नहीं उठा। एक नौजवान पलटन लीडर ने "टाइगरस माउथ"(शेर के मुँह) नामक जगह में निर्माण–कार्य शुरू कियाय वह ड्रिल मशीन से खुदाई का काम कर रहे थे और मैं उनसे लगभग दस मीटर की दूरी पर उनका फिल्मांकन कर रहा था, तब अचानक एक भूस्खलन हुआ, और इससे पहले वह कुछ बोल पाते, वह अपने ही खून से लथपथ होकर जमीन में गिर गए। मेरे गृहनगर के एक सैनिक ने मेरे साथ ही पठार में प्रवेश किया था। हमने सवेरे बहुत बातें की, और दोपहर के वक्त वह अपने काफिले के साथ अशांत पुर्लांग त्सांग्पो नदी की ओर रवाना हुआ। उसने अपने पीछे बर्फीली वादियों में दो मकबरे और एक प्रेम कहानी छोड़ी, जिसे फिर कई बार दोहराया गया।

वह सब छोड़कर चले गए, और मैं आगे बढ़ा। मैं उन्हें बहुत याद करता हूँ। तिब्बत को भी बहुत याद करता हूँ, इसलिए बार–बार वापस खींचा चला जाता हूँ। हर बार तिब्बत की यात्रा के दौरान मुझे ऐसे लगता है जैसे मेरी आत्मा का शुद्धिकरण हो रहा हो। तिब्बत की ओर जाती पहाड़ी सड़कों में रखा हर कदम मुझे इन सड़कों का निर्माण करने वाले नौजवान सैनिकों की वीरता और बुलंद हौसले की याद दिलाता है।

यहाँ के हर पदचिन्हों के पीछे एक अनजान, भावुक कहानी छिपी हुई है। मैं बार–बार इन रास्तों पर चलने और इनकी कहानियाँ सुनाने की मेरी लालसा को रोक नहीं पता हूँ। इसलिए, मैंने यह किताब लिखी है।

दिसम्बर 2004 की पच्चीस तारीख को सिचुआन–तिब्बत हाईवे और किंघाई–तिब्बत हाईवे के यातायात के लिए पहली बार खुलने की पच्चास्वीं

सालगिरह है। मैं उस दिन से पहली ही इस किताब को प्रकाशित करना चाहता हूँ, यह किताब विश्व के दो सबसे बड़े हाईवे को समर्पित करना चाहता हूँ। मैं यह किताब उन वीर सैन्य टुकड़ियों को भेंट करना चाहता हूँ, जिन्होंने तिब्बत की सड़कों को यातायात के लिए खुला रखने के लिए कई बलिदान दिए, या अभी भी बलिदान दे रहे हैं; साथ ही यह किताब उन सैनिकों को भी समर्पित करना चाहता हूँ, जो अब बर्फीले पहाड़ों के नीचे सो रहे हैं! तिब्बत में रखा आपका हर कदम आपको वीर सैनिकों के जोश और साहस की याद दिलाएगा।

अगर आप तिब्बत आओगे, तो आपको ऐसे तीर्थयात्री भी मिल जाएंगे, जो बहुत दूर से पैदल चलकर आते हैं। वह यहाँ हर कदम पर पूरा लेटकर माथा टेकते हुए आगे बढ़ते हैं, और इस तरह ही ल्हासा की पावन धरती में पहुँचते हैं। कुछ लोग तिब्बत की सड़कों पर स्व–इच्छा से चलते हैं। मैं भी इन सड़कों पर स्व–इच्छा से ही पैदल चलता हूँ। लेकिन उन तीर्थयात्रियों से मुझे एक चीज अलग करती है कि उनका यात्रा करने का उद्देश्य धार्मिक होता है, बल्कि मैं मेरे मृत साथियों को श्रद्धांजलि अर्पित करना चाहता हूँ।

दोस्तों, चलो तिब्बत की सैर करें। मैं अपने दिल से काम लूँगा, लेकिन आप अपनी आँखों से काम लेना।

10 दिसम्बर, 2004

भाग – 1

स्वर्ग के रास्ते में कदम रखा

तिब्बत में जीवन और मृत्यु के बीच लगातार चलता संघर्ष सबसे ज्यादा प्रभावित करता है।

दक्षिण–पश्चिमी चीन के पहाड़ी इलाकों में एक हाईवे है, जिसे लोग "स्वर्ग का रास्ता" कहते हैं, यह सिचुआन–तिब्बत हाईवे है और तिब्बत के बर्फीले इलाकों की ओर जाता है। सिचुआन–तिब्बत हाईवे 1954 में बना था। यह पहाड़ी मैदानों में बनी सबसे लम्बी सड़क है। 1949 की आजादी के बाद इसे बनाने में बेहतरीन इंजीनियरिंग की आवश्यकता थी। इस सड़क की दक्षिणपश्चिम में तिब्बत की सुरक्षा में अहम भूमिका है और तिब्बत की अर्थव्यस्था में भी महत्वपूर्ण योगदान है। 2400 किलोमीटर लम्बी यह सड़क, सिचुआन में चिंगदू के पूर्व से शुरू होती है, समुद्र स्थल से 4000 किलोमीटर की ऊँचाई के 14 पहाड़ों से गुजरते हुए, 12 बड़ी नदियों और झीलों को पार करके, एक तिब्बती शहर ल्हासा के पश्चिम में जाकर खत्म होती है। पूरे साल इन रास्तों में ग्लेशियर देखने को मिलते हैं और बाढ़, भूस्खलन जैसे कई खतरों की भी संभावना रहती है। अक्सर दुर्घटनाओं में यह रास्ता बंद हो जाता है। जानलेवा हादसों में वाहनों और लोगों को नुक्सान होना बहुत आम बात है।

"स्वर्ग का रास्ता" के दो तरह के अर्थ हो सकते हैं। पहले अर्थ का सम्बन्ध, इस सड़क के समुद्रतल से 3 हजार किलोमीटर की ऊँचाई पर होने, से है; इस रास्ते पर चलना आसमान पर चलने जैसा है। इसका दूसरा अर्थ यह हो सकता है की इस सड़क पर चलना किसी दूसरी दुनिया पर चलने के बराबर है, जहाँ हमेशा किसी दुर्घटना के घटने का डर रहता है और ऐसा महसूस होता है जैसे किसी पश्चिमी स्वर्ग की ओर जा रहे हों।

मैं कई बार "स्वर्ग के रास्ते "पर चला हूँ। हर बारी मुझे यही लगा है जैसे मेरी आत्मा की शुद्धि हो रही है। मेरा शरीर और मस्तिष्क इस सफेद बर्फ को देखकर अचम्भे में होता है, जो पूरे धरती और आसमान को ढ क लेती है यह बर्फ बाहरी दुनिया से बिल्कुल अलग कर देती है।

मेरी आत्मा के दरवाजे मानो इन शुभ बादलों से शुद्ध होते हैं और मैं अपने–आप में बहुत आनंदित महसूस करता हूँ: मेरी सच्चाई और शुद्धता इतनी ऊँचाई पर इस सड़क पर नीले आसमान से मेल खाती है। यह मुझे ऐसा लगता है जैसे मैं तिब्बत का ही हूँ और सिचुआन–तिब्बत हाईवे से ही मेरा सम्बन्ध है। ऐसे हाईवे पर चलकर, जिसका भय और सुन्दरता से कोई मुकाबला नहीं, मैं तिब्बत के जीवन को महसूस करता हूँ। मेरा पूरा शरीर मानो इस प्रचंड सूरज के आगे पिघल जाता है, और मैं किसी पहाड़ी पत्थरों में बदल जाता हूँ, मुठ्ठी भर बर्फ में, ग्लेशियर के पता न चलने वाले पद्चिन्हों में, कंडर की चीखों में बदल जाता हूँ। इसी सड़क पर मुझे जीवन की कठोरता और मृत्यु की सरलता का पता चला। इसी सड़क पर मैंने दो बारी अपने साथियों को, बिना किसी आवाज करे, बर्फ में गिरते देखा, खून के पुल में गिरते देखा, और इन बर्फीली पहाड़ियों के नीचे हमेशा–हमेशा के लिए सोते देखा। ऐसी कोई और दूसरी सड़क नहीं होगी। इन सब के बावजूद मुझे अच्छा लगता है, अनगिनत स्मारकों का संग्रह, एक के बाद एक, जिन्हें कई महान व्यक्तियों ने बनवाया है। इन सब स्मारकों को देखकर ऐसा लगता है जैसे बर्फीली घाटी के बीच जैतून जैसे हरे रंग की छाया–आकृतियाँ बनी हों; मुझे सिचुआन–तिब्बत हाईवे का यही मुख्य रंग लगता है।

1

ऐतिहासिक पृष्ठभूमि

आजादी से पहले कोई हाईवे नहीं था और तिब्बत के 12 लाख किलोमीटर वर्ग के क्षेत्र में एक भी वाहन नहीं था। उस समय सामान ढ़ोने के लिए मुख्य जरिया घोड़े और मजदूर थे, बैल की चमड़ी से बनी नावों का भी उपयोग होता था। इस प्राचीन और खतरनाक रास्ते में कई लोगों और जानवरों की ठण्ड या भूख के कारण मृत्यु हुई। चेंगदू से ल्हासा के लिए जाने वाले रास्ते में, एक दिन में 30–40 किलोमीटर का सफर ही हो पाता था और पूरी यात्रा को लगभग एक साल लग जाता था। और उस साल में भी 5 महीने ही रास्ता साफ मिलता था, बाकी 7 महीनों में बारिश, बर्फ के कारण रास्ता बंद हो जाता था।

1930 की किताब "ऐ समरी ऑफ आल देयर टू नॉ अबाउट तिब्बत "में उस समय के तिब्बत के परिवहन की स्थिति का जिक्र है: "यह सब बिखरे हुए पत्थरों के बारे में हैं, इंसानों और जानवरों के रास्ते बंद हो गये हैं, यात्रियों की परेशानियों का कोई हल नहीं, और हालात को बयान करना बहुत मुश्किल है।" "हर कोई डर से कांप रहा है।" हालाँकि आजादी के दस साल बाद, तिब्बत ने 5648 किलोमीटर लम्बी सड़क बना ली और वाहनों की संख्या भी बढ़कर 1330 हो गयी।

जिबाईपो में माओ जेडोंग ने तिब्बत सेना भेजने का फैसला किया

फरवरी 1949 में, जिबाईपो के एक साधारण घर में, माओ जेडोंग ने

सोवियत संघ के राजदूत मिकोयन से कहाः "तिब्बत की समस्या का हल मुश्किल नहीं है।

हमें जल्दबाजी नहीं करनी चाहिए, क्यूँकि यहाँ दो समस्याएँ हैं। पहली समस्या है परिवहन, आर्मी को वहाँ पहुँचाना, और जरूरी सामान उपलब्ध करना। दूसरी समस्या है अल्पसंख्यक नागरिकता का सवाल..........."

यह बिलकुल साफ था की माओ जेडोंग ने अपनी नजर रहस्यमय तिब्बत में जमा रखी थी और वह तिब्बत से जुड़े कई महत्वपूर्ण और जटिल सवालों पर सोच–विचार रहे थे; इसके साथ ही वह तिब्बत के परिवहन की समस्या को भी समझ रहे थे।

अक्टूबर 1949 में, माओ जेडोंग ने देंग जिओपिंग को तार भेजाः "यूनान, ग्वीजोह, सिचुआन, जिकांग और तिब्बत में दूसरे क्षेत्र सेना–दल और अठारवीं टुकड़ी को मिलाकर सेना की संख्या 60000 है।" यह पीपल लिबरेशन आर्मी का विशेष दल था और माओ जेडोंग के तिब्बत को लेकर महत्वकांक्षाओं को बताता था।

चालीस दिन बाद, माओ ने पेंग देहुआई को तार भेजा, जो महासचिव थे और पहले क्षेत्र सेनादल के कमांडिंग अफसर थेः "तिब्बत की समस्याओं के विषय में,

कृपया उत्तर पश्चिम थिएटर में सभा के लिए पहुँचे.......हमें तिब्बत की समस्या का हल अगले साल बसंत या सर्दी से पहले निकालना है। इन हालातों में उत्तर पश्चिमी थिएटर की मुख्य जिम्मेदारी है और दक्षिण पश्चिमी थिएटर को इसमें सहायक भूमिका निभानी चाहिए। उत्तर पश्चिम में युद्ध से परिणाम की सम्भावना ज्यादा है और किंगहाई से तिब्बत को जाते हाईवे में यात्रा ज्यादा आसान है। तिब्बत की समस्या का हल वहाँ सेना भेजकर ही किया जा सकता है। हमें दोनों उत्तर पश्चिमी रास्ते और दक्षिण पश्चिमी रास्ते में सेना भेजनी चाहिए। जब दक्षिण पश्चिमी टुकड़ी सिचुआन, जिकांग को संभाल ले, फिर हम तिब्बत को अधिकार में लेना आरंभ करेंगे......"

उस समय उत्तर पश्चिम में कोई युद्ध नहीं था, और दक्षिण पश्चिम में सेना का काम वहाँ के डाकुओं को ही रोकना था। लगभग बीस दिनों बाद, मध्य–दिसम्बर 1949 में, माओ जेडोंग सोवियत संघ गए और उन्होंने रास्ते में दूसरी क्षेत्र टुकड़ी के कमांडर लिऊ बोचेंग, महासचिव देंग जिओपिंग, और दक्षिण पश्चिम टुकड़ी के कमांडर ही लॉन्ग को पत्र लिखा। उन्होंने पत्र में कहा: "तिब्बत को आजाद करने के इस नाजुक मौके को बनाने के लिए, हमें साम्राज्यवाद पर हमला करना होगा, विस्तारवादी सोचों पर हमला करना होगा, तिब्बती कोर्ट को मजबूर करना होगा की वह आन्तरिक बदलाव करे और हमारी सेना जितना जल्दी आक्रमण करेगी, उतना फायदा होगा। देर करने में हमारे लिए मुसीबतें हो सकती हैं।"

तीन दिसम्बर को, पेंग देहुआई ने माओ और सी.सी.पि. की केंद्रीय समिति को तार भेजा, जिसमें उन्होंने किंगहाई और शिनजियांग से तिब्बत को जाने वाले रास्तों की ओर मौसम की विस्तृत जानकारी भेजी। सिचुआन के कांगटिंग से आने वाली सेना की टुकड़ी दो रास्तों में बंट गयी। एक रास्ता लितांग और कमाई से होकर जाता है और दूसरा रास्ता गान्मु और चौनदू से होकर जाता है। इन दोनों रास्तों से तिब्बत में प्रवेश करना, शिनजियांग और किंगहाई से प्रवेश करने से आसान था।

दो दिन बाद, 2 जनवरी 1950 में, माओ जेडोंग ने मास्को से केंद्रीय समिति और पेंग देहुआई, देंग शियोपिंग, लिऊ बोचेंग और ही लॉन्ग को एक तार भेजा:

"तिब्बत की जनसंख्या कम है, लेकिन फिर भी यह अन्तराष्ट्रीय मंच में महत्वपूर्ण स्थिति में है।" "क्यूँकि किंगहाई या शिनजियांग से तिब्बत में प्रवेश करना बहुत कठिन था, सेना को इलाके में प्रवेश कराना और नियंत्रण करना दक्षिण पश्चिम ब्यूरो की जिम्मेदारी होनी चाहिए।" "अगर और कोई समस्या नहीं है, तो हमें इस साल के मई में ही तिब्बत में प्रवेश करना होगा। हमें कांगटिंग से दो रास्तों से जिकांग जाना होगा, जहाँ तिब्बत की सीमा है, एक रास्ता मोटर वाहनों के लिए और दूसरा बड़े वाहनों के लिए......"

इसके साथ ही माओ जिदोंग ने इस बात पर जोर डालाः "हमें सेना को आगे बढ़ने और सड़क बनाने के निर्देश देने चाहिए ."माओ जिदोंग ने हिदायत दी, तिब्बत प्रवेश करने का कार्य दूसरी क्षेत्र कंपनी की अठारवीं टुकड़ी को दिया जायें और अठारवीं टुकड़ी के कमांडर झांग गुओहो अपनी टुकड़ी को नियंत्रित करें। वह तिब्बत के इस अभियान और जंगी–कार्यवाही में होने वाली कठिनाइयों के लिए तैयारी करें और योजनाएं बनाए।

तिब्बत में प्रवेश करने वाली सेना को सामान और खाना पहुँचाने के लिए, दक्षिण पश्चिमी कंपनी के दक्षिण पश्चिमी ब्यूरो ने अतिरिक्त सहायता पहुँचाने के लिए नीति बनायीः "आप जब तक सोच–समझकर काम करेंगे, आपके पास तब तक आपकी जरुरत के अनुसार सारा सामान होगा।" उन्होंने यह भी निर्णय किया की "हाईवे के निर्माण कार्य में और इसे तेजी से करने में होने वाले खर्च की कोई रोक नहीं है और इसमें आने वाली हर कठिनाई का सामना करना होगा।" दस दिन बाद माओ ने सेना को तिब्बत में प्रवेश करने के आदेश जारी किये, दूसरी क्षेत्र कंपनी ने अपनी हर टुकड़ी को निर्देश दिए "पूरे स्टाफ को, सभी उपकरणों को और सभी तरीकों को उपयोग में लाया जाए, " जब अठारवीं सेना की टुकड़ी तिब्बत प्रवेश करे।

15 जनवरी के दिन, अठारवीं सेना की टुकड़ी को तैनात करने के लिए होती सभा में देंग शियोपिंग ने कहा "तिब्बत को आजाद करने के लिए सेना की पूरी क्षमता की जरुरत है, लेकिन सरकार सेना की ताकत से ज्यादा जरूरी है। इतिहास में पहले भी कई बार तिब्बत में आक्रमण किया गया, लेकिन समस्या का हल नहीं निकला; जो आक्रमण सफल रहे, उनके पीछे सेना की ताकत और सरकार का मिलकर समस्या को हल करने में योगदान था। हमें हाईवे के निर्माण की समस्या का हल करना होगा।" लिऊ बोचेंग ने इस बात पर जोर डाला की "जब हम आगे बढ़े, तो सड़क के निर्माण पर ज्यादा ध्यान हो। ऐसा करने पर, हमारी इस इलाके पर पकड़ मजबूत होगी। अगर हम तिब्बत का निर्माण अच्छे से करेंगे, तो हमें इसकी रक्षा करने में भी सहायता होगी।"

जब लिऊ बोचेंग ने चेन मिंगयी, जो अठारवीं सेना की टुकड़ी के मुखिया थे, की रिपोर्ट पढ़ी, तो उन्होंने एक बार और कहाः "हमें सुनिश्चित

करना होगा की तिब्बत की आजादी शांतिपूर्ण हो। समस्या के सबसे बड़ी जड़ परिवहन है। अगर देखा जाए, तो सड़क बनाना और यातायात के लिए एक अच्छा साधन बनाना, युद्ध छेड़ने से ज्यादा जरूरी है। इसका मतलब है तिब्बत के सरकारी आधारिक सरंचना से आजादी सेना के बल से ज्यादा महत्वपूर्ण है, और निर्माण, मरम्मत का कार्य युद्ध लड़ने से ज्यादा महत्वपूर्ण है।"

अठारवीं टुकड़ी के तिब्बत की तरफ बढ़ने के मौके पर, लिऊ बोचेंग और देंग जियोपिंग ने केंद्रीय समिति को "यूनान, किंगहाई, शिनजियांग और सिचुआन के अलग–अलग रास्तों से तिब्बत में प्रवेश करने का सुझाव" समझाया। इस तरह से वह हर तरफ से आक्रमण कर पाते और समन पहुँचाने, और क्षेत्र के अलग–अलग समस्याएँ सुलझा पाते। माओ जेडोंग ने बिना किसी हिचकिचाहट इस सुझाव को मान लिया। तिब्बत की ओर बढ़ने के फिर आदेश दे दिए।

पहली चाल दक्षिणपश्चिमी रास्ते में चली गयी। दक्षिणपश्चिमी सेना ने अठारवीं सेना से तीन रेजिमेंट को एकत्रित किया, इंजिनियर कोर्प से तकनीशियनों की दो ब्रिगेड, और यगान इंजीनियरिंग विभाग को भी एकत्रित किया। इसके साथ हजारों मजदूर और भी थे। 25 मार्च 1950 को, सेना ने शपथ ली और चेंगडु से "सड़क का निर्माण करना और आगे बढ़ना" प्रारंभ किया। 10 अप्रैल को, सेना ने चेंगडु–या'आन हाईवे पूरा किया और अपना आगे बढ़ना जारी रखा। पहली सेना कंपनी, जिसमें आठ हजार मजदूर थे, ने जो सड़क बनायीं, उससे मई के मध्य में किंगहाई में तैनात सेना ने शिनिंग पार कर के तिब्बत में प्रवेश किया...... मई के अंत में, एक सेना की टुकड़ी जिसमें दो हजार ऊँट सवार थे और आठ हजार मजदूर थे, ने शिनजियांग पर करके तियांपुओलो में कदम रखा और वहाँ से तिब्बत के लिए सड़क बनायीं।

अगस्त के प्रारंभ में चौदहवीं टुकड़ी के कई सैनिक, जो तिब्बत यूनिट के भी हिस्सा थे, ने तीन हजार घोड़ों के साथ यूनान से तिब्बत की ओर जाती सड़क बनाना प्रारंभ किया।

अक्टूबर में चान्दु में युद्ध की चीखें गूंज उठी। 19 अक्टूबर को चान्दु आजाद हो गया और तिब्बत की आजादी के लिए एक नयी सड़क और बनायी गयी। 27 फरवरी 1951 में, दलाई लामा ने केंद्रीय समिति को संदेश भेजा, जिसमें उन्होंने कहा की तिब्बत की सरकार ने नगाफोड नगाग जिग्समेड को उनकी तरफ से समझौता करने राजधानी भेजा है। 23 मई को चीन की राजधानी में सेंट्रल पीपल की सरकार ने तिब्बत की सरकार से एक समझौता किया, "तिब्बत की शांतिपूर्वक आजादी के लिए किया गया समझौता।"

ही लॉन्ग ने दक्षिणी रास्तों पर बढ़ने का फैसला किया; इसमें अंतिम निर्णय माओ ने लिया

उस समय सिचुआन–तिब्बत हाईवे सभी रास्तों में में सबसे अविश्वसनीय था, जिसमें बहुत सारे लोग शामिल थे (तिब्बती और हान जैसी कई नागरिकता के 1, 00, 000 सैनिक)। सिचुआन–तिब्बत हाईवे ने ही तिब्बत की आजादी में सबसे महत्वपूर्ण भूमिका निभाई। इसके सिचुआन–तिब्बत हाईवे का निर्माण के इतना मुश्किल होने के पीछे चार कारण है। पहला, इस इलाके की कोई भरोसेमंद भूवैज्ञानिक जानकारी उपलब्ध नहीं थी। दूसरा, यहाँ ऊँचे–ऊँचे पहाड़ थे और सड़क बहुत खतरनाक थी; इस रास्ते के बीच चौदह पहाड़ थे जिनकी ऊँचाई समुद्र तल से 3000 से 4000 मीटर की थी। इस पूरे रास्ते में कई खड्डे थे, कई उतार थे और पहाड़ों के ऊपर की हवा भी बहुत पतली थी। पूरे साल बर्फ गिरती थी और रात को तापमान शून्य से घटकर तीस डिग्री पहुँच जाता था। तीसरा, यह रास्ता घने जंगलों, घास के मैदानों और कई दलदली इलाकों से होकर गुजरता था। यहाँ खाने–पीने क़ा और अन्य जरूरी सामान पहुँचाना बहुत मुश्किल था। चौथा, यह रास्ता सेनोजोइक युग के कई इलाकों से होकर गुजरता था, जो इतिहास में हमेशा अछूता रहा। बर्फ, चट्टानों, दलदल के बहने जैसी प्राकृतिक आपदाएँ बहुत आम बात थी।

ल्हासा के लिए उपयुक्त रास्ता चुनने के लिए, सड़क के निर्माण कार्य में सैनिक परीक्षण कि, एक के बाद एक, दस टीम लगायी गई। इनका मिशन ऊँचे, बर्फीले पहाड़ों की चोटी तक और बर्फीली घाटियों तक

पहुँचना था। उनमें से एक टीम ने 6000 किलोमीटर का रास्ता पार किया और 200 से भी ज्यादा पहाड़ों की चढ़ाई करी। इस कार्य में उन्हें एक साल लग गया, जिसके बाद वह अपने सेना–दल के पास वापस पहुँचे।

पहाड़ी रास्तों और घने जंगलों में उनका कई महीनों तक अपने कमांडर से सम्पर्क न हो पाया। उनके साथियों ने सोचा की वह मर गये हैं। पर जब वो वापस आये, उनकी दाढ़ी बढ़ी हुई थी, उनके कपड़े फटे हुए थे, उनके बाल लम्बे और बिखरे हुए थे और वह भूरे रंग के, इतने दुर्बल लग रहे थे की किसी ने भी उन्हें नहीं पहचाना। काफी देर की भ्रान्ति के बाद उनके साथियों ने उन्हें पहचाना और वहाँ खुशी के आंसू थे। रैंग मिन्दे, जोकि सड़क निर्माण कार्य के मुख्यालय के सचिव थे, ने दक्षिणी इलाके को एक बारी और जाँचने के लिए दस तकनीशियन और एक ट्रांसमीटर–रिसीवर का प्रबंध किया। उन्होंने बहुत सारी जानकारी एकत्रित करी।

इतने सैनिक परीक्षण के बाद, इंजिनियरियों और तकनीशियनों ने ल्हासा के लिए दो रास्ते ढूँढें। पहला उत्तरी रास्ता था, जोकि चान्दु से शुरू होकर, दिन्गिंग, सुओक्शिअन काउंटी और हेइहे से होकर, ल्हासा की ओर जाता है। यहाँ के पहाड़ तुलनात्मक समतल थे, और समुद्रतल से कई ज्यादा ऊँचाई पर भी थे, और सर्दियों में बर्फबारी से रास्ता बंद होने की सम्भावना भी कम थी। दूसरा दक्षिणी रास्ता था, जोकि चान्दु से शुरू होकर, बांगडा, बोमी, और लिंज्हा से होकर, ल्हासा को जाता था। यह रास्ता ऊँचाई में कम था, यहाँ जंगल ज्यादा थे और मौसम भी बेहतर था। लेकिन भौगोलिक और भूगर्भीय स्थिति ज्यादा पेचीदा थी। ग्लेशियर, चट्टानों और जमीन का फिसलना ज्यादा आम बात थी।

कौन सा रास्ता ज्यादा बेहतर था ? उत्तरी रास्ता और दक्षिणी रास्ता? मुख्यालय के लिए यह निर्णय करना बहुत मुश्किल हो रहा था। दिसम्बर 1953 के प्रारंभ में, ही लॉन्ग और लिऊ बोचेंग को रिपोर्ट देने के लिए, चेन मिन्यी, जोकि सड़क निर्माण कार्य के मुख्यालय के सचिव थे, और रेंग मिन्दे एक तकनीशियनों की टीम को लेकर चोंगकिन गया। उन्होंने नक्शा

निकाला और दक्षिणी और उत्तरी रास्तों के नुकसानों और फायदों का सारांश तैयार किया। ही लॉन्ग ने ध्यान से सुना और अपनी आँखें नक्शे पर जमाए रखी, जैसे उन्होंने युद्ध में जमाए रखी थी। वह काफी देर तक अपने ख्यालों में खोये रहे और फिर आखिरकार अपने हाथों में लाल कलम पकड़कर नक्शे के दक्षिणी रास्ते में लकीर खींची और कहाः "हम दक्षिणी रास्ते को चुनेंगे !"

उसके बाद ही लॉन्ग ने संक्षिप्त में अपने विचार समझाए। उन्होंने पहली चीज बताई की दक्षिणी रास्ते का तापमान सामान्य है और ऊँचाई भी कम है। तिब्बत के पहाड़ी मैदानों में, यह एक महत्वपूर्ण लाभ था। दूसरी, दक्षिणी रास्ते जंगलों, घास के मैदानों, नदियों, और कई उपजाऊ जमीनों से होकर गुजरता है। यहाँ उन्हें सड़क बनाने के लिए न सिर्फ लकड़ियाँ मिलती, बल्कि पत्थर और अन्य सड़क–निर्माण के उपयोग में आने वाली चीजें भी मिलती। इसके साथ ही वहाँ पहाड़ी मैदानों की जौ मिलती, मवेशी, फल, ईंधन और कई तरह के और सामान भी मिलते। सबसे ज्यादा जरूरी था वहाँ संसाधनों का बहुताय में होना, और एक ऐसा क्षेत्र जिसका आर्थिक महत्त्व था, उससे भविष्य के तिब्बत के निर्माण में मदद मिलती। यह रास्ता तिब्बत के लोगों को लम्बे समय तक फायदा पहुँचाता।

लिऊ बोचेंग ने कहाः "मैं अपने पुराने साथी ही के साथ सहमत हूँ। अपनी रिपोर्ट को जितना जल्दी हो सके, केंद्रीय समिति तक पहुँचाओ ! मुझे लगता है वो इसे निश्चित रूप से मंजूरी देंगे !"अगले ही दिन, रैंग मिन्दे हवाई यात्रा से बीजिंग पहुँचे। वह सबसे पहले ट्रांसपोर्ट यूनिट गए और उन्होंने अपनी रिपोर्ट वैंग शौदो को दी, और फिर वह वैंग के साथ पेंग देहुआई के घर गये। रिपोर्ट के बारे में सुनने पर पैंग ने खुशी से कहा "मैं दक्षिणी रास्ते को अपनी तरफ से सहमति देता हूँ !"उन्होंने फिर देंग जिओपिंग को फोन किया और देंग ने भी अपनी तरफ से सहमति दे दी।

नए साल के दिन रात्री को, रैंग मिन्दे, पेंग देहुआई और वैंग शौदो, झोंगननहाई के हुआइरीन हाल पहुँचे, और उन्होंने केंद्रीय समिति के द्वारा

आयोजित कीस्प्रिंग फेस्टिवल में माओ जेडोंग को अपनी रिपोर्ट सौंपी। जब माओ जेडोंग ने उनको सुना और उनके दक्षिणी रास्ते से आगे बढ़ने के सुझाव को पढ़ा, फिर उन्होंने अकेले में पेंग देहुआई से पूछाः "इस सुझाव की बुनियाद क्या है?"

पेंग देहुआई ने कहाः" मेरे साथी रैंग मिन्दे ने खुद एक सैनिक–परीक्षण दल का नेतृत्व किया और जगह का अन्वेषण किया।" माओ फूट–फूट कर हंसने लगे और रैंग मिन्दे से कहा "अद्‌भुत, तुमने उन जंगलों का खुद भी मजा लिया!" फिर उन्होंने रिपोर्ट में पाँच बड़े शब्द लिखेः "मुझे यह सुझाव मंजूर है" फिर उन्होंने कहा, "इस कार्य को तुम अपनी समझ के अनुसार करो!" और इस तरह दुनिया की सबसे मशहूर सड़क का अस्तित्व रखा गया और यह 1953 के नए साल के दिन हुआ।

माओ जेडोंग के चौसठवें जन्मदिन के मौके पर, पीपल्स लिबरेशन आर्मी ने ल्हासा की ओर जाने वाले रास्ते का निर्माण पूरा किया

25 दिसम्बर, 1954 को जश्न मनाने का दिन था। उस दिन सिचुआन–तिब्बत हाईवे और किंगहाई–तिब्बत हाईवे आम–जनता के लिए खोले गये। ल्हासा में, सिचुआन के या'आन में, और किंगहाई के जिनिंग में, इन दो रास्तों के लिए जश्न मनाने के लिए, बड़ी भीड़ जुटी थी। उस दिन ल्हासा के पवित्र शहर में आसमान बहुत प्रज्वलित था। हर तिब्बती नागरिक ने लाल झंडे फहराये; रंग–बिरंगे ध्वज–पट्ट लगाए गये और गलियों के दोनों तरफ से फहराए गये। पोटाला महल के पास 30, 000 की भीड़ इकट्ठा हुई, भीड़ ने अपने परंपरागत कपड़े डाले हुए थे। वह लोग जिन पर दो सड़कों के निर्माण की जिम्मेदारी थी, चौन मिन्यी, रैंग मिन्दे और मू शेंघ्जोंग ने अफसरों और रोड बिल्डिंग कोर्प के आदमियों का अभिवादन किया और उन्हें बधाई दी। कमांडर झांग गुओहो, तिब्बती सरकार का प्रतिधिनित्व करने वाले कई अफसरों के साथ, रंगीन दीवार के नीचे आए, और लाल रिबन काटा। वह अपने रंगीन वाहन के ऊपर किसी राजा की तरह बैठे और उसके पास माओ जेडोंग का एक बड़ा चित्र था। वह एक बड़े, ड्रैगन जैसे घुड़सवार–दल का नेतृत्व करते आगे बड़ा। वह पोटाला महल की ओर धीरे–धीरे आगे बढ़ते रहे। सेना की संगीत मण्डली

और ल्हासा के तीन बड़े मंदिरों से आए ड्रम बजाने वालों, ने संगीत बजाना शुरू किया और तालियों, पटाखों का शोर भी साथ में मिल गया। लोग ने जोर से चिल्लायेः

"चीनी कम्युनिस्ट पार्टी जिंदाबाद !"

"अध्यक्ष माओ जिंदाबाद !"

तिब्बती लोगों की भीड़ माओ जेडोंग के पोस्टर में हदास बांधने के लिए आपस में लड़ने लगी और फिर उस पोस्टर को उनके बीच से जाते हुए रंगीन वहाँ में रख दिया। उस दिन शिनुआ न्यूज एजेंसी ने ल्हासा, या'आन, शिनिंग, में सभाएँ सम्बोधित की और 'सिचुआन–तिब्बत हाईवे और किन्शाई–तिब्बत हाईवे' उनका विषय था। उन्होंने पूरी दुनिया को यह खबर सुनाई। दलाई लामा ने सड़कों का निर्माण करने वाली सेना को बधाई का तार भेजा। उन्होंने तार में लिखाः "यह महान और अनोखी उपलब्धि न सिर्फ बेमिसाल है, पर इस बात का भी संकेत है की अध्यक्ष माओ का चमत्कारी प्रभाव पूरे तिब्बत में सफलतापूर्वक फैला है। यह उपलब्धि तिब्बती और हान लोगों के संबंधों को मजबूत करने और बढ़ाने में मदद करेगी। और इसके साथ तिब्बत की अर्थव्यवस्था और संस्कृति को भी बढ़ावा देने का काम करेगी। मैं दिल से महान अध्यक्ष माओ का आदर करता हूँ, उनका धन्यवाद करता हूँ, उन्हें बधाई देता हूँ और अपना आभार प्रकट करता हूँ।"

उस दिन, झोंगनन्हाई का स्टाफ माओ जेडोंग के चौसठवें जन्मदिन की तैयारियाँ कर रहा था। सूर्य की चमक तेज थी। जब माओ ने यह खबर सुनी की तिब्बत के लिए दो रास्तों को सफलतापूर्वक आम नागरिकों के लिए खोल दिया है, वह आँगन में रतान कुर्सी में बैठे अखबार पढ़ रहे थे। वह बहुत खुश हुए, और अपने पैरों पर खड़े हो गये, अपने अध्ययन कक्ष में गए, और अपने बड़े डेस्क में, जोकि बाद में उनके ऊपर आधारित फिल्म में दिखाया जाएगा, कुछ पंक्तियाँ लिखीः

"किंगहाई–तिब्बत और कांग–तिब्बत हाईवे के खुलने पर बधाई। हमें नागरिकों की एकजुटता को मजबूत करना है और दृढ़ता से अपनी मातृभूमि का निर्माण करना है!"

अध्याय – 2

संस्मरण के टुकड़े

जब सिचुआन–तिब्बत को आम–लोगों के लिए खोला गया, पी.एल.ऐ. ने 1959 को तिब्बत के विद्रोह को कुचल दिया। इस सड़क ने सामाजिक एकजुटता में, अर्थव्यवस्था को बढ़ाने में, और तिब्बत में स्थिरता के लिए अहम भूमिका निभाई। मगर तब से अब तक पचास साल में, विचित्र भूगर्भीय और मौसम की स्थिति के कारण, सिचुआन–तिब्बत हाईवे में कई प्राकृतिक आपदाएँ हुई हैं। अब तक दस बड़े हादसे इतिहास में दर्ज हो चुके हैं: 1953 में बिंगचुआन के प्राचीन शहर में बड़ा भूस्खलन हुआ, जिसमें दर्जनों जंगल बर्बाद हो गये। पुल टूट गये, और सड़कें बर्बाद हो गयी। 1967 के चान्द्र–वर्ष के बारहवें महीने में, एक 2000 मीटर वर्ग चौड़ा भूस्खलन हुआ। इसने सड़क की बुनियाद को तबाह कर दिया, नदियों का रास्ता भी बंद कर दिया और दो साल से सड़क से यातायात रोक दिया। 1988 की गर्मियों में मिदुई झील का एक ग्लेशियर पिघल गया, और बर्फ, चट्टानें, पानी में बह गयी, और उनके साथ तेज हवा का बहाव भी था। इस बहाव में, दिपालोंग के प्राकृतिक बैरियर में पहुँचने तक, 200 किलोमीटर की सड़क बर्बाद हो गयी। सिचुआन–तिब्बत हाईवे को पहले से ही नुकसान पहुँचा था, लेकिन ग्लेशियर से टकराने के बाद पूरी तरह डूब गया और बिलकुल असक्षम हो गया, और दो साल के लिए यह सड़क बंद हो गयी। 1989 में, एला पहाड़ के पास गामा घाटी में बहुत बड़ा भूस्खलन हुआ। इसमें 6 पुल टूटकर बह गये, और 20 किलोमीटर लम्बी सड़क खराब हो गयी। 27 सितम्बर 1990 को, सड़क का यह भाग भारी बारिश

में और बर्बाद हो गया। सैंकड़ों जगह भूस्खलन में, 25 पुल और बड़े नाले बर्बाद हो गये।

सिचुआन–तिब्बत हाईवे काफी बर्बाद हो गया, हर साल सिर्फ 6 महीनों के लिए ही खुला होता था। इस राष्ट्रीय हाईवे को फिर से बहाल करने के लिए, सरकार ने इस हाईवे के कुछ महत्वपूर्ण हिस्सों को ठीक करने के लिए कई दशकों में कई प्रयास किये। लेकिन उनके सारे प्रयास असफल रहे। 1990 तक सरकार ने सिचुआन–तिब्बत हाईवे पर बड़े पैमाने में सुधार कार्य की कोशिश की। इस कार्य में उनका शुरूआती खर्च सौ करोड़ युआन था, जो धीरे–धीरे बढ़ता चला गया। ऊपर से आदेश मिलने पर हथियारबंद सेना का एक दल किंगहाई–तिब्बत हाईवे के निर्माण–स्थल को छोड़कर सिचुआन–तिब्बत हाईवे के लिए रवाना हो गया। उन्होंने सिचुआन–तिब्बत हाईवे का सुधार–कार्य और सड़क के सबसे खराब हिस्सों पर काम करना शुरू किया।

उसके बाद उन सैनिकों ने, जिन्होंने जैतूनी हरे रंग के कपड़े पहन रखे थे, सिचुआन–तिब्बत हाईवे पर कई तरह की रुकावटों, हिमस्खलन, भूस्खलन से संघर्ष किया। उन्होंने अपने खून के धब्बे, अपने पीछे कई कहानियाँ, और हाईवे पर अपनी राज–भक्ति की कहानियाँ छोड़ी। सिचुआन–तिब्बत हाईवे की बहुत सारी कहानियाँ है। हालाँकि दस साल के करीब वक्त बीत चुका है, लेकिन यादों के कुछ अंश अभी–भी मेरे स्मरण में है। यह यादें बड़ी कोमलता से मेरे अचेतन मस्तिष्क में लिखी गयी हैं, और बहुत कष्टदायक हैं।

एक बांस का बना डंडा और तीन कब्र

मैं अक्सर उस बांस के डंडे के बारे में सोचता हूँ। उस डंडे का मालिक एक सैनिक था, और उसका नाम पैन जूलोंग था। वह दस साल पहले रिटायर हो गया था। मैंने पहली बार पैन जूलोंग को देखा था, जब उसकी सेना में नई–नई भर्ती हुई थी। उसकी चमकदार, युवा आँखों ने मुझ पर गहरा प्रभाव छोड़ा था। फिर दूसरी बार मैंने उसे तीन साल बाद देखा। खेदपूर्वक मैंने उसकी आँखों में फिर वो चमक नहीं देखी।

उसने धूप का चश्मा पहना हुआ था, और उसके हाथों में बांस का एक डंडा था। मैंने उसे बिलकुल नहीं पहचाना। मैंने तिब्बत के बहुत सारे सैनिकों को देखा है, और उनमें से कई सैनिकों का चेहरा मुझे अच्छे से याद नहीं। मैंने मेरे साथ खड़े व्यक्ति से पूछा की यह सैनिक किस स्क्वाड्रन का है, और इसने चश्मा क्यों पहना है– बड़ा ही बेढंगा है! उस व्यक्ति ने मुझे बताया की यह पैन जूलोंग है, और निर्माण–स्थल में होने वाले धमाके में इसकी आँखों को काफी नुक्सान पहुँचा; वह अँधा था। मैं निस्तब्ध हो गया, और बड़ी देर तक कुछ नहीं बोला। इतने सालों के बाद मिलने पर, अब वह नेत्रहीन था। मुझे यह सब बहुत बुरा लगा, मैं उसके पास जाना चाहता था, उससे हाथ मिलाना चाहता था, और उससे कुछ कहना चाहता था। मुझे उसके गले लगने की भी इच्छा थी। पर मेरे पाँव जमीन पर ही चिपके रह गये, मैं हिल ही नहीं पाया। मैं उससे क्या कहता? मैं उसे परेशान नहीं करना चाहता था, उसको इस हालत में देखकर जो मुझे दुःख हुआ, उसे प्रकट नहीं करना चाहता था।

मैं उसे चुपचाप देखता रहा, और वो मेरी आँखों के सामने से ओझल हो गया। उसके बांस के डंडे की फर्श से टकराने की आवाज आ रही थी, उसके साथ ही मेरे आंसू बहने लगे और मेरा दिल टूट गया। जिंदगी भर के लिए अँधेरा ही उसका साथी बन गया। वह अभी बीस वर्ष का ही था! उसके सामने उसकी पूरी जिन्दगी पड़ी थी, और अब वह बांस का डंडा ही उसकी आँखें थी। मैंने उसे उसके बाद नहीं देखा। उसके और भी कई साथियों ने भी उन पहाड़ों में बहुत दुःख झेले और उनमें से कई अपाहिज हो गये। फिर वह, और उसके कई साथी अपने–अपने घरों में चले गये, जहाँ उनका जन्म हुआ, पले बड़े। सिचुआन–तिब्बत हाईवे में एक इंसान की जिन्दगी कितनी नाजुक है।

बारह साल पहले, सिचुआन–तिब्बत हाईवे के कपूर के वृक्षों वाले जंगलों में सेना की एक टुकड़ी तैनात की गयी, उनका काम सुनिश्चित करना था की "तीन सौ मीटर लम्बी मौत की सड़क" खुली रहे। एक दिन, उस पलटन का लीडर निर्माण–स्थल में रेत और पत्थर से लदे तीन वाहनों को लेकर जा रहा था। पहाड़ों के ऊपर बनी वह सड़क उबड़–खाबड़

थी और 30 किलोमीटर लम्बी थी। वह सड़क समुद्र–तल से एक हजार मीटर की ऊँचाई पर थी, और उसकी चौड़ाई बहुत कम थी। वहाँ ज्यादातर जगहों से सिर्फ एक वाहन ही गुजर सकता था। इसलिए उस सड़क में दूसरी ओर से आने वाले वाहनों को चेतावनी देने के लिए बार–बार हॉर्न बजाना होता था। जब दो वाहन एक–दूसरे के आमने–सामने हों, तो वहाँ से गुजरने के लिए कोई जगह नहीं बचती थी। हॉर्न की आवाज सुनकर दूसरे वाहन को कोई चौड़ी जगह ढूँढनी पड़ती थी, और वाहन के गुजरने का इंतजार करना पड़ता था। उस पहाड़ी घाटी में घना कोहरा था, और सामने सिर्फ 5 मीटर तक का ही दिख रहा था। पलटन का लीडर सड़क के खतरों को लेकर काफी घबराया हुआ था, इसलिए सबसे आगे चलने वाले वाहन में वह खुद था। उसने स्क्वाड लीडर सू जिहाओ को बीच का वाहन दिया था, और उसके पीछे एक ओर वाहन था। सू जिहाओ के साथ उसके वाहन में दो और सैनिक थे।

और उस दिन सू जिहाओ का उन्नीसवां जन्मदिन था। उन्हें अपने रास्ते में तूफान का सामना करना पड़ा। जब वह अपने स्क्वाड्रन के पास पहुँचे, तो स्क्वाड्रन लीडर ने पाया कि सू जिहाओ का वाहन वहाँ नहीं था। उसके आगे का वाहन और पीछे का वाहन दोनों पहुँच गये, लेकिन सू जिहाओ के वाहन का कोई पता नहीं था। इतनी तंग सड़क में वो कहाँ जा सकता था? क्या वो वहाँ से उड़ गया था? स्क्वाड्रन लीडर बहुत चिंतित था, और उसने सैनिकों को शीघ्र ही वहाँ के घास के मैदानों में ढूँढने का आदेश दिया। उन्होंने खाद्य भण्डार तक सारे रास्ते में देखा, लेकिन सू जिहाओ के वाहन का कोई निशान नहीं था। वह फिर दूसरी बार उसे देखने गये। उन्होंने इस बार ध्यानपूर्वक ढूँढा। जब वह एक कड़ी चत्तान में पहुँचे, उन्हें सड़क के किनारे एक पहिया मिला। स्क्वाड्रन लीडर ने रस्सी का एक सिरा पहिये से बाँधा, दूसरा सिरे से अपनी कमर को लपेटकर बाँधा और उस चट्टान से नीचे उतरने लगा। वह थोड़ा नीचे उतरा, और उसे एक चट्टान में खून के धब्बे मिले। उसका सर एकदम चकरा गया, जैसे वह खुद ही गिर गया हो।

वाहन के कुछ टुकड़े नीचे घाटी में नदी किनारे पर थे। स्क्वाड्रन लीडर ने दो सैनिकों के शवों को भी नीचे देखा। उसे सू जिहाओ का शव कभी नहीं मिला। उसके साथियों ने सू जिहाओ का एक मकबरा तैयार किया, जिसे एक शहीद की कब्र की तरह बनाया गया। उसके बाद, सेना का एक कवि उस कब्र में पहुँचा, और उसने यह दुखभरी कहानी सुनी। उसने सू जिहाओ के कब्र के सामने खड़े होकर यह कविता लिखीः

तुमने यह सड़क बनायी, ताकि दूसरे लोग इसका इस्तेमाल कर सकें, और अपने घर जा सकें, लेकिन तुम खुद तिब्बत से बहुत दूर यहाँ नीचे सो गये। क्या तुम्हारा कोई संबंध इस रास्ते से है, या इस रास्ते का कोई संबंध तुमसे है?

आखिरी दृश्य

यह घटना कोई दस साल पहले की है। राजनितिक प्रशिक्षक ली जिंग्वेन ने मुझे कहा की स्क्वाड्रन लीडर जो परिवीक्षा में है, ली वेइफांग बहुत साहसी था। उसने मुझे यह कैमरा में शूट करने की इजाजत दी। ली वेफांग की पदोन्नति हुई थी। उन्होंने इसकी घोषणा करने के लिए ली वेफांग के निर्माण–स्थल से आने तक इंतजार किया। वहाँ पर पाँच या छह सैनिक हवा में फायरिंग करके अभ्यास कर रहे थे, उनके चेहरों पर धूल लगी हुई थी और मैं पहचान नहीं पा रहा था की इनमें से ली वेफांग कौन है।

राजनीतिक प्रशिक्षक ली ने सबसे आगे खड़े लम्बे आदमी की तरफ इशारा किया और उसे ली वेफांग बताया। वह पूरे दिन में तीन स्क्वाड की अगुवाई कर चुका था, और उसने दोपहर का खाना भी नहीं खाया। मैंने अपनी घड़ी में देखा की दोपहर के चार बज गये थे। मैंने मिस्टर ली से पूछा कि ली वेफांग को अभी तक क्यूँ नहीं बुलाया। प्रशिक्षक ली ने मुझे बताया कि उन्होंने काफी बार कोशिश करी, लेकिन वह नहीं आया। ली वेफांग ने यह संदेश दिया है कि हवा का बहाव तेज है, अगर वह वहाँ नजर रखने के लिए नहीं होगा तो उसके सैनिक मुश्किल में पड़ सकते हैं। हवा और धूल उस दिन बहुत थी। अगर आप अपने होठों को बंद कर लो,

तो धूल फिर भी आपके मुँह तक पहुँच सकती थी। पहाड़ से लगातार चट्टानों के टुकड़े और रेतीली मिटटी गिर रही थी। ली जिंग्वेन ने मुझे सुरक्षा के लिए एक हेलमेट दिया। मैंने उसे पहना ही था कि एक मेरी मुठ्ठी जितना बड़ा चट्टान का टुकड़ा मेरे ऊपर गिरा, और मेरा सर चकरा गया। मैं इतना अस्थिर हो गया कि काफी देर तक उलझन में था। अगर वो हेलमेट नहीं पहना होता, तो मैं किसी और दुनिया पहुँच जाता। मैंने कैमरा ली वेफांग और उसके साथियों की तरफ किया। मैं कैमरे के लेंस से उनके चेहरे साफ–साफ तो नहीं देख पा रहा था; मुझे उनकी काली चमकदार आँखें ही दिख रही थी।

हवा और धूल और तेज होती गयी, और मुझे डर लगने लगा मेरा कैमरा न टूट जाये। राजनीतिक प्रशिक्षक मुझे लगातार पीछे हटने का आग्रह करता रहा। मैं कोई सौ मीटर ही चला थी, की मैंने मेरे पीछे कुछ गिरने और टकराने की आवाज सुनी। मैंने पीछे मुड़कर देखा तो "चीते के मुँह" से सब दिशाओं में धुआं फैल गया। मुझे भूस्खलन के होने का डर लगा। मैं फिर मुड़ा और घबराते हुए तेजी से आगे बढ़ता रहा। मैंने आधा सफर पूरा किया तो राजनीतिक प्रशिक्षक और उसके साथियों की ओर गया, वह वापस तेजी से जा रहे थे। प्रशिक्षक ने अपनी पीठ पर किसी सैनिक को उठा रखा था। उस सैनिक का सर झुका हुआ था, इसलिए मैं उसका चेहरा तो नहीं देख पाया, लेकिन उसके मुँह से तेजी से बहते खून को देखा। मेरे प्रशिक्षक ने जो रेशम की जैकेट पहन रखी थी, वो आधी खून में गीली हो चुकी थी। मैंने प्रशिक्षक से पूछा कि वो सैनिक कौन था, उसका चेहरे पर मिटटी लगी हुई थी, वह एक सांस में कहताः "यह ली वेफांग है।" मैं सुन्न पड़ गया और जमीन पर गिर गया।

जब अँधेरा हुआ तो ली वेफांग को तीस किलोमीटर दूर काउंटी के अस्पताल ले जाया गया। उस अस्पताल की हालत बहुत खराब थी; वहाँ कोई बिजली नहीं थी और कई सिपाही मोमबत्ती पकड़कर आपातकालीन कक्ष में डॉक्टर के लिए रोशनी कर रहे थे। उन सैनिकों ने उनके हाथों पर गिरी पिघली मोमबत्ती की तरफ बिलकुल ध्यान नहीं दिया, और एक नया सैनिक तो रो रहा था। उसके स्क्वाड्रन कमांडर ने उसकी जगह ली और

उसके साथ हादसा हो गया। उस सैनिक ने कहा कि कमांडर के साथ यह हादसा उसे बचने के चक्कर में हुआ। जियांग्सु के उस वालंटियर डॉक्टर ने भी घबराते हुए ली वेफांग की जान बचाने की कोशिश करी। मैंने ली वेफांग के शरीर के कई जगहों से खून बहते देखा, खून बहकर उनके बिस्तर पर गिर रह था, जिससे उनकी सारी चादर भी गीली हो गयी थी। फिर बिस्तर से बूँद–बूँद करके खून फर्श पर भी बह रहा था। मैं समझ नहीं पा रहा था कि एक शरीर में इतना खून कैसे हो सकता है.

मैंने अपने कांपते हाथों से यह सारा दृश्य कैमरे में शूट किया. ली वेफांग मर चुका था। लेकिन प्रशिक्षक डॉक्टर के कालर पकड़कर चिल्लाता रहाः" तुम उसकी जान क्यूँ नहीं बचा पाए? क्यों?"

डॉक्टर अपना सर ही हिला सकता था, उसकी आँखें भी नम थी। प्रशिक्षक फर्श में दुबक कर बैठ गया और फूट–फूट कर बच्चों की तरह रोने लगा। मेरी आँखों में भी आँसू थे। मैं उसके बाद फिर कभी अपने कैमरे से कुछ शूट कर पाता। सैनिकों के रोने की आवाजें उस आपातकालीन कक्ष से पूरे गलियारे में गूंज रही थी।

जब हम ली वेफांग को दफनाने गये, तो साथी उसके पाँव से जूते नहीं निकाल पा रहे थे; उसकी टाँगें और पैर फूल गये थे और बड़े भद्दे लग रहे थे। उसके पैर सामान्य से कई ज्यादे बड़े हो गये थे। जनरल के जूतों को पहनने का यह उसका पहला दिन था, और आखिरी भी। "हम अपने कमांडर को बिना जूतों के नहीं रख सकते!" सैनिकों ने फिर काटकर उसके जूतों को निकाला। वह रो रहे थे जब उन्हें नए जूते पहना रहे थे।

जब ली वेफांग के सामान को छान रहे थे, हमें उसकी माँ के लिए एक पत्र मिला, जिसमें लिखा थाः

माँः

आगे बढ़ना, क्यूँकि मैं तुम्हारी आशा की किरन हूँ, पीछे मुड़ना क्यूँकि मैं तुम्हारा सूरज हूँ!

वह विडियो अभी भी मेरे पास है, लेकिन मैंने फिर कभी उसे देखा नहीं है। मेरे में उस आत्मा को फिर से जिंदा करने की हिम्मत नहीं है, जो सो रही है।

एक सैनिक जिसकी दो कब्रें है, और एक औरत जिसने दर्द में अपने पति का दस साल इंतजार किया।

जब आप सिचुआन–तिब्बत हाईवे पर चलते हैं, तो आपको एहसास होता है कि नीचे जमीन की अलग सड़क है, और आसमान की अलग सड़क है। अगर आप चेंगडु से हवाई यात्रा करें, तो सिचुआन–तिब्बत हाईवे के आन्तरिक इलाके में एक घंटे के अन्दर पहुँच सकते हैं। लेकिन, क्यूँकि पोंग्दा एअरपोर्ट पहाड़ी मैदानों में 4300 मीटर की ऊँचाई पर है, वहाँ का वातावरण बदलता रहता है। चेंगडु से पोंग्दा तक जाने वाली उड़ानें हमेशा देरी से ही चलती हैं, और यह देरी कई दिनों, और आधे महीने की भी हो सकती है। कभी–कभी तो उड़ान भरते वक्त मौसम ठीक हो सकता है, लेकिन उतराई पर बिलकुल बदल सकता है। ऐसे मौकों पर हवाई जहाज को वापस मुड़कर चेंगडु जाना पड़ता है।

2000 की गर्मियों में, मैं एक इंटरव्यू लेने सिचुआन–तिब्बत हाईवे गया था। विमान देरी से ही चल रहे थे, इसलिए मुझे चेंगडु में 3 दिन तक इंतजार करना पड़ा। उन प्रतीक्षा की घड़ियों में, मैं अकस्मात एक महिला से मिला, जिससे मैं हमेशा मिलना चाहता था, पर मैं हिम्मत नहीं कर पा रहा था। उसका नाम वांग शियोनिंग था और वो वांग लिबो की पत्नी थी। वांग शियोनिंग और उसकी ग्यारह साल की बेटी वांग तोंग चलकर आ रहे थे। वह वांग लिबो से मिलने गयी थी। माँ और बेटी इस मुलाकात की दस साल से प्रतीक्षा कर रहे थे। लेकिन वह वांग लिबो को नहीं देख पाए, उसने दस साल पहले अपना जीवन कुर्बान कर दिया था और उसे बर्फीले पहाड़ों के नीचे दो सूने मकबरों में दफनाया गया। वांग लिबो अपने परिवहन विभाग के अकेले सैनिक थे जिसे दो मकबरे दिए गये। यह जगह बोमी से चार किलोमीटर की दूरी पर है, जो तिब्बत के बोमी काउंटी में स्थित है। वहाँ शहीदों के लिए एक साधारण कब्रिस्तान है, और उसके दो मकबरें वहाँ थे। मैं जब कभी भी सिचुआन–तिब्बत हाईवे से वापस आया

हूँ, मैं उन दो मकबरों को देखने भी गया हूँ। कभी कभी मैं वहाँ अगरबत्तियाँ भी जलाता हूँ, और कभी कुछ नहीं करता, चुपचाप खड़ा रहता हूँ, उससे बिना कोई आवाज करे कुछ शब्द कहता हूँ। वांग लिबो मेरे साथ का एक हथियारबंद सिपाही था। 1982 के अंत में, मैंने उसके साथ एक ट्रेन पकड़ी, फिर एक बस, हम मेरे गाँव शांक्सी से किंगहाई और तिब्बत के पहाड़ी मैदानों तक गये थे। हम एक दूसरे से काफी परिचित थे। उस समय वह तीसरी टुकड़ी का ड्राईवर था। वह उर्जस्वी और आशावादी था, छोटी–छोटी चीजों की परवाह नहीं करता था। वह पूरा दिन हँसता रहा, मस्ती करता रहा; जब वह हँसता था, उसकी आँखें छोटी हो जाती थी, उसमें कई शिकन पड़ती थी, और उसके आगे के दो बड़े दांत दिखते थे।

वह तीन दुर्घटनाओं से गुजरा जिनमें उसकी जान जा सकती थी। पहली घटना किंगहाई के गी–अरमु की है। उस रात वह निर्माण–स्थल में सामान पहुँचाकर किंघाई–तिब्बत हाईवे से वापस जा रहा था, काफी अँधेरा था। वह वैसे ही बहुत थका हुआ था, उसने आग में और कोयला डाला और सो गया। अगले दिन उसके साथी उसे खाने के लिए बुलाने गये, तो उन्होंने पाया रात भर धुएँ में उसका दम घुट रहा था। वह उसे 22वें हस्पताल लेकर गये, जहाँ पूरे दो दिनों तक उसकी जान बचाने का प्रयास किया गया, और उसकी जान बच गयी। जब उसे होश आया तो उसने कहा: "जब आप किसी भयानक हादसे से बचकर बाहर निकलते हो, तो आपके लिए कोई सौभाग्य इंतजार कर रहा होता है।" लेकिन उसके इंतज़ार में कोई सौभाग्य नहीं था; मृत्यु एक बार फिर उसे दस्तक देगी।

कुछ सालों बाद वह अकेला सामान पहुँचाने तिब्बत के नचांग हाईवे से जा रहा था। वह कारा पहाड़ में बर्फानी तूफान में घिर गया। वहाँ पाँच दिनों तक पहाड़ के एक तंग रास्ते में फंस गया। उस समय, उसने बहुत कम खाया, सिर्फ दो मंतअउ से ही गुजारा किया। फिर भूख के कारण उसने पीली बिखरी घास और बर्फ अपने मुँह में डाली। फिर वो ड्राईवर के कम्पार्टमेंट में कोमा में चला गया। जब उसे बचाया गया, वह स्वास्थ्य–विभाग

में कोई दो हफ्तों के आस–पास रहा, पर वो जिंदा था, और उसकी आंतें सिकुड़ने लगी थी। मैं उसका इंटरव्यू लेने ही गया था, और सीधा उससे मिलने के लिए स्वास्थ–विभाग पहुँचा। उसने मुझे धीमी आवाज में बताया कि उसका बिस्तर दिन में चार–पाँच बार बदला जाता था। जब नर्स उसको भौंहे सिकुड़ते हुए देखती, तो वह समझ जाती कि "दुर्घटना घट चुकी है", और अपने हाथों से अपना मुँह ढ़ककर हंसती।

तीसरा हादसा सिचुआन–तिब्बत हाईवे पर हुआ। वह फिर मौत को चक्मा नहीं दे पाया, और हम सब को छोड़कर चला गया। यह हादसा बोमी में हुआ। उनका ऑटोमोबाइल दस्ता बोमी की सेना के नजदीक ही तैनात था और जब हमारे पास खाली समय होता, तो हम उनसे जाकर बात भी करते थे। उसने मुझे बताया कि जब उसे अपने स्क्वाड्रन के साथ सिचुआन–तिब्बत हाईवे जाना था, तो जिआंग्यु के गैरिसन में ही उसकी पत्नी अपनी एक साल की बेटी को पकड़कर बैठी थी। जब उसे सिचुआन–तिब्बत हाईवे के लिए निकलना था, उसकी पत्नी ने उसका बैग कसकर पकड़ लिया, और उसे जाने न दे। उसने अपने आप को संभाला, और वहाँ से सिचुआन–तिब्बत हाईवे रवाना हुआ। उसने अपने पीछे अपनी पत्नी की सिसक–सिसक के रोने की आवाजें सुनी, वह खुद जो तब तक नहीं रोया था, फिर खुद को और संभाल नहीं पाया और रोने लगा।

लेकिन किसने सोचा था कि पति–पत्नी का वह बिछड़ना आखिरी बार होगा, आखिरी विदाई? वांग लिबो ने मेरे साथ मजाक कियाः "मेरे गाँव के पुराने मित्र, तुमने बहुत सारे लेख लिखे हैं, कभी तुमने मेरे बारे में क्यूँ नहीं लिखा?" मैंने कहाः "तुम सारा दिन आलसी बनकर बैठे रहते हो, कभी कुछ ढंग का नहीं करते– मैं तुम्हारे बारे में क्या लिखूँगा?" वह मेरी बात समझ गया और हंसने लगा।

उस समय मुझे सचमुच लगा कि उसके बारे में लिखने के लिए कुछ भी दिलचस्प नहीं था। क्या मैं उसके दो बार मृत्यु से बचकर निकलने के बारे में कुछ लिख सकता था? परिवहन विभाग में ऐसे बहुत सारे लोग थे, जिनके साथ ऐसे हादसे हुए थे और यह बहुत साधारण बात ही थी। क्या मैं उसकी सिचुआन–तिब्बत हाईवे के उबड़–खाबड़ और खतरनाक सड़कों

पर लगातार की नौकरी के बारे में कुछ लिख सकता था? सिचुआन–तिब्बत हाईवे पर काम करने वाले सैनिकों में ऐसा कौन था जिसने एक या दो बार मौत से सामना न करा हो? मैंने उसके कहे को गहराई से नहीं सोचा और उसकी बातों को हँसी में उड़ा दिया।

लेकिन, कुछ दिनों बाद ही मुझे इसका पछतावा हुआ। इस आत्म–गिलानी ने मुझे कई साल जकड़े रखा। 18 अक्टूबर 1990 की सुबह, हल्की बारिश हो रही थी। मैं सिचुआन–तिब्बत हाईवे से निकलने के लिया तैयार हो रहा था, वांग लिबो मेरे वाहन के पास आया मुझे अलविदा कहने। वह थोड़ा उदास लग रहा था, जैसे उसने अनिश्चिताओं के बादलों में पहले से देख लिया हो कि आगे क्या होने वाला था। उसने मुझे कहा कि वह अपने घर को याद करता था और अपना तबादला करना चाहता था; उसने कहा कि उस पर उसकी पत्नी और बेटी की बहुत जिम्मेदारी थी।

मेरे वहाँ से निकलने के बाद ही वह लकड़ियाँ लेने एक वाहन से चला गया। सड़क का पूरा ढांचा ही गिर चुका था, इसलिए उसका वाहन असन्तुलित बीच रास्ते में फिसलकर चट्टानों के नजदीक नदी में जाकर गिर गया। वाहन में 9 लोग थे, जिनमें से पाँच को मामूली चोट आई और, ली शिमिंग और वांग हैजुन ने अपनी जान गंवाई। सैनिकों को नदी किनारे दोनों के शव मिले, और एक और साथी, गुओ झान्सू का शव अगले दिन पानी में तैरता मिला। सैनिक अगले दिन ही उसका शव पानी से निकाल पाए। उन्होंने वांग लिबो के शव को ढूँढने की एक हफ्ते तक कोशिश की, लेकिन उन्हें कोई कामयाबी नहीं मिली। दो हफ्ते बाद, उन्हें नदी किनारे कुछ दूरी में मानवीय धड़ मिला, जो पहचान में नहीं आ रहा था। उन्हें लगा वह वांग लिबो ही होगा और उन्होंने ढ़लान में कहीं उसे दफना दिया। अगले साल बसंत में, उन्हें नदी किनारे कुछ दूरी पर हड्डियाँ मिली, उसके ऊपर एक स्वेटर के कुछ टुकड़े भी पड़े थे। किसी ने पहचाना कि वह वही स्वेटर वांग लिबो पहनता था, और उन कंकालों की वांग लिबो के होने की पुष्टि की। इसी वजह से उसके दो मकबरे हैं।

वांग लिबो की दुर्घटना के अगले दिन मैं ल्हासा की कमांड पोस्ट में पहुँचा। इससे पहले कि मेरे पास हाथ–मुँह धोने, खाना खाने का वक्त

होता, मुझे इस हादसे की खबर मिल गयी। मेरे पैरों तले जमीन फिसल गयी, मुझसे एक शब्द नहीं बोला गया। में हैरान था और भयभीत भी। मैं मान ही नहीं पा रहा था कि वह मर चुका था। पिछले दिन ही वो कितना खुश लग रहा था और उसने मुझसे बात की थी। वह इस तरह अचानक कैसे मर सकता था? हालाँकि सिचुआन–तिब्बत हाईवे की मेरी कई यात्राओं ने मुझे सिखाया था कि उसके साथ यह हादसा कोई बड़ी बात नहीं थी। सिचुआन–तिब्बत हाईवे में इस तरह के हादसे किसी भी क्षण, किसी भी जगह हो सकते हैं।

मुझे फिर वांग लिबो के बारे में कुछ एहसास हुआ। वह सिचुआन–तिब्बत हाईवे के निर्माण कार्यो में लगा एक साधारण सैनिक था, लेकिन एक साधारण व्यक्ति होते हुए भी वह किसी रुढ़िवादी विचारधारा का नहीं था। क्या उसके साधारण व्यक्तित्व के बावजूद भी उसे महान कहा जा सकता है? उस रात मैंने अपने कमरे में अकेले बैठकर उसके बारे में लिखा। मैंने उसकी सारी कहानियों, सारी इच्छाओं को लिखा। उसके बारे में लिखते वक्त मुझे लगा कि वह मेरे साथ ही था और मेरे मेज के पास अपने चेहरे में मुस्कान लिए बैठा मुझे देख रहा था। मैं फूट–फूटकर रोया, मेरी आँखें आँसुओं से धुंधली हो गयी। मैं बीच में रूककर अपना चेहरा साफ करता, फिर लिखने लग गया। उस रात का अनुभव मेरे साथ सारी जिन्दगी रहेगा। वह लेख मेरे द्वारा लिखा गया सबसे दुखद, और एकमात्र लेख था जिसमें मैंने कोई बदलाव नहीं किया। सुबह एक बजे के करीब मैंने लिखना बंद किया। और अगले ही दिन मैंने उस लेख को भेज दिया।

फिर जब मैं सिचुआन–तिब्बत हाईवे गया, मैंने वांग लिबो की कब्र के सामने खड़े होकर अपने प्रकाशित हुए उस लेख को जला दिया। मैंने खुद से कहाः "लिबो, तुम यकीनन चाहते थे कि मैं तुम्हारे बारे में कुछ लिखूं? मैंने लिखा है, और अब मैं चाहता हूँ कि इसे तुम भी देखो।" मुझे वहाँ वांग लिबो की पत्नी से मिलने की उम्मीद नहीं थी। दस साल तक मैंने उनसे संपर्क बनाने की कोशिश करी, पर मुझे मुझे कोई कामयाबी नहीं मिलीय अब, हम संयोग से चंग्दु में मिले।

वांग शियोनिंग ने मुझे बताया कि उसके पति के मरने के बाद उसने शी'आन के कपड़े के कारखाने में काम करने के लिए अपना घर छोड़ दिया था। वह अपने चार हजार युआन के मासिक वेतन से अपने माता–पिता और अपनी बेटी की देखभाल करती थी। इन बीतें सालों में उसकी बेटी अपनी पढ़ाई के लिए उसके रिश्तेदारों के यहाँ रही थी। कपड़े का कारखाना बंद हो गया, और फिर उसने किसी ओर कारखाने में काम किया। उसने अपनी तकलीफों के बारें में किसी को नहीं बताया, उसके साथ काम करने वालों को भी नहीं पता था कि वो एक विधवा थी। वह एक प्रतिस्पर्धात्मक महिला थी; हालाँकि उसने बहुत मुश्किल हालातों का सामना किया, लेकिन उसे कभी किसी से मदद नहीं मांगी और सरकार के सामने भी कोई खास शर्त नहीं रखी। उसने औरत के कमजोर कन्धों से अपने टूटे घर को संभाला।

जब उसने मुझे देखा (मैं और उसक पति एक ही जगह में नियुक्त थे), वांग शियोनिंग ने रो–रोकर आंसू निकाले जो कई सालों से उसके अन्दर बंद थे। वांग लिबो की पत्नी ने मुझे बताया कि उसके पति के मरने के बाद, उसे बहुत अच्छा, सुखद लगता था जब वह गलियों में किसी व्यक्ति को सैनिक वर्दी में देखती थी। फिर वह अपने पति के बारे में सोचती थी, और अपने कमरे में जाकर छुपकर रोती थी।

वांग शिओनिन्ग जानता था कि उसका पति मर चुका था, स्थानीय सरकारी विभागों ने एक प्रमाण के तौर पर हर महीने उसे मुआवजे में पेंशन भेजी। लेकिन वांग लिबो की पत्नी यह सब मानने को तैयार नहीं थी। उसे हमेशा ऐसा ही लगता रहा कि एक दिन उसका पति अचानक से उसके सामने आयेगा। उस साल, वांग लिबो के हादसे के गवाह बने उसके कुछ साथियों ने शोक सभा की एक तस्वीर उसकी पत्नी को भेजी, उसमें एक सैनिक टोपी थी, और सैनिक वर्दी में वांग लिबो का ताबूत था। उस बात को दस साल बीत गये, उसने बस एक ही बात मान रखी थीः वांग लिबो जिन्दा है। शायद वह नदी में बहकर किसी अनजान जगह चला गया हो, या फिर तिब्बती लोगों ने उसे बचा लिया हो, और पहाड़ी रास्तों की वजह से उसे घर पहुँचने में देर लग रही है। वह ऐसा भी सोचती थी की शायद

सेना ने उसे गोपनीय मिशन दिया हो, और उसे अपने घर से भी बात करने की इजाजत न हो। वह मिशन खत्म नहीं हुआ होगा, और इसलिए घर नहीं आ सकता होगा। इन सपनों के यही मतलब था कि उसने दोबारा शादी नहीं की थी।

दस साल, पूरे दस साल! वांग शियोनिंग दस साल तक अपने सपनों में रही। दस साल तक, वह वांग लिबो के मकबरे को देखने का सपना देखती रही। आखिरकार जब उसने देखा, तो उसके सारे भ्रम टूट गये। उसने अपनी बेटी वांग तोंग को उसके पिता की मृत्यु के बारे में कुछ नहीं बताया, ताकि उसकी बेटी की जिन्दगी भी उसकी तरह किसी अँधेरे में न रहे। उसकी बेटी अक्सर उससे त्यौहारों में पूछा करतीः "पिताजी घर क्यूँ नहीं आ रहे हैं?" वह झूठ बोल देतीः "तुम्हारे पिताजी सेना में एक विशेष कार्य कर रहे हैं। वह इतने व्यस्त हैं कि उनके पास घर आने का वक्त नहीं।" इस तरह एक–दो बारी झूठ बोलना तो ठीक था, लेकिन जब यह बार–बार होने लगा तो उसकी बेटी को भी विश्वास नहीं रहा। वह लड़की फिर पूछती, और उसकी माँ फिर कोई जवाब न दे पाती और कहती, "मुझे भी नहीं पता कि तुम्हारे पिता अब तक क्यूँ नहीं आए।" एक बारी, उसकी बेटी ने शेल्फ पर छुपाकर रखी एक फोटो एलबम देखी, शादी की फोटो दिखाते हुए, उसने पूछा कि सैनिक वर्दी में व्यक्ति उसके पिता हैं। उसकी माँ ने फोटो में अपनी पति को झाँका, उसके हाथ से एलबम छूट गयी, और वह फूट–फूटकर रोने लगी। लड़की बड़ी हो चुकी थी और अब समझ चुकी कि उसके पिता अब वापस नहीं आएंगे। वह दोनों एक दूसरे के गले लगकर फूट–फूटकर रोटी।

दो हफ्ते पहले ही उनकी इच्छाएँ पूरी हुई थी। वह सिचुआन–तिब्बत हाईवे गये, अपने उस चहेते को देखने, जो दस साल पहले से पहाड़ी चट्टानों के नीचे सो रहा था। सेना का माँ–बेटी की इस यात्रा को पूरा करने में जरूरी योगदान था। उन्हें रास्ते की चढ़ाई करने के लिए एक वाहन दिया गया, लेकिन कीचड़ धंसने की वजह से वाहन आधे रास्ते में ही अटक गया। जुलाई और अगस्त के महीने तिब्बत में मानसून के महीने होते हैं और कीचड़ धंसना, भूस्खलन और कुछ और प्राकृतिक विपदाएँ

बहुत आम बात हैं। इस रुट में अक्सर इस तरह की रुकावटें होती रहती हैं। सेना की टुकड़ी ने फिर उन्हें हवाई यात्रा से पोंग्दा पहुँचाने का निर्णय किया, और टुकड़ी के एक वाहन से पहाड़ों की चढ़ाई करके उन्हें बोमी पहुँचाया गया।

विमान समय पर चला और वह समय पर पोंग्दा हवाई अड्डा पहुँच गये। वांग शियोनिंग और उसकी बेटी फिर सड़क के रास्ते में झटकों से भरे दिन को झेलने के बाद आखिरकार उस जगह पहुँचे जहाँ वांग लिबो के साथ दुर्घटना घटी थी। पुर्लुंग त्सान्पो नदी का वह एक किनारा था, और रात का वक्त हो रहा था। उस हादसे में बचे सैनिकों ने वांग शियोनिंग को सारी घटना बताई। वह चुप–चाप सुनती रही, और बहती नदी के सामने अपने आँसू बहाती रही। जब उसने नदी में अपने घर से लायी हुई कागज की मुद्राओं को फेंका, सारा आसमान मानसून के साथ चमक उठा। अगले दिन वांग शियोनिंग अपनी बेटी को लेकर अपने पति के दो मकबरों को देखने गयी, और उसने आखिरकार माना कि उसके पति मर चुके थे। अपनी बेटी का हाथ पकड़कर, मकबरे के सामने अपने घुटनों पर झुककर उसने रोते हुए कहाः लिबो, मैं हमारी बेटी के साथ तुमसे मिलने आई हूँ........वह लड़की वांग तोंग, उसका चेहरा आँसुओं से भीग चुका था, उसने पिता के लिए कागज की बनी क्रेनों को जलाया, जिन्हें उसने रास्ते में बनाया था, और उसके साथ ही अपने बचपन में बनाए हुए चित्रों को भी। उसे उम्मीद थी कि उसके पिता क्रेनों की सवारी करेंगे, और उसकी चित्रित सुन्दर जगह चले जायेंगे।

जब मैंने वांग शियोनिंग की कहानी सुनी, मैंने कहाः "लिबो अब दुनिया में नहीं रहा। तुम दोनों के सामने पूरी जिंदगी पड़ी है। तुम्हे अपनी बेटी को हौंसला देना होगा और अपने जीवन को जीना होगा।" मैंने बहुत बारी हिचकिचाते हुए फिर आखिरकार पूछ लियाः "तुम अभी भी जवान हो; क्या तुम दोबारा शादी करना चाहती हो?" वांग शियोनिंग ने कहाः "मैं इस बारे में तभी सोचूंगी जब उसकी यादों को भूल पाऊँगी। मैं इस वक्त ऐसा कुछ भी नहीं सोच रही। बिलकुल भी नहीं। मैं उसे कभी भी भूल नहीं पाऊँगी। वह बेशक मुझसे दस साल दूर रहा, लेकिन मुझे ऐसा लगता है जैसे कि

वो कल ही गया हो...." मैंने दिल से यह उम्मीद की थी कि वह सारी जिन्दगी विधवा न रहे। पर उस समय, उसके हठ को देखकर और क्या कह सकता था? मेरे पास कहने के लिए कुछ भी नहीं था।

3

सफेद आपदा

अक्टूबर 1996 में, सैनिक कमीशन के अध्यक्ष जिआंग जैमिन ने ऐसी टुकड़ी तैयार की जो चीनी सेना के इतिहास में पहले किसी ने न देखीः सिचुआन–तिब्बत हाईवे ट्रांसपोर्ट और हथियारबंद पुलिस यंत्रीकरण और संरक्षण टुकड़ी (इस शीर्षक का नाम बाद में बदल कर हथियारबंद पुलिस विभाग रखा गया)। इस टुकड़ी का मुख्य काम था हाईवे और सड़कों का रख–रखाव करना।

जियांग जैमिन ने एक टुकड़ी तैयार की जिसका काम था सभी रास्तों का सर्वेक्षण करना। चाइ जिनचुन, जो हथियारबंद पुलिस और परिवहन विभाग के मुख्य स्क्वाड के उपाध्यक्ष थे, ने संचार मंत्रालय के उपमंत्री लिऊ इ के साथ सिचुआन–तिब्बत हाईवे का सात दिनों तक दौरा किया और उन्होंने छह टायर खो दिए। परिवहन विभाग के इस अनुभवी व्यक्ति, जिन्होंने कुंजिराप और तियांशन हाईवे के निर्माण के महान काम किये थे, ने अपने कुछ अनुभवों के बारे में बतायाः "उन दिनों, सिचुआन–तिब्बत हाईवे जख्मी थे, चकनाचूर थे। बिना सेना के मरम्मत और रख–रखाव के यह सड़क त्याग दी जाती। केंद्रीय सैनिक कमीशन की नीतियों इतनी दूरदर्शी हैं!"

कुछ महीनों बाद परिवहन विभाग ने जल्दबाजी में सिचुआन–तिब्बत हाईवे पर एक सेना की टुकड़ी और कुछ मजदूर भेजे। उन्होंने सड़क को खुला रखने और उसकी मरम्मत करने की एक अनोखी जंग शुरू की।

वह टुकड़ी जल्दी ही पूरी रणभूमि में फैल गयी, जिसमें झुबालोंग से जिन्षा नदी किनारे 800 किलोमीटर लम्बा रास्ता था। एक साल के अन्दर में ही उन्होंने सिचुआन–तिब्बत हाईवे पर काफी काम किये, वह सबसे ज्यादा ऊँचाई पर भी पहुँचे और कई आपदाएँ भी झेलीं। एक साल के अन्दर उन्होंने सिचुआन–तिब्बत हाईवे को साल में 11 महीने यातायात के लिए खोलने का लक्ष्य पूरा किया।

इस बीच मैं कई बार इस रास्ते गया और कई सैनिकों का इंटरव्यू लिया। सैनिकों और अफसरों की सड़क को चालू रखने की इस हिला देने वाली कहानी की मुझे रुला दिया। लेकिन जिस चीज ने मुझ पर सबसे गहरा प्रभाव पड़ा, वो था 2000 का बर्फीला तूफान। वो एक सफेद आपदा थी।

बर्फीला तूफान जिसमें मेरे पैर धंस गये

रांवु नदी किनारे, 2 अप्रैल 2000 के दिन सुबह छह बजकर 20 मिनट। सेना की छठी टुकड़ी के लीडर, ली शिलिन, अपनी आदत के अनुसार, सुबह जल्दी उठे। उन्होंने अपने घर के बाहर कदम ही रखा कि उनका पैर बर्फ में गहरे धंस गये। उन्होंने जोर से चिल्लाया और उस समय सुन्न पड़ गये। उनके चारों तरफ सफेद बर्फ थी, और दूसरा कोई और रंग नहीं दिख रहा था। वह समझ चुके थे कि एक और आपदा आ चुकी थी। उनके पास हाथ–मुँह धोने का भी वक्त नहीं था, उन्होंने शीघ्र ही अपनी टुकड़ी के बचाव कक्ष को यह स्थिति बयान की।

उन्होंने तार में सिर्फ एक ही वाक्य लिखाः बर्फीले तूफान में मेरी जांघें तक धंस गयी हैं। दस मिनट बाद उन्हें अपनी सेना की टुकड़ी से पहला आदेश मिलाः आपातकालीन प्रक्रिया की तैयारी करें और स्थिति पर नजर बनाएं रखें। शीघ्र ही सैनिक परीक्षण का एक दस्ता सड़कों का मुआयना करने भेजें और उस दिशा का पता करें जिसमें पाँचवी टुकड़ी गयी है। अगर कोई घायल सैनिक या खाली वाहन मिलता है, तो हमें उनकी जानकारी दें! बर्फ लगातार गिरती रही। हिमकण अण्डों की तरह बड़े थे, और डरावने थे। इस बर्फीले तूफान में सेनावास के सारे गेट बंद

पड़ गये, और सैनिकों, अफसरों को खोद कर बाहर निकलने का रास्ता बनाना था।

ली शिलिन बर्फीले मैदान में खड़े हुए, और तुरही बजाकर सभी सैनिकों को आपातकालीन सभा के लिए एकत्रित किया। सारी टुकड़ी चौंक उठी और घबरा गयी; वह अपने–अपने कमरों से बाहर निकलने लगे। जब उन्होंने सारा दृश्य सफेद चादर से ढका देखा और ली शिलिन के घबराए चेहरे को देखा, वह समझ गये कि एक और जंग शुरू हो गयी थी।

ली शिलिंग ने सात लोगों के एक दस्ते को दो दिनों के राशन के साथ भेजा। जैसे वह दूर–दराज के बर्फ से ढके इलाकों पर निकलने लगे, ली शिलिंग को डर महसूस होने लगा। जबसे तिब्बत उनकी टुकड़ी रवाना हुई थी, उन्होंने इतनी ज्यादा बर्फ नहीं देखी। लेकिन उनका डर कुछ कम हुआ जब उन्हें ध्यान आया कि उस समय उन्हें इतनी सावधानी की हिदायत नहीं दी थी। उनका दिमाग उस बैठक में चला गया जिसमें टुकड़ी का निर्माण किया गया था। सात बड़े, उग्र शब्द 10 मीटर लम्बे कपड़े पर लिखे थे: "सिचुआन–तिब्बत हाईवे को बहाल करना है।" हर अफसर और सैनिक ने एक–एक करके अपना नाम दिया और सड़क की मरम्मत करने का वचन लिखा। उस वचन की गंभीरता और उनकी गरजती दहाड़ ने उस क्षण को ऐसा बनाया जिसे कभी कोई न भूल सके।

वह दो साल पहले हुए बर्फीले तूफान को भी नहीं भूला था। उस समय इतनी ज्यादा बर्फ नहीं थी, लेकिन फिर भी उसके स्क्वाड्रन को कई परीक्षाओं से गुजरना पड़ा था। मार्च 1998 को भी तेजी से कई दिनों तक लगातार बर्फ गिरी। इसमें पूर्वी तिब्बत के मैदान पूरी तरह ढ़क गये थे, सिचुआन–तिब्बत हाईवे 30 सेंटीमीटर मोटी बर्फ की परत से ढ़क गया था। बीस मार्च की सुबह को ली शिलिन ने अपने सैनिकों को बर्फ हटाने का काम सौंपा, जब दूर से कुछ मदद के लिए आती आवाजें सुनाई दी। अपने पहाड़ी मैदानों पर सड़क बनाने के चौदह साल के अनुभव पर भरोसा करते हुए, ली शिलिन एक पल में ही जान गये कि दूर कहीं कोई हिमस्खलन हुआ था।

जैसी की उन्हें उम्मीद थी, जो वाहन अभी निकला ही था, बड़ी तेजी से घबराहट में वापस आया। ड्राईवर शीघ्र ही वाहन से उतरा और कहने लगाः "कुछ गड़बड़ है– ऊपर कहीं हिमस्खलन हुआ है!" ली शिलिन ने शीघ्र ही अपने सैनिकों को हिमस्खलन की जगह भेजा, जो वहाँ से दस ली की दूरी पर था। कई ली तक सड़क पर बर्फ फैली हुई थी। और जहाँ सबसे ज्यादा बर्फ दिखाई दे रही थी, वो जगह किसी तीन मंजिला इमारत की तरह लग रही थी। सभी सैनिक और अफसर बर्फ हटाने के संघर्ष में लग गये। समुद्र तल से चार हजार की ऊँचाई के बर्फीले पहाड़ पर, जहाँ कड़ाके की ठण्ड थी और बहुत पतली हवा थी, सैनिक भूख से, ठण्ड से, मौत से और ऊँचाई से लड़ रहे थे। वह कुछ समय तक ही काम कर पाते, फिर बेहोश पड़ने लगते और उनके पेट फूलने लगते। कुछ सैनिक तो खड़ा भी नहीं हो पा रहे थे, बल्कि जमीन पर घुटनों के बल झुककर बर्फ में घसीटते हुए चल रहे थे।

शुरुआत में बड़ी मशीनों को ले जाना बड़ा मुश्किल था, क्यूँकि सड़क की चौड़ाई बर्फ के कारण बहुत कम हो गयी थी। इसलिए सैनिक बिना मशीनों के बर्फ हटा रहे थे। इस बात को सुनिश्चित करने के लिए कि कहीं पहाड़ों से फिसलकर झरनों की तरफ न गिर जाएँ, उन्होंने अपने कमर में रस्सी बाँध रखी थी। बाद में जब उन्होंने बर्फ हटाकर रास्ते को थोड़ा चौड़ा किया, फिर छोटी मशीनें जा सकीं और बर्फ हटाने का काम तेजी से होने लगा। बुलडोजर जमी हुई सड़क पर बाएँ–दाएँ फिसल रहा था, जोकि बहुत खतरनाक था। हटाई हुई बर्फ को ज्यादा से ज्यादा वह सड़क किनारे नीचे ढलान में फेंक सकते थे। एक बार जब बुलडोजर शुरू हुआ, उसे काबू करना मुश्किल लग रहा था और वह फिसल कर सड़क किनारे जा रहा था। यहाँ किनारे खड़े सैनिकों ने अपनी बुद्धिमानी और कुशलता का प्रमाण दिया, और जल्दी से अपने सूती कपड़ों को उतारा और बुलडोजर के पहियों के आगे फंसा दिए। इससे बुलडोजर फिसलने से बचा और बुलडोजर और उस पर सवार सैनिक दोनों बचाए गये।

पूरे दो दिनों के कड़े परिश्रम के बाद आखिरकार सड़क से बर्फ हटाई गयी। लेकिन, ली शिलिन और उसके सैनिकों ने राहत की सांस ही ली

थी कि कुछ दूरी पर ही 84में हाईवे संरक्षण स्क्वाड के स्थान पर एक हिमस्खलन फिर से हो गया। बर्फ और हिमपात ने नदी का रास्ता बंद कर दिया और उसका पानी हाईवे पर बहने लगा। पानी की गहराई 3 मीटर तक थी। दस दिनों के अन्दर रान्चु से लेकर झोंग्बा के पचास ली तक की जगह में एक के बाद एक तेईस हिमस्खलन हुए। इनमें से छह हिमस्खलन बहुत बड़े थे और दस जानलेवा थे। दो वाहन परिवहन ब्रिगेड, एक सौ स्थानीय सामान ढोने के वाहन और हजार के आस पास सैनिक सड़क में ही फंस गये। पश्चिम से पूर्व की ओर जाते हुए कई सैन्य काफिले बोमी, बासु और पोंग्दा में फंस गये। हालात बहुत ही नाजुक थे, और सड़कों को जितना जल्दी हो सके बहाल करना था। थोड़ा समय बचने के लिए सैनिक और अफसर कुछ खाना और सूखी सब्जियाँ निर्माण–स्थल पर ही ले गये और वहाँ दिन–रात सड़क से बर्फ हटाने में लग गये।

"हिमस्खलन!"

बुलडोजर के चालक, सु चेंग्युं, ने अपने कुछ साथियों के चिल्लाने की आवाजें सुनी और उसने अपना पाँव एकदम ब्रेक पर रखा। उसने सर उठाकर एक नजर मारी, लेकिन उन्हें पहाड़ों की ऊँचाई से गिरता हुआ बर्फ का ढेर ही दिख रहा था। वहाँ तक पहुँचने के लिए बहुत देर हो चुकी थी, इसलिए सु अपना सर पकड़कर जमीन पर गिर गया। कुछ चट्टानें बुलडोजर के एक मीटर की दूरी पर गिरी और सड़क में एक बड़ा गड्ढा हो गया। दस दिन बाद ही वह सड़क साफ हो सकी। चेंगडु काफिले के तिब्बती चालक ने कहाः "मैंने तो पहले दिन ही जब मेरा वाहन फंसा था, उम्मीद छोड़ रखी थी। उस समय मुझे बिलकुल ही नहीं लगा कि मैं एक और दिन भी देख पाऊँगा। तुमने मेरी जान बचाई! तुओंजिकी! तुओंजिकी! (जिसका मतलब होता है "शुक्रिया")।"

तिब्बती चान्दु की स्थानीय समिति ने 400 किलोमीटर का सफर किया, उनका मुख्य उद्देश था जितना जल्दी हो सके रान्चु नदी पहुँचकर छठी टुकड़ी को मदद पहुँचाना। तिब्बत के प्रांतीय परिवहन विभाग और चेंगदू के सैन्य–संचालन विभाग ने तार भेजकर अपनी शुभकामना दी, और पहली टुकड़ी ने उन्हें तीसरी श्रेणी के पुरस्कार से नवाजा। इसी रास्ते पर

ही ली शिलिंग के सराहनीय दल का जन्म हुआ था। बर्फ एक बार फिर आ चुकी थी। ली शिलिंग इस बात की कल्पना नहीं कर सकते थे कि सिचुआन–तिब्बत हाईवे में इस तरह की बर्फबारी पिछले चालीस सालों में नहीं देखी गयी थी। बर्फ पूरे दो हफ्तों तक गिरती रही।

सैनिक दो दिशाओं में बंट गये और अन्जिउला पहाड़ की ओर बढ़ने लगे

चेंगडु में पहली अप्रैल को रात के ग्यारह बज रहे थे। पहली पलटन के महासचिव, चेन झेन, को एक रिपोर्ट मिली और उन्होंने अपनी टुकड़ी को तीन आदेश भेजे। पहला, जितना जल्दी हो सके सड़क को साफ किया जाए; दूसरा, सड़क में सभी लोगों की सुरक्षा का खास ध्यान रखा जाए। तीसरा, सैनिकों की जगहों पर तैनाती बड़ी ध्यानपूर्वक की जाए, हमारे संगठन को अति सावधान होना होगा, और जानी नुक्सान को बचाने के लिए पीछे से सही निर्देश देने होंगे। चेन झेन, एक अनुभवी व्यक्ति जिन्होंने तिब्बत के उत्तरपूर्व इलाकों के रेगिस्तानों में काफी समय गुजारा था, स्वायत्त तिब्बती इलाकों के पार्टी के मौजूदा सचिव हू जिंताओ के साथ हेइचांग रेखा का निरिक्षण करने गये। वह जानते थे कि सिचुआन–तिब्बत हाईवे में सैनिकों को तीन निर्देशों का पालन करने में कई चुनौतियों का सामना करना पड़ सकता था।

दो अप्रैल को प्रातः सुबह के समय, बोमी, जहाँ सरंक्षण टुकड़ी तैनात थी। यी जिहोंग, टुकड़ी के मार्शल, और महासचिव वांग हाई ने पार्टी समिति की एक आपातकालीन बैठक बुलाई। बैठक के दौरान उन्होंने प्राकृतिक आपदा विभाग के दो स्क्वाड्रन द्वारा भेजी गयी रिपोर्ट का विश्लेषण किया गया। रिपोर्ट में उन्होंने पाया कि मौजूदा संकट में कई सड़कें कट चुकी थी और पूरे रस्ते में तकरीबन 100, 000 तिब्बती अपने–अपने घरों में फंसे हुए थे। सबसे आवश्यक बात थी कि सिचुआन–तिब्बत हाईवे में यातायात तेजी से बड़ा था; और इसी वजह से बहुत सारे वाहन और लोग बर्फीले तूफान में फंसे हुए थे। अगर उन तक शीघ्र पहुँचने का प्रयास नहीं किया, तो उसके परिणाम बहुत अकल्पनीय हो सकते थे।

लिऊ गेंशुई, पहली ब्रिगेड के कार्यरत महासचिव, जमीनी स्तर पर हालात को समझने सेना की टुकड़ी के पास गये थे। उन्होंने सड़क संरक्षण स्क्वाड को जल्दबाजी में कई आदेश दिएः सड़क को साफ करना है चाहे इसमें जान ही क्यों न चली जाए, और वहाँ फंसे सभी वाहनों और लोगों को बचाना है! सुबह 10 बजे, छठी टुकड़ी के लीडर को दो निर्देश मिलेः टुकड़ी जितना जल्दी हो सके रवाना हो और अन्जिउला पहाड़ पहुँचे। पाँचवी टुकड़ी से शीघ्र संपर्क बनाने के लिए सभी प्रयास किये जाएं। यांग शिओबू, छठी टुकड़ी के कमांडर, ने अपने साथ की एक टीम बनाई और शीघ्र अपने कैंप से प्रस्थान करने लगे। वह बर्फ हटाकर, बर्फ के बीच से गुजरकर रास्ता बनाने लगे। आगे का रास्ता बुलडोजर से बर्फ हटाकर साफ किया जा रहा था, और पीछे सैनिक भी हवा से बहती बर्फ हटा रहे थे। वह समुद्रतल से चार हजार मीटर की ऊँचाई पर काम कर रहे थे, जहाँ ऑक्सीजन बहुत कम थी, कड़ाके की ठण्ड थी, हिमस्खलन से सैनिकों और अफसरों की जान को खतरा भी था। वहाँ शून्य से तीस डिग्री कम का तापमान था। इस ठण्ड में सैनिकों का डिब्बाबंद खाना भी जम गया था। जब वह खाने के डिब्बों को आग में गरम करते, तो डिब्बे बाहर से गरम होते लेकिन अन्दर से फिर भी जमे हुए होते। कई सैनिकों ने पाया कि उनके होंठ ठंड में फटने लगे और उनसे खून बहने लगा, इसलिए जब वह पानी पीते तो उसके साथ अपने खून भी चूस रहे थे। कई दिनों के सड़क साफ करने के कार्य में और ऊँचाई में होने वाली अस्वस्थता से सैनिक थक चुके थे। कुछ तो बिलकुल ही असहाय, शक्तिहीन हो गये, और जमीन पर लेटकर बर्फ खरोंचने लगे; जब उन्हें लघुशंका करनी थी, तब भी उनकी मुद्रा में कोई फर्क नहीं पड़ा।

सैनिकों ने दोपहर से आधी रात तक बर्फ हटाने का काम किया और पाँच किलोमीटर से कम की बर्फ हटाने में सफल हुए। सड़कों पर जमी बर्फ की परत काफी मोटी थी। जैसे बुलडोजर रास्तों से सड़क साफ करते, ऊपर चोटी से और बर्फ धड़ाम करके नीचे आ गिरती। सड़क फिर से बर्फ से भर जाती, और पहले से भी ज्यादा। कभी–कभी तो बुलडोजर और सैनिक ऊपर चोटी से गिरती बर्फ के नीचे दब जाते। अँधेरा हो चला

था और सैनिकों को कोई सड़क नहीं दिख रही थी; उनकी एक तरफ तो खड़ी चट्टान थी और दूसरी तरफ ढलान पर खाई थी। यांग शियोबू सबसे आगे गये और टॉर्च से बुलडोजरों पर रौशनी करने लगे। उनके हाथ टोर्च के साथ जम चुके थे, इसलिए उन्होंने अपने हाथ अपनी छाती के करीब गर्म करने के लिए रखे थे, और लगातार टॉर्च से रोशनी करते रहे।

इसी दौरान, कमांडर हांग मिंग और स्क्वाड्रन लीडर लिऊ होंग्चन के नेतृत्व में पाँचवी टुकड़ी के सैनिक बासु काउंटी से अन्जिउला पहाड़ की ओर प्रस्थान करते हैं। उन्हें पूर्वी पहाड़ से बर्फ खोदकर रास्ता बनाने में पूरा दिन ही लग गया। आधी रात तक बर्फ हटाने वाले बुलडोजर की हेड–लाइट जम कर खराब हो चुकी थी। लिऊ होंग्चन और हांग मिंग बुलडोजर के दाएँ–बाएँ चढ़कर रास्ता बता रहे थे। सहायक स्क्वाड्रन लीडर टांग हाजुं सबसे आगे टॉर्च लेकर चल रहे थे। रास्ता पूरी तरह बर्फ से ढका हुआ था। वह मीटर दर मीटर, अपनी स्मरणशक्ति और आगे बढ़ने की इच्छाशक्ति पर ही निर्भर थे। कुछ जगह तो बरफ की परत बुलडोजर से भी ज्यादा ऊँची थी। बुलडोजर एक पंगोलिन में बदल गया था, इसकी पूरी ताकत का इस्तेमाल बर्फ से टनल खोदने में किया जा रहा था।

चढ़ाई करने वाले सैनिकों की एक छोटी टीम जिसका गठन भी स्टाफ सचिव पु शिगुआंग की अगुवाई में किया गया था। वह अपने बोमी के बेस कैंप से निकले और रान्चु घाटी में तैनात छठी टुकड़ी की ओर रवाना हुए। उनका काम बोमी से रान्चु की ओर जाने वाले रास्ते को खोलना औंर छठी टुकड़ी से जितना जल्दी हो सके संपर्क बनाना था। तीन दिन बाद टीम एक "दलदली" जगह में फंस गयी, जहाँ पैर रखने पर जमीं के नीचे धंस सकते थे। कुछ मीटर ऊँची बर्फ ने पूरी सड़क को निगल लिया था और ऊपर पहाड़ में हिमस्खलन और नीचे दलदली भूमि होने का लगातार खतरा बना हुआ था। सेना की टुकड़ी के लिए आगे बढ़ना बड़ा मुश्किल हो रहा था। उन्हें दो हिमस्खलनों के बीच के अंतराल में ही आगे बढ़ना होता था और अगर हिमस्खलन हो जाए तो उन्हें फिर से पीछे मुड़ना पड़ता था। उन्होंने उस दलदली भूमि में एक अस्थायी बैरक बनाया।

टीम के अनुभवी व्यक्तियों को कुछ साल पहले के हालात याद थे, जहाँ उन्हें कुछ ऐसी चुनौती का ही सामना करना पड़ा था। वहाँ उन्होंने एक साल के अन्दर 3 किलोमीटर ऊँची दीवार खड़ी की थी। तिब्बत की स्थानीय सरकार ने बाद में उस दीवार को "दलदली भूमि पर बनी ग्रेट वाल" का नाम दिया था, और वह दीवार सिचुआन–तिब्बत हाईवे का एक मुख्य आकर्षण बन गयी। पहले के दिनों में सड़क में दलदली जगहों पर कई पत्थर धंस जाते रहे। बुलडोजर से फिर उन पत्थरों को निकाला जाता था, और पल भर में, मिटटी और पत्थर फिर से जीवित हो जाते। निर्माण–स्थल पर काम करने वाले लोगों को सर के पीछे भी आँखें चाहिए थी, एक क्षण की लापरवाही से कोई भी व्यक्ति दलदली जमीनों में धंस सकता था या गिरती चट्टानों से टकरा सकता था। हल्की चोटों में चमड़ी छिल सकती थी और एक गंभीर दुर्घटना में जान भी जा सकती थी।

दलदली जमीनों से बचने का सिर्फ एक ही तरीका था, और वो था एक दीवार बनाना। लेकिन, सिचुआन–तिब्बत हाईवे के दलदली जमीनों के बीच एक दीवार बनाना सिर्फ बोलने में ही आसान था, असलियत में बहुत मुश्किल था। दीवार की बुनियाद रखने में ही कई सौ मीटर वर्ग में खोदा गया, जो बहुत मुश्किल काम था, और इससे पहले की सैनिक खाना खाने के लिए विराम करते, वो जगह दलदली होने के कारण फिर से गीली मिटटी से भर जाती। दस दिन का कठिन परिश्रम पल भर में बर्बाद हो जाता, और सैनिकों की आँखों में आँसू आ जाते। पर वह जितना मर्जी रोते रहे, उन्हें दीवार फिर भी बनानी थी, और उसकी बुनियाद रखने के लिए खुदाई करनी थी। वह अपने आँसू पोंछते और फिर से अपने–अपने कामों में लग जाते।

दो सैनिक, ली जियांरोग और ही योंग्झेंग ने अपने आप को खुदाई में झोंक रखा था। अचानक से दलदली जमीन होने के कारण जगह फिर से गीली मिटटी से भर गयी, और इससे पहले उनके पास कोई प्रतिक्रिया के लिए समय होता, वह अपने सर तक मिटटी में धंस गये। दूसरे सैनिक उनका नाम चिल्लाते रहे और हड़बड़ी में अपने हाथों से मिटटी खोदने लगे, उनकी उँगलियों की चमड़ी छिल गयी थी और नाखून उतर गये थे।

बड़ी मुश्किलों के बाद उन्होंने फंसे हुए सैनिको के सर मिटटी से अलग किये। दोनों फंसे हुए सैनिकों के चेहरे बैंगन की तरह नीले पड़ गये थे, और उनके नाक, मुँह में मिटटी फंसी हुई थी। वह किसी तेरकोटा के जिन्दा योद्धा लग रहे थे जीने ताजा–ताजा मिटटी से निकाला गया हो। स्वयंसेवक निगम के फेंग बओबो तीन मीटर की खड़ी की गयी दीवार के नीचे ही खड़ा था, जब उसे चौकीदारी करते वक्त सैनिकों के चिल्लाने की आवाज सुनाई दीः मेरे रास्ते से हटो! आवाजें अभी कुछ कम ही हुई थी कि बहुत बड़ी चट्टान ऊपर से फिसलकर आई और फेंग बओबो के सर के ऊपर से गुजरकर, सैनिकों द्वारा बनाई दीवार के ऊपर जा गिरी। यह दीवार की खड़ी बुनियाद में जा गिरी और सारे सैनिक डर से कांपने लगे। वह बिलकुल अकल्पनीय था। सभी सैनिक फिर भी नीडर होकर सभी मुश्किलों का सामना करते हुए "ग्रेट दीवार" बनाने में लग गये ताकि उस दलदली रास्ते में सुरक्षा हो पाए।

लेकिन तब, जब "ग्रेट वाल" बर्फ से ढक चुका था और उसका कोई सुराग भी नहीं दिख रहा था। तेजी से सड़कों की मरम्मत करती टीम को हफ्तों तक हिमस्खलन, दलदली जमीनों, और यहाँ तक मौत से भी लड़ना पड़ रहा था। जब टीम ने आधी सड़क से बर्फ साफ कर दी, तो उन्हें दिखा कि कुछ ली दूर हिमस्खलन में फंसे तीन वाहन थे। उन वाहन में सवार लोग टीम को अपने हाथ हिलाकर मदद के लिए बुला रहे थे। लेकिन, वाहनों तक रास्ते में बहुत बर्फ थी, टीम उन तक पहुँचे में असमर्थ थी। वहाँ तक के रास्ते को साफ करने में बिना खाए, बिना सोए दो दिन लग सकते थे। शिलिंग ने हालात को समझा। वाहन में फंसे लोग कुछ वक्त तक हिमस्खलन से सुरक्षित थे, लेकिन समय गुजरने के साथ वह जम सकते थे, उनकी मौत भी हो सकती थी। वह एक जिम्मेदार व्यक्ति था और इसलिए उसने टीम को दो गुटों में बांटा। एक गुट का काम रास्ते से बर्फ साफ करना था और दूसरे गुट को पहाड़ों के रास्ते वाहनों में फंसे लोगों तक कपड़े और खाना पहुँचाना था। छह घंटों बाद सैनिक, बहादुरी से जोखिम भरे रास्तों से गुजरकर, आखिरकार फंसे लोगों के पास नूडल्स, सूती कपड़े, और दवाइयाँ पहुँचा पाए।

विभाग की एक और टीम को कई इम्तिहानों से गुजरना पड़ा। बर्फीले तूफान के बाद मैं एक स्क्वाड्रन लीडर और सहायक सचिव झांग दिचुन से मिला। उसने इस आपातकालीन स्थिति के बारे में उत्तेजित होकर बताया: "बाल–बाल बचे! खास करके बर्फ हटाने वाले सैनिक– उन्होंने ज्यादा तकलीफ झेली, कई दिनों तक नहीं खाया, नहीं सोये। अंत में सबके चेहरे बर्फ से फट रहे थे। बहुत सारे सैनिक तो बर्फ के आगे अंधे से हो गये, उन्हें कुछ दिखाई नहीं दे रहा था, और उन्हें दूसरे रास्ता दिखा रहे थे। कई दिनों तक रो–रोकर सैनिकों की आँखें दुःख रही थी.." दस दिनों से ज्यादा के वक्त में कई टीमों ने तीस की करीब हिम्स्खलनों पर विजय पाई।

हर व्यक्ति जरूरी है

"हम एक व्यक्ति को भी नहीं खो सकते! कोई व्यक्ति बर्फ में जमना नहीं चाहिए, और कोई भी भूख से मरना नहीं चाहिए!"

यह तीसरा निर्देश था सेना की टुकड़ी का सिचुआन–तिब्बत हाईवे पर तैनात सभी स्क्वाड्रन के लिए। पाँच अप्रैल की दोपहर को पाँचवे दल को सेना की टुकड़ी से आदेश मिले: अन्जिउला पहाड़, जोकि समुद्रतल से चार हजार मीटर की ऊँचाई पर है, उसमें पच्चीस लोग और दस वाहन बर्फ में फंसे हुए हैं। फंसे लोगों की हालत बहुत नाजुक थी, इसलिए वहाँ जल्दी मदद भेजने की जरूरत थी। स्क्वाड्रन ने एक बचाव दल शीघ्र भेजा, जिन्हें बड़े बहादुरी से बर्फ के बीच से गुजरकर अन्जिउला पहाड़ पहुँचना था। हवा बहुत बर्फीली थी और गिरती बर्फ भी मदहोश सा नृत्य कर रही थी। तापमान शून्य से तीस डिग्री कम तक पहुँच गया था। सैनिकों के पैरों तले कोई जमीन नहीं थी। सैनिक और अफसर अपनी पीठ पर मंताऊ, पानी की बोतलें और दवाइयाँ लादे हुए थे, घुटनों तक जमी बर्फ के बीच से गुजरते हुए, केवल अपनी स्मरण–शक्ति और अनुमान के सहारे रास्ता बना रहे थे। बर्फ में फंसे लोगों तक पहुँचने में वह बड़ी मुश्किल से आगे बढ़ रहे थे।

जब शाम का वक्त हुआ, तो हांग मिंग के अगुवाई में बचाव दल पहाड़ के ऊपर चढ़ने में कामयाब रहा। उन्हें उनके सामने दूर तक फैले सफेद रंग में कुछ काले धब्बे दिखे। वह कुछ कदम और आगे बढ़े, तभी उन्हें पता चला कि वहाँ एक छोटी बस थी। उसके अन्दर नौ लोग थे। एक महिला ने उन्हें देखा, और दौड़ती हुई सैनिकों के गले लग गयी, रोते हुए कहने लगीः "मेरे अनमोल रत्नों, तुम आखिरकार आ गये...." बचाव दल पहाड़ में कुछ कदम और आगे बढ़ा, और आसपास खोजने लगा, उन्हें एक और वाहन मिला। आधा वाहन तो बर्फ में ही ढका हुआ था। उसमें सवार पंद्रह लोगों ने पूरे तीन दिनों तक बर्फीली हवाओं का सामना किया था, और वह बहुत थके हुए लग रहे थे, उनकी हिम्मत जवाब दे चुकी थी। उनकें होंठ बैंगनी रंग के हो रखे थे, और उनके हाथ–पाँव बर्फ में सुन्न पड़ चुके थे। उनमें से ज्यादातर लोग मृत्यु के करीब ही थे।

जब उन्हें उनकी तरफ आते हथियारबंद सैनिक दिखे, तो वह अपने आँसू न रोक पाए। सैनिक और अफसर अपने साथ राशन लाये थे, जिसे उन्होंने उन घबराए हुए लोगों को दिया। सैनिकों के पास केतली भी थी, जो बहुत पहले ही बर्फ में जम चुकी थी, उसे गर्म करने के लिए उन्होंने केतली को अपने शरीर के नजदीक रखा, फिर उस झुंड को पीने के लिए दिया। कुछ लोगों ने अपने कांपते हाथों से पहाड़ की चोटी की ओर इशारा किया और कहने लगेः "उस चोटी पर भी कुछ लोग फंसे हैं, जाकर उन्हें भी बचाओ, जल्दी!"

बचाव दल दो भागों में बंट गया। एक समूह तो बचाए हुए पंद्रह लोगों को पहाड़ से नीचे जाने में मदद कर रहा था। दूसरा समूह पहाड़ के और ऊपर चढ़ता रहा। जैसे–जैसे वह पहाड़ के ऊपर बढ़ते रहे, बर्फ की परत और मोटी होती गयी, और रास्ता और खतरनाक होता गया। सैनिकों और अफसरों को लेटकर, रेंगकर आगे बढ़ना पड़ रहा था। बर्फ लगातार गिर रही थी, और रात होने को थी। पहाड़ में फिसलने या दरारों में गिरने से बचने के लिए सैनिक अपने पीठ पर लटकाए थैलों से रस्सी बांधे हुए थे, और एक–दूसरे के पीछे चल रहे थे, फावड़ों और छड़ियों के सहारे रास्ता बनाते हुए, और एक–दूसरे की मदद करते हुए आगे बढ़ रहे थे। उन्होने

दस घंटों में एक कठिन यात्रा की, और आखिरकार पहाड़ की चोटी तक पहुँचे, उन्हें बस दिखी जो पहले ही नीचे घाटी में पलटकर गिर चुकी थी।

जब सैनिक वहाँ पहुँचे, तो पाँच तिब्बती वहाँ पहले से ही बर्फ में चोटिल पड़े थे। ड्राईवर दंजेंग के हाथ–पाँव बर्फ में अच्छी तरह से जम चुके थे, और वो ठीक से सोच भी नहीं पा रहा था। जब सैनिकों ने उसे खाना खिलाना चाहा, पानी पिलाना चाहा, तो उसने अपना मुँह खोलने की कोशिश करी, और उसकी उसी क्षण मृत्यु हो गयी। सैनिकों ने अपना कोट उतारा, और उसे ढका, फिर उसे और उसके साथ चार और लोगों को उठाकर पहाड़ के नीचे लाये। उसी समय पूर्व से अन्जिउला पहाड़ के पश्चिम तक का खोज और बचाव कार्य शुरू हुआ।

शाम में छठी टुकड़ी के कमांडर, यांग शियाबो के अगुवाई में एक दल अन्जिउला पहाड़ के किनारे पहुँचा। उन्होंने उस काफिले से संपर्क बनाया जो वहाँ दो दिनों से फंसा हुआ था। काफिले में तकरीबन पंद्रह वाहन, और चालीस लोग थे। जब उन्होंने हथियारबंद सैनिकों को उन्हें बचने के लिए आते देखा, तो ड्राईवर रो दियाः "हमारे पास खाने के लिए कुछ नहीं है, अगर आप नहीं आते तो हम पक्का मर जाते!" ड्राईवर के पास बताने के लिए कुछ नहीं था, उसने अपनी जेब से कुछ पैसे निकाले और सैनिकों को देने की कोशिश करी। सैनिकों ने उसके तौहफे को बड़ी दृढ़ता की नाकारा, और उसे वापस दिया। कुछ ड्राईवर तो अपने घुटनों के बल झुककर रहम की भीख मांगने लगे, उन्हें दयालु रक्षक कहते और कहते कि वह दिल से सैनिकों को पैसे दे रहे थे। यांग शियाबो गुस्सा हो गये और कहने लगेः "यह हमारा फर्ज है! आप ऐसा करके हमारा अपमान कर रहे हो!"

आठ की शाम तक सेना ने कई फंसे वाहनों और तीन सौ से ऊपर लोगों की जानें बर्फ से बचाई। लेकिन, फिर भी दो सौ और कहीं बर्फीले मैदानों में फंसे हुए थे, और सैनिकों को उनकी जान बचाने के लिए और लड़ाई लड़नी थी। उस वक्त तक, सभी सैनिक और अफसर चार दिनों तक नहीं सोए थे, और उन्होंने कोई गर्म खाना नहीं खाया था।

जब उन्होंने बर्फ से ढके पहाड़ों में और जमी हुई वादियों में कदम रखा, उस बर्फीली हवा में कई बार उड़े होंगे, या बर्फ ने नीचे फंसे होंगे; पर वो फिर दृढ़तापूर्वक अपने कदमों में वापस खड़े हुए। ऊँचाई से होने वाली बीमारी में कई नए भरती हुए सैनिकों ने उल्टी की और सरदर्द से अपना सर पकड़ कर बैठ गये। उन्होंने अपने बस्ते की बंधी रस्सियों से थोड़ा दर्द कम करने के लिए अपना सर बाँधा।

खोज और बचाव के कार्य में, लिऊ होंग्चुन, पाँचवी टुकड़ी के कमांडर, ने बर्फ में कुछ लाल धब्बे देखे। उसने चिल्लाकर आगे के सैनिकों से पूछाः "यह किसका खून बह रहा है?" सभी सैनिक खामोश थे और चुपचाप बर्फ हटाने का काम करते रहे। होंग्चुन ने खून के धब्बों का पीछा किया और पाया कि एक नया सैनिक अपने एक हाथ से अपनी नाक पकड़े हुए था, और दूसरे हाथ से पूरी जान लगाकर बर्फ हटा रहा था। खून उसके हाथों में लगी चोट से बह रहा था और टपककर जमीन पर गिर रहा था। लिऊ होंग्चुन ने उस सैनिक को पकड़ा और उसे वापस जाकर आराम करने को कहा। सैनिक ने कहाः "लेकिन सर, कृपया करके मुझे वापस जाने को मत कहो, लोगों की जान बचाना बहुत जरूरी है!" लिऊ होंग्चुन की आँखें बहुत नम हो गयी और उसने प्यार से कहा, "लोगों को बचाना जरूरी है, लेकिन तुम्हे खुद को बचाना भी सीखना होगा। अगर तुम खुद मुसीबत में हो, तो तुम कैसे जाकर किसी और की जान बचा सकते हो?"

ली शिलिन, छठी टुकड़ी के लीडर, एक बुलडोजर चला रहे थे और उनके साथ उनके नेतृत्व में सैनिक भी पहाड़ की ओर जा रहे थे। बर्फीली, जमी हुई सड़कों पर बुलडोजर चलाना बहुत खतरनाक होता था। खुद एक बुलडोजर चालक रहे, ली शिलिन बुलडोजर चालकों द्वारा सामना किये जाने वाले खतरों के बारे में चिंतित थे। उन्होंने खुद बुलडोजर पर काम किया। अचानक, एक धमाके की तेज आवाज सुनाई दी जिसमें पाँच या छह मीटर ऊँची दीवार गिर गयी थी, जिससे एक गुफा सी बन गयी और उसमें ली शिलिन दब गये। उनके पीछे सैनिक चिल्लाने लग गयेः "सर! सर!" वह हड़बड़ी में अपने स्क्वाड्रन लीडर को बचाने के लिए बर्फ निकालने लग गये। लेकिन कुछ क्षणों बाद ही ली शिलिन ने

चमत्कारिक रूप से बर्फ के अंदर फंसे हुए ही बुलडोजर को शुरू किया और उस बर्फ की बनी गुफा से बाहर निकले और उसमें एक बड़ा सा छेद हो गया।

समुद्रतल से 5,008 की ऊँचाई पर, दोंग्दा सिचुआन–तिब्बत हाईवे की सबसे ऊँची चोटी है। तीसरी टुकड़ी के कमांडर वांग झेन्लिंग ने जुओगोंग काउंटी से बुलडोजर पर सवार होकर अपनी सेना का नेतृत्व किया। उन्हें पूरा एक दिन और एक रात लग गये दोंग्दा पहाड़ के उत्तरी चढ़ाई पर पहुँचे। वहाँ उन्होंने दो बड़ी बसों को, जिसमें नब्बें लोग सवार थे, बचाया। यह बसें तीन दिन पहले मंग्कंग काउंटी से रवाना हुई थी और चान्दु की ओर जा रही थी, पर दोंग्दा में इनका भारी बर्फबारी से रास्ता रुक गया। उसके, टुकड़ी ने चोटी की तरफ रास्ता खोजा और एक और काफिले को बचाया।

आधी रात को वह दोंग्दा पहाड़ की चोटी पर पहुँचे। एक मीटर की मोटी बर्फ की परत में एक टैक्सी पलटी हुई थी। उसके अन्दर एक ड्राईवर था और दो महिलाएँ थी। वह दोनों महिलाएँ बहनें थी जो चान्दु में सब्जी बेचा करती थी। कुछ दिन पहले ही किसी ने बड़ी बहन के चार साल के बेटे को चान्दु से निकाला था। जब वो लितांग काउंटी पहुँचे, बच्चा पहाड़ों की ऊँचाई के कारण बीमार हो गया था, व्याकुलता से भरी दोनों बहनों ने टैक्सी भाड़े पर ली, और वह बच्चे को लेने जा रही थी। उन्होंने पहाड़ पर होती बर्फबारी में फंसने की कल्पना नहीं की थी। बड़ी बहन रोने लगीः "कृपया करके हमें पहाड़ के नीचे ले जाइए। मेरा बेटा मर रहा है, मैं उसे बचाना चाहती हूँ!" माँ खुद मृत्यु के बहुत करीब थी और अपने बच्चे के बारे में सोच रही थी। ऐसी ममता देखकर सभी सैनिक हैरान रह गये।

वांग झेन्लिंग ने महिला को समझायाः "आप शांत रहिये। बिलकुल हम आपको पहाड़ के नीचे ले जायेंगे!" बुलडोजर से आगे का रास्ता बनाया गया, उसके पीछे धातु से बनी रस्सी से टैक्सी को बांधकर खींचा गया। छह घंटों के परिश्रम के बाद, आखिरकार सैनिकों और अफसरों ने दोनों बहनों को उस बर्फ से ढकी जगह से निकाला। आखिरी इंसान जिसे

बचाया गया, तिब्बती ड्राईवर सिरेन था। सिरेन पहले से ही बेहोश था। नयी भर्ती जिआंग शेंग ने उसे उठाकर हिलते–डुलते पहाड़ के नीचे उतरा, और इतनी देर में वह सैनिक खुद भी थक के चूर होकर जमीन में गिर गया। मैदान में, जो समुद्रतल से चार या पाँच हजार की ऊँचाई पर था, खाली हाथ भी चलना पन्द्रह किलो के सामान को उठाकर चलने की बराबर था, और सिरेन का वजन कोई पैंतालीस किलो के आस–पास था। जिआंग शेंग के गिरने के बाद, उसके पीछे सैनिकों ने सिरेन को उठाया। वह अपनी बारी बदल–बदलकर सिरेन को उठाकर बचाव ट्रक तक ले गये।

उस वक्त तक, सभी लोग और सारे बर्फ में फंसे वाहनों को खतरे से बचा लिया गया था। बर्फीले तूफान के दौरान, सेना ने कुल मिलकर 512 लोगों की जान बचाई।

जर्मनी के विल्हेल्म ने कहाः आप चीनी सेना का गर्व हो!

क्यूँकि सड़के तो बर्फबारी में बंद थी, इसलिए बचाए हुए सभी 512 लोगों ने सेना के साथ ही खाना खाया और सेना के साथ ही सोए। सैनिकों ने अपने–अपने बैरकों के बंकरों को लोगों के लिए जगह बनाने के लिए खाली किया। वह खुद अपना कोट लपेटकर अन्न–भंडारों में, या वाहनों में तकलीफ में सोए। वहाँ सबसे जरूरी चीज थी अनाज और सब्जियाँ। आमतौर में छठी टुकड़ी 100 लोगों का खाना पीना कर सकती थी, पर फिर अचानक से उन्हें 300 लोगों को रखना था। उतना अनाज नहीं था और कुछ सब्जियाँ ही बची थी, पर ऐसा लग रहा था कि कोई मुश्किल भी लोगों को उनका खाना खाने से नहीं रोक सकती थी। टुकड़ी ने अपने पास जो भी था बचाए हुए लोगों को संतुष्ट करने के लिए दे दिया। खाना बनाने वाले दल ने हर रोज लोगों के खाने के लिए बड़े–बड़े बर्तनों में मंताओ को गरम किया और चावल पकाए।

एक बूढ़ी तिब्बती माँ ने प्रार्थना का जिम्मा अपने सर ले लिया और बार–बार दोहराते हुए खुद से कहने लगीः "यागुदु, यागुदु।" (जिसका मतलब है अच्छा)। उसने बताया कि बचाए जाने से पहले उसके गाँव के

चालीस लोग बर्फीले तूफान में भूखे मर रहे थे। लेकिन उस समय, कोई भी भूख के कारण नहीं मरा। धन्यवाद कम्युनिस्ट पार्टी का, और धन्यवाद सेना का! क्यूँकि वहाँ बहुत सारे लोग मौजूद थे, टुकड़ी का सब्जियों का, आटे–चावल का भण्डार बड़ी तेजी से सेना की आँखों से सामने खत्म हो रहा था। लोगों को भूखा मरने से बचाने के लिए सेना की पार्टी शाखा ने निर्णय लियाः सारे सैनिकों और अफसरों का राशन आधा किया जाए, और बाकी बचा लोगों के लिए रखा जाए। जब–जब खाने का वक्त आता, कुछ सैनिकों को छोड़कर जो खाना बना रहे थे, टुकड़ी के बाकी सभी सैनिक और अफसर किसी काम का बहाना बनाकर अपने आप को बाहर बर्फ में बैरकों में छुपा लेते। और जब लोगों का खाना खत्म हो जाता, तो वापस आ जाते।

लोगों को जल्दी ही इस सच्चाई का पता चल गया और उन्होंने यह आग्रह किया कि सैनिक और अफसर पहले खाना खाएं। सैनिक आदेश देतेः हम सभी जवान हैं, हम कम खाए रह सकते हैं।" लेकिन लोग भी मानने को तैयार नहीं थे, और उनका कहना था कि अगर सैनिक खाना नहीं खाएँगे, तो वो भी नहीं खाएँगे। दोनों तरफ के लोग अपने–अपने पक्षों से हटने को तैयार नहीं थे। झांग जान का पाँच साल का लड़का, जो सिचुआन के या'आन से आया था, भूखा था। उसने मंताऊ देखे और उन्हें हाथों में लेकर खाने लगा। झांग जान बहुत गुस्सा हुई और उसने अपने बेटे को थप्पड़ मारा। बच्चा रोने लगा और उसके साथ ही सभी बचाए हुए लोग, सैनिक, अफसर भी रोने लगे। एक सैनिक ने कहाः "कुमारी, यह छोटा बच्चा है और अभी बड़ा हो रहा है। क्या तुम उसे खाने नहीं दोगे?" झांग जान ने रोते हुए कहाः "अगर आप लोग नहीं खाओगे, तो क्या यह बच्चा आपका ही उदाहरण पेश नहीं करेगा? आप लोगों के बिना, हम सब मर चुके होते।" सैनिकों के पास और कोई रास्ता नहीं था, उन्होंने प्लेटें मंगवाई, और सैनिकों के साथ–साथ लोगों ने भी खाना शुरू किया।

बाद में आटे का भण्डार तेजी से कम होता गया और आग जलाने के लिए लकड़ियाँ भी खत्म हो गयी। कुछ मंताऊ गर्म करने के लिए भी पर्याप्त लकड़ियाँ नहीं बची। चावल पर्याप्त मात्रा में थे कि सभी लोगों को

आधी–आधी कटोरी चावलों की मिल सकती थी, लेकिन सब्जियाँ नहीं बची थी। बच्चों के लिए चावल निगलना मुश्किल हो रहा था, और उन्होंने कुछ छोटे बच्चों ने तो रोना शुरू कर दिया। वहाँ कुल मिलाकर बचाए गए सोलह बच्चे थे। सेना की टुकड़ी ने बचे हुए मंताऊ और नमकीन सब्जियों को बच्चों को खाने के लिए देने का, और चावल दूसरे लोगों को देने का निर्णय किया। टुकड़ी के सभी सैनिक लोगों के खाना खाने तक का इंतजार करते, फिर अपना खाना शुरू करते। लोग कहते: "आप लोगों को अभी भी कई कर्तव्यों का निर्वाह करना है, आप लोग बिना ऊर्जा के आपातकालीन स्थितियों का कैसे सामना करोगे अगर आप लोग खाना नहीं खाओगे?" सैनिकों ने लोगों से बहस करने से मना कर दिया, और बड़ी सरलता से फावड़ों को अपने कन्धों पर उठाकर बाहर निर्माण–स्थल चले गये।

सफलतापूर्वक आपातकालीन स्थितियों का सामना करने के बाद सभी सैनिक थक कर चूर हो चुके थे। वह चलते हुए लड़खड़ा रहे थे। वह इतने थके हुए थे! लोगों ने उन्हें ऐसी अवस्था में देखा और उन्हें सैनिकों का दर्द महसूस होने लगा। वह सैनिकों के बारे में चिंतित थे, लेकिन उन्हें सैनिकों के मदद करने का कोई तरीका नहीं समझ आ रहा था, और इसलिए उन्होंने सैनिकों के साथ निर्माण–स्थल में जाकर मदद करने का आग्रह किया। स्क्वाड्रन लीडर ने निर्णय लिया कि वह जगह बहुत खतरनाक थी और उसने लोगों को रोकने की पूरी कोशिश करी। उसने कुछ सैनिकों को बैरक के गेट में लोगों को रोकने के लिए तैनात किया। इसके बावजूद, कुछ लोग चोरी–छुपे सड़क की ओर भागे गये और सैनिकों के साथ जमी बर्फ को खोदकर रास्ता साफ करने लगे। लुओ सांग, जो कोच का टिक्रेट इंस्पेक्टर था, उसे अन्जिउला पहाड़ से बचाया गया था, बुलडोजर के पीछे खोदकर बर्फ निकालने लगा और उसे वापस जाने के लिए कोई नहीं मना पाया। उसने सैनिकों को बीस किलोमीटर से भी ज्यादा लम्बी सड़क से बर्फ हटाने में मदद करी। दो हफ्ते के कड़े परिश्रम के बाद, जिसमें सुधार दल कई रात नहीं सोये थे, आखिरकार सड़क साफ की गयी।

सौ से भी ज्यादा बचाए गए लोग अपने–अपने घर जा सके। हालांकि वह धीरे–धीरे और भारी मनों से ही आगे बढ़ रहे थे, उनके लिए सैनिकों

को छोड़ पाना मुश्किल हो रहा था। उन्हें इतनी कठोर ठण्ड में बैरकों के अन्दर गर्म तापमान में रहना याद आ रहा था और वो सैनिक याद आ रहे थे जिन्होंने उनकी जान बचाई। वह अपने–अपने घर तो पहुँच गये, लेकिन सैनिक अभी भी बर्फ में उस "जीवन रेखा" रुपी सड़क की रक्षा कर रहे थे। दोनों तरफ के लोगों का मिलना कोई अच्छी किस्मत थी, और उनका बिछड़ना दुर्भाग्यपूर्ण था। उन्होंने हाथ मिलाया था, एक–दूसरे को देखकर रो रहे थे, और चुपचाप रहे, जो मुझे बहुत अश्चर्यजनक लगा। तिब्बती अपना आभार एक ऐसे तरीके से प्रकट कर रहे थे जैसे वो अक्सर करते हैं, जोकि था सफेद रंग का हाडा सैनिकों के गले बांधना और फिर एक हाडा बुलडोजर को भी बाँधा जिसने बर्फ से लड़ने में मदद की थी।

पाँचवी टुकड़ी के साथ, एक जर्मन पेंटर दंपत्ति, विल्हेल्म और मैरी, और उनके दो बच्चे जोन और एडम, भी रहे, उन्हें भी सैनिकों ने बचाया था। वह तिब्बत में यात्रा कर रहे थे। कुछ दिन पहले ही वह अन्जिउला पहाड़ में फंस गये थे, जब कमांडर हांग मिंग की अगुवाई में खोज और बचाव दल ने एक वक्त में पहुँचकर उनकी जान बचाई। सैनिकों ने उन्हें अपने खुद के मखमली गद्दे और रजाइयाँ दी, और खुद शून्य से तीस डिग्री कम तापमान में बर्फ का सामना किया। सैनिक वाहनों के कम्पार्टमेंट में ठण्ड से ठिठुरकर सोने को मजबूर थे। आधी रात को दोनों बच्चों को ठण्ड लगने के कारण तेज बुखार हो गया। टुकड़ी के डॉक्टर उनका शीघ्र इलाज किया और दोनों बच्चे फिर से स्वस्थ हुए। वह सेना की टुकड़ी के साथ बारह दिनों तक रहे। जब विल्हेल्म ने वहाँ से जाना था तो उसने शुक्रिया करते हुए एक पात्र छोड़ा, जिसमें लिखाः "मेरी बीवी, बच्चे और मैं हमारे परिवार की जान बचाने के लिए दिल से शुक्रिया करते हैं। आप लोग बर्फीले पहाड़ों की सुन्दरर्ता की तरह ही भले हैं। आप लोग चीनी सेना का गर्व हैं! भगवान आपका भला करे!"

अध्याय – 4

यिगोंग में हुआ बड़ा भूस्खलन

जिस वक्त सेना की चौथी टुकड़ी ने बर्फीले तूफान में हुई भारी बर्फबारी के खिलाफ युद्ध छेड़ रखा था, उसी वक्त मुसीबतों को और बढ़ाते हुए, एक और बड़ा हादसा सिचुआन–तिब्बत हाईवे के यिगोंग इलाकें में हुआ। 9 अप्रैल 2000 की शाम 8:05 के आस–पास, 94 डिग्री पूर्वी देशांतर, और 30.14 डिग्री उत्तरी अक्षांश। शाम के वक्त यिगोंग की चाय की फैक्ट्री घने कोहरे की चादर से ढकी हुई थी और तेज हवा भी बह रही थी। वहाँ कोई शोर नहीं था, कुछ चरवाहों की आवाजें थी जो रोज की तरह अपने मवेशियों के झुंड के साथ चल रहे थे, और कुछ पक्षियों के चहचहाने की आवाजें थी। बड़े पहाड़ बिलकुल शांत, सुनसान लग रहे थे।

जेसांग, एक चाय के बागानों का एक सेवामुक्त मजदूर, सड़क से अपने घर की ओर जा रहा था। अचानक उसे आँखों के सामने आसमान में बिजली चमकती दिखाई दी। धरती बड़े भयानक तरीके से हिल गयी, और उसके बाद गड़गड़ाहट की तेज आवाजें सुनाई दी। वह डर के मारे तिलमिला गया और वहीं रुक गया। उसे कुछ समझ नहीं आ रहा था कि असल में क्या हुआ। उसके दिमाग में जो पहली प्रतिक्रिया आईः भूकंप। लेकिन, वह शीघ्र ही समझ गया की वह भूकंप नहीं था, बल्कि पहाड़ों में बड़े पैमाने में हुआ एक भूस्खलन था। उसने देखा कि लयोन्कुओ की बर्फीली चोटियाँ, जो बादलों से ढकी हुई थी, धड़ाम करके नीचे गिरी। उस भूस्खलन के साथ बादलों की गड़गड़ाहट में बर्दाश्त के बाहर तेज आवाज

सुनाई दी। वह अचानक अपनी अचेतावस्था से जागा और अपने घर की ओर भागा। वह चीन के सीमांत इलाकों में पिछली सदी में हुआ सबसे बड़ा भूस्खलन था, और दुनिया में पहाड़ों में हुआ तीसरा सबसे बड़ा भूस्खलन था।

ऐसा लग रहा था मानो लयोन्कुओ किसी दिव्य शिल्पकार के द्वारा तोड़ा जा रहा था। 300,000,000 वर्ग में कीचड़ धंसने में टूटकर आधा पहाड़ लहरों में बह रहा था, यिगोंग जान्बू नदी की ओर बहाव तेजी से बढ़ रहा था, जहाँ इससे एक प्राकृतिक बाँध बना, जो 2500 मीटर लम्बाई और चौड़ाई में था और ऊँचाई अस्सी मीटर के ऊपर की थी। इससे नदी का अपना प्रवाह रुक गया और एक बड़ा प्राकृतिक तालाब बन गया।

वातावरण गर्म होता गया और मानसून भी तेजी से पहुँच गया। जब पिघली हुई बर्फ का पानी बारिश के पानी के साथ मिल गया, उससे वहाँ प्राकृतिक तालाब भरने लगा। तालाब प्रतिदिन एक मीटर की ऊँचाई से बढ़ने लगा, और यिगोंग की वह जगह एक बड़े दलदल में बदल गयी। एक बारी जब नदी का पानी अगर बाढ़ बन जाए, तो वो नया बना बाँध भी टूट जाता और क्षण भर में चार हजार लोगों की जान और संपत्ति जो आसपास के दो गाँवों में रहते थे, आस–पास के तीन कारखाने, कुछ ली दूर सिचुआन–तिब्बत हाईवे, नदी किनारे सेना के द्वारा लगाए गए उपकरण, सेना के कई पुल और आस–पास के कई छोटे गाँव एक बड़े दलदल में बदल जाते।

यिगोंग, यिगोंग

पूरा देश यिगोंग में हुए भूस्खलन से कांप गया। केन्द्रीय पार्टी समिति, राज्य परिषद, और केंद्रीय सेना समिति ने उस आपातकालीन स्थिति का जवाब उस जगह में, एक आपदा प्रबंधन के तौर पे, सेना की कई टुकड़ी तैनात करके दिया।

हथियारबंद दस्ता आपातकालीन स्थिति की जगह से सबसे नजदीक सेना की टुकड़ी थी, उसे सिचुआन–तिब्बत हाईवे को फिर से बहाल करने का काम सौंपा और इस बात को सुनिश्चित करने को कहा कि सड़क

यातायात के लिए खुली रहे। वह उस आपदा की जगह पर पहुँचने वाले वह सबसे पहले थे और उन्होंने शीघ्र ही राहत कार्य शुरू किया, और बिना देर करे वहाँ फंसे लोगों को बचाने का काम शुरू किया। राज्य बाढ़ प्रबंधन और अकाल राहत मुख्यालय से विशेषज्ञों का एक दल ने जगह का मुआयना किया। उसके बाद वह इस नतीजे पर पहुँचे कि राहत कार्य कुछ अभियांत्रिकी सिद्धान्तों के अनुसार हो; उनकी योजना थी कि बाँध के पास अंग्रेजी शब्द "वी" के आकार में एक नहर बनायीं जाए, और जितना जल्दी हो सके नदी का पानी उसमें सोखा जाए। उनका मुख्य उद्देश्य था बाँध को बढ़ते दवाब में टूटने से बचाना।

सेना की किस टुकड़ी के कन्धों पर यह बड़ी जिम्मेदारी सौंपी जा सकती थी? केन्द्रीय समिति के सभी सदस्यों से लेकर दुर्घटना स्थल में मौजूद सभी लोग, सारी सेना और आम नागरिक, हथियारबंद पुलिस की दो विभागों को बड़ी उम्मीद से देख रही थी। यह दो विभाग थे परिवहन विभाग और, पानी और बिजली विभाग। इन दोनों विभागों में सभी इंजिनियर थे जो इंफ्रास्ट्रक्चर इंजीनियरिंग कोर्प से बदली में आए थे। उनके पास पहाड़ी मैदानों में निर्माण कार्य करने का कई सालों का अनुभव था और वास्तु–कला के कई अद्‌भुत निर्माण किये थे। यांग चुंतंग, यिगोंग राहत मुख्यालय के मुख्य सचिव, और तिब्बत स्वायत्त इलाकों के उप–अध्यक्ष, ने बयान जारी किया: "दो इंजीनियरिंग विभागों की जिम्मेदारी संभालना और पी.एल.ऐ. के सभी लोगों का मिलकर इस संघर्ष में शामिल होने, का मतलब है इस राहत मिशन में हमारे पास पर्याप्त कुशल लोग हैं और पर्याप्त मशीनें भी हैं।"

लिऊ गेंशुई, हथियारबंद पुलिस परिवहन निगम की पहली टुकड़ी के राजनितिक विभाग के मुख्य, सिचुआन–तिब्बत हाईवे पर मौजूद थे और राहत कार्य में शामिल थे, बर्फ के खिलाफ युद्ध लड़ रहे थे। जब उन्होंने यिगोंग में हुए बड़े भूस्खलन की खबर सुनी, तो उन्हें एक अंत की अनुभूति हुई, क्यूँकि भूस्खलन इससे पहले हुए बर्फीले तूफान से कई ज्यादा खतरनाक था। उन्होंने अपनी संरक्षण टीम को निर्देश दिया: बर्फबारी के मिशन में तैनात सैनिकों के एक समूह को शीघ्र वहाँ से हटाया जाए, और

उन्हें यिगोंग के राहत कार्य के संघर्ष में भेजा जाए, जो कई ज्यादा खतरनाक था। इस बात की भी ध्यान रखा जाए कि सिचुआन–तिब्बत हाईवे चौबीस घंटे यातायात के लिए खुला रहे, शीघ्र ही और बिना किसी रोक या शर्त के। रास्ते में होने वाली सभी रुकावटों को दूर किया जाए, जिनसे वाहनों को और सेना को घटना स्थल में पहुँचने में मुश्किल हो।" बीजिंग के हथियारबंद पुलिस और परिवहन संगठन के मुख्यालय में, दो मुख्य निदेशक शी झोकियन और महासचिव लू लिन्युआन स्टैंडिंग समिति के सदस्यों के साथ पूरी रात बिना सोये बैठक करी, उन्हें धरती के नक्शे में बढ़ते सुनहरे भूरे रंग के धब्बे का सामना करना था, उन्होंने सैनिकों को तैनात करने के लिए और राहत कार्य करने के लिए योजनाएँ बनायीं।

अगले दिन सुबह, मुख्यालय ने राहत कार्य में जुटी टुकड़ियों को एक सन्देश भेजा। दूसरी टुकड़ी के सभी अफसर और सैनिक, तीसरी टुकड़ी और संरक्षण टुकड़ी शीघ्र ही राहत कार्य के संघर्ष को शुरू करने की तैयारी करे। उन्हें पूरी जान लगाकर सुनिश्चित करना था कि सिचुआन–तिब्बत हाईवे खुला रहे, सभी घटना–स्थल में हठतापूर्वक डटे रहे जब तक राहत कार्य खत्म न हो जाए, और उन्हें तब तक हटाया नहीं जायेगा जब तक पूरी विजय प्राप्त न हो जाए। उसके बाद मेजर जनरल यु गुओवेई, मुख्यालय के सहायक निदेशक, चेन झेन्योऊ, पहली टुकड़ी के महासचिव, और स्टाफ के मुख्य वांग झितिंग, ने ल्हासा के लिए उड़ान भरी। तीसरे दिन वह बहुत जल्दी यिगोंग के राहत स्थल पहुँचे। राज्य बाढ़ प्रबंधन और अकाल राहत मुख्यालय और दुर्घटना–स्थल के सभी मुख्यालयों की मिल्कल बनाई गई, सैनिकों को तैनात करने की योजना के अनुसार, दो पुलिस टुकड़ियों ने मशीनों और सेना को तत्परता से सिचुआन–तिब्बत हाईवे, तिब्बती क्षेत्रों, और चीन के कई निर्माण–स्थलों में ले जाने का काम शुरू किया। उन्हें जितना जल्दी हो सके मदद के लिए पहुँचना था ताकि यिगोंग के इलाके में तालाब बनाए जाए।

लान जियांकंग, दूसरे परिवहन विभाग के मुख्य, को अट्ठाइस अप्रैल को शीघ्र ही रात कार्य शुरू करने के आदेश मिले। उस रात उसने सभी सैनिकों और मशीनों को इकठ्ठा कियाः उसके बारह घंटों के बाद, उसने

मशीन कोर्प और राहत टीम की अगुवाई की जिसमें वह वहाँ से बड़ी संख्या में यिगोंग को रवाना हुए। पहली मई की सुबह, अन्तराष्ट्रीय मजदूर दिवस की छुट्टी के दिन, लान जिंकांग राहत स्थल में पहुँचने वाले पहले व्यक्ति थे। यह एक बहुत सही कदम था, क्यूँकि उसे एक बारी परिवहन टुकड़ी की द्वारा "लेबर हीरो" का नाम दिया गया था, उसे दो बार दूसरी श्रेणी का पुरस्कार दिया गया था, चार बार तीसरी श्रेणी का पुरस्कार दिया गया था और चौदहवीं कांग्रेस पार्टी का प्रतिनिधि भी रहा था। यांग चुंतांग ने उसे सम्मान देते हुए कहा: "परिवहन टुकड़ी बहुत तेजी से आगे बढ़ रही है!"

गुआन्क्सी में सोलह टेक्निकल ऑपरेटर इकठ्ठा हुए, उन्होंने शीघ्र ही चेंगडु पहुँचने के लिए बस में सफर किया, ट्रेनें भी बदली, और आखिरकार विमान पर चढ़े। पर मूसलाधार बारिश हो रही थी, और तिब्बत की ओर जाने वाले सभी विमान देरी से चल रहे थे। समय तो किसी का इंतजार नहीं करता–ऐसे में क्या किया जाए? चेंगडु में तैनात टुकड़ी ने शीघ्र ही सभी ऑपरेटरों को लाने के लिए चोंगकिंग एक विशेष वाहन भेजा, जहाँ से वह ल्हासा के लिए हवाई–यात्रा कर सकते थे। और दूसरे पहुँचने वालों में, वह सोलह लोग यिगोंग पहुँचे। और तीसरे पहुँचे तीसरी टुकड़ी के दो बुलडोजर भी यिगोंग पहुँचे। चौथे पहुँचने वालों में थे आंतरिक मंगोलियन निर्माण–स्थलों के अफसर और सैनिक। परिवहन पुलिस और, पानी और बिजली मुख्यालय ने सचिव फांग जिन्योंग, जिन्होंने टुकड़ी के बड़े पैमाने में निकलने के निर्णय पर हस्ताक्षर किये थे, के बारे में खबर फैलाई। उसके बाद उन्होंने मुझसे कहा:

"यह किसी मृत्यु यात्रा से कहीं कम नहीं है!"

फांग जिन्योंग ने कहा कि जब गोलमद से भेजे हुए बुलडोजर चालकों ने तान्गुला पहाड़ की दरारों को पार किया, जो कोई 5000 मीटर की ऊँचाई पर थे, उसका मुँह लाल हो गया और उसमें सूजन पड़ गयी, उसके मुँह और नाक से खून बहने लगा, और वो बार–बार उलटी करने लगा। वह तीन दिन तक खाना नहीं पाया और सो नहीं पाया। ऐसा प्रतीत हो रहा था कि वह कार्य उसे कमजोर बना रहा था, लेकिन उसने हिम्मत

रखी और निर्धारित जगह तक बुलडोजर चलाता रहा। ल्हासा और यिगोंग के बीच 600 किलोमीटर लम्बी सड़क का एक हिस्सा टूट चुका था, और सैनिकों ने अपने–अपने वाहनों से निकलकर रास्ते से पत्थर हटाए। इस देरी का मतलब कई घंटे हो सकते थे। सड़क के कुछ हिस्सों से नदी का पानी तेजी से बह रहा था। जब आप सड़क के उस हिस्से पहुँचते हो, तो वहाँ से यात्रा बहुत धीमी हो जाती है। कुछ जगह सड़क की चौड़ाई बहुत कम थी, और सिर्फ एक वाहन ही एक बारी में वहाँ से गुजर सकता था। जब उलटी दिशा से कोई वाहन आता, तो दूसरे वाहन को रुक कर प्रतीक्षा करनी पड़ती। इस प्रतीक्षा में भी घंटों लग सकते थे। सैजीला पहाड़ को पार करना, जहाँ सब जगह बर्फ फैली हुई थी और आप अपने आस–पास में सिर्फ दस मीटर की सड़क ही देख पा सकते थे। पूरी सड़क ही जमी हुई बर्फ से बनी थी और जब आप वाहन चलाया जाता, तो आइस स्केटिंग की तरह फिसलता। वह बहुत खतरनाक था। पारलुंग के घुमावदार और चौड़ी बड़ी दरारों में, पहाड़ बहुत ऊँचें थे और घाटियाँ बहुत गहरी थी, सैंकड़ों मीटर नीचे कई पहाड़ों की चोटियाँ दिखाई दे सकती थी। घाटी तीन सौ और तीस मीटर गहरी थी। वहाँ कोई नौ साधारण पुल थे जो सिर्फ बीस टन का भार ही एक बारी में सह सकते थे; कई मशीनों और उपकरणों का वजन तीस टन से ऊपर का था।

कुछ सड़कें मोड़ पर इतनी ज्यादा संकीर्ण थी और बड़े वाहनों के लिए वाहन से मुड़ना मुश्किल था। कई ऐसी मौके आये जहाँ वाहन और उनमें सवार लोग दुर्घटना का शिकार हो सकते थे। कुछ अस्थायी चालकों को भी इस काम के लिये रखा गया था, और उन्होंने आधे रास्ते तक दृढ़ता से यात्रा करी। लेकिन जब वह परलुंग की चोटियों तक पहुँचे, उनसे और आगे बढ़ने की हिम्मत नहीं हो रही थी। राहत कार्य में शामिल दो टुकड़ियों के सभी सैनिक और मशीनें राहत स्थल एक हफ्ते के अन्दर पहुँची।

ब्रेकिंग ओपन ड बी..

पहाड़ों पर एक भयानक भूस्खलन में बना कुदरती बाँध, किसी अति विशाल दानव की तरह था जो यिगोंग जन्बू नदी के ऊपर आड़ा करके लेटा हुआ था। एक बारी अगर बाँध टूट जाए, तो उससे होने वाले नुक्सान

की कल्पना भी नहीं की जा सकती। राज्य बाढ़ प्रबंधन और अकाल राहत मुख्यालय ने एक 2500 मीटर लम्बा, 150 मीटर चौड़ा, और 20 मीटर गहरा चैनल तीस दिनों के अन्दर खोदने के निर्देश दिए। इस परियोजना में 1, 500, 000 मीटर वर्ग में मिटटी और चट्टानों को खोदना था और फिर ढोना था।

तीन मई की सुबह दस बजकर, हल्की बारिश में, यिगोंग जान्बू नदी किनारे इस परियोजना को लेकर एक बैठक हुई। बैठक के दौरान सेना के झंडे हवा में लहरा रहे थे और मशीनों का तेज शोर था। हथियारबंद पुलिस अपनी चकाचौंध वर्दी में झंडे उठाए हुए थे, उन पर नारे लिखे थे जैसे, "जवान सैनिक परीक्षण दल", "पार्टी प्रशिक्षण दल" और लोगों और पार्टी के सच्चे रक्षक जिंदाबाद।" हम सबने शपथ ली कि यिगोंग को बहाल करने का कार्य पूरा करेंगे!" अपने धड़कते दिलों की साथ सभी रेजिमेंट में पंक्तियाँ बनाकर खड़े थे।

फिर यिगोंग का सरंक्षण कार्य शुरू किया गया।

राहत स्थल तोंग्माई से लेकर यिगोंग तक अठारह मील लम्बे हाईवे के हिस्से में फैला हुआ था, जिसे भूस्खलन के कारण काफी नुक्सान पहुँचा था। इस बचाव दल के योद्धा राहत स्थल से दो किलोमीटर दूर तक फैले थे, जहाँ तक सड़क जा सकती थी। खोज और बचाव दल के स्क्वाड्रन लीडर लान जियान्कंग ने अपने हाथ हिलाते हुए कहाः "वांग किंघे और लिऊ जिआंग, तुम दोनों बुलडोजर चलाओ और सबसे आगे जाओ; बाकी के सैनिक मशीनों के पीछे–पीछे चलो!" बुलडोजर के चलने की तेज आवाज, चट्टानों से टकराते लोहे के कुदाल और फावड़े, और खुदाई करने की आवाजें पहाड़ों में गूंज रही थी। केवल पाँच घंटों में, सैनिकों और अफसरों ने दो अस्थायी पुल बना लिए, और विस्फोट करके 30, 000 मीटर वर्ग की मिटटी खोदकर निकाली और ढोई। जहाँ कोई सड़क नहीं थी, वहाँ उन्होंने खोदकर बाँध तक पहुँचने के लिए रास्ता बनाया।

राहत कार्यों में जुटी सेना ने यिगोंग बाँध पर अपना संघर्ष शुरू किया। तेज धूप थी और जमीन में तापमान पैंतालीस डिग्री तक पहुँच गया था।

मशीनों के संचालन कक्ष किसी बांस के स्टीमर की तरह गरम थे, जिसके अन्दर किसी भी व्यक्ति का दम घुट सकता था। मशीन ऑपरेटरों ने नदियों में अपना पसीना बहाया, लगातार नदी के प्रवाह का पानी पीते और गरम पानी को ठंडा करते, लेकिन जो पानी वो पीते मानो भाप बनके उड़ जाता, उन्हें फिर से प्यास लगने लगती। हर व्यक्ति प्रतिदिन छह से सात लीटर पानी पीता, लेकिन बहुत कम लघुशंका करता। पंद्रह मई को, आधा निर्माण–कार्य पूरा हो चुका था। नदी का जलस्तर रोज 1.5 मीटर की तेजी से बढ़ रहा था, और कीचड़ धंसने से निर्माण–स्थल कई बार प्रभावित हुआ। बाढ़ से निपटने के लिए, स्थल मुख्यालय ने निर्णय किया कि बाँध के पश्चिमी जगह पर, जहाँ की चढ़ाई 70 डिग्री पर थी, वहाँ के घुमावदार रास्तों में चार किलोमीटर लम्बी अस्थायी सड़क बनाई जाए।

इस कठिन चुनौतीं की जिम्मेदारी कौन लेता? बिल्कुल, लान जियांकांग की टीम ही थी, जो यह जिम्मेदारी निभा सकती थी! लान जिंकांग रास्ता बनाते हुए आगे बढ़ते रहे, और उनके पीछे चल रहे थे कई बुलडोजर। लांग जिंकांग अपने सैनिकों के सबसे आगे खड़े होकर बार–बार इशारे कर रहे थेः "बाएँ, दाएँ, पीछे, आगे....." कांटेदार पौधों और कंटीली झाड़ियों को काटकर किनारे किया गया, बड़े पत्थरों को भी भिन्न– करके किनारे रखा गया, और खड्डों को बराबर किया गया। केवल छत्तीस घंटों में टीम ने अपना कार्य पूरा किया।

टीम का सबसे जवान सैनिक झोऊ लांग था। वह एक भार ढोने वाली मशीन का ऑपरेटर था, और उसका तबादला संरक्षण विभाग से हुआ था। जब वो अपनी मशीन के चालक कक्ष में बैठा था, तो नीचे खड़े लोगों को उसकी छाया–आकृति बिलकुल नहीं दिख रही थी। एक साथ के समूह के एक सैनिक ने घबराकर कहाः "अरे, वह लोडर बिना किसी चालक के कैसे चल रहा है?" झोऊ लांग का दोस्त जो करीब ही खड़ा था, हँसते हुए बोला "कुछ ऊँचाई पर खड़े होगे, तो तुम्हे पता चलेगा।" सैनिक किसी चट्टान पर खड़ा हुआ और देखने लगा, फिर उसे झोऊ लांग चालक की सीट पर बैठा दिखा। झोऊ लांग हमेशा अपनी रक्तमय आँखों से आगे की ओर देखता था। वह मशीन को एक हाथ से ही चलाता था, और वह अपने

काम में बहुत माहिर था। सैनिक ने कहाः "वह व्यक्ति थोड़ा अलग है, है की नहीं?"

जब हम झोऊ लांग को निर्माण–स्थल पर देखा, वह अठारह घंटों से लगातार मशीन चला रहा था। जब झोऊ लांग लोडर में तेल डाल रहा था, मैंने उस मौके का फायदा उठाकर उससे पूछाः "मैंने सुना है कि तुम्हे लीवर के बीमारी है और हाल ही में तुम्हारी बीमारी बड़ी है। तुम क्यूँ टुकड़ी के लीडरों से राहत कार्यों में हिस्सा लेने को कहते हो?"

उसने कहा, "जब आप पहाड़ी मैदानों में लम्बे समय से काम करते हो, तो किसको कोई बीमारी नहीं होती? मैं अपनी बीमारी को यहाँ के हिसाब से कोई बीमारी नहीं मानता।"

"तुमने इतने देर से लगातार काम कर रहे हो, क्या तुम थके नहीं हो?"

"हाँ, बिलकुल, मैं थका हुआ हूँ; मैं झूठ बोल रहा हूँ अगर मैं मना करता हूँ। हम सभी लोहे और स्टील के बने हैं, हम सभी फिर भी थकते हैं।" उसने और कहा, "लेकिन जब में नदी का जलस्तर रोज बढ़ते हुए देखता हूँ, तो मैं सच मैं बेचैन महसूस करता हूँ, और मैं आराम नहीं कर पता और न ही सो पाता हूँ। अगर हम इस खतरे से पार नहीं पाएँगे, तो बाँध बढ़ते जलस्तर के दवाब के कारण टूट जाएगा, और फिर इससे भी बड़ी मुसीबत होगी। सैंकड़ों किलोमीटर लम्बी सड़क बर्बाद हो जाएगी, और फिर उसे ठीक करने में कई साल लग जाएँगे। सिचुआन–तिब्बत हाईवे बिलकुल ठप्प हो जाएगा। और उसका मतलब है नीचे की ओर कोई गाँव नहीं होगा, कोई तिब्बती समुदाय नहीं होगा। उस बात को लेकर कौन परेशान नहीं है?"

"क्या तुम्हे लगता है कि परिवहन विभाग का सैनिक होना मुश्किल है?"

"हाँ, यह मुश्किल है, बहुत मुश्किल। जब मुझे पहली बारी सिचुआन–तिब्बत हाईवे जाना था, तो मैंने लोगों को कहते सुना था कि यह बहुत कष्टदायक संघर्ष था, लेकिन फिर भी मैं कल्पना नहीं कर पाया कितना मुश्किल होगा। मुझे अब इस कष्ट की आदत पड़ गयी है, और

अब मुझे यह सब उतना मुश्किल नहीं लगता। दूसरी जगह रहने वाले लोग अपनी अच्छी किस्मत को नहीं पहचानते क्यूँकि वह उसी में रह रहे होते हैं; पर हमें अब कोई कष्ट नहीं लगता, हमने इसकी आदत बना ली है।

जब मैं राहत स्थल में था, तो मैं एक बुलडोजर चालक से मिला जिसका नाम लियांग मिन्वेइ था। लियांग मिन्वेइ ने मेरे मस्तिष्क में दो प्रभाव छोड़े। पहला था जो मैं दूसरों से इंटरव्यू के दौरान उसके बारे में सुनता था। जब लियांग मिन्वेइ की यिगोंग के राहत मिशन में मदद करने के आदेश मिले, उसे पढ़ने के लिए छुट्टी मिली थी और वह आर्मी कॉलेज में दाखिले के लिए परीक्षा देने की तैयारी कर रहा था। किसी सैनिक के लिए जो एक गाँव से भर्ती हुआ हो, पढ़ने के लिए कॉलेज में दाखिला बहुत जरूरी होता है। इस पर उसका भविष्य निर्धारित होता है। लेकिन, अपनी किस्मत और भविष्य के लिए महत्वपूर्ण समय में उसने अपनी जिन्दगी का बहुत मुश्किल फैसला लिया। उसने परीक्षा के अवसर को छोड़ने का निर्णय लिया और यिगोंग में राहत मिशन में भाग लेने की अनुमति मांगी।

सेना की टुकड़ी यिगोंग से 300 किलोमीटर दूर एक जगह तैनात थी। समय ने उसे इतनी दूर पहुँचने के लिए छब्बीस टन के बुलडोजर चलाने की इजाजत नहीं दी; इससे यिगोंग पहुँचने में आठ या नौ दिन लग जाते। सफर बहुत लम्बा भी था और बुलडोजर खराब भी हो सकता था। उसने बुलडोजर के हिस्सों को अलग–अलग किया और जहाज से यिगोंग भेज दिया, जहाँ उसने फिर से उसे दोबारा बनाया। इसे तरीके से भेजना, एक–एक हिस्सा अलग करके, पहले के दिनों में चार या पाँच दिन लगते थे, लेकिन इस बार सिर्फ तीन दिन लगे। इस उपलब्धि की खबर ने राहत कार्य में जुटी सभी मैकेनिकल इंजिनियरों को हैरान कर दिया। उसने इस कारनामे से सभी लोगों को प्रभावित किया।

मैं खुद दूसरी घटना का गवाह बना। मैं उस दिन राहत–स्थल में इंटरव्यू ही ले रहा था, जब यह घटना हुई, मैंने सुना कि लियांग मिन्वेइ का पैर बुलडोजर के एक हिस्से के नीचे दब गया। मैं भागकर देखने लगा। जैसे की पता था, लियांग मिन्वेइ घायल हुआ था। उसके दाएँ पैर की सबसे बड़ी ऊँगली का नाखून उतर गया था। उसके रबर के जूते खून

से लथपथ थे। एक चिकित्सक उसकी चोट पर पट्टी लपेट रहा था। लियांग मिन्वेइ दर्द के मारे रोने लगा। उसके माथे से पसीने की धार बहने लगी। लेकिन, जैसे डॉक्टर उसकी चोट पर पट्टी बाँधकर हटा, वह फिर से खड़ा हो गया और लंगड़ाकर चलते हुए वापस बुलडोजर के अन्दर जाने लगा।

डॉक्टर ने कहा: "महान लियांग, तुम्हे घर जाना चाहिए और आराम करना चाहिए। तुम ऐसी हालत में बुलडोजर नहीं चला सकते। बुलडोजर चलने से तुम्हारा पैर और सूज सकता है, जख्म और गहरा हो सकता है।"

लियांग मिन्वेइ ने कहा: "अगर मैं आराम करूँगा, तो तुम बुलडोजर के साथ क्या करोगे?"

डॉक्टर ने जवाब दिया, "दुनिया तुम्हारे बिना भी चलती रहेगी! क्या तुम यहाँ इकलौते ऐसे हो जिसे बुलडोजर चलाना आता है?"

लियांग मिन्वेइ ने कहा, "मैं मेरी मशीन को जानता हूँ, किसी और के लिए इसे संभालना आसान नहीं होगा। और मुझे यह भी डर है किसी और के हाथों मेरी मशीन टूट सकती है।" जब उसने कह दिया जो उसे कहना था, वह धीरे–धीरे बुलडोजर पर चढ़ने लगा। यह वही लियांग मिन्वाई था, जो तीन महीने पहले अपने बुलडोजर के साथ, कीचड़ में फंस गया था, जो सिचुआन–तिब्बत हाईवे में राहत कार्य का एक और संघर्ष था। उन्नीस मई को, एक नाली के जरिये नदी के बढ़ते जलस्तर को कम करने की योजना एक नाजुक स्थिति में पहुँची। कुदरत का कठोर वातावरण, और लगातार दिनों, रातों तक राहत कार्य चलता रहा, जब तक सभी सैनिक थक न गये और मशीनें खराब न हो जाएँ। मशीनों का खराब होना और अन्य रुकावटें भी बीच–बीच में लगातार होती रही।

एक शाम एक बुलडोजर बीच कार्य के दौरान अचानक रुक गया। ऑपरेटर व्याकुलता में बुलडोजर के आस–पास घूमता रहा, पर उसे बुलडोजर के अचानक रुक जाने की कोई वजह समझ नहीं आई। मशीन को ठीक करने के लिए एक विशेषज्ञ ली झोंग्यिंग आया, जो मशीन रिपेयर टीम का लीडर था, जो पहले से ही राहत–स्थल में दो दिन और रात बिना

आराम करे काम कर रहा था और अब तक छह मशीनों को ठीक कर चुका था। उसके हाथों में औजारों से भरा एक भारी बक्सा था। अपनी थकावट को बिलकुल नजरअंदाज करते हुए वह बुलडोजर के ऊपर चढ़ा और बारीकी से जांच करने लगा। बारिश तेज हो रही थी और सारा मैदान एक बड़े दलदल में बदल गया। कुछ समय बाद ली झोंग्यिंग सर से लेकर पाँव तक कीचड़ से ढक गया, उसके चेहरे पर भी कीचड़ ही लगा हुआ था। धीरे–धीरे रात का समय हो रहा था, और उसे मैदान में लेटकर, टॉर्च पकड़कर, मरम्मत का काम करना था।

यांग चुंतांग, तिब्बती स्वायत्त इलाकों के उप–अध्यक्ष और राहत मिशन के मुख्य मार्शल, वहाँ से गुजर रहे थे। उन्होंने यह सब घटित होते देखा और मैदान में घुटनों के बल झुक गये, टॉर्च पकड़कर ली झोंग्यांग की मदद करने लगे। ली झोंग्यांग, जो मशीन के नीचे थे, को लगा की उसका कोई साथी सिपाही होगा, और हाथ बढ़ाकर कहता, "मुझे एक मापक पकड़ाओ!" उप–अध्यक्ष यांग ने जल्दी उसके बक्से से एक मापक निकालकर ली झोंग्यांग को पकड़ाया। ली झोंग्यांग के कहा, "बक्से से पलास निकालो!" उप–अध्यक्ष ने बक्से से पलास निकाला। ली झोंग्यांग ने उसे फटकारते हुए कहा, "तुम क्या कर रहे हो? यह नहीं है, इससे बड़ा वाला है! उप–अध्यक्ष ने जल्दी से पलास को बड़े वाले से बदलकर उसे दिया। इस तरह भारी बारिश में उप–अध्यक्ष यांग ली झोंग्यांग के आधे घंटे तक सहायक बने रहे। जब बुलडोजर ठीक कर लिया गया, ली झोंग्यिंग वाहन के नीचे से बाहर निकलने लगा और उसने राहत मिशन के मुख्य मार्शल को घुटनों के बल झुके हुए देखा, वह अपनी ऊपर लगी गीली मिटटी साफ करने लगा, उसका सर शर्म से झुक गया, उसने कहा, "मुख्य मार्शल! मुझे नहीं पता था कि आप यहाँ थे।"

यांग चुंतांग ने हँसते हुए कहाः "मैं कोई औपचारिक रूप से तुम्हारा शिष्य नहीं बन गया, लेकिन तुमसे थोड़ा काम तो सीख ही लिया। तुम्हे बुरा नहीं लगा होगा, मैं उम्मीद करता हूँ?"

ली झोंग्यिंग, जो बीस साल तक पहाड़ी मैदानों का एक सैनिक रहा था और दस सालों का मशीनें ठीक करने का अनुभव था, उसने खराब

बुलडोजर के सामने खड़े होकर उसके दो इंजनों की आवाज सुनी थी, उसके बाद वह निष्कर्ष पर पहुँचा था कि क्या मुसीबत होगी। पर वो भी, जो "दिव्या फिक्सर" के नाम से जाना जाता था, जो किसी भी खराब मशीन को कहीं भी और कभी भी ठीक कर सकता था, अब उस व्यथा से निकल नहीं पा रहा था जो उसे अन्दर से कोस रही थी।

पन्द्रह साल पहले, जब उसकी पत्नी पहाड़ की चढ़ाई करते हुए उसे ढूंढ रही थी, उस खतरनाक वातावरण में उसने एक लड़के को जन्म दिया। लेकिन, बच्चा जन्म से ही अपाहिज था और खड़ा नहीं हो पाता था। उसक पत्नी ने स्पष्ट रूप से कहा था कि उसके बच्चे की बीमारी इन पहाड़ी मैदानों की वजह से थी। ली के पास कोई जवाब नहीं था। वह इतना ही कर सकता थाः उसे जब भी छुट्टी मिलती, वह अपनी पत्नी और बच्चे को उसके इलाज के लिए गुआन्झौ ले जाता, बीजिंग ले जाता। दस साल बीत गये, उसने अपनी लगभग सभी छुट्टियाँ घर जाकर अपने बच्चे के लिए दुनिया के हर कोने में घूमकर इलाज ढूँढने में बिताई थी। उस साल मार्च को, उसने एक ऐसे हस्पताल के बारे में सुना जहाँ विशेष रूप से उसके बच्चे की बीमारी का इलाज किया जाता था। लेकिन, उसी समय उसे यिगोंग के राहत मिशन में शीघ्र पहुँचने के आदेश का तार मिला। एक सैनिक होते हुए, उसके पास कोई और विकल्प नहीं था। उसने अपना सामान लपेटा, और उसी दिन पश्चिम की ओर जाती ट्रेन में चढ़ गया।

एक साल बाद मैंने ली झोंग्यिंग को जियांग्यु के तीसरी टुकड़ी के बेस कैंप में देखा। जब मैंने उससे उसके बेटे के बारे में पूछा, उसने बताया ऑपरेशन कामयाब रहा, पर उसकी बेटे से बात नहीं हुई। जी झोंग्यिंग ने बताया कि उसके तिब्बत पहुँचने के बाद उसकी पत्नी बसें और कई ट्रेनें बदलकर हजार किलोमीटर का सफर करके दक्षिण–पूर्व के उस हस्पताल पहुँची, जहाँ उसके लड़के का ऑपरेशन होना था। ऑपरेशन के दिन, लड़का बहुत डर गया, और अपने पिता की आवाज सुनने को बेचैन था, उसे बीमारी से लड़ने के लिए हिम्मत चाहिए थी। लेकिन, सिचुआन–तिब्बत हाईवे में भूस्खलन के कारण सारी संचार–व्यवस्था ठप्प पड़ चुकी थी, इसलिए उसकी बेटे से बात नहीं हो पाई।

छह महीनों बाद ली झोंग्यिंग घर गया। वह अपने बिस्तर पर लेटे लड़के के पास गया और माफी मांगकर कहने लगाः "बेटा, पापा देरी से आयें हैं– मुझे माफ कर दो!" उसके बेटे ने मुँह फेर लिया, और उसकी तरफ देखा भी नहीं। ली की पत्नी साथ ही खड़ी थी, उसने लड़के को समझायाः "क्या तुम अपने पिता से बात नहीं करना चाहते थे? पापा वापस आ गये हैं, तुम कुछ कहते क्यों नहीं?" लड़के ने कहा, "इन्हें सिचुआन–तिब्बत हाईवे की ही पड़ी है, और मेरे लिए कोई जगह नहीं है, मैं इनका बेटा। इन्हें कोई परवाह नहीं मैं जियूँ या मरुँ!" ली की पत्नी गुस्सा हो गयी और कहने लगीः "तुम्हारे पिता अपनी जान को जोखिम में डालकर सिचुआन–तिब्बत हाईवे गये– क्या तुम नहीं देख सकते कितने थके हुए हैं, और तुम इनसे ऐसे बात कर रहे हो! इनसे बात करो बोलो पापा!" लड़के ने कहा, "मैं नहीं बोलूँगा, नहीं बोलूँगा!" उसकी पत्नी और भी ज्यादा गुस्सा हो गयी और उसे थप्पड़ मारने लगी। उसके हाथों से तीनों की आँखों में आँसू आ गये।

मच्छर और शौचालय, जोंकें और सिगरेट

राहत स्थल में, एक पल तेजी से बारिश हो रही थी, और दूसरे ही पल सूरज तेजी से चमक रहा था। धरती सारा बारिश का पानी सोख लेती और तेज धूप में तपने लगती। इतनी उमसदार गर्मी बर्दाश्त के बाहर थी, और निर्माण–स्थल बम्बू के बड़े स्टीमर में बदल गया जो सैनिकों को गर्मी से मारने का काम कर रहा था। शौचालय जाने की भी मुश्किल थी। लू तिन्जुन, रेजिमेंट के राहत मिशन के आयोजक और प्रभारी अफसर, ने एक शौचालय में कदम रखा और बैठने ही लगे थी कि किसी ने उन्हें कूल्हों में काटा। उन्होंने हाथों से उस चीज को पकड़ने की कोशिश करी, जब उन्होंने अपना हाथ वापस देखा तो उनकी हथेली में काला और लाल खून था। उन्हें पता चला कि वह एक बड़े टांगो वाला जहरीला मच्छर था जो यिगोंग के इलाकों में पाया जाता था।

मच्छर एक आधी सिगरेट के जितना लम्बा था। उसका रंग बैंगनी और काला था, और जहाँ भी वो काटता वो जगह एकदम फूल जाती।

इससे पहले कि वह खड़ा हो पाता, मच्छर उसके आसपास किसी दुश्मन के विमान की तरह भिनभिनाने लगे। वह बहुत धीमा था और मच्छरों का निशाना उसके कूल्हों पर था। उसने अपनी पैंट ऊपर की ओर दौड़ता शौचालय से बाहर निकला। उसे अभी भी अपनी पैंट के नीचे मच्छर महसूस हो रहे थे।

शौचालय जाना एक सरदर्द बन गया। हर किसी को बहुत सावधानी से शौचालय जाना होता था। एक बारी कम शौच करने का मतलब था, एक मच्छर से ना कटवाना। हर किसी को बाद में पता चला कि शाम के नम वातावरण में जब मच्छरों के पंख तर होते हैं, तब मच्छरों की संख्या भी कम होती है; इसका मतलब था शाम का समय शौचालय जाने के लिए उत्तम समय था। इस वजह हर शाम को शौचालय लोगों से भरे होते थे। कुछ तो लोग ऐसे होते थे जिन्हें उस समय शौच जाने की आदत नहीं होती थी, पर फिर भी बैठ जाते और अपना पेट हल्का करते ताकि दिन के समय न जाना पड़े। वहाँ कुछ और भी था जो किसी मच्छर से भी कहीं ज्यादा डरावना था, और वो थी जोंकें।

जब मच्छर हमला करते हैं, तो उनके भिनभिनाने से पता चल जाता है। लेकिन जोंकें बिलकुल कोई आवाज नहीं करती, चुपचाप त्वचा पर हमला करती हैं। आपको पता भी नहीं चलता कब वो आपका सारा खून चूस लेती हैं। ऐसा कहा जाता है कि वह तरल पदार्थ जो जोंकें अपने मुँह से छोड़ती हैं, उसमें सुन्न करने की क्षमता होती है, और आपको पता भी नहीं चलता कि कब आपके मांस को वो सुन्न कर देती हैं। यिगोंग की जोंकें पूरी दुनिया में सबसे बड़ी होती हैं और सबसे ज्यादा पाई जाती हैं। यह हर कहीं होती हैं। निर्माण–स्थल में हर किसी को कई जोंकें आसानी से मिल सकती हैं। एक बार एक सैनिक को उसके शरीर से दस से भी ज्यादा चिपकी मिलीं। सैनिक शाम को वापस आया, तो उसने पाया कि उसकी पैंट के आगे का भाग खून से लथपथ था। वह घबराकर रोने लगा, यही सोचता रहा कि उसके गुप्त अंग को कोई हानि पहुँची होगी, पर वो सिर्फ जोंकें ही थी जो सारी शरारत कर रही थी। उसकी पैंट में कमर से जांघों तक के हिस्से में सत्रह जोंकें थी।

जोंकें हर कोनों और दरारों में जाने का प्रयास करती, और अगर कोई कोना नहीं मिलता, तो खुद से तैयार करती। वह एक घातक तकनीक में माहिर थीं जिसमें मांस में बिना पता चले ड्रिल कर सकती थी और भरे पेट के साथ बचने के लिए रास्ता ढूँढती जब वो सारा खून चूस लेती। शुरू में, कुछ नौसखिये सैनिकों ने जोंकों को उनके शरीर से चिपके देखा, और फिर घबराकर उन्हें उनकी पूँछ से पकड़ने लगे। वह जोंकों को तो हटा लेते, लेकिन उनका आधा हिस्सा चमड़ी के अन्दर ही रहता, और छेद करने लगता। सैनिक इसलिए जख्मों पर खाने का नमक और गनपाउडर लगाते, और फिर जोंकें चमड़ी को छोड़तीं। वह त्वचा से तो हट जाती, लेकिन उस दर्द की कल्पना की जा सकती है।

वांग झितिंग, रेजिमेंट के मुख्य मार्शल, ने यह सब देखा और उस दर्द को भी महसूस किया। "साथियों, हम ऐसा नहीं कर सकते! क्या आप जख्मों पर नमक लगा रहे हो? और गनपाउडर भी? आप जख्मों पर ऐसे कैसे लगा सकते हो? अगर इससे संक्रमण हो गया तो क्या करोगे?"

पर जब ऐसे हालातों का सामना हो, तो सैनिक और क्या कर सकते थे?

एक दिन, मुख्य मार्शल वांग एक पेड़ के नीचे बैठकर सिगरेट पी रहे थे। उन्होंने अनजाने में ही देखा कि सिगरेट के धुएँ में एक जोंक काली हो गयी और अपने बसेरे से नीचे जाकर गिर गयी। "जोंकें धुएँ के गंध से डरती हैं!" मुख्य मार्शल वांग ने इस इलाज को निर्माण–स्थल के सैनिकों को बताया। सभी सैनिकों ने सिगरेट जलाई, और जैसा की उम्मीद थी, यह तरीका काम करा। फिर उन्हें अपने शरीर में कम से कम जोंकें चिपकी मिली। हालांकि एक या दो फिर भी रह जाती, जो उनकी त्वचा में गड्ढा करतीं, जब आदमी सिगरेट के जले को अपने कूल्हों में बैठी जोंकों को लगाते, तो वो जोंकें भी नीचे गिर जाती। सिगरेट जोंकों के खिलाफ सबसे उपयोगी हथियार साबित हुआ। जिसका परिणाम यह हुआ, यिगोंग में ठहरा लगभग हर सैनिक धूम्रपान करने लगा। जो पहले से धूम्रपान नहीं करते थे, उन्होंने फिर सीखा। जिन्होंने बहुत साल पहले धूम्रपान करना

छोड़ रखा था, और दुबारा शुरू न करने का प्रण लिया था, अब उन्हें भी यह आदत फिर से शुरू करनी पड़ी।

यांग यान के जूते कीचड़ में धंस गये

मच्छरों और जोंकों की समस्या जितनी भी भयानक रही हो, इनसे सीधे तौर पर इंसान की जान को कोई खतरा नहीं था। लेकिन, कीचड़ धंसने की समस्या बिलकुल अलग थी, और अगर इसका सामना सही से न करो, तो जान भी जा सकती थी। यिगोंग राहत मिशन के स्थान और शिविर वास, जहाँ सैनिकों के रहने के लिए तम्बू गाड़े गये थे, इन दोनों जगहों के बीच चार मील का सफर था। और यह रास्ते पहाड़ों के किनारे घुमावदार होकर निकलते थे और यहाँ की मिटटी भी ढीली थी। इन इलाकों की जमीन बिलकुल अस्थिर थी और कीचड़ धंसने की समस्या आम बात थी। सैनिक इस रास्ते को "मौत का रास्ता" कहते थे।

कैंटीन के बाबर्ची यांग यान और जून जुन्लू को साथियों तक खाना पहुँचाने के लिए, "मौत के रास्ते" का दिन भर छह बारी चक्कर लगाना पड़ता। हर बारी उनका सफर मौत के साथ जुए से कम नहीं होता। उतराई के वक्त, खड्डा इतना गहरा होता कि उन्हें सतह नहीं दिखती; और चढ़ाई के वक्त, चट्टानें लुढ़कते हुए नीचे गिर रही होती या तेजी से बहता कीचड़ भी दिखाई देता। वह पीपों में गरमा गरम खाना भरकर, जिनका वजन साठ किलो से भी ज्यादा होता, उन ऊबड़–खाबड़ पहाड़ी रास्तों से चढ़ाई करते हुए ले जाते, उनका ध्यान नीचे गड्डे की तरफ भी होता और साथ ही पहाड़ों में कीचड़ धंसने पर भी नजर होती।

एक बार जब वो आधे रास्ते पहुँचे, तो झु जुन्लौ के पैरों से एक पत्थर टकराते हुए नीचे गड्डे में जा गिरा। उसने नीचे गिरने के डर में जल्दी से एक पेड़ के तने को पकड़ लिया, और उसकी पीठ में लदा बोझ भी गिरने लगा। फिर उसने पेड़ के तने को छोड़ा और दोनों हाथों से गिरते पीपे को संभाला, जो जमीन में गिरते–गिरते बचा। इसी में उसके पैर पेड़ के तने में भी बुरी तरह फंस गये, और इसी वजह से वह अपनी जान और खाना, दोनों बचा पाया। बिना किसी झोले के वह खाना निर्माण–स्थल में कैसे ले

जाता? उसने पास के एक पेड़ की टहनी तोड़ी और अपनी पीठ में लटकाकर पीपों को बोझ उठाने के लिए एक थैले की तरह इस्तेमाल किया।

उस कांटेदार टहनी से उसकी पीठ में कई खरोंचे आई, लेकिन उसे कोई दर्द महसूस नहीं हुआ। जब वह राहत–स्थल में पहुँचा, तो सभी भूखे सैनिकों ने उसे घेर लिया, उसने सबको खाना परोसा, सैनिकों ने देखा कि उसकी पीठ खून से भर गयी थी।

वापस जाते वक्त वह कीचड़ में फंस गये। उस समय वातावरण ठीक था, और तपती धूप में उनके सर चकरा रहे थे। फिर तेज बारिश होने लगी। यांग यान ने कहा, "हमें जल्दी करनी चाहिए, बारिश में कीचड़ धंसने की घटनाएँ ज्यादा होती हैं!"

उसने अभी अपनी पूरी बात खत्म ही की थी, उन्होंने अपने ऊपर एक धड़ाम की आवाज सुनी। झु झुन्लोऊ ने ऊपर देखा तो ऊपर पहाड़ की चोटी से तेजी से कीचड़ नीचे बहता आ रहा था, वह चिल्लाने लगाः "यांग, यांग भाग!"

वह पूरी जान लगाकर आगे भागने लगे। कीचड़ बहकर उनके पैरों तक पहुँच गया। यांग यांग का एक जूता कीचड़ में बह गया। दोनों पहाड़ की ऊँचाई पहुँचकर बैठ गये, अपने ऊपर लगे कीचड़ को बारिश के पानी में साफ करने, और कीचड़ को तेजी से बहते देखने लगे। यांग यान ने कहा, "हमारे भाग्य में अभी और दिन लिखे थे, हम यहाँ से तो बच गये!"

यिगोंग के राहत–स्थल में लगभग हर सैनिक ने कीचड़ धंसने की समस्या का सामना किया ही था। लान जियांकांग, बचाव दल के लीडर, को भी एक बार इस समस्या से गुजरना पड़ा। प्रातः सुबह के वक्त, वह अपने दो वाहनों में मशीन के पुर्जों को लादकर बांध की ओर जा रहा था। मित्सुबिशी सबसे आगे था, उसके पीछे डेजर्ट किंग चल रहा था। लान जियांकांग डेजर्ट किंग में सबसे आगे बैठा था। अचानक उसने एक आवाज सुनी, और वह अपने अनुभव से जानता था कि वह आवाज कीचड़ धंसने की थी। सुरक्षा के इंतजाम करने में उनसे बहुत देरी हो गयी थी,

कीचड़ का प्रवाह तेजी से आया और दोनों गाड़ियाँ पूरी तरह से कीचड़ में धंस गयी। ड्राईवर ने एकदम अपना अपना पैर ब्रेक पर रखा, और गाड़ी रोकी इससे पहले कि वह कीचड़ के प्रवाह के किनारे तक पहुँचते। लेकिन उन्हे सबसे आगे चल रही मित्सुबिशी का कोई सुराग नहीं मिला।

लान जियांकांग ने जोर लगाकर वाहन का दरवाजा खोला, जो कीचड़ के कारण जाम हो गया था। उसने सड़क पर फैले कीचड़ में कदम रखा और ढूँढते हुए जोर से चिल्लाने लगा, "जियाओ देंग! जियाओ देंग!" जियाओ देंग आगे चलने वाले वाहन मित्सुबिशी का ड्राईवर था। किसी ने कोई जवाब नहीं दिया; कीचड़ का प्रवाह चुपचाप आगे बढ़ता रहा। प्रवाह से उनका रास्ता बंद पड़ गया। लान जियांकांग के घबराहट में मित्सुबिशी को ढूँढने की कोशिश को कोई परिणाम नहीं निकल रहा था। उसे अपने ट्रांसमीटर से बांध में तैनात सेना को संदेश देना पड़ा। उसने सन्देश में उन्हें मित्सुबिशी को उलटी दिशा में खोजने को कहा। वह वहीं कीचड़ में उत्सुकता से मित्सुबिशी की खबर की प्रतीक्षा करने लगा।

लान जियांकांग इंतजार में व्याकुल हो रहा था, लेकिन पन्द्रह मिनट बाद उसे आखिरकार खबर मिली। मित्सुबिशी बांध में सुरक्षित पहुँच चुका था। वाहन के आगे के भाग में थोड़ा नुक्सान हुआ था, लेकिन वाहन और ड्राईवर सही सलामत बांध पहुँचे। लान जियांकांग ने फिर राहत की सांस ली। लेकिन, पानी और बिजली विभाग की ऐसी किस्मत नहीं थी। जब वह बांध में अपने दिनभर के राहत कार्यों के बाद बस में चढ़े, उन्होंने सड़क के एक हिस्से को पार किया जो कीचड़ के कारण तबाह हो गया था। बस पलटी और उसमें चार सैनिक मारे गये। तीन को गहरी चोटें लगी।

उसके बाद फांग जिन्योंग, पानी और बिजली के मुख्यालय के प्रचारक सचिव, ने मुझे अपने खुद के उस सड़क के भाग का अनुभव बताया। उसकी आँखें आँसुओं से भरी थी। उसने बताया कि वो पहला दौरा था जिसमें वह चार साथी जो मारे गये, पहाड़ी मैदानों की चढ़ाई कर रहे थे। क्यूँकि राहत कार्य ज्यादा जरूरी थे, वह सभी यिगोंग के रास्तो में पिछले बीस दिनों से निरंतर, एकसाथ संघर्ष कर रहे थे। उन्हें इस स्वर्ग की गहराई को देखने का और इस बहुमूल्य धरती को ठीक से देखने को भी

नहीं मिला; वह ठीक से यहाँ के नीले आसमान और सफेद बादलों को भी नहीं देख सके, न ही बर्फ से ढके पहाड़ों की चोटी और घास के मैदान देख पाए। वह इस जगह में अपने कोई छोटा सा भी निशान नहीं छोड़ पाए, जहाँ उन्होंने उस जानलेवा दुर्घटना में अपनी जान गंवाई। वह केवल इस अनंत काल में खो गये, उनके शरीर यहीं बर्फीले पहाड़ों और ठन्डे ग्लेशियरों में लुप्त हो गये। उसने बताया कि उस दिन, वह महान उदास गीत, "पुराने साथियों की यादें", उसके कानों में गूंज रहा था:

जब मैंने अपने साथियों को विदा कहा,

ऐसा लग रहा था जैसे तीस हजार मीटर लम्बा भूस्खलन मेरी ओर बढ़ रहा हो,

आह, मेरे प्यारे साथियों!

मैं अब तुम्हारी अदम्य परछाई न देख पाऊँगा। तुम्हारे चेहरे, प्यारे चेहरे। आह, मेरे प्यारे साथियों!

तुम मुझ किन को फिर बजाते हुए न सुन पाओगे, न ही मुझे गाते हुए सुन पाओगे!

सिचुआन–तिब्बत हाईवे का हर सैनिक इस महान उदास गीत को गा रहा था। हर बार जब वह यह गाना गाते उन्हें किंघाई–तिब्बत के पहाड़ी मैदानों में हमेशा के लिए सो रहे साथियों की याद आती, और वो फिर रोने लगते।

डिब्बे में बंद खाना पेड़ों से लटकता हुआ

यिगोंग से कुछ किलोमीटर दूर एक बहुत प्रसिद्ध जगह थी जो 102वें हाईवे संरक्षण स्क्वाड के नाम से जानी जाती। वह जगह प्रसिद्ध थी क्यूँकि वहाँ कई सैंकड़ों मीटर तक के फैलाव में भूस्खलन हुए। लगभग हर साल, पाँच या छह लोग, इन रास्तों में अपनी जान गंवाने वाले लोग यहीं रहते।

यह जगह यिगोंग के "मृत्यु या जीवन के दरवाजे" के रास्ते में बोमी के पूर्व की ओर पड़ती है। यिगोंग के राहत मिशन के दौरान, वहाँ हर रोज भूस्खलन होते। "मृत्यु या जीवन के दरवाजे" को खुला रखने का मतलब

था यिगोंग मिशन के लिए रसद आपूर्ति मार्ग खुला रखना। अगर आप कभी 102वीं सड़क की यात्रा करो, आपको पहाड़ी रास्तों में, समुद्रतल से चार या पाँच हजार के ऊँचाई पर, जैतून के हरे रंग की छाया–आकृतियाँ मिलेंगी। कितना अद्‌भुत, उज्जवल जीवन है उन पहाडों के ऊपर! पहाड़ी मैदाओं पर पड़ती अल्ट्रावायलेट की तेज किरणें और कड़ाके की ठण्ड में उनके कान, गालों में, उनकें होंठों में और उनकें हाथों तक तेजी से रक्त का प्रवाह हो रहा था। उनके चेहरे में अनोखी तिब्बती चमक थी। पहाड़ी मैदानों की पहली यात्रा में, हर किसी के चेहरे की त्वचा बार–बार छिलकर निकल रही थी और जख्म बन रहे थे जो बैंगनी या काले रंग के लग रहे थे। वह उन जख्मों को "तिब्बती चमक" कहते।

"तिब्बती चमक" नाम से क्या तात्पर्य था, इससे तिब्बती लोगों की आशाएँ जुड़ी हुई थी। 102वीं भूस्खलन–युक्त जगह में, मैंने सड़क किनारे बना एक तम्बू देखा। तम्बू पर थोड़ा ब्लीच किया गया था; पहाड़ी मैदानों पर पड़ती धूप में तम्बू का असली रंग उतर गया था। दूर से देखने पर यह किसी बर्फ के ढेर की तरह लग रहा था। वहाँ पहाड़ी चट्टानों की तरह एक काफी पुराना पेड़ था, जिसके सहारे तम्बू को खड़ा किया गया था। वहाँ से भूस्खलन–युक्त जगह ज्यादा दूर नहीं थी। आधे पहाड़ तो ऐसे लग रहे थे जैसे किसी चाकू से छिले गये हों, और उन छिले हुए पहाड़ों का रंग किसी मुरझाए देवदार के पेड़ों की तरह था। जब मैं तम्बू के बाहर खड़ा होता, तो मुझे लुढ़कते पत्थरों की आवाजें सुनाई देती। और तम्बू के पीछे एक कन्ड था, जो सौ झांग गहरा था। मैंने झुककर नीचे देखा, पुर्लुंग त्संगपो नदी बह रही थी, उसका बहाव पूर्व दिशा की ओर था; उसमें पहाड़ों से फिसलकर बर्फ भी गिर रही थी। नदी किनारे एक टूटा हुआ बुलडोजर भी था और कई वाहनों के टूटे हिस्से पड़े थे। वह मशीनें और वाहन ऊपर चोटी से भूस्खलन और कीचड़ धंसने में नीचे गिरे थे।

मैं मुड़कर वापस तम्बू के अन्दर गया। अन्दर काफी अँधेरा था, और कोई नहीं था। कोने में पड़ी रजाई को बड़े तरीके से तह किया गया। स्टोव पर रखे प्रेशर कुकर से गर्म भाप निकल रही थी। मुझे खाने की महक आई। एक पंखे के जितना सूअर का मांस स्टैंड के सहारे लटकाया

गया था। किसी ने उस मांस के नीचे से चाकू से कई टुकड़े काटकर रखे थे, और 'ग्रेट वाल' जैसे आकृतियाँ बनायी थी। मैं उसे साफ–साफ देखने के लिए और पास गया, तो मांस के ऊपर बॉल पेन से चेक पैटर्न भी बनाया हुआ था। वह सैनिक रेखाओं, आकृतियों का इस्तेमाल प्रेरणा के लिया करते, तब भी जब वह खाना खा रहे होते। तम्बू में और अँधेरा छा गया, और एक बंदर जैसा दिखने वाला सैनिक अंदर आया। उसने मुझे उसकी उत्कृष्ट रचना को देखते देख लिया। अपनी रचनाओं को समझाते हुए उसने कहा कि ऐसी आपदा के समय में उनकी पहली प्राथमिकता है आगे का मोर्चा संभालने वाले सैनिकों और अफसरों की सुरक्षा; इसलिए उनके खाने को कम कर दिया गया था और वो एक किलो के करीब का मांस उन दो सैनिकों के लिए दो हफ्ते का खाना था। उन्हें आगे का सोचकर उसे ध्यानपूर्वक बांटना होता था। ऐसे सेना के कई और ठिकाने भी थे, इनका उद्देश्य सेना की राहत कार्यों में मदद करना होता था। हर ठिकाने में एक नयी भर्ती होती थी, एक अनुभवी सैनिक और एक बुलडोजर जिससे सारे कार्य किये जाते। जो सैनिक अभी–अभी तम्बू में आया उसकी नयी भर्ती हुई थी।

उस नए सैनिक ने मुझे बताया कि जब छोटे भूस्खलन होते, तो वह दोनों खुद ही सारे राहत कार्य कर लेते। लेकिन जब बड़े भूस्खलनों या कीचड़ धंसने की समस्या का सामना करना पड़ता, तो उन्हें दस किलोमीटर पीछे सेना की टुकड़ी के पास जाकर मदद के लिए जाना पड़ता। वह पिछले साल ही सेना में भर्ती हुआ था, जब अनुभवी सैनिक सिचुआन–तिब्बत हाईवे में दस सालों से कार्यरत था। वह मुझे सब कुछ बता ही रहा था, उसका साथी भी वहाँ आ गया। वह खुद भी कीचड़ से लथपथ था और उसका चेहरा काला हो रखा था। उसने मुझे मुस्कुराकर देखा और अपने सफेद चमकीले दांत दिखाते हुए सेना का सलाम किया। उसके दाँतों और चेहरे के रंग में जमीन–आसमान का फर्क था। वह दोनों वापस अपना दोपहर का खाना खाने आये थे। उनके खाने में था गरमा–गरम कोंगी और तीन तरह की सब्जियाँ। वहाँ पहले से एक थाली सरसों की सब्जी की थी, एक थाली भुने हुए सोयाबीन की थी, और एक थाली पिछले दिन

के बचे मांस की थी। कोई सूप नहीं था। मैंने उनसे पूछा कि कोई चावल या अनाज क्यूँ नहीं खा रहा। अनुभवी व्यक्ति ने कहा कि उन्हें फिर कोई पकवान बनाना पड़ता, और उस समय वहाँ सब्जियों की कमी थी और राहत कार्यों से कम वक्त मिलता था। अपने कामों में ही वो इतने थक जाते कि कोंगी उन्हें ज्यादा ठीक लग रहा था। मुझे ऐसा लगा की मैं रो दूँगा। बूढ़ा सैनिक अपनी बातें जारी रखता। उसने बताया कि असल में जो खाना उन्हें भेजा जाता था, वो इतना बुरा नहीं होता, लेकिन राहत कार्यों के कारण सड़कों से यात्रा करना मुश्किल था और सब्जियों की सप्लाई अस्थायी रूप से रोकी गयी थी। जब यह मुश्किल समय निकल जाएगा, तो उन्हें सब्जियाँ भी मिल जाएगी। मैं जानता था कि वह अपनी परेशानियों को मेरे सामने दिखाना नहीं चाहते थे। सिचुआन–तिब्बत हाईवे के सभी साथी ऐसे थेः वह सकारात्मक, आशावादी, दूरदर्शी थे और अपने दुखों को कभी किसी को नहीं बताते थे, तब भी जब उनकी जिन्दगी दुखों से भरी हुई थी। मैंने उन्हें काल्पनिक डिनर का न्यौता दिया, और उनसे पूछा आप क्या खाना चाहते हो। नए सैनिक ने कहा कि उसे उबली हुई मछली खाना पसंद है, मसालेदार चिकन, उबला हुआ खरगोश, सिचुआन की सब्जियाँ खाना पसंद है। जाहिर था कि वो सिचुआन का ही रहने वाला था।

हमारी बातचीत खानों से अपने–अपने घरों तक पहुँची। मैंने उनसे पूछा कि वह बसंत के उत्सव में घर जा पाए, और उन्होंने उत्तर दिया कि ज्यादातर सैनिक अपने घर नहीं जा पाए। उन्हें वहाँ रूककर हाईवे की रक्षा करनी थी। नए सैनिक ने कहा कि अनुभवी सैनिक पिछले तीन साल से बसंत के उत्सव में अपने घर नहीं गया था। मैंने उनसे पूछा कि वह बसंत का उत्सव वहाँ कैसे मनाते हैं। बूढ़े सैनिक ने कहा कि उनका वही पुराना नियमित कार्यक्रम होता था; सारी सेना की टुकड़ी पकौड़े खाती है, टेलीविजन देखती है, गाने गाती है और मजाक करती है। वह दोनों टुकड़ी के पास नहीं जा पाए, और इसलिए टुकड़ी के कमांडर हर साल दस किलोमीटर के करीब चलकर उन्हें पकौड़े देने आते रहे। सुबह तक सारे पकौड़े ठन्डे पड़ जाते थे, पर वो फिर से गर्म करके खा लेते और उनका स्वाद भी बहुत अच्छा ही होता।

इस साल के बसंत के उत्सव में टुकड़ी के कमांडर ने उन्हें बैटरियाँ और एक वायरलेस सेट दिया। पहले कुछ दिन तो वह सारा दिन उसमें गाने सुना करते, बार–बार सुनने पर भी उनकी दिलचस्पी कम नहीं होती। बैटरी फिर खतम हो गयी और वो और गाने नहीं सुन पाए, हालांकि थोड़ा रेडियो सुन पाते थे। रेडियो खबरें और अन्य जानकारी के चैनलों को नहीं पकड़ पाता था। इसलिए उन्होंने एक लम्बी तार ली, और उसे तम्बू से बांधकर बाहर एक पुराने पेड़ में लपेटते हुए सबसे ऊपर की टहनी तक ले गये। फिर उस टहनी पर उन्होंने काई खाली बक्से रखे, जो एक एंटीना का काम कर रहे थे। यह बहुत अच्छी तरकीब थी और आखिरकार रेडियो को साफ सिग्नल मिलने लगा। लेकिन एक दिन हवा का बहाव बहुत तेज हुआ और पेड़ की टहनियाँ भी टूटकर नीचे गिर गयी। उसके साथ एंटीना भी नीचे गिर गया, और फिर से रेडियो वही शोर सुनाई देने लगा। उन्होंने रोजमर्रा की ऐसी कई कहानियाँ बताई, उन्हें सुनकर मैं आक्रोश से भर गया, और रोने की इच्छा होने लगी। उनकी कहानियाँ उनके यूनिट, उनके साथियों की थी, और हाईवे के रोज के खतरों की थी। उन्होंने बताया कि 102वें रास्ते सिचुआन–तिब्बत हाईवे का सबसे खतरनाक रास्ता था, और उसका संरक्षण भी सबसे मुश्किल था। जो विशेषज्ञ बीजिंग से आये थे, उन्हें हालात को सुधारने का कोई रास्ता नहीं सूझ रहा था। पिछले साल अगस्त में होने वाले भूस्खलन में, आधा पहाड़ टूटकर गिर गया था। उस पर सेना की टुकड़ी की सात महीनों में की मेहनत पल भर में तबाह हो जाती रही। उस समय कई नए सैनिक तो रोने लगे और उन्होंने खाना–पीना बंद कर दिया। फिर टुकड़ी के कमांडर ने उन्होंने काफी मनाने की कोशिश की और फिर गुस्से में कहाः "मैं तुम सब को खाना खाने का आदेश देता हूँ! हर किसी को तीन बड़ी कटोरी भर के खाना है, और जब कोई खा ले, तो उसे फिर निर्माण–स्थल में काम के लिए जाना है। जो खाने से मना करेगा, उसे दंड दिया जाएगा!" सैनिकों के सारे आँसू सूख गये और निर्माण–स्थल में चले गये और फिर से सारा काम शुरू करने लगे। बूढ़े अनुभवी सैनिक ने कहा कि पिछले महीने वह बुलडोजर चला रहा था, और अपने आधा काम कर चुका था, तभी एक बैल के सर के

जितना बड़ा पत्थर आसमान से आ गिरा। उससे बुलडोजर के आगे के भाग में एक बड्डा गद्दा सा पड़ गया, और वह मरते–मरते बचा।

नए सैनिक ने फिर एकदम कहा, "पिछले साल की सर्दियों में, वह जगह सच में बहुत खतरनाक थी। सड़क में दो मीटर लम्बी बर्फ की परत जम गयी थी। मेरा पुराना साथी बुलडोजर से आगे की सड़क साफ कर रहा था और मैं भी कुदाल से खुदाई कर रहा था। अचानक बुलडोजर पलट के उल्टा हो गया, और चोटी से नीचे ढलान की ओर फिसलने लगा। मैंने जल्दी अपने रेशमी कोट को फाड़ा और बुलडोजर के आगे रख दिया, फिर वो किनारे से नीचे गिरने से बचा।" उन्होंने बताया कि मौजूदा हालात में काम करना सबसे मुश्किल था। उन्हें चौबीस घंटे एक लम्बी सड़क के हिस्से पर नजर रखनी पड़ती थी। और अगर कोई खतरनाक हालत बन जाए, तो उन्हें फिर उससे तुरंत निपटना पड़ता था। उन्हें हर संभव तरीकों से सड़क को यातायात के लिए खुला रखना था, और ध्यान रखना पड़ता था कि रास्ते से यिगोंग के आपदा–ग्रस्त इलाके को राहत सामग्री सुरक्षित पहुँचाई जाए। उसी वक्त मैंने 102वी सड़क से निकला और मुझे ध्यान आया कि मैं उन दोनों सैनिकों के नाम पूछना ही भूल गया। फिर मैंने सोचा कि नाम न पूछना कोई इतनी बुरी बात भी नहीं थी। सिचुआन–तिब्बत हाईवे के हजारों किलोमीटर लम्बे रास्ते में ऐसे कई सैनिक हैं। उन सब के नाम याद रखना और उन सब की कहानियाँ को लिखना तो संभव नहीं था।

बाढ़ के पानी में तीन दिन और रात फंसे

"तिब्बत के यिगोंग इलाके में कीचड़ धंसने के कारण जो राहत मिशन के तहत बांध बनाया गया था, उसके सबसे आगे बाढ़ का पानी सिचुआन–तिब्बत हाईवे पर बने तोंग्मै पुल के छब्बीस मीटर ऊपर तक पहुँच गया था। उस बढ़ते जलस्तर में हथियारबंद परिवहन पुलिस विभाग के दो लोग एक खतरनाक हालात में फंस गये। दो दिन बाद भी उन दोनों सैनिकों को नहीं बचाया जा सका। बारह जून की सुबह को, चीन के राष्ट्रीय रेडियो चैनल ने उन दोनों सैनिकों की व्यथा अपने एक "खबरों

और अखबारों के सारांश" प्रोग्राम में सुनाई। वह दोनों सैनिक, उस भयानक स्थिति में फंसे हुए, करोड़ों लोगो की चिंता का कारण बन गये।

वह दो सैनिक थे राहत–ब्रिगेड के कांग जिंजु और जो देबिन। यिगोंग राहत मिशन में मौजूद सैनिकों और अफसरों के लिए, दस जून के शाम 9 बजे का समय, इस में कोई शक नहीं, एक नयी मुसीबत लाया; और उन दो फंसे सैनिकों के लिए यह जीने या मरने का सवाल था, यह हादसा उनके मस्तिष्क में सारी जिंदगी के लिए गढ़ने वाला था। सेना की टुकड़ी का मिशन, एक नहर के जरिये बढ़ते जलस्तर को कम करना, पिछले दिन ही पूरा हो गया था। बाढ़ के पानी के बहाव से तोंग्मै पुल को बचाने के लिए, सेना की टुकड़ी ने पुल के पश्चिमी तरफ की चढ़ाई में एक कतार में दस से ज्यादा मशीनें खड़ी करी। उनका ऐसा सुनिश्चित करने के लिए किया कि नाजुक हालातों में भी सड़क खुली रहे। पहाड़ काफी ऊँचें थे और ढलानें काफी खतरनाक थी। जंगलों में मनुष्य जीवन की कोई संभावना नहीं था। टुकड़ी के तकनीकी विभाग के कान जिंजु और जो देबिन पहाड़ में रुक गये, उनका काम था मशीनों की देख–रेख करना और खतरे का आंकलन करना।

नौ बजे के आस–पास, कीचड़ धंसने के कारण मिट्टी काफी ढीली हो चुकी थी, और बाढ़ का छोड़ा हुआ पानी बाँध के बीच से निकलकर नीचे गड्डे में गिर गया। पानी की एक विशाल लहर, जो 120, 000 स्टीयर की तेजी से बह रही थी, उसमें तोंग्मै पुल टूट गया। पहाड़ में कांग जिंजु और जू देबिन को अचानक से उनके नीचे की धरती हिलती महसूस हुई। उस धमाके में उनके तम्बू लगभग उड़ ही गये थे। उन्होंने तम्बू से बाहर निकलकर देखा, तो बाढ़ का पानी उन तक पहुँच चुका था। "जितना जल्दी हो सके, यहाँ से निकलना होगा!"

वह जल्दी से एक सुरक्षित जगह पहुँचे और आंतरिक टेलीफोन व्यवस्था से खतरे की जानकारी अपने टुकड़ी के लीडर को दी। पहाड़ के उस तरह वह अभी पहुँचे ही थे, उन्हें उनके पीछे कोड़े जैसी आवाजें सुनाई दी। उन्होंने पीछे मुड़कर देखा तो बाढ़ में बह रहे पत्थर पहाड़ के ऊपर खड़ी मशीनों और उपकरणों से टकरा रहे थे। दो बुलडोजर और

एक लोडर पानी में बस लुढ़कने ही वाले थे। वह वापस भागे, वह मशीनों और उपकरणों को चलाकर खतरे से बाहर ले जाने की सोच रहे थे। पानी में आधी मशीनें डूब गयी थी और उन्हें वहाँ से ले जाने का कोई तरीका नहीं था। कांग जिंजु ने एक बुलडोजर के पीछे की खिड़की तोड़ी और घिसटते हुए अन्दर पहुँच गया। जू देबिन को एक लौह्दंड मिला, और उन्होंने लात मारकर इंजन चलाया। वह मशीन को चलाकर पहाड़ के ऊपर तक ले गये। उन्होंने इस तरह एक बुलडोजर को सुरक्षित पहुँचाया और फिर दूसरे को पहुँचाया, और फिर वह एक वेल्डर को पहाड़ की सुरक्षित जगह ले गये।

बाढ़ का पानी बढ़ते ही जा रहा था। वह सभी मशीनों और उपकरणों को खतरे से नहीं बचा पाए। ऐसा लग रहा था जैसे शैतान पानी ने उनकी कीमती मशीनों को निगल लिया हो। उनका तम्बू पानी के नीचे डूब गया, सारी मशीनें डूब गयी, और कुछ भी नहीं बचा। उनके पैरों तले बाढ़ का पानी भी धीरे–धीरे बढ़ रहा था, लेकिन जू और कांग ने अपने आँसू पोंछे और थक के चूर होते हुए भी एक मशीन को पहाड़ के ऊपर सुरक्षित ले गये। लेकिन मशीनों को सुरक्षित जगहों पर पहुँचाने में उनके खुद के उस जगह से सुरक्षित निकलने का समय निकल गया, वह पूरी तरह बाढ़ के पानी से घिर गये। और टेलफोन से भी कोई सिग्नल नहीं मिला। उनका इस विशाल पानी के बीच अपनी सेना की टुकड़ी से संपर्क टूट चुका था। यह खबर बीजिंग पहुँची। वू शुंग्ज्हन, हथियारबंद पुलिस विभाग के कमांडर, और महासचिव जू योंग्कीं ने तुरंत आदेश भेजे। परिवहन मुख्यालय के जनरलों ने तुरंत निचले स्तर की सेना को बचाव के आदेश भेजे।

"हमें यह बहुत बड़ी कीमत नहीं चुकानी है, और पूरी जान लगाकर उन दोनों भटके हुए सैनिकों की जान बचानी है!" यिगोंग राहत मिशन में सबसे आगे की सेना ने तुरंत उन फंसे सैनिकों को बचाने की बारह योजनाएँ बनाई। सेना की टुकड़ी और कई दर्जन सेना की छोटी टोलियों ने उन दो सैनिकों को बचाने के लिए एक बहुत मुश्किल कार्यवाई करी, जो तीन दिन और रात तक चली।

उधर अकेले, शाँत पहाड़ की चोटी में लम्बी रातें धीरे–धीरे कट रही थी। ठंडी हवाएँ चल रही थी और बारिशें भी तेज होती जा रही थी। पहाड़ी मैदानों में दोपहर में गर्मी झेलना मुश्किल होता है, और रात को कड़ाके की ठण्ड। दोनों सैनिक अपने आप को गर्म रखने के लिए एक पेड़ के नीचे बैठे थे। लेकिन उन्ही वर्दियाँ बारिश में पूरी तरह भीग चुकी थी और उनकी गीली वर्दियाँ उनके शारीर से चिपकी हुई थी, जिससे वह और ठण्ड से कांप रहे थे। वह एक–दूसरे को हौंसला देते हैंः हमें हिम्मत रखनी होगी, हमें इन हालातों का सामना करना होगा! जब सुबह का वक्त होगा, तो कुछ हालात सुधरेंगे।

जब सुबह की रोशनी में आसमान चमक उठा, तो दोनों भटके हुए सैनिको को सभी दिशाओं में एक अनंत दृश्य दिख रहा था। वह जिस पहाड़ की चोटी पर खड़े थे, वो एक सुनसान टापू लग रहा था। उन्हें सेना के लहलहाते झंडे नहीं दिख रहे थे, न ही जैतून जैसे हरे रंग की वर्दी में उनके साथी। वह अपने रास्ते से भटक चुके थे और फिर हर दिशा में चिल्लाकर मदद के लिए पुकारने लगे। वह बहुत देर तक चिल्लाते रहे, जब तक उनके गले थक न गये, लेकिन उन्हें वापस कोई जवाब नहीं मिला। वहाँ सिर्फ बाढ़ के पानी के बहाव की आवाज सुनाई दे रही थी और डर के मारे अनगिनत पक्षियों के चहचहाने की आवाज सुनाई दे रही थी। उन्हें ऐसा लगा जैसे बाढ़ का पानी उन्हें बहाकर किसी दूसरी दुनिया में ले गया हो।

जब बारिश रुकी, आसमान कुछ साफ हुआ, जहरीले मच्छरों, जौंकों के पनपने के लिए यह बहुत सही समय होता है। उनके पास कोई सिगरेट नहीं थी, इसलिए वह मच्छरों, जौंकों के शिकार बनते रहे। ज्यादा देर भी नही हुई थी, और उनके कपड़े खून से भर गये। जब उन्हें भूख लगी, तो उन्होंने अपने झोले से बिस्कुट का पैकेट निकाला। उन दोनों ने बिस्कुट के कुछ टुकड़े खाए। वह जानते थे कि आगे के दिन और मुश्किल से कटने वाले थे और उन्हें उसके लिए तैयार रहना था। जब उन्हें प्यास लगने लगी, तो वो चारों दिशाओं में देखने लगे, लेकिन उन्हें कोई जल स्रोत नहीं दिखा।

वह जानते थे कि अगर उस पहाड़ में वह चढ़ाई करते रहे, तो समुद्रतल से चार हजार की ऊँचाई पर, बर्फ जमी मिलेगी। पहाड़ी मैदानों की बर्फ साफ होती है और उससे प्यास बुझाई जा सकती है। बर्फ तक पहुँचने के लिए वह एक कठिन रास्ते से चढ़ाई करते रहे।

रात का अँधेरा फिर से होने लगा। और रात के साथ बर्फीले भेड़िये और काले भालू भी आते हैं। वहाँ जंगली जानवरों के गरजने की आवाजें भी थी, और इसके साथ कड़ाके की ठण्ड, जौंकें और भूख भी सता रही थी। उन्होंने एक जगह आग जलाकर मच्छरों, जौंकों और जंगली जानवरों को भगाने की सोची। कुछ मुश्किलों के बाद उन्होंने गीली टहनियों को इकठ्ठा किया। लेकिन, उन्हें जल्दी ही ध्यान आ गया कि उनके पास कोई माचिस नहीं थी। उन्हें प्राचीन समय के तरीकों से आग जलानी थी। उन्होंने दो पत्थर ढूँढें, एक सूखे कपड़े का टुकड़ा अपने कपड़ों में से फाड़ा, जिसे उन्होंने पत्थरों के ऊपर रखा। इसके बाद दोनों पत्थरों को रगड़ने लगे, उससे कुछ चिंगारियाँ निकली, लेकिन कपड़े ने आग नहीं पकड़ी। दोनों सैनिक हार मानने को तैयार नहीं थे, वह हठतापूर्वक दोनों पत्थरों को बार–बार रगड़ते रहे। उनके हाथ थक चुके थे, लेकिन वह रुके नहीं। फिर एक चमत्कार हुआ, कपड़े पर कुछ नीली आग की लपटे दिखाई देने लगी। उससे फिर सूखी टहनियाँ जलाई गई। आग से अँधेरा दूर हुआ, साथ ही मच्छर और जंगली जानवर भी दूर हुए, उनके शरीर में थोड़ी गर्मी पहुँची और साथ ही दोनों सैनिकों को थोड़ी उम्मीद भी मिली।

सैनिक जो आग की लपटों के सहारे उन दोनों भटके हुए सैनिकों को ढूँढने का एक पीड़ायुक्त कार्य कर रहे थे, आखिरकार उन्हें उन सैनिकों के कुछ निशान मिले। खोज और बचाव दल, जिसमें तिब्बती रेजिमेंट के लिंज्ही यूनिट और तिब्बती सैन्य इलाकों के सैनिक और मजदूर थे, दो भागों में बंटे, और सैनिकों के मिले निशानों वाले दो रास्तों में अलग–अलग गये। बारह की शाम को नौ बजे, खोज और बचाव दल के लिंज्ही यूनिट के सैनिकों ने पहाड़ की चढाई कढ़ी, तेज बारिश का सामना किया, घने जंगलों से गुजरे और पूरे दिन कठिन परिस्थितियों का सामना करते हुए, फिर आखिरकार एक "सुनसान टापू" से दोनों भटके हुए सैनिकों, कांग

जिंजु और जू देबिन, को बचाया। राहत मुख्यालय के उप–अध्यक्ष, यांग चुन्तांग ने जब दोनों बचाए गए सैनिकों को देखा, तो उनकी आँखें नम हो गयी। उन्होंने उन दोनों को गले लगाया, और कहने लगे, "तुम लोगों ने बहुत बहादुरी दिखाई, मैं तुम दोनों को पुरस्कृत करने के लिए सिफारिश करूँगा!" उसके बाद हथियारबंद परिवहन विभाग की पार्टी समिति ने निर्णय लियाः कांग जिंजु और जू देबिन, जो यिगोंग राहत मिशन के संघर्ष के दौरान बाढ़ में फंस गये थे, और जिन्होंने बाद में मशीनों को भी बचाया, और अपनी खुद की जान भी बचाई, और उन मुश्किल हालातों पर विजय पाई, इन्हें दूसरी श्रेणी के पुरस्कार से नवाजा जाता है, और सभी सैनिकों और अफसरों को इन दोनों बहादुर सैनिकों से सीख लेने की सलाह दी जाती है।

जिझुमामियागुदु (तिब्बती भाषा में अर्थ हैः सेना अच्छी है)

उस निर्दयी बाढ़ में दो गाँवों के चार हजार लोगों के घर और दो फैक्ट्रियाँ तबाह हो गयी। लोगों को अपने घर से बाहर पहाड़ों में सोना पड़ा, और बर्फ का पानी पीना पड़ा। उन लोगों के पास खाने के लिए सिर्फ तिब्बती पैनकेक थे। वह बस सेना के बचाव दलों की प्रतीक्षा कर रहे थे। सेना ने इस खोज एवं बचाव मिशन के लिए टुकड़ियाँ भेजी, और बाकी के सैनिकों को इस मुसीबत में फंसे लोगों को सहायता पहुँचाने का काम सौंपा। फंसे हुए तिब्बती लोगों को आर्थिक मदद भी पहुँचाई गई।

एक अपरिपूर्ण आँकड़े के अनुसार, खोज एवं बचाव मिशन में काम करने वाले परिवहन विभाग के सैनिकों और अफसरों ने ही आपदा–ग्रस्त इलाके के लिए 90, 000 युआन की राशि जुटाई, इसके साथ ही 40, 000 किलोग्राम चावल, 29, 000 किलोग्राम आटा, 3500 किलोग्राम खाने वाला नमक, 500 किलोग्राम चाय पत्ती, पी.एल.ऐ. जूतों के 500 जोड़ें, 600 से ज्यादा कपड़ें, और बच्चों के लिए पढ़ने की 600 से ज्यादा सामग्रियाँ बाढ़ में फंसे लोगों को पहुँचाई गयी। सुलान्कुन्बू, एक अस्सी साल की विधवा औरत, ने सेना के दिए हुए पैसों और कपड़ों को अपने कांपते हाथों से लिया। उसे विश्वास नहीं हो रहा था। आपदा घटे भी करीब दस घंटे

ही हुए थे, और उसका प्यारा एक जिन्झुमामी उसके हाथों में मदद पकड़ा रहा है।

जब मैंने उस बूढ़ी महिला को देखा, वो काफी देर से कुछ न कुछ बोले जा रही थी। वह तिब्बती भाषा बोल रही थी, इसलिए मुझे कुछ भी नहीं समझ आ रहा था। जब मेरे साथ खड़े प्राइमरी स्कूल टीचर ने मुझे अनुवाद करके बताया, मैं मुझे पता चला कि बूढ़ी औरत आजादी से पहले के बर्फीले तूफान की बात कर रही थी। वह बर्फीला तूफान पूरे दो हफ्तों तक रहा, और उसमें पूरा गाँव बर्फ में फंस गया था। उनका बाहरी दुनिया से संपर्क ही टूट गया था। उस समय की स्थानीय सरकार से कोई भी हालचाल पूछने नहीं आया था। गाँव के लोग खुद ही दो महीनों तक बर्फ से संघर्ष करते रहे, और उनमें से कई बर्फ में जमकर मर गये थे या भूख के कारण मर गये थे। उस बूढ़ी महिला के पति और दोनों बच्चे उस बर्फबारी में मारे गये थे।

बूढ़ी महिला ने प्रार्थना की जिम्मेदारी अपने ऊपर ली और बार–बार कहने लगीः "जिन्ज्हुमामियागुदु!" मुझे समझ में आया वह क्या कह रही थीय वह पीपलस लिबरेशन पार्टी को अपना समर्थन दे रही थी। संरक्षण विभाग के महासचिव वांग हाई सुबह–सुबह अपने नींद से जागे, उन्हें उनकी वर्दी नहीं मिल रही थी। उसने चिल्लाकर पुछा, "मेरी वर्दी कहाँ है?" नौकर ने उसके घुड़सवारी की पतलून ढूँढी। "मैं यह घुड़सवारी की पतलून डालकर निर्माण–स्थल में कैसे जा सकता हूँ?" संरक्षण विभाग अपने नियमों को लेकर बहुत सख्त था। निर्माण प्रोजेक्ट में शीर्ष के सभी लोगों को सैन्य की वर्दी ही डालनी थी, खास करके उस राहत मिशन के समय में। वह उस घुड़सवारी की पतलून को डालकर अपने सैनिकों के पास नहीं जा सकता था, उसे उनके साथ खाना था, काम करना था। फिर नौकर ने कहा, "कल ही, आपने मुझे अपनी सैन्य वर्दी आपदा–ग्रस्त लोगों को देने के लिए दी थी।" महासचिव वांग को फिर सब ध्यान आया कि वह सड़क की मरम्मत करने के एक मुश्किल कार्य में लगा था, जिसमें वो काफी थक गया था; वह भूल ही गया। उसने खुद के ही बनाए नियमों को तोड़ा और उस घुड़सवारी के कपड़ों को डालकर निर्माण–स्थल में गया।

आधे रस्ते में उसने कुछ सैनिकों को स्ट्रेचर लिए उसके ओर दौड़ते देखा। वह आगे जल्दबाजी में बढ़ने लगा, उसने पूछाः "क्या चल रहा है?" एक सैनिक ने जवाब दिया, "पहाड़ में हमने एक आदमी को देखा। वह ठंड और भूख के मारे बेहोश हो गया था। हम उसकी जान बचाने के लिए उसे स्वास्थय विभाग के पास ले जा रहे हैं।"

जब वांग हाई ने स्ट्रेचर पर लेटे एक तिब्बती आदमी को देखा, उसकी हालत बहुत नाजुक थी और उसके एक पतली सी कमीज डाल रखी थी, वांग ने अपने घुड़सवारी की पतलून उतारी और उस तिब्बती के शरीर के ऊपर रख दिए, और सैनिकों को कहने लगा, "जल्दी करो, और इसकी जान बचाने की पूरी कोशिश करना!" वांग हाई सिर्फ एक सादी कमीज डालकर निर्माण–स्थल गया। उसके साथी उसके पास चलकर आये और कहने लगे, "महासचिव, आपकी पतलून कहाँ है?" वांग हाई ने कहा, "मुझे कोई परवाह नहीं!" बचाव और संरक्षण की पूरी प्रक्रिया में चार सैनिकों ने अपनी जान गंवाई, उनके अलावा चार हजार में कोई और सैनिक भूख, ठण्ड या डूबने की वजह से नहीं मरा।

आपदा–ग्रस्त इलाके के एक स्कूल की इमारत, जिसमें सौ से ज्यादा तिब्बती बच्चे थे, पूरी तरह से जलमग्न थी। बच्चों के जोर–जोर से पढ़ने की आवाजें नष्ट हो गयी थी। स्टाफ के मुख्य वांग झितिंग और राहत मिशन के अफसरों और सैनिकों ने बच्चों को मदद की प्रतीक्षा करते देखा और वह क्रोध से भर गये जो उन्हें अन्दर–अन्दर ही जला रहा था। स्टाफ के मुख्य ने राहत–स्थल में सीमित साधनों को ध्यान रखते हुए एक निर्णय लिया। वह तम्बुओं को कक्षा की तरह इस्तेमाल करने वाला था, और बाढ़ में टूटकर गिरे पेड़ों और झाड़ियों का प्रयोग टेबल या स्टूल बनाने के लिए करने वाला था, जिससे बाढ़–ग्रस्त इलाकें के बच्चों की पढ़ाई जारी रखी जा सकती थी। सभी अफसर और सैनिक दिन के समय राहत–स्थल में अपने कार्य करते और रात को थकने के बावजूद भी बच्चों के लिए टेबल बनाते, लकड़ियों के ढेर को इकठ्ठा करते, सारा ढांचा तैयार करते, तिरपाल बनाते। दस दिन तक रात को लालटेन की रोशनी में इस अलग से युद्ध के बाद, उन्होंने तीस टेबल, तीस स्टूल, और पाँच ब्लैकबोर्ड तैयार

कर लिए थे और इस तरह तम्बुओं पर बना एक आपदा–ग्रस्त प्राथमिक स्कूल स्थापित किया गया।

छब्बीस मई को सभी शिक्षकों की देख–रेख में सौ से भी ज्यादा तिब्बती बच्चों ने उस विचित्र तम्बू पर बने स्कूल में प्रवेश किया। उन्होंने ऊँचें स्वर में गाने गाए, और नाचे। उनके गाने की आवाज सुनने में बहुत सुहानी थी; उनका नृत्य भी देखने योग्य था।

अध्याय – 5

नूबा, नूबा

चौदह अगस्त 2000 को, मैंने बीजिंग से चेंगडु की हवाई यात्रा की, मेरे साथ पीपलस डेली के मुख्य रिपोर्टर चेन शिओझोंग भी थे। उसके बाद मैंने हो यमिंग, पहली टुकड़ी के समाचार विभाग के सचिव, के साथ सिचुआन–तिब्बत हाईवे के अंतरिम इलाकों में पोंग्दा के लिए एक और विमान किया। वहाँ से मैंने पूरे सिचुआन–तिब्बत हाईवे में फैले परिवहन विभाग के कई सैनिकों के इंटरव्यू लिए। हालांकि मैंने इस चीज की कल्पना भी नहीं की थी, कि जैसे हम नूबा भाग (नू नदी नू पुल और बासु काउंटी के बीच की सड़क) को पार करेंगे, हम इतिहास के एक सबसे बड़े भूस्खलन के गवाह बनेंगे। उस दिन सिचुआन–तिब्बत हाईवे में हम बाल–बाल बचे।

हममें से तीन बोइंग 757 से पोंग्दा के लिए रवाना हुए। पोंग्दा तक की उड़ान में काफी कठिनाइयाँ थी। पहाड़ी मैदान के ऊँचाई पर होने की वजह से, विमान के उड़ान भरने और विमान को उतारने का समय निर्धारित समय के अनुसार नहीं था। ज्यादातर विमान रद्द कर दिए गये और देरी से चल रहे थे। कभी–कभी दिनों और हफ्तों तक पोंग्दा में कोई विमान नहीं उतरता था। लिऊ बाइचंग, तीसरी टुकड़ी के लीडर, की पत्नी अपने बच्चों के साथ सिचुआन–तिब्बत हाईवे में अपने पति से मिलने गयी थी। विमान पूरे हफ्ते तक उतर नहीं पाया। इसलिए उन्हें बस से सफर करना पड़ा और कई कठिनाइयों के बाद लिऊ बाइचंग के शिविर वास

पहुँचे, लेकिन उनकी छुटियाँ भी खत्म होने वाली थी। वह वहाँ कई दिन रुके, लेकिन उनके बच्चों के स्कूल खुल चुके थे, इसलिए वापस जाने की तैयारी करने लगे। इस बारी उनकी यात्रा पहले की अपेक्षा सुखद रही। विमान भी समय पर ही था।

विमान के पैसेंजर कम्पार्टमेंट में सिर्फ आठ लोग थे, जबकि विमान की क्षमता दो सौ लोगों की थी। ऐसा कहा गया कि सुरक्षा को ध्यान में रखकर ऐसा किया गया। चेंगडु से पोंग्दा पहुँचने में सिर्फ एक घंटा ही लगता है। जैसे ही विमान ने उड़ान भरी, हम खिड़की से बर्फीले पहाड़ों को गिरते देख सकते थे, और सिचुआन–हाईवे किसी मुर्गी की आंतों की तरह लग रहा था। बर्फीले पहाड़ों से बर्फीली घाटियों के बीच के घुमावदार रास्तों, में हाईवे समय–समय पर साफ दिख रहा था, और कुछ समय बिलकुल अदृश्य लग रहा था। उस समय स्थिति इतनी नाजुक लग रही थी कि मानो सिचुआन–हाईवे फूंक से भी उड़ जाए। लेकिन 1950 से लगातार चले निर्माण एवं संरक्षण कार्यों के बाद, सिचुआन–तिब्बत हाईवे ने राष्ट्रीय सुरक्षा और दक्षिण पश्चिमी सीमाओं की अर्थव्यवस्था में एक बहुत अहम भूमिका निभाई है। नीचे सड़कों की तरफ देखने पर, मेरे दिमाग में कई अनपेक्षित विचार आ रहे थे, और मैं हजारों भावनाओं को महसूस कर रहा था।

आँकड़ों के अनुसार, पिछले पचास सालों में, जबसे इस सड़क का निर्माण किया गया, दो हजार पाँच सौ अफसरों और सैनिकों ने "स्वर्ग के रास्ते" को जिन्दा रखने के लिए अपनी जान गंवाई। लगभर हर मील में कोई न कोई शहीद दफन हुआ है। यह एक सड़क कम, और एक शहीद स्मारक ज्यादा लग रही थी। विमान काफी हिल रहा था, जैसे उसका किसी ने गला घोंट रखा हो, और कांपते हुए दुनिया के सबसे ऊँचे हवाई अड्डे में उतरने वाला था। जब मैं केबिन से बाहर गया और बाहर देखने लगा, पहाड़ों के ऊपर सफेद बर्फ चमक रही थी। एक ठंडी हवा का झोंका मेरे चेहरे पर लगा। मैंने थोड़े चक्कर आते महसूस करे, और मेरी टांगें कमजोर पड़ गयी। एक पल के लिए मेरा संतुलन बिगड़ने लगा। लेकिन मुझे और हाव यमिंग को पहाड़ी मैदानों का काफी अनुभव था, और जब भी

हम उस सड़क के उस भाग पर चले थे, वो ठीक ही था। रिपोर्टर चेन शिओझोंग, जो इससे पहले कभी पहाड़ी मैदानों में नहीं आया था, उस पर ऊँचाई के कुछ गंभीर परिणाम देखने को मिले। उसका चेहरा एकदम से पीला पड़ गया और उसके होंठ नीले पड़ गये। वह पचास साल का था, और इस वजह से ऊँचाई बीमारी अनिवार्य भी थी। लेकिन वह पीपलस डेली का एक अनुभवी रिपोर्टर था, और इसलिए उसका सिचुआन–तिब्बत हाईवे का दौरा करना एक अद्‌भुत बात थी।

बूढे चेन ने कहा, "मेरा दिल जोर जोर से धड़क रहा है।" मैंने कहा, "हाँ, मैं समझ सकता हूँ। आप किसी डॉक्टर को दिखाना चाहते हो? यह ऊँचाई बीमारी के लक्षण हैं!" उसने कहा, "बहुत ही असहाय महसूस कर रहा हूँ, सीधे–सीधे चल भी नहीं पा रहा हूँ, चलते वक्त लड़खड़ा रहा हूँ। आपके अफसर और सैनिक ऐसे हालातों में कैसे काम करते हैं?" मैंने कहा, "उन्हें आदत हो चुकी है।" शियो सु, तीसरी टुकड़ी का ड्राईवर, हमें हवाई अड्डे से लेने आया था। हम निकल ही रहे थे कि एक महिला, जिसने फैशनेबल कपड़े और ऊँचे जूते डाल रखे थे, चलकर आई। उसने पूछा, "क्या आप तीसरी टुकड़ी के हो?" मैंने कहा, "आप कैसे जानते हो?"

उसने कहा, "मैं आपके वाहन की प्लेट पहचानती हूँ। मैं तीसरी टुकड़ी के ही एक सैनिक के परिवार से हूँ। क्या आप मेरी मदद करेंगे?" जैसे ही उसने कहा कि वो हमारे ही किसी साथी के परिवार से है, हमने उसके सामान उठाने में मदद करी। वह लड़की जवान थी, उत्साहित थी और कुछ बड़बड़ा रही थी। जो भी पहाड़ी मैदानों को पहली बार देखने जाता है, ऐसा ही होता है। उस महिला ने बताया कि उसका परिवार झिआन्यु में रहता है, जो तीसरी टुकड़ी के बेस कैंप से ज्यादा दूर नहीं था। पिछले से पिछले साल की सर्दियों में वह महिला किसी नौजवान से मिली, और उस साल ही तीसरी टुकड़ी के पहाड़ की यात्रा करने से पहले उसकी शादी हो गयी। उसने अपना हनीमून अभी मनाया ही था, कि उसके पति को जाना पड़ गया। उसने कई पत्र लिखे और जाकर खुद अपने पति से मिलना चाहती थी, लेकिन उसे अनुमति नहीं थी। उसके पति ने उसे कहा कि वहाँ इतनी ऊँचाई पर अक्सर भूस्खलन होते थे और वह जगह बहुत

खतरनाक थी– वहाँ ऊँचाई की बीमारी भी थी। लड़की ने कहा, "मैंने एक भी बात नहीं सुनी, और इसलिए उन्हें बिना बताए ही आ गयी। उन्होंने ऊँचाई की बीमारी मुझे डराने के लिए कहा था। क्या मेरा ऊपर जाना सही है? मुझे अब तक तो कुछ भी नहीं महसूस हुआ!" वह बोलकर हटी ही थी, कि उसका चेहरा पीला पड़ने लगा और उसने ड्राईवर को गाड़ी रोकने को कहा। उसने कहा कि उसे उलटी करने को मन हो रहा था। शियो सु ने सड़क किनारे गाड़ी रोकी। वहीं सड़क किनारे लड़की झुककर बैठ गयी और उसने काफी देर तक उलटी करी। जब उसकी हालत थोड़ी ठीक हुई, तो पोंग्दा के घास के मैदानों में हर तरफ फैले हुए खूबसूरत गिन्सेंग फूलों को देखने लगी, और वह फिर से उत्सुकता से भर गयी।

उसने मेरे हाथों में कैमरा देखा और कहा, "क्या आप मेरी एक तस्वीर खींच सकते हो? मैं यहाँ की एक फोटो अपनी बहनों को दिखाना चाहती हूँ। यहाँ कितना खूबसूरत नजारा है!" मैंने उसका निवेदन स्वीकार किया। दो घंटे बाद, हमने येल पहाड़ पार किया, जोकि सिचुआन–तिब्बत हाईवे में समुद्रतल से 4, 618 मीटर की ऊँचाई पर था। पहाड़ की चोटी पर संरक्षण विभाग ने एक विज्ञापन–पत्र खड़ा किया था, जो बहुत अद्भुत लग रहा था। वहाँ तिब्बती लोगों द्वारा रंगबिरंगे झंडे भी लगाये गए थे। अनंत रास्तों पर चलकर और कई रुकावटों से होकर गुजरने के बाद हमने गामा घाटी में प्रवेश किया। यहाँ हमने तीसरी टुकड़ी के सैनिकों को काम करते देखा। वहाँ हमसे मिलने वाला पहला इंसान था शी मिंग, तीसरी टुकड़ी के राजनितिक विभाग का निदेशक। उसकी त्वचा गहरे रंग की थी और धूप में झुलसी हुई थी, और उसके चेहरे पर धूल लगी हुई थी, लेकिन फिर भी वो हट्टा–कट्टा लग रहा था। उसे सेना की टुकड़ी के द्वारा उसके सालाना दौरे में जमीनी हकीकत का अनुभव करने भेजा गया था। हम शी मिंग को कई सालों से जानते थे और जब उसने मुझे देखा तो दौड़कर मुझसे मिलने आया। मैंने रिपोर्टर चौन को उससे मिलवाया, और उसके बाद चौन को अकेले में कहा, "शी मिंग भूतपूर्व जनरल शी झाओ के बेटे है, जो नंबर एक कमांडर–इन–चीफ थे!" एक क्षण के लिए चौन ने गहरी सांसें ली, और फिर उसने कहा कि यह तो बहुत सराहनीय बात है कि

कोई जनरल अपने बेटे को इस तरह की पहाड़ी घाटी पर तैनात करता है। आजकल ऐसे बहुत कम लोग बचे हैं, उसने कहा।

निर्माण–स्थल में हमने जिअन्यौ की लड़की के पति को ढूंढा। जैसे ही लड़की ने अपने पति को देखा, जोकि सर से लेकर पाँव तक धूल से ढका हुआ था, वह वाहन से उतरी और दौड़कर उसके पास गयी। उसने इस बात कि परवाह नहीं की कि वहाँ कितने लोग देख रहे थे, लेकिन क्षण भर में उसने हैरान सैनिक को गले लगाया, उसके चेहरे से आंसू बहते दिख रहे थे। मैंने उसके दौड़कर जाने के दृश्य को कैमरे में कैद किया था। लेकिन जब कुछ दिनों बाद मैं एक बड़े भूस्खलन–ग्रस्त इलाके से गुजरा था, दुर्भाग्यपूर्ण मैंने वो कैमरे की रील और उसके साथ की मेरी इंटरव्यू की किताब खो दी। उस समय मैंने उस लड़की और उसके पति का नाम मेरी इंटरव्यू की किताब में लिखा था, लेकिन मुझे अब याद नहीं। और भी कई लोगों के नाम लिखे थे, जिनसे भी मैं बाद में मिला था, लेकिन उनके भी नाम याद नहीं रहे। हम आगे बढ़ते रहे, और अँधेरे होने से पहले बासु काउंटी पहुँचने का निर्णय किया। सिचुआन–तिब्बत हाईवे की तीसरी टुकड़ी का मुख्यालय बासु काउंटी में था। गामा घाटी से बासु की ओर जाते हुए हाईवे काफी ज्यादा उतराई पर था, जैसे किस नरक की ओर जा रहा हो। सड़क के एक किनारे पर नू नदी थी, जो पूर्व की ओर बह रही थी। यह सिचुआन–तिब्बत हाईवे की नुजियांग नदी की घाटी थी, जो सैंकड़ों किलोमीटर वर्ग में फैली थी। हम नू नदी के दाएँ ओर हाईवे में चल रहे थे, और जब हमने नू नदी के ऊपर बना पुल पार किया, हमने "नू बा" इलाके में प्रवेश किया। अब हाईवे नू नदी के बाएँ तरफ था। "नू बा" इलाकें में भूस्खलन होने की संभावना हमेशा से बहुत ज्यादा रही थी। यहाँ लगभर हर साल छोटा या बड़ा भूस्खलन होता रहा था। हम बड़े उत्साह से अपेक्षा लगाए बैठे थे कि आज स्वर्ग अपनी आँखें खोलेगा और सब जगह शांति होगी।

हाल ही में सेना ने चालीस किलोमीटर लम्बे "नू बा" के इलाके की मरम्मत की थी। लेकिन वहाँ के चट्टानों की अवस्था की वजह से सड़कें पहाड़ों के बीच से खोद कर निकाली गयी थी। सड़कें बहुत तंग थी और

ऊपर चोटी से अक्सर नीचे पत्थर लुढ़ककर गिरते रहते थे। इन सड़कों में गाड़ी चलाना बहुत खतरनाक था। "नू बा" इलाके की बताने के लिए अनगिनत कहानियाँ हैं। वांग गुइयिंग, तीसरी टुकड़ी के महासचिव ली शेंग्रोंग (ली शेंग्रोंग पहले रेजिमेंट के कार्यरत उप–महासचिव थे) की पत्नी, ने एक साल से अपने पति को नहीं देखा था। इसलिए वह अपने बच्चे को लेकर पहाड़ी मैदानों में अपने पति को ढूँढने गयी थी। जब उन्होंने नूबा इलाका पार किया, वांग गुइयिंग घबरा गयी, और उनके मुँह से एक शब्द भी नहीं निकल रहा था। वह लगातार अपने दोनों हाथों से अपने पति की बाजू को पकड़े हुए थी और डर के मारे कांप रही थी। नूबा इलाके को पार करने के बाद वांग गुइयिंग और उनका बच्चा ली फी बासु काउंटी में फंस गये। उसके बच्चे के स्कूल शुरू हो चुके थे, इसलिए उन्हें शीघ्र ही चान्दु पहुँचना था; लेकिन, उन्होंने सड़क का भूस्खलन–ग्रस्त हिस्सा पार नहीं किया था। ली शेंग्रोंग ने पहाड़ों के ऊपर चढ़ाई की और नदी पार करी, जो भूस्खलन–ग्रस्त इलाके से निकली सड़क के साथ बह रही थी। उन्होंने इस तरह चालीस किलोमीटर का सफर किया और नूबा इलाके से अपनी पत्नी और बच्चे को बचाया। सड़क के उस भाग में बच्चे ली फी ने अपने पिता के दिए पीले रंग के रबड़ के जूते डाले। जैसे ही वांग गुइयिंग चेंगडु पहुँची, उन्होंने वहाँ सैनिकों की पत्नियों को बताया, "वह बहुत बुरे हालातों का सामना कर रहे हैं। वह जगह एकदम नरक है। जब तक वह वहाँ है, हमें भी संयम से रहना होगा; हम फिर से कभी शिकायत नहीं करेंगे कि वह हमारे पास घर की देखभाल करने के लिए नहीं हैं।"

छब्बीस सितम्बर 1997 को, पहले स्क्वाड्रन के तीन सैनिक, हांग शिन्झोंग, झांग झिहोंग, और ली बिंगसेन नूबा भाग में कुछ सामान ढोने का काम कर रहे थे। एक क्षण की लापरवाही में उनका वाहन पलटा, और उन तीनों की मौत हो गयी। हांग शिझोंग के शादी को अभी ज्यादा वक्त नहीं हुआ था, और अपनी शादी के तुरंत बाद ही सिचुआन–तिब्बत हाईवे गया था। वह पहली बार थी जब वह और उसकी पत्नी बिछड़े थे, और फिर हमेशा के लिए ही बिछड़ गये। जब उसने अपनी जान गंवाई, उसकी पत्नी तीन महीने की गर्भवती थी। झांग झिहोंग उन्नीस साल का था; उसने एक

पत्र में अपने माता–पिता से कहा, "मैं दो महीने के अन्दर घर वापस आ सकता हूँ।" लेकिन, हकिकत में वह दो महीने का समय हमेशा के लिए रुक गया। ली बिंगसेन बीस साल का था। अपनी मृत्यु शय्या में उसने स्पष्ट रूप से अपने साथियों को कहा, "यह सड़क बहुत खतरनाक है। तुम्हे इसे बहाल करना है, इसे सुरक्षित बनाना है और यातायात के लिए खोलना है।" उन तीन नौजवान सैनिकों ने अपनी जिंदगी सिचुआन–तिब्बत हाईवे के नाम कर दी, और वो पहाड़ी मैदानों में दूर–दूर तक फैली बर्फ में ही दफन हो गये।

उन तीन सैनिकों की शहादत के बाद, तीन दिन तक लगातार बारिश हुई। यह ऊपर भगवान की उनको दी गयी श्रदांजलि की तरह लग रही थी। बासु काउंटी के एक अपरिक्रिष्ट हस्पताल का हॉल रोने–चीखने की आवाजों से गूंज उठा। अलग–अलग इलाकों से आए तिब्बती लोग उन तीन सैनिकों के लिए रो रहे थे, और वहाँ पड़े तीन ताबूतों के सामने एक जुलूस इकठ्ठा हो गया। हमने लोगों से काफी आग्रह किया, लेकिन वह लोग जाने को तैयार नहीं थे। पूरे तीन दिन तक हस्पताल में बढ़ी संख्या में लोग आते रहे और जाते रहे, लेकिन वहाँ लगातार एक बड़ा जनसमूह बना रहा। जिस दिन स्मारक समारोह शुरू हुआ, काउंटी के पार्टी समिति के सचिव भी वहाँ पहुँचे और साथ ही काउंटी के मुख्य। पूरा कस्बा ही समारोह के लिए आया था; लगभग हर कोई बासु काउंटी हस्पताल के सामने खड़ा था। पहले निर्णय लिया गया था कि महासचिव ली शेंग्रोंग शोक सभा का भाषण पढ़ेंगे, लेकिन वो उस दुर्घटना से इतने आहत थे कि वह अपने इस कर्तव्य का निर्वाहन नहीं कर पाए और समारोह के शुरू होने से पहले ही चले गये। उनकी जगह स्क्वाड्रन के उप–लीडर ने ली। यह इंसान हमेशा से दृढ़संकल्पी और साहसी था, लेकिन उस दिन अपने भाषण में भी वह कई बार रूककर रोने लगा।

शवयात्रा के समय बारिश और तेज हो गयी। लोगों ने उस बारिश की बौछार में भी साहस नहीं छोड़ा, और पटाखे जलाए, जो उन्होंने समारोह के लिए खरीदे थे। वह शववाहन के पीछे–पीछे ही चल रहे थे, और साथ में पटाखे छोड़ रहे थे। एक अकेला बूढ़ा आदमी, जिनकी झांग झिहोंग और

ली बिंगचौन ने कभी देखभाल की थी, बासु काउंटी पहुँचने के लिए दो दिन तक पहाड़ी रास्तों पर चला। लेकिन फिर भी वह काफी देरी से पहुँचा, उसने शहीदों की शहादत में जलाने के लिए पटाखे खरीदे थे। उन तीन सैनिकों को पहले से ही दफना दिया गया था, बूढे आदमी को पहुँचकर तीन मकबरे ही मिले, और वह कुछ देर घुटनों के बल झुककर वहीं आँसू बहाने लगा।

जैसे–जैसे हम नूबा इलाके के और नजदीक जाते रहे, मेरा दिल जोर–जोर से धड़कने लगा। रिपोर्टर चौन ने मुझे पूछा कि मैं इतना घबराया हुआ क्यूँ था। मैंने उसे नहीं बताया कि उस जगह पहले क्या हुआ था। मुझे लगा कि मैं उसे भी डरा दूँगा। उसे मैंने कोई और कहानी बतायी, उसे मैंने बताया नू नदी के पुल के ऊपर के "विजयी पहाड़ों" के बारे में, जिनमें पचास साल पुरानी चित्रकारी थी।

उस साल जब पीपलस लिबरेशन आर्मी नू नदी के पुल की मरम्मत कर रही थी, एक तकनीशियन शाम के वक्त अकेले पुल को देखने गया, जिसका पूरा ढांचा हाल ही में तैयार किया गया था, लेकिन उसका पूरी तरह से निर्माण बाकी था। उसका पैर फिसला, और नीचे जाकर कंक्रीट के गारे में जा गिरा; वह चिल्लाना चाहता था, लेकिन उसके मुँह में सीमेंट भरा हुआ था। उसने बेतहाशा हाथ–पाँव मारकर खुद को बचाने की कोशिश करी, लेकिन वह डूबता ही चला गया। उस गारे में शीघ्र ही उसका सर भी दफन हो गया। जब उसके साथियों को अगले दिन पता चला, वह पुल की तरह ही एक ठोस कंक्रीट में बदल चूका था। उसके बाद पूरे पुल की फिर से मरम्मत की गयी, सैनिकों के एक दस्ते ने अपने जानें गंवाई, सिर्फ दस्ते का कमांडर ही जिंदा रहा। कमांडर उस गहरे दुःख को सह नहीं पा रहा था, उसने नू नदी की तेज लहरों में छलांग लगाई, और दिन–रात बस अपने खोए साथियों को ढूँढने लगा। सिचुआन–तिब्बत हाईवे के सड़क–सुधार विभाग के इस पीढ़ी के सैनिकों को याद करने के लिए, बाद में सड़क सुधार विभाग के सैनिकों ने एक चोटी में एक चित्र तराशा, और उसमें उन्होंने नदी में कूदकर अपने साथियों को ढूँढने वाले कमांडर की कहानी लिखी। कई दशक गुजर गये

हैं, और वह चित्र कई आँधियों और बारिशों से गुजरा। लेकिन वह अब भी है, और उसे बिलकुल साफ–साफ देखा जा सकता है।

रिपोर्टर चौन ने बड़े दुखी मन से कहा, "वह चोटी इतिहास का बेहतरीन नमूना है। जब हम नू नदी के पुल में जाते हैं, आपको हमें इसे चोटी में जरूर ले जाना चाहिए।" एक या दो मील चलने के बाद हम नू नदी के पुल में पहुँचे। अचानक हल्की–हल्की बारिश शुरू हो गयी। मुझे बहुत अजीब लगा कि पूरे रास्ते में कोई वाहन नहीं था। उस हल्की बारिश में एक लड़की तेजी से हमारी ओर आ रही थी। हमारे साधारण कपड़ों के बीच, उसकी लाल जैकेट देखने लायक थी। जब उस लड़की ने हमारी गाड़ी आते देखी, उसने हाथ हिलाकर हमसे गाड़ी रुकवाई। हमारा वाहन उसके नजदीक जाकर ही रुका। उसने हाँफते हुए कहा, "आप आगे नहीं जा सकते, आगे भूस्खलन हुआ है।" जब मैंने ऊपर आसमान देखा, तो मुझे नू नदी के पुल से आती धूल ही दिख रही थी। पूरा आसमान काले धूल के बादलों से घिर गया था। वहाँ सच्ची में एक भूस्खलन हुआ था! और वो नुबा इलाके में हुआ था! मैंने लड़की से भूस्खलन के बारे में पूछा कि भूस्खलन कितना बड़ा था, लेकिन वह कुछ बता नहीं पा रही थी। उसने सिर्फ इतना कहा कि जो तीन वाहन गुजरे थे, वो लापता हैं; शायद वो कीचड़ धंसने की वजह से नदी में जा गिरे हों।

वह लड़की बारिश में काफी भीग गयी थी। उसने कहा कि अगर वह हमारे पास नहीं आती, तो वह अपने पति के बेस कैंप में जा रही थी। वह उस जगह से पैंतालिस किलोमीटर दूर गामा घाटी में था, और वह चलकर जाने को तैयार थी! हमने उसे हमारे साथ गाड़ी में चलने को कहा। हमने उसे कहा कि एक बार आगे का भूस्खलन से प्रभावित रास्ता फिर से खुल जाए, हम उसे गामा घाटी छोड़ देंगे। हम नू नदी के पुल पहुँचे। वहाँ दर्जनों वाहन फंसे हुए थे। पुल के आगे भूस्खलन तेजी से बढ़ता दिखाई दे रहा था, और हमें एक तेज धमाके जैसी आवाज भी सुनाई दे रही थी। वहाँ बारिश हो रही थी, लेकिन फिर भी धूल के बादल से बने हुए थे, और तेजी से आगे बढ़ रहे थे।

वह बहुत खतरनाक दृश्य था और वो घटना हमसे कुछ किलोमीटर दूर ही घटित हुई थी! अगर हम बीच रास्ते में सड़क के किनारे उस लम्बे जूतों वाली महिला की फोटो नहीं खींच रहे होते, तो शायद हमारे भाग्य भी उन गुम हुए वाहनों में सवार लोगों की तरह होते; फिर हम निश्चित रूप से भूस्खलन–ग्रस्त इलाके में कदम रखते। इतने सामने मृत्यु देखकर मेरा सर चकरा रहा था! फिर जब हमने भूस्खलन के हालत को देख–परख लिया, हमने गाड़ी मोड़ी और वापस चलने लगे। रास्ते में लड़की ने कहा कि वह स्वयं थल सेना के संचार बटालियन की एक सैनिक रही थी। पिछले साल ही उसने सेना छोड़ी और वापस सिचुआन के जिआंग्यु चली गयी। वह वहाँ चौथी टुकड़ी के पलटन कमांडर से शादी करने गयी थी। उसका दाखिला एक कॉलेज में होना था, लेकिन जिस समय दाखिला के लिए रजिस्टर करना था, उसी समय उसके स्थानीय क्षेत्र में कुछ रुकावटें आई। वह पोंग्दा से चेंगडु जाने वाले विमान की टिकट बुक नहीं कर पाए। फिर उसने वाहन से बासु काउंटी जाने का फैसला किया, जहाँ उसे फोन से कॉलेज के दाखिले के लिए रजिस्टर करना था। वह नू नदी के पुल पहुँची ही थी, कि भूस्खलन हो गया और उसकी जान बाल–बाल बची।

जब हम गामा घाटी पहुँचे, हमने नूबा के भूस्खलन की जानकारी विभाग को दी। उस समय गामा घाटी के विभाग को पहले से ही भूस्खलन वाले इलाके के नजदीकी स्क्वाड्रन से सारी जानकारी मिल चुकी थी, और वह गुम हुए लोगों की तलाश के लिए नूबा में एक छोटा दस्ता भेजने की तैयारी कर रहे थे। सैनिकों की खोज एवं बचाव कार्य तीन दिन तक चला, लेकिन वह उन लापता चालकों को नहीं ढूंढ पाए। वह लोग उस भूस्खलन में मरने वाले पहले लोग थे। तकनीशियनों द्वारा की गयी भूस्खलन–स्थल की शुरूआती जाँच में पता चला कि नूबा की सड़क के पीछे का आधा पहाड़ टूट चूका था। नूजियांग नदी के ऊपर के लिंग्कुहे पहाड़ आधे टूट चुके थे, और नदी का पानी ऊपर घाटी से बहने लगा, जिससे तीन किलोमीटर की चौड़ाई में एक तालाब बना। छह किलोमीटर लम्बी सड़क बर्बाद हो गयी।

सभी अफसर और सैनिक हैरान रह गये जब उन्हें पता चला कि सड़क के उस हिस्से में तेरह अगस्त, 1998 को भी इतना ही बड़ा भूस्खलन हुआ था। 1998 के भूस्खलन से उभरने में और सड़क को दोबारा खोलने में सेना की तीसरी टुकड़ी को चालीस दिन लग गये। हालांकि वर्तमान का भूस्खलन पिछले वाले से ज्यादा गंभीर था। क्यूँकि उसके बाद भी छोटे–छोटे भूस्खलन हुए थे, और इस आपदा का अनुमान लगाना मुश्किल हो रहा था। सिचुआन–तिब्बत हाईवे में एक और युद्ध की घोषणा हो गयी।

इस आपदा की घड़ी में हमारे पास गामा घाटी में तीसरी टुकड़ी के निर्माण विभाग के पास रुकने के अलावा कोई और रास्ता नहीं था। कुछ लोग तो पहले से ही भूस्खलन–ग्रस्त इलाके में गुमशुदा लोगों को ढूँढने जा चुके थे। क्यूँकि वहाँ छोटे–छोटे भूस्खलन अब भी हो रहे थे, इसलिए सेना का शीघ्र उस इलाके में प्रवेश करना मुश्किल था, वह गामा घाटी से आदेश मिलने की प्रतीक्षा कर रहे थे। वहाँ सेना ने बर्फ का पानी पिया, जो चार या पाँच हजार मीटर की दूरी पर, पहाड़ों की चोटी से प्लास्टिक की पाइपों से आ रहा था। नए सैनिक, जो पहली बार पहाड़ी मैदानों में आए थे, उन्हें उस पानी को पीकर दस्त लग गयी। नए सैनिकों में जो मुझे एक नाम याद आ रहा है, जैंग यू, वह पिछले साल ही सेना में शामिल हुआ था।

जैंग यू की टुकड़ी गामा घाटी में थी। वह सत्रह मार्च को सिचुआन–तिब्बत हाईवे आया था, और अठारह अप्रैल को गामा घाटी के निर्माण–स्थल में उसने अपनी जान गंवाई। दोपहर के तीन बजे का समय था, वह और उसके साथी अपना काम कर रहे थे। अचानक उनके ऊपर से एक बड़ा पत्थर फिसलकर आया, उससे जैंग का सर टकराया और वहीं उसका काफी मांस काटकर अलग हो गया। उसका काफी खून बह रहा था। उसकी सांसें वहीं एकदम रुक गयी। उसे सदैव अठारह साल के शहीद सैनिक के नाम से याद किया जायेगा।

तीसरी टुकड़ी के उप–महासचिव ली शिन्गुओ ने कहा, "जैंग यू एक अच्छा सैनिक था। हालांकि उसकी हाल ही में सेना में भर्ती हुई थी,

लेकिन वह अपने काम में बहुत निपुण था। सभी उसके काम की तारीफ करते थे। वह बहुत गुणवान था और उसकी खेलों में काफी दिलचस्पी थी। वह बातचीत में भी अच्छा था, और टुकड़ी में कलात्मक गतिविधियों में भी सबसे आगे था। मरने से दो दिन पूर्व, जैंग ने और उसके कई नए सैनिकों ने, सेना द्वारा आयोजित कला एवं साहित्य सम्मेलन, में अपनी कला का प्रदर्शन किया। उस दिन जैंग के साथ एक हादसा हुआ, ली एक नजदीकी निर्माण–स्थल में सारा काम संभाल रहे थे। वहाँ का एक हाथगाड़ी चलाने वाला चालक, तियान मिंगफु दौड़ते हुए आया। उसने बताया कि तीसरी टुकड़ी के निर्माण–स्थल में एक भूस्खलन हुआ था। ली जल्दी से दुर्घटना–स्थल पहुँचे। वहाँ पहुँचकर उसने देखा कि जैंग यू लेता हुआ था, और उसका बहुत खून बह रहा था। उसका चेहरा वर्दी के एक कपड़े से ढका हुआ था। उसके पास ही प्रशिक्षक हांग होंग्वेई घबराया हुआ बैठा था, उसका चेहरा रो–रोकर पीला पड़ गया था। ली ने आवाज लगाई, "इसको ले जाओ, और इसकी जान बचाने की पूरी कोशिश करो!" हांग होंग्वेई अपना सर हिलाकर सहमति दी, और उसकी उसके आंसू जमीन पर गिरे। ली ने जब वर्दी का कपड़ा हटाकर चेहरा देखना चाहा, तो वह दंग रह गया। जैंग यू का आधा सर और शरीर पत्थर से टकराने में चकनाचूर हो चुका था, और यह ऐसा लग रहा था जैसे खून के तालाब में कोई चीज फंसी हुई हो। उसके शरीर को जोड़ने के लिए, सेना के डॉक्टर झाओ याजुन ने सूई से उसका सारा मांस सिला।

उस रात मैं एक नए सैनिक झोऊ शियांझी से मिला, जो जैंग यू के साथ ही सेना में शामिल हुआ था। वह जैंग यू के ही दस्ते में था, और उसके साथ ही लकड़ी के कमरे में रहता था, उसके साथ ही खाता था। उसने कहा, "जब यह हादसा हुआ, मैं मशीन में सवार था और चट्टानें ढोने का काम कर रहा था। जैंग यू वाहन के नीचे खड़ा था। मैंने चट्टान के लुढ़कने की आवाज सुनी, और जोर से चिल्लायाः जैंग यू, भाग! मैं मशीन से उतरा, और उसके नीचे अपना सर बचाते हुए छुप गया। जब सारी धूल, मिटटी बैठ गयी, मैंने जैंग यू को बार–बार पुकारा, पर मुझे कोई जवाब नहीं मिला। जब मैं दौड़कर देखने गया, तो वह लेटा हुआ था, और उसके

ऊपर एक भारी पत्थर पड़ा हुआ था। वहाँ जमीन पर इतना खून था .....” झोऊ शियांझी ने रोते हुए अपना चेहरा छुपा लिया, और कुछ नहीं बोला।

कुछ देर बार उसने अपनी बात जारी राखी, ”जैंग यू और मैं एक ही इलाके से हैं। हम स्कूल में साथ–साथ बास्केटबाल खेला करते थे। वह बहुत ही लम्बा था और तेज भागता था। वह बहुत सुन्दर भी था, सभी सहपाठी भी उसे खेलते देखना पसंद करते थे। जब हम इन पहाड़ी मैदानों में आए ही थी, हमें ऊँचाई की वजह से काफी दिक्कतें हो रही थी, और काम करना कठिन हो रहा था। मेरा सर में अक्सर दर्द रहता था, और मैं ठीक से खा भी नहीं पाता था। जैंग यू मुझे हमेशा सांत्वना देता था। क्यूँकि हम यहाँ थे, हमें अच्छा काम करना था, ताकि हमारे माता–पिता शर्मिंदा न हों। उसके जाने के बाद, मैं हमेशा उस बेंच को देखता था, जहाँ वो बैठा करता था। जब वहाँ बेंच में कोई बैठा नहीं मिलता, मैं रो देता था। कभी–कभी तो उसके बारे में सोचकर इतना उदास हो जाता हूँ, कि बस नदी किनारे जाकर रोना चाहता हूँ। मैं जितना ज्यादा रोता हूँ, उतना ही खुद को तकलीफ पहुँचाता हूँ। जिस जगह मैं खड़ा था, वहाँ हम दोनों अक्सर बातें किया करते थे। वह बहुत आशावादी था, और एक बेहतर भविष्य की कामना करता था। वह बहुत आदर्शवादी भी था। वह मानता था कि दुःख भी इंसान के जीवन का महत्त्वपूर्ण अंश है, और इसलिए वह सिचुआन–तिब्बत हाईवे आते वक्त बहुत खुश था। उसे इस सड़क से लगाव था, उसे तिब्बत से भी लगाव था। उसने एक लेख भी लिखा था, जिसका शीर्षक था तिब्बत के प्यार में पड़ना।

जैंग यू ने हाईवे आने के बाद लेख लिखा था। मरने से पहले, उसने अपना लेख 'न्यूज इन ब्रीफ', मुख्यालय के राजनीतिक विभाग की पत्रिका, को भेजा था। क्यूँकि सिचुआन–तिब्बत हाईवे लम्बाई में काफी बड़ा है, हमें लेख मिलने से पहले ही उसकी मृत्यु हो गयी। लेकिन हमने जल्दी ही उसका लेख प्रकाशित किया और सम्पादक के नाम पर उसका नाम लिखा और उसके नाम को काले फ्रेम में रखा। उसके लेख का शीर्षक था एक खूबसूरत जगह के लिए लड़ना, उसका लेख इस प्रकार थाः

तिब्बत एक खूबसूरत जगह है, और बहुत रहस्यमय जगह है। तिब्बत मेरे दिल के बहुत करीब है, और इसके प्रति मेरा जनून बढ़ता ही जा रहा है। जब मैं घर में था, मैं अक्सर तिब्बत जाने के सपने देखा करता था। लेकिन जब मैंने सेना की जैतूनी रंग की वर्दी पहनी और पहली बार हथियारबंद पुलिस सड़क–निर्माण विभाग के सदस्य के रूप में तिब्बत की जमीन में कदम रखा, मुझे एहसास हुआ कि यह जगह मेरी कल्पना से बिलकुल अलग है। यहाँ इतने बड़े और ऊँचें पहाड़ हैं कि एक नजर में आप इन्हें पूरा नहीं देख सकते, लेकिन पहाड़ों की चोटियों में कोई ऊँचा प्राचीन पेड़ नहीं है। वहाँ सिर्फ मोटी बर्फ की चादर है, और लाखों की तादाद में पहाड़ी चट्टानें हैं। वहाँ आसमान में कई बाज मंडरा रहे हैं। जब मैंने यह सारा दृश्य देखा, मैं बहुत दुखी हुआ। मैंने कोई मिदुई ग्लेशियर नहीं देखे, ना हिमालय की चोटियाँ देखी, यालू त्संग्बो नदी या रहस्यमय पोटाला महल भी नहीं देखा। मैना सिर्फ सिचुआन–तिब्बत हाईवे देखा, सेना का साधारण कैंप देखा, और सड़कों की बुरी हालत देखी। जहाँ भी देखा, वहाँ–वहाँ कोई न कोई प्राकृतिक आपदा हुई थी और एक जानलेवा खतरा हर मोड़ पर इंतजार कर रहा था। इन सड़कों में वाहन चलाना बहुत मुश्किल था। मैंने बहुत दुखी मन से एक दृश्य देखा। वह दृश्य मुझे इन पहाड़ी मैदानों के और करीब लाया, और नए तिब्बत को निर्माण करने का मेरा दृढ़–संकल्प और मजबूत हुआ। मैं राष्ट्रीय सुरक्षा और तिब्बत के विकास में अपनी पूरी जान और मेहनत लगा देना चाहता था। मैं इस जैतूनी वर्दी के लायक बनना चाहता था।

हमारे आस–पास का भू–दृश्य बहुत सुना था, लेकिन सभी सैनिकों और अफसरों ने सूरज की तरह मेरे जीवन को रोशन किया, इसलिए मैंने कभी अकेलापन महसूस नहीं किया। जब हम सत्ताईस मार्च को निर्माण–स्थल पहुँचे, टुकड़ी के लीडरों ने हमसे पूछा कि कार्य कैसा चल रहा था। पलटन के कमांडर और स्क्वाड्रन लीडर ने हमें अपनी चिंताएँ बताई, हमें आशीर्वाद दिया, जैसे हम कोई उनके नजदीकी रिश्तेदार हों। जब हमने चट्टानों को धमाके से उड़ाने की सोची, स्क्वाड्रन लीडर हमेश आगे रहे, और उन्होंने हमें सुरक्षा के लिए हेलमेट पहनने को कहा, "ध्यान से! पीछे

देखो! पीछे मुड़ो!" हमने एक बूढे अनुभवी सैनिक के हाथों और चेहरे से खून बहते देखा, हम क्यूँ इतनी मेहनत नहीं कर सकते? उसके बाद जब भी किसी ने मुझसे पूछा कि क्या पहाड़ी मैदानों में आने का दु:ख है, तो बिना किसी संकोच के कहा, "नहीं, बिलकुल नहीं! हमारी मातृभूमि को हमारी जरूरत है, तिब्बत को हमारी जरूरत है, और सिचुआन–तिब्बत हाईवे को हमारी जरूरत है! हम हथियारबंद पुलिस यातायात विभाग के सैनिक हैं, और सिचुआन–तिब्बत हाईवे को खुला रखना हमारा सबसे बड़ा मिशन है!" इस मिशन पर काम करते वक्त, मुझे फिर यहाँ का वातावरण सूना, वीरान नहीं लगा। जबकि, मुझे यह पहले से भी ज्यादा खूबसूरत लगने लगा। मैं दिल से तिब्बत को चाहने लगा हूँ। यह बहुत खूबसूरत है, और सबसे ज्यादा महत्वपूर्ण बात है कि कई साथियों ने संघर्ष किया है, लड़ाई लड़ी है, ताकि यह हमेशा खूबसूरत बना रहे!

गामा घाटी में तारे हैं, लेकिन कोई चांदनी नहीं

तिब्बती भाषा में गामा घाटी का मतलब "तारों की घाटी" है। इसका मतलब है कि यह घाटी बहुत गहरी है और चौड़ाई में भी बड़ी है। दोपहर के वक्त आप सूरज नहीं देख सकते, और रात को चाँद नहीं देख सकते; आप सिर्फ तारें ही देख सकते हो। गामा घाटी, तारों की घाटी है यह नाम कितने काव्यात्मक सुनाई देते हैं! लेकिन जो लोग यहाँ रहते हैं, उनके जीवन में कोई काव्यात्मक सुख नहीं है। वह तो यहाँ कई कष्टों को, जानलेवा आपदाओं को सहते हैं, जीने के लिए कड़ी महनत करते हैं। इस पहाड़ी इलाके में निर्माण कार्यों में लगी सेना की तीन टुकड़ियाँ थी, जो एक–दूसरे से पाँच या छह किलोमीटर की दूरी पर थी। वह वहाँ सालों से उन उबड़–खाबड़ सड़कों की मरम्मत कर रहे थे। लोग अक्सर कहा करते थे, "पूरे सैनिक विभाग यहाँ मजबूती से तैनात है, और इनके सैनिक भी हमेशा यहीं रहते हैं।" लेकिन हथियारबंद पुलिस परिवहन विभाग के सैनिकों के लिए यह बिलकुल उल्टा था। सैनिक लगातार दूर–दराज के इलाकों में भी जाते थे; जहाँ सड़क खराब होती थी, मरम्मत की जरूरत होती थी, वहाँ सैनिकों को जाना पड़ता था। वह किसी प्रवासी पक्षियों की

तरह थे, उनका कोई एक ठिकाना नहीं था, वह हर वक्त चलते रहते थे। असल में वह प्रवासी पक्षियों से भी थोड़े भिन्न थे। प्रवासी पक्षियों के पास आराम के लिए वक्त होता है, लेकिन यह सड़क बहुत दूर तक फैली हुई है, और इसलिए सैनिकों को बार–बार जगह बदलनी पड़ती थी।

गामा घाटी का निर्माण–विभाग पूरे सिचुआन–हाईवे के सभी सड़क–निर्माण विभागों में सबसे बड़ा था। वह तम्बुओं में रहते थे, या फिर लकड़ी के बने कमरों में रहते। उनके तम्बू सर्दियों में बहुत ठन्डे होते, और गर्मियों में बहुत गरम होते। लकड़ी के कमरों में हर वक्त तेजी से बहती हवा के कारण आस–पड़ोस की सारी बातें सुनाई देती। रिश्तेदारों का आना सैनिकों को सबसे ज्यादा परेशान करता था। सैनिकों को पहाड़ से नीचे उतरकर अपने परिवार वालों से मिलने की इजाजत नहीं थी, और अगर उनके परिवार वालों को ऊपर जाकर उनसे मिलने की इजाजत नहीं मिले, तो सैनिक भी बहुत दुखी होते। लेकिन कुछ औरतें इन पहाड़ी मैदानों में आने के लिए बड़ी हिम्मत दिखाती। वह यहाँ के कमरों की बुरी हालत की भी परवाह नहीं करती, और अपने पति के साथ कुछ समय व्यतीत करना अपना सौभाग्य समझती। एक शाम मैं जब थोड़ा आराम कर रहा था, मुझे कमांडर हांग एक दूसरी टुकड़ी के कैंप में ले गये। ऊँचाई काफी लग रही थी और सभी सैनिकों को डर था कि शायद हम न सोयें। बूढ़े रिपोर्टर चौन की खातिर मैं भी चलने को तैयार हो गया। जब हम कैंप पहुँचे, लगभग ग्यारह बज रहे थे। कमांडर और विभाग के कुछ अन्य अफसरों ने खाना नहीं खाया था। वह भूस्खलन–स्थल से अभी आए ही थे, और कहने लगे कि उन्हें वो लोग नहीं मिले जिन्हें वो खोज रहे थे और इसलिए कल दोबारा उन्हें ढूँढने जायेंगे।

कमांडर की पत्नी कैंप आई, उसने कुछ पकौड़े बनाये थे जिन्हें उसने अपने मटके से निकाला। वह एक खूबसूरत महिला थी। उसने हमें भी खाने के लिए आमंत्रित किया। मैंने कुछ पकोड़े खाए, मुझे उनका स्वाद बहुत बुरा लगा, और मैं और खाना नहीं चाहता था। बाद में पता चला कि कैंप में कोई सब्जियाँ नहीं बची थी, और पकौड़ों में कुछ आलू और सब्जियों की पत्तियाँ ही भरी थी। उस समय कुछ और सैनिक आए, उस

महिला ने उनका अभिवादन किया, और उन्हें भी खाने के लिए आमंत्रित किया। हर किसी ने दो या तीन पकौड़े खाए, और प्लेट खाली हो गयी। उस महिला ने सैनिकों को कहा, "तुम सबको खाना पसंद आया; मैं कल भी और बनाऊँगी!" कमांडर और उसकी पत्नी का परिवार मुझे खुशहाल लगा। लेकिन रात को कमांडर ने मुझे शांति से अपनी पूरी कहानी बतायी और मुझे बहुत दुःख हुआ।

कमांडर ने मुझे बताया कि उसे परिवार वालों के वहाँ आने का बहुत डर लगता था। हर साल जब पहाड़ से नीचे उतरकर उसे रिश्तेदारों से मिलना पड़ता था, उसे बहुत शर्मिंदा होना पड़ता। वह अपनी पत्नी को बहुत चाहता था, खुद से भी ज्यादा चाहता था, लेकिन उसका कैंप में रहना उसे पसंद नहीं था। जब भी वह अपनी पत्नी के साथ होता, वह बहुत दुखी और बेचैन महसूस करता। तीन साल पहले वह निर्माण–स्थल में एक दीवार से गिरा था और एक पत्थर से टकराने से उसे काफी चोट लगी। वह दोनों फिर भी पति–पत्नी की तरह अपना जीवन व्यतीत कर सकते थे, लेकिन कमांडर के लिए यह दर्दनाक था। शुरुआत में उसने अपनी सारी तकलीफें छुपाई और अपनी पत्नी को कुछ नहीं बताया। लेकिन, बाद में जब उसकी तकलीफें बढ़ी, तो वह सहन नहीं कर सका। उसने अपनी पत्नी को सब कुछ बता दिया। उसकी पत्नी ने कोई शिकायत नहीं करी, और उसके गले लगकर रोने लगी, उससे पूछने लगी कि उसने पहले क्यूँ नहीं बताया। कमांडर ने कहा कि वह किसी को परेशान नहीं करना चाहता था, वह और उसकी पत्नी साल में एक ही बारी तो मिलते थे। उसकी पत्नी ने कहा, "ओह, तुम! तुम बिलकुल बेवकूफ हो..." उसके बाद से, कमांडर के पास जब भी डॉक्टर के पास जाने के लिए समय होता, उसकी पत्नी भी साथ–साथ चलती। हालाँकि उसकी बीमारी अब काफी ठीक हो गयी थी, लेकिन अभी भी पूरी तरह से ठीक नहीं था। उन दोनों पति–पत्नी को अभी और भी कई कठिनाइयों का सामना करना था।

सिचुआन–तिब्बत हाईवे में सड़क–निर्माण विभाग के सैनिक कई प्राकृतिक आपदाओं को देखते हैं, कई कष्टों से होकर गुजरते हैं, लेकिन किसी

को भी अपनी तकलीफों का एहसास नहीं होने देते। मैं कमांडर से उसके बाद कई बार मिला और हमारी अच्छी दोस्ती हो गयी। हमारा जो एक नया रिश्ता सा बना था, उसके कारण वह अपने सारे दुःख, जो वह किसी और को नहीं बता पाता था, मुझे बता दिया करता था। हर कोई जानता था कि सिचुआन–तिब्बत हाईवे में ऐसी अनेकों कहानियाँ थी, लेकिन कोई कुछ नहीं बताता था। यह पति–पत्नी का निजी मामला था, और मुझे इस तरह नहीं लिखना चाहिए था। लेकिन मैं खुद को लिखने से रोक नहीं पाया। कृपया करके मुझे कमांडर के नाम और उसकी टुकड़ी की संख्या छुपाने की अनुमति दीजिये। इसी तरह मैं उनके प्रति आदर प्रकट कर सकता हूँ, और उनसे माफी मांग सकता हूँ।

भूस्खलन–ग्रस्त इलाके को पार करना

वह एक बड़े पैमाने पर हुआ भूस्खलन था, और इससे काफी बड़ा इलाका प्रभावित हुआ था। उस भूस्खलन ने केन्द्रीय सरकार, तिब्बती स्वायत्त सरकार, और राज्य परिषद को एक बार फिर से हिलाकर रख दिया था। वैन जियाबो, राज्य परिषद के लीडर, ने एक महत्वपूर्ण कदम उठाया। उन्होंने लीडर्स का एक दल बनाया, जिसमें चीनी विभागों के, तिब्बती स्वायत्त सरकार के कई लोग थे। उनका काम था आपातकालीन प्रक्रिया का संचालन करना। उन्होंने प्राकृतिक आपदा में हुए नुक्सान की पूरी जाँच करी, आपातकालीन स्थिति के लिए योजनाएँ बनायी, और आपदा–प्रबंधन में किये गये सभी कार्यों की देख–रेख करी। जब भूस्खलन हुआ, तो हथियारबंद पुलिस विभाग की तीसरी टुकड़ी, जो गामा घाटी और बासु काउंटी के निर्माण कार्यों में व्यस्त थी, और संरक्षण विभाग आपदा–ग्रस्त इलाके के लिए तुरंत रवाना हुए। उन्होंने रास्ते में फंसे हुए सैंकड़ों वाहनों के दो समूहों को खाली कराया, और उनमें सवार हजारों लोगों को सुरक्षित स्थान पहुँचाया।

उस समय संरक्षण विभाग ने बासु काउंटी में और पोंग्दा के सैनिक कैंटो में कई कई सूचना पत्र छपवाए। उन्होंने लोगों को खतरनाक भूस्खलन–ग्रस्त इलाके में जाने से रोकने के लिए सड़कों पर नाकाबंदी

करी। विभाग के तकनीशियनों ने बड़े साहस से दुर्घटना–स्थल इलाके का दौरा किया और सारी स्थिति का जायजा लिया, और किसी भी तरह की आपातकालीन स्थिति से निपटने के लिए तैयारियाँ शुरू करी। तीसरी टुकड़ी के सैनिकों ने शीघ्र ही आपदा–प्रबंधन का मोर्चा संभाला; उन्होंने आपातकालीन इलाके में तम्बू गाड़े, मशीनों, सभी जरूरी वस्तुओं को वहाँ पहुँचाया और इस युद्ध के शुरूआती संघर्षों को आरंभ किया। सिर्फ दो दिनों के परिश्रम के बाद उन्होंने एक अस्थायी सड़क खोद निकाली, जो दो सौ मीटर लम्बी थी, और पचास मीटर की सड़क में लोहे की तारों से बाड़ लगाईं। बीस अगस्त को, तिब्बती स्वायत्त सरकार के उप–अध्यक्ष जियाओ बाओ, स्थानीय परिवहन विभाग के उप–निदेशक यांग वेन्यिन, और हथियारबंद पुलिस विभाग की पहली रेजिमेंट के उप–प्रधान जू जुन्चुआन, भूस्खलन–ग्रस्त इलाके में पहुँचे। उन्होंने अपने तकनीकी विशेषज्ञों के साथ सारी स्थिति का जायजा लिया और इस चुनौती से निपटने के लिए कई फैसले लिए। अगले कई दिनों में वह नदियों की सफाई कराएंगे और वास्तविक सड़क की मरम्मत करने का कार्य शुरू करवाएंगे; वह सड़क को और ऊँचा करेंगे और कई नए सड़कों की नींव रखेंगे; वह नदी के बहाव को रोके पत्थरों, चट्टानों को विस्फोट करके हटाएंगे। राहत मिशन के मुख्यालय ने सड़क को दोबारा यातायात के लिए खोलने की समय सीमा बाईस सितम्बर रखी। इन सब चीजों का मतलब था तीसरी टुकड़ी के सैनिकों को खड़ी चढ़ाई वाले पहाड़ों में छह किलोमीटर लम्बी और 4.5 मीटर चौड़ी सड़क खोद के निकालनी थी, पहाड़ों के आगे नदी का तेज प्रवाह था और इन पहाड़ों में भूस्खलन या कीचड़ धंसने का लगातार खतरा था। जिस रात उन्हें यह निर्देश मिले, जू जुन्चुआन नहीं सोया। उसने सारी रात आपातकालीन स्थिति से निपटने के लिए योजनाओं पर अपने सलाहकारों के साथ चर्चा करी। वह सत्तर के दशक में इन पहाड़ी मैदानों में आया था और भली–भाँती जानता था कि प्रकृति के खिलाफ यह युद्ध आसान नहीं होगा। अगले दिन सबसे आगे का मोर्चा संभाले हुए तीसरी टुकड़ी के सैनिकों को दो छोटे ब्रिगेड में बांटा गया। एक ब्रिगेड को नदी के बहाव की दिशा में काम शुरू करेंगे और दूसरा ब्रिगेड बहाव के विपरीत दिशा जायेंगे।

हम पहले रेजिमेंट की प्रमुख आपातकालीन दल में शामिल थे, और चौबीस अगस्त को हमने पहाड़ों के रास्ते से पैदल चलकर ही आपदा–ग्रस्त इलाका पार किया और पूरे राहत मिशन का अन्वेषण किया। वह पूरी यात्रा मृत्यु को चुनौती देने वाली थी। रास्ते में छोटे–छोटे भूस्खलन से हम कई बार रुके। हमारा पूरा शरीर भी कीचड़ में धंस गया था। झांग हुआ और लू यू फोटोग्राफी विभाग के सचिव थे और उनके साथ विशेषज्ञों की पूरी टीम थी। उन्होंने विडियो कैमरा अपने कन्धों पर उठा रखा था, जो रास्ते में पानी के बीच होकर भी गुजरा और अपने कैमरा उठाए ही कठिन पहाड़ों की चढ़ाई करी। लू यू ने हाल ही में बीजिंग प्रसारण कॉलेज से अपनी पढ़ाई पूरी की थी, और पहाड़ी मैदानों का उसका यह पहला सफर था। हम ऐसी जगह पहुँचे जहाँ काफी कीचड़ था, वहाँ लू यू का पैर फिसला और वह लुढ़कता हुआ पहाड़ के कई मीटर नीचे जाकर गिरा। हम सब घबरा गये और चिल्लाने लगे। लेकिन भाग्यवश लू यू को कोई ज्यादा चोट नहीं आई, उसके हाथ–पाँव की थोड़ी चमड़ी छिल गयी थी। क्यूँकि गिरते वक्त भी उसने अपने कैमरा नहीं छोड़ा और कसकर पकड़े रखा, इसलिए कैमरा भी सही–सलामत था। सभी ने राहत की सांस ली। विडियो कैमरा लू यू का हथियार था। ऐसे नाजुक क्षणों में भी उसने अपनी जान से ज्यादा कैमरा को बचाने की कोशिश करी। यह बात मेरे दिल को छू गयी कि एक कॉलेज छात्र जो हाल ही में सेना में शामिल हुआ है, क्या इतना समझदार हो सकता है।

दोपहर की धूप में हम तीन घंटों की कठिन चढ़ाई के बाद आखिरकार पहाड़ की चोटी पर पहुँचे। हमारा सामने अभी भी आधा रास्ता और बाकी था। उस समय हम सभी शारीरिक और मानसिक रूप से थक चुके थे। हमारी सैन्य वर्दियाँ पसीने से भीगी हुई थी और हमारे जूते कीचड़ से भरे हुए थे। हमारे हाथों, पैरों में कोई जान नहीं बची थी। हम सिर्फ कहीं पानी या कीचड़ में लेटकर कुछ देर आराम करना चाहते थे। लेकिन यह बिलकुल संभव नहीं था, उस जगह कीचड़ धंसने की घटना बहुत आम बात थी, और वहाँ रुकने का मतलब था अपनी जान को खतरे में डालना। उस समय सच्ची में मैंने पहाड़ी मैदानों में निर्माण कार्यों में लगे सभी

सैनिकों का दर्द समझा। उन रास्तों में बिना किसी वजन के भी चलना बहुत मुश्किल था, लेकिन सैनिकों को आपातकालीन स्थिति के लिए अपने कन्धों में काफी बोझ उठाकर चलना पड़ता था, जो कुछ दर्जन किलोग्राम से सौ किलोग्राम तक हो सकता था। आप सभी इस संघर्ष की कल्पना कर सकते हैं।

उप मुख्य–मार्शल जू जुन्चुआन ने मुझे बताया कि हर बारी जब किसी बड़े प्राकृतिक आपदा का सामना करना पड़ता था और सड़क बंद कर दी जाती थी, सभी सैनिकों को अपने कन्धों पर रोजमर्रा की चीजें और निर्माण–स्थल में काम आने वाली चीजें उठाकर चलना पड़ता था, और वह ऐसे ही कई पहाड़ों, चोटियों को पार करते थे। उसने बताया कि जब वह तीसरी टुकड़ी का लीडर था, एक ऐसा समय भी आया जब पूरी सेना की टुकड़ी पूरी दुनिया से 160 दिनों के लिए कट गयी और एक विकट चुनौती का सामना करना पड़ा।

उसने यह भी बताया कि उस समय टुकड़ी को सिचुआन–तिब्बत हाईवे के झोंग्बा इलाके की मरम्मत का काम सौंपा गया था। महीने भर तेज बारिश होती रही और सड़क कई जगहों पर खराब हो गयी। पूरी टुकड़ी सिचुआन–तिब्बत हाईवे के बीचों बीच फंस गयी। सैनिकों ने आपातकालीन प्रक्रिया शुरू की और खुद को बचने की कोशिश करी। उस समय सैनिक मिशन के लिए जरूरी सभी चीजों को बोरे में भरकर कार्य–स्थल लाया गया। दूसरी टुकड़ी रान्चु घाटी में तैनात थी, सेनानिवास के दोनों तरफ की सड़कें बाढ़ में टूट चुकी थी। नयी बनी इमारतें नब्बे फीसदी तक बर्बाद हो चुकी थी। टुकड़ी ने जल्दी ही कई ब्रिगेड बनाए और सड़क तक पहुँचने की कोशिश करने लगे। सैनिकों ने थोड़ी शराब पी और ठन्डे बाढ़ के पानी में उतर गये, वह कमर तक पानी में थे। उन्होंने लकड़ियाँ इकट्ठी की और उन्हें जोड़कर एक दीवार खड़ी करी। हर कोई ठण्ड से ठिठुर रहा था, उनके होंठ बैंगनी रंग के हो गये और उनके चेहरे काले पड़ गये। उनके पीठ, छाती पर टहनियों, चट्टानों और बर्फीली पहाड़ियों से खरोंचों के कई निशान बन गये थे, जिनसे खून भी बह रहा था। हर रोज वह पन्द्रह घंटों काम करते, और कभी–कभी तो इससे भी

ज्यादा। टुकड़ी खाना भी बनती और उसे निर्माण–स्थल भी पहुँचाती। एक महीना बीत गया, और चावल, सब्जियाँ, आटा सभी खत्म हो गया; लम्बे समय तक चलने वाली खाने की चीजें, जैसे समुद्री खरपतवार, सूखी सब्जियाँ और आलू, भी खत्म हो गये। निर्माण–स्थल पर भी पर्याप्त सामान उपलब्ध नहीं था, जैसे गारा और पेट्रोल। ऐसे में क्या किया जा सकता था? सड़क काफी टूट चुकी थी और उस रास्ते से सामान पहुँचाना असंभव ही था। इसलिए सैनिकों को खुद सामान ढ़ोना पड़ा; अपने कन्धों, पीठ में सामान उठाकर सैनिकों ने उस असंभव कार्य को संभव बनाया। सैनिकों ने कई किलोमीटर की कठिन यात्रा करके, सामान से भरा एक–एक बोरा पहुँचाया। वह अपनी जान को खतरे में डालकर उस सड़क को जीवन देने की कोशिश कर रहे थे।

वह निर्माण–स्थल किसी अनजान टापू की तरह बन गया। सैनिकों ने कई महीनों से मांस का एक टुकड़ा नहीं देखा था। वह ज्यादातर नमकीन चावल खाकर गुजारा कर रहे थे। बाद में उन्हें झामु स्टेशन में पचास के दशक की जमी हुई सब्जियाँ मिली। सब्जियों की उम्र सैनिकों से भी ज्यादा था, जब सैनिकों ने सब्जियाँ खाई, तो उन्हें लकड़ी के चबाने जैसा स्वाद आया। यह सब्जियाँ भी, जिन्हें निगलना बहुत मुश्किल था, पहले सैनिक दिन में तीन बार खाते थे, फिर जैसे–जैसे सब्जियाँ कम होती गयी, उन्होंने दिन में दो बारी खाना शुरू कर दिया और फिर बाद में दिन में सिर्फ एक बार। हताश होकर टुकड़ी ने चार टन मांस भर के वाहन मंगवाया। वह वाहन किंघाई के जर्मु से चला था और ल्हासा से होते हुए एक लम्बा सफर करके सिचुआन–तिब्बत हाईवे पहुँचा। लेकिन रास्ते में भूस्खलन हुआ, और बीच सड़क में ही वाहन सात या आठ दिन फंसा रहा। इस खबर को पहुँचाने सैनिक लगभग सौ किलोमीटर पैदल चलकर टुकड़ी के दफ्तर गये। सेना की टुकड़ी ने सामान पहुँचाने में मदद करने के लिए अपने और सैनिक भेजे। चार टन मांस अपने कन्धों पर उठाकर, एक–एक टुकड़ा, उन्होंने हर सेनावास पहुँचाया। जब तक मांस कठिन रास्तों को पार करके सैनिकों के पास खाने के लिए पहुँचा, दो हफ्ते बीत चुके थे, और मांस भी सख्त, बासी हो गया था।

हम अपने दाँत पीसते गये, और अपनी थकी टांगों को आगे खींचते गये। पहाड़ चढ़ना तो आसान था, लेकिन उतराई बहुत मुश्किल थी। वहाँ हर जगह बारिश का पानी जमा था, कीचड़ था, और फिसलने का डर था। चोटी के किनारों से फिसलकर गहरी घाटी में गिरने से बचने के लिए हमने एक लम्बी रस्सी पेड़ से बाँध ली। अगर कोई पेड़ नहीं था, तो किसी सैनिक ने कसकर रस्सी पकड़ी और दूसरी सैनिक उसके सहारे धीरे–धीरे फिसलकर नीचे उतरे। उनमें से कुछ आधे रास्ते नीचे पहुँचे, तो अपने पैरों के नीचे टेल नदी के तेज बहाव की आवाज सुनकर बेहोश पड़ने लगे; वह सभी बिलकुल शक्तिहीन हो चुके थे। वह ज्यादा देर रस्सी पकड़ नहीं पाए, और एक के ऊपर एक गिरने लगे। भाग्यवश सबसे नीचे के सैनिक ने सबको संभाला और एक खतरनाक हादसा टला। लेकिन उनके हाथ खून से लथपथ थे। जब हम किसी भूस्खलन–ग्रस्त इलाके में चलते हैं, तो पत्थरों के गिरने की अक्सर आवाज़ें सुनते हैं। वहाँ पहाड़ों से बड़ी चट्टानों के टूटने की और कीचड़ के बहने की भी आवाजें सुनाई दे रही थी। पहाड़ की चोटी पर कुछ गिद्ध घेरा बनाए उड़ रहे थे, अपनी चोंच निकालकर बार–बार चिल्ला रहे थे, जैसे हमें याद दिला रहे हों कि "यह मौत की घाटी है।"

शाम के वक्त जब हमारा समूह आपातकालीन निर्माण–स्थल पहुँचा, तीसरी टुकड़ी के महासचिव हांग योशियांग, जो उस आपातकालीन मिशन के लीडर थे, ने आश्चर्यचकित होते हुए कहा, "क्या तुम स्वर्ग से आये हो?" हांग योशियांग दस दिनों से नहीं सोये थे। उनकी आँखों में खून जमा हुआ दिख रहा था। जब मैं उनसे हाथ मिलाने आगे बड़ा, तो ध्यान दिया कि वह किसी टहनी के सहारे खड़े थे। मैंने उनसे पूछा और पाया कि कुछ दिन पहले जब वह निर्माण–स्थल की देखरेख कर रहे थे, तो ऊपर से फिसलकर आई चट्टान में उनका पैर चकनाचूर हो गया। पिछले कुछ दिनों से वह उस टहनी को बैसाखी की तरह इस्तेमाल कर रहे थे, और फिर भी वह उस आपातकालीन मिशन की सबसे आगे बढ़कर देखरेख कर रहे थे। हांग योशियांग ने उप मुख्य–मार्शल को बताया: "मिशन आधा पूरा हो चुका है। हम धीरे–धीरे आगे बढ़ रहे हैं, और हमारे साथियों को भी ज्यादा चोटें नहीं लगी हैं।"

उसके पति उसकी आँखों के सामने हमेशा के लिए गायब हो गये

दोंग जी की पत्नी यांग कायुं के विचार में अठारह अगस्त सबसे दुखद दिन था। दोंग जी तीसरी टुकड़ी के सुरक्षा उपकरण विभाग में सहायक बटालियन कमांडर था, और उस समय वह छठी टुकड़ी की जमीनी स्तर की एक अस्थायी चौकी पर तैनात था। उसने आपातकालीन स्थितियों में छोटी बटालियनों के लिए मशीनों और पेट्रोल सप्लाई का भी कार्यभार संभाला हुआ था। दोंग जी काफी समय से पहाड़ पर तैनात था, अपने घर नहीं गया था और इसलिए यांग कायुं अपने बच्चे को लेकर खुद पहाड़ जाना पड़ा। वह दोनों वांग लिबो की पत्नी वांग शियोनिंग के साथ सिचुआन–तिब्बत हाईवे गये। वांग शियोनिंग अपने पति की कब्र को देखने गयी थी, जिसकी दस साल पहले मृत्यु हो गयी थी। यांग कायुं भी अपने पति से मिलने गयी। उसने वांग शियोनिंग को देखा, और उसमें उसे किसी सैनिक की पत्नी का दुखी जीवन नजर आया। यांग कायुं ने वांग शियोनिंग और उसकी बेटी के साथ अपनी सहानुभूति और शोक प्रकट किया। यांग कायुं को ऐसा लगा कि वह औरत होते हुए वांग शियोनिंग से ज्यादा सौभाग्यशाली थी। हालांकि उसका पति बहुत कम घर आता था, लेकिन वह कम से कम जीवित तो था, जबकि वांग शियोनिंग के पति की हाल ही में मृत्यु हुई थी।

यांग कांयु का लड़का दोंग चुन्शान का जन्म उस साल की बसंत में हुआ था, लेकिन उसके पिता उस समय मौजूद नहीं थे। वह सिचुआन–तिब्बत हाईवे के बर्फीले पहाड़ों में थे। यांग कांयु को उसके पति की याद भी आती थी और उसके प्रति नाराजगी भी थी, इसलिए उसने अपने बच्चे का नाम "बसंत के पहाड़" (चुन्शुन) रखा था। उनके तीन सदस्यों के परिवार के लिए साल में एक बारी भी साथ में समय व्यतीत करना मुश्किल हो जाता था। यांग कांयु और उसका लड़का, कई कठिनाइयों का सामना करके पहाड़ पहुँचे थे, अब उन्हें सेना के आपातकालीन मिशन का सामना करना पड़ा। दोंग जी सबसे आगे के मोर्चे में पूरा दिन व्यस्त रहा, उसके पास खाना खाने या आराम करने का भी वक्त नहीं था। सामान्यतः वह आधी रात्री को ही अपने कमरे थका हुआ पहुँचता था। वह हाथ–मुँह धोना

भी जरूरी नहीं समझता था, सीधा अपने बिस्तर में जाकर लेट जाया करता और खर्राटे लेकर सोया करता। और अगले दिन अँधेरे–अँधेरे में ही निर्माण–स्थल पहुँच जाया करता। यांग कांयु सेनानिवास में दो हफ्ते रही, लेकिन अपने पति से कुछ शब्द ही बोल पायी। सारी सेना आपातकालीन मिशन पर गयी थी, यांग कांयु और उसका लड़का अपने अकेले कमरे सारा दिन पड़े रहते। वह घर में भी अपने खाली मकान के देखरेख करती थी, और यहाँ भी वही कर रही थी। यांग कांयु को यह सब बहुत बुरा लग रहा था। अठारह की प्रातः सुबह, दोंग जी उठे और बाहर जाने के लिए फिर से तैयार हो गयी। यांग कांयु ने पूछा, "सुबह इतने जल्दी जाकर क्या करते हो?" दोंग जी ने कहा, "पेट्रोल खत्म हो गया है। मुझे वाहन से बोमी जाकर पेट्रोल लाना है। मैं शाम तक वापस आ जाऊँगा।" यांग कांयु ने घबराते हुए कहा, "सड़क में अपना ध्यान रखना....." उसके पति ने दिन के उजाले में बाहर कदम रखा और चले गये। इस बारी, वह वापस नहीं आया। दोपहर को यांग कांयु को यह खबर मिली। जब उसके पति दोंग जी पेट्रोल लेने जा रहे थे, वहाँ तेज बारिश हो रही थी, जिसके कारण सड़क पर काफी फिसलन थी, और उसका वाहन चोटी से फिसल कर नीचे नदी में जा गिरा।

टुकड़ी ने उसे खोजने के लिए एक छोटी टीम भेजी। टीम ने पूरे तीन दिन उसे नदी के आसपास ढूँढा और नदी के बहाव की दिशा में कई किलोमीटर तक गये। उन्हें दोंग जी का कोई सुराग नहीं मिला। बासु काउंटी के सैंकड़ो लोग भी इस खोज एवं बचाव अभियान में अपनी इच्छा से शामिल हुए। हाथों में टॉर्च या जलती हुई मशाल पकड़कर, वह नदी किनारों दोंग जी का नाम पुकारते रहे। बहते पानी की तेज आवाज के अलावा उन्हें कुछ और नहीं सुनाई दिया। दोंग जी को बचाने के प्रयास में बासु काउंटी की सभी टॉर्च बिक गयी। जो पहले मैगपाई ब्रिज के रोमांस की तरह लग रहा था, अब पति के बिछड़ने के बाद यांग कांयु अपने खाली कमरे में अकेले बैठी थी; वह जीवन और मरण के बिछड़ने जैसा था। यांग कांयु तो अपने पति से मिलने आई थी, उसने सपने में भी नहीं सोचा होगा कि उसे अपने पति का अंतिम संस्कार करना पड़ेगा। वह

बहुत दुखी थी, नदी किनारे घुटनों के बल बैठकर चिल्लाती: "जब तुम सुबह गये, सब ठीक था! तुम ऐसे कैसे मुझे छोड़ के जा सकते हो? तुम हमसे दूर नहीं जा सकते हो!" पिछले दिन की शाम को ही उसके पति ने उससे कहा था की वह कई सालों से अपने परिवार के साथ, अपनी पत्नी, बच्चे के साथ नहीं रह पाया। एक दिन आयेगा जब वह फिर से एक आम जीवन जियेगा और अपने पत्नी, बच्चे का कर्ज उतारेगा। लेकिन अब, वह अपना वादा कभी पूरा नहीं कर पायेगा। सिर्फ बत्तीस साल की उम्र में, जब वह अपने जीवन के शिखर पर था, अपने कंधो पर पछतावे का बोझ लेकर अपनी पत्नी की आँखों के सामने चला गया।

सेना ने दस दिन तक तलाश जारी रखी, लेकिन उन्हें दोंग जी का शरीर नहीं मिला। लेकिन उसके मृत होने का उन्हें पक्का यकीन था, और इसलिए उन्होंने बर्फीले पहाड़ में एक मकबरा बनाया। जैसे दोंग जी को दफनाने का वक्त आया, उसके बच्चे के स्कूल भी शुरू हो गये। यांग कांयु को पहाड़ के नीचे उतरना था। लेकिन सड़क अभी भी बंद पड़ी थी। उसके पति के साथी सैनिकों ने पूरे दो लगाये, और पहाड़ों के बीच का सफर करके यांग कांयु और उसके बच्चे को सुरक्षित भूस्खलन–ग्रस्त इलाके से बाहर ले गये। उन्होंने उसे बांगडा से चेंगडु जाने वाले विमान में चढ़ाया। जब यांग कांयु और उसके बच्चे ने विमान की सीड़ियों में कदम रखा, उसने पीछे मुड़कर उस विशाल बर्फीले पहाड़ों को देखा और अहसास किया कि उसने क्या खो दिया। उसने अपने साथ खड़े अपने बेटे दोंग चुन्शुन को कहा, "बेटा, इन पहाड़ों को अच्छी तरह से देख लो? जब तुम बड़े हो जाओ, तो यहाँ वापस आकर अपने पिता की कब्र को देखना मत भूलना।"

कीचड़ के तेज बहाव में लियांग मिन्वेइ और उसका बुलडोजर बह गया

छब्बीस तारीख को, सेना भूस्खलन–ग्रस्त इलाके में राहत कार्यों में लगी थी। जब आगे के मोर्चे पर डटे सैनिक आराम कर रहे थे, पानी पी रहे थे, मैंने उनका इंटरव्यू लिया। लेफ्टिनेंट वैन गुआंगयान, ब्रिगेड के

उप–कप्तान, पानी के बहाव के विपरीत दिशा आगे बढ़ रहे थे, वह काफी थके हुए लग रहे थे। उन्होंने कहा, "हम अगस्त की सत्रह तारीख को चले थे। सभी सैनिकों ने बिना आराम करे लगातार दस दिन काम किया। आप देख सकते हो की अभी भी भूस्खलन हो रहे हैं और यह बहुत खतरनाक है। अगर मैं आपकी जगह होता, तो यहाँ ज्यादा दिन नहीं रुकता।" मैंने उससे पूछा कि वर्तमान में सबसे बड़ी मुसीबत क्या है और इस पर उसने उत्तर दिया, "यहाँ लगातार कीचड़ तेजी से बहता रहा है, जिसके कारण नदी का जलस्तर बढ़ रहा है, और उसका अपना प्रवाह रुक गया है। कभी–कभी जो हम सड़क खोदकर निकलते थे, वो नदी के पानी और कीचड़ से भर जाती रही। उसके बाद सड़क को दोबारा साफ करना बिलकुल असंभव होता है। पर इतना मुश्किल होने के बावजूद हमें खुदाई जारी रखनी है, और समय पर सारे काम पूरे करने है!" लिऊ योंग, लोडर के एक चालक, ने कहा कि उसे हर दिन दस छोटे–छोटे भूस्खलन का सामना करना पड़ता था। ऊपर से कई पत्थर भी लुढ़कते हुए उसके सर के ऊपर से गुजर चुके थे और भूस्खलन से जो धूल उठती थी, उसमें उसका इतना दम घुटता था कि वह सांस भी नहीं ले पाता और अपनी आँखें नहीं खोल पाता।

जब मैं सैनिकों के इंटरव्यू ले रहा था, तो वह सब कैमरे में कैद करने वाले झांग हुआ ने खोए–खोए कैमरा बुलडोजर की तरफ किया। लियांग मिन्वेइ, जिनका पिछले चैप्टर में उल्लेख किया है, उनका फिल्मांकन झांग हुआ ने ही किया था। लियांग तब हाल ही में यिगोंग के राहत कार्य से लौटा था, और उसका इंटरव्यू लिया गया। झांग हुआ ने किसी विशेष कारण के चलते लियांग का फिल्मांकन नहीं किया, उसे बस लियांग के बोलने का तरीका पसंद आया। हमारे उस जगह छोड़ने के आधे घंटे बाद ही लियांग मिन्वेइ का भी बुलडोजर कीचड़ में बह गया।

दोपहर चार बजे के करीब राहत–स्थल में एक और भूस्खलन हुआ, और उस महीना का वह दूसरा भूस्खलन था। सभी दिशाओं से तेजी से आते पानी और धूल ने पूरा निर्माण–स्थल निगल लिया। वह कीचड़ तेजी से आगे बढ़ रहा था। सबसे आगे खड़े सैनिकों के हवा की तेज लहर

टकराई और वह गिर पड़े। उस जगह के कमांडर ने सभी सैनिकों को जल्दी से जगह खाली करने के आदेश दिए। लेकिन, लियांग मिन्वेइ, जो सबसे खतरनाक जगह था, अपने सबसे चहिते बुलडोजर को खोना नहीं चाहता था, और उसे किसी सुरक्षित जगह पहुँचाना चाहता था। वह हठपूर्वक बुलडोजर को एक सुरक्षित स्थान ले गया। क्यूँकि धुएँ के बादल में कुछ भी दिखाई नहीं दे रहा था, और बढ़ता बाढ़ का पानी नदी से बाहर निकल रहा था, बुलडोजर फिसलकर नदी में काफी गहरा चला गया। लियांग मिन्वेइ कीचड़ के बहाव में बह गया।

हम दुर्घटना–स्थल की ओर तेजी से दौड़े और पाया भूस्खलन तो काफी देर पहले रुक चुका था। घबराए सैनिक नदी में लियांग मिन्वेइ को ढूँढने लगे। ली झोंग्यिंग, मशीनरी इंजिनियर जो लियांग मिन्वेइ के प्रशिक्षक भी थे, उसने रोते हुए अपनी कांपती आवाज में हमें सारा हादसा बताया। "मैं लियांग मिन्वेइ से ज्यादा दूर नहीं था। मैंने एक धमाके जैसी आवाज सुनी और मैंने देखा एक मुश्रूम जैसा बादल हमारी ओर तेजी से बढ़ रहा था। मैंने उसे वहाँ से जल्दी निकलने के लिए आवाज लगाई। फिर क्षण भर में भूस्खलन हुआ, और मैं तेज हवा की लहर से टकराकर जमीन पर गिरा। मेरे मुँह में मिट्टी थी। मैं चिल्लाने लगा, "बुलडोजर को भूल जाओ, तुम खुद जल्दी बाहर निकलो!" लेकिन वह बाहर नहीं निकल पाया। भूस्खलन से बने मशरूम के बादल ने हम सबको घेर लिया, फिर मैंने सिर्फ चारों ओर अन्धकार देखा, और कुछ नहीं दिखाई दिया। लेकिन मैं फिर भी अँधेरे में हाथों से टटोलकर आगे चढ़ने का रास्ता ढूँढने लगा। मैं लियांग मिन्वेइ को वापस लाना चाहता था। मैंने आगे दो या तीन मीटर ही गया था, मैंने एक और तेज आवाज सुनी और मैंने समझ गया था कि बुलडोजर नदी में गिर गया था।"

लियांग मिन्वेइ सिर्फ बाईस साल का सैनिक था। उसने अपनी इच्छा से सैनिक कॉलेज में पढ़ने का मौका ठुकराया था, और कुछ ही महीनों में सिचुआन–तिब्बत हाईवे के दो बड़े राहत संघर्षों का हिस्सा बना। अब वह बड़ी बेरहमी से कीचड़ के बहाव में बह गया। वो दृश्य जो झांग हुआ ने बड़ी लापरवाही से फिल्माए थे, ल्यांग मिन्वेइ के दुनिया में आखिरी क्षणों

की तसवीरें बन गयी। उस फुटेज और ली वेइफांग की कहानी, जिसे मैंने कई साल पहले टाइगरस माउथ में फिल्माया था, दोनों में काफी समानताएँ थी। उस समय से लेकर अब तक वह फुटेज चीनी केंद्रीय दूरदर्शन की खबरों में काफी बार दिखाई गयी।

झोऊ चंघुई, तीसरी टुकड़ी के सैन्य सामग्री विभाग के मुख्य, लियांग मिन्वेइ के परिवार का हालचाल पूछने उसके गाँव वानयान काउंटी में गये, जो कि सिचुआन में है। उसके बाद उन्होंने मुझसे कहा, "लियांग मिन्वेइ का परिवार बहुत गरीब है और एक कच्चे मकान में रहता है। उसके घर में कोई भी ढंग का फर्नीचर नहीं था।" असल में झोऊ चंघुई पता लगाना चाहता था कि खुद इतने गरीब घर का होने के बावजूद लियांग मिन्वेइ ने अपनी जमा पूंजी सिचुआन–तिब्बत हाईवे के गरीब बच्चों की पढ़ाई में दान देने का आग्रह क्यों किया। जल्दी ही लियांग मिग्न्वेई के पिता ने उसे इसका कारण समझाया। जब लियांग मिन्वेइ के पिता को उसकी शहादत का पता चला, बूढ़ा व्यक्ति जिसने पार्टी के गाँव से सदस्य के रूप में तीस साल तक काम किया– अपनी एड़ी के बल बैठ गया और अपना सर हाथों से ढक लिया, लेकिन कुछ नहीं बोला। उसके आंसू बूँद–बूँद करके जमीन पर गिरते रहे। उसकी विकलांग पत्नी सदमे को सहन नहीं कर पायी, और निर्जीव प्राणी की तरह जमीन पर गिर गयी।

झोऊ चंघुई ने उनसे पूछा कि वह सैन्य इकाई से क्या चाहते थे, और लियांग मिन्वेइ के पिता ने अपने दुःख को दबाते हुए कहा, "लियांग ने जो भी किया सही किया। वह एक सैनिक बना, पार्टी में शामिल हुआ, और वैसा ही उसे करना चाहिए था। हमें और कुछ नहीं पूछना; हमें लियांग ने बताया था कि सिचुआन–तिब्बत हाईवे के तिब्बती बच्चे स्कूल का खर्च नहीं उठा सकते। हर साल वह अपने साथियों के साथ मिलकर "उम्मीद योजना" में कुछ दान करता रहा है। उसने एक बच्चे पुबू की शिक्षा की भी जिम्मेदारी ली। सरकार ने जो हमें राशि देनी है, वह आप उस बच्चे को दे सकते हो। इस तरह हम दोनों भी लियांग की आखिरी इच्छा को पूरा कर पाएंगे। यह सब सुनकर झोऊ चंघुई इतना भावुक हुआ कि रोने लगा, उसने कहा, "उस लड़के की देखभाल के लिए हम हैं और सरकार भी उस

लड़के की देखभाल के लिए प्रतिबद्ध है। पहाड़ पर तैनात सभी सैनिक उसकी आर्थिक रूप से मदद करेंगे; आप इस तरह अपनी मुआवजे की राशि नहीं ठुकरा सकते।"

मिन्वेइ के बूढ़े पिता ने कहा, "अब हमारा इकलौता बेटा दुनिया में नहीं रहा, अब हम इन पैसों का क्या करेंगे? मुझे मेरे बेटे की आखिरी इच्छा पूरी करने दीजिये।" वह दोनों अपनी बात पर अड़े रहे। झोऊ चंघुई ने उन्हें समझाने की हर संभव कोशिश करी, आखिरकार उसके पास कोई रास्ता नहीं बचा और उन दोनों से दो हजार युआन की राशि स्वीकार करी। वह उन पैसों को वापस सिचुआन–तिब्बत हाईवे ले गया और बासु काउंटी के "उम्मीद योजना" में दान कर दिया। सात नवम्बर को, सैनिकों को पदवी देने के लिए सिचुआन के चेंगडु में हथियारबंद पुलिस के मुख्यालय में एक सभा बुलाई गयी। वहाँ लियांग मिन्वेइ को "सिचुआन–तिब्बत हाईवे के राहत–मिशन के हीरो" की पदवी दी गयी।

उस सभा के दौरान मैंने लियांग मिन्वेइ के पिता को देखा, वह एक मृदुभाषी और साधारण व्यक्ति थे, और उनकी पत्नी विकलांग थी। उनकी पत्नी को तीसरी टुकड़ी के उप–महासचिव ली शिन्गुओ ने संभाल रखा था, उन्हें काफी मुश्किल से मंच के ऊपर चढ़ाया गया। उसे हथियारबंद पुलिस की सैन्य ईकाई के उप–महासचिव ली शिन्गुओ ने सम्मान पत्र देकर सम्मानित किया। लियांग के माँ ने मुड़कर देखा तो सभी लोगों का झुककर अभिवादन किया और पूरा हॉल तालियों की आवाज से गूँज उठा। कुछ दूसरे साथियों की तरह मेरे आँखों में भी आंसू आ गये। उन्नीस सितम्बर 2000 को, शिनुआ न्यूज एजेंसी ने एक खबर छापीः

"कल सिचुआन–तिब्बत हाईवे, जो पिछले बत्तीस दिनों से पहाड़ों में एक बड़े भूस्खलन होने के कारण बंद पड़ा था, समय सीमा से चार दिन पहले ही यातायात के लिए खुल गया। हथियारबंद परिवहन पुलिस की सैन्य इकाई ने इसके पीछे दिन–रात कठोर परिश्रम किया था। भूस्खलन में फंसे हजारों लोग और उनके साथ 390 से ज्यादा सैन्य और सिविलियन वाहन बचाए गये और सभी को उनके घर सुरक्षित भेजा गया। बासु, बोमी, मोतुओ और चायु के नेता राहत मिशन में सबसे आगे का मोर्चा संभाले

सैन्य इकाई को धन्यवाद करने गये। तिब्बती लोगों ने राहत मिशन में काम करने वाले सैनिकों के लिए जौ की शराब दान में दी और सफेद हाडा स्कार्फ भी भेजे।

जब हम वापस बीजिंग पहुँचे, रिपोर्टर चौन अभी भी उस भय से निकल नहीं पा रहा था। जैसे ही हम विमान से नीचे उतरे, उसने राहत की सांस ली और मुझे गले लगाकर कहने लगा, "दोस्त, हम आखिरकार वापस जिन्दा पहुँच गये हैं।" उसके बाद, उसकी आँखें धीरे–धीरे लाल होती गयी और आंसुओं से भर गयी। उसने कहा, "हम वापस आ गये हैं, लेकिन वो मृत सैनिक .... अभी भी वहाँ राहत मिशन में कई और सैनिक काम कर रहे हैं।" उसने अपने आप को संभाला और कुछ और नहीं बोला। मेरी आँखें भी नम हो गयी।

भाग – 2

अली की ओर संघर्ष

एक ऐसी जगह जहाँ कोई नहीं रहता हो, वहाँ रखे हर कदम, ब्रह्माण्ड के जन्म से लेकर अब तक इंसानों द्वारा छोड़े पहले पदचिह्न बन जाते हैं।

अध्याय – 1

एक अनजान क्षेत्र पर पहला आक्रमण

अप्रैल 2002 को हथियारबंद परिवहन पुलिस सैन्य इकाई को एक अनजान अली क्षेत्र में प्रवेश करने के आद्रेश मिले। इससे समुद्रतल से सबसे ऊँची जमीन पर कई कीर्तिमान बने, सबसे बड़ा युद्ध–क्षेत्र, और हथियारबंद पुलिस संरक्षण संस्था के सामने उनका अब तक का सबसे दुर्गम वातावरण। सैन्य इकाई कई कठिन परीक्षाओं से गुजरी और इसके लिए उन्होंने बहुत बड़ी कीमतें भी चुकाई।

"दी आयरन याक" ने पहली बार अनजान जमीन पर कदम रखा

अली दुनिया का सबसे ऊँचा प्रदेश है। किंगहाई–तिब्बत के पहाड़ी मैदानों को "दुनिया की छत की छत" कहा जाता है। तिब्बत के दक्षिण पश्चिमी इलाकों का यह सबसे महत्वपूर्ण इलाका समुद्रतल से औसतन 4, 000 मीटर की ऊँचाई पर है, इसकी सीमा इंडिया, नेपाल और कश्मीर, और दक्षिण के शिनजियांग से मिलती है। सीमा 116 किलोमीटर लम्बी है, अली और चीन के बीच 60 पहाड़ों की शृंखला है। हमारे तिब्बती भाई जो यहाँ रहते हैं, बंजारों का जीवन बिताना पसंद करते हैं, और बहुत कम लोग खेती–बाड़ी से जुड़े हैं। वह ज्यादातर ऊन, नमक और कुछ अन्य चीजें बनाते हैं। तिब्बती भाषा में सिंह जलस्रोत, हाथी जलस्रोत और मोर नदी इंडस, सतलुज और यालू त्सान्बो नदी के मुख्य स्रोत हैं। अली प्रदेश का प्रशासनिक दफ्तर सिंह जलस्रोत के पास एक कसबे में है, जो तिब्बत

की राजधानी ल्हासा से 1, 586 किलोमीटर दूर है, और शिनजियांग की येचुंग काउंटी से 1, 085 किलोमीटर दूर है। पूरे रास्ते में एक लम्बी बर्फीले पहाड़ों की श्रृंखला है। यहाँ हवा बहुत ठंडी और पतली होती है। यहाँ से नदी या घास के मैदानों का कोई सुराग भी नहीं देखा जा सकता, और इस वीरान जगह में कोई जीव भी नहीं देखा जा सकता; इन रास्तों में चलना सच में बहुत मुश्किल है। आजादी से पहले अली तक जाने वाला कोई हाईवे नहीं था, और यह बाकी दुनिया से बिलकुल कट चुका था। तिब्बती लोग उन व्यापारियों के भरोसे थे, जो याकों के ऊपर सामान लादकर कठिन रास्तों का सफर करते थे। उनकी एक यात्रा कई महीनों की भी हो सकती थी, और इस वजह से दाम भी ऊँचें होते थे। तिब्बती लोगों का जीवन काफी गरीबी से कटता था।

आजादी के बाद, पी.एल.ऐ. अली में ही तैनात थी। याक और ऊँटों के सहारे कुछ खास जरूरी सामान ही पहुँचाया जा सकता था, वो भी हर साल जून और सितम्बर के बीच ही यात्रा की जाती थी। अली में तैनात हर सैनिक को एक यात्रा में औसतन दस याक या ऊँट और तीन सहायकों की जरूरत होती थी, और हर साल हर व्यक्ति यातायात में लगभग दस हजार युआन खर्च करता था। रास्ते में ही कई जानवर ठण्ड या ऑक्सीजन की कमी के कारण मर जाते थे। संसाधनों की फिर से भरपाई करना भी मुश्किल होता था। जब यातायात की समस्या को थोड़ा सुलझाया गया, तो सेना सिर्फ अली में अपनी मौजूदगी ही बना पाई। कुछ सर्वेक्षणों के बाद सेना ने येचेंग से अली तक का एक उपयुक्त रास्ता चुना। अप्रैल 1956 को उन्होंने उस रास्ते का निर्माण करना शुरू किया और उसी साल के अक्टूबर तक वह रास्ता आम लोगों के लिए यातायात के लिए खुल गया। जिस परियोजना के तीन साल में खत्म होने की उम्मीद की गयी थी, वह एक साल में ही पूरा हुआ और वह भी 4000 सड़क–निर्माण सैनिकों और मजदूरों के काम की जो समय सीमा रखी गयी थी, उसके आधे वक्त में ही परियोजना संपन्न हुई। पाँच अक्टूबर को पहली बार सिंह जलस्रोत के पास सड़क में वाहन चलाया गया। वहाँ रहने वाले तिब्बती लोग हैरान रह गये; उन्हें समझ नहीं आ रहा था कि 'आयरन याक' जमीन

के नीचे से निकले थे या आसमान से उतरे थे। उनके खुशी के आंसू रुक नहीं रहे थे। विश्व का सबसे ऊँचा हाईवे, कुनलुन पर्वत और कैलाश पर्वत के दस बर्फीले पहाड़ों के बीचों बीच से गुजरती सड़क, और समुद्रतल से 4, 000 किलोमीटर की ऊँचाई पर 1, 000 किलोमीटर लम्बी सड़क। वहाँ एक 130 किलोमीटर लम्बी सड़क भी थी, जो समुद्रतल से 5000 किलोमीटर की ऊँचाई पर थी। इन पहाड़ों की छत जो इन दो इलाकों को अलग करती थी, समुद्रतल से 6, 700 किलोमीटर की ऊँचाई पर थी। 900 किलोमीटर की सड़क स्थायी तुषार भूमि से होकर गुजरती थी, और उस रास्ते में ऑक्सीजन का स्तर आम जगहों से आधे से भी कम होता था। वहाँ मशीनों के काम करने की क्षमता भी 40 प्रतिशत तक घट जाती थी। सड़क के बनने के बाद भी यात्रा करने के लिए जुलाई और अगस्त के दो महीने सर्वश्रेष्ठ माने जाते थे। सर्दियों में पहाड़ बर्फ की मोटी चादर से ढक जाते, और सड़क यातायात के लिए असंभव हो जाती। बाकी मौसमों में भी रास्ते में कोई न कोई रुकावट आती रहती; रुकावटें कई दिनों की भी हो सकती थी, और दस दिन या दो हफ्ते भी सड़क को साफ करने में लग सकते थे।

सरकार के लिए सामरिक दृष्टि, अर्थव्यवस्था और तिब्बत में चल रही सैन्य गतिविधियों के लिए यह महत्वपूर्ण सड़क खुली रहे, इसलिए चीनी सरकार और सैन्य परिषद ने 2001 में दबान पहाड़, जोकि सीमा रेखा पर है, और सागा (जिनमें बागा और पुलान के बीच का 104 किलोमीटर लम्बी बंदरगाह का हाईवे शामिल है) के बीच 1, 375 किलोमीटर लम्बी सड़क की मरम्मत और इसे यातायात के लिए खुला रखने की जिम्मेदारी हथियारबंद परिवहन सैन्य इकाई को सौंपी। नवम्बर के महीने, शिनजियांग के येचेंग में परिवहन सैन्य इकाई की आठवीं टुकड़ी बनायीं गयी और एक अनजान क्षेत्र में तैयारियाँ शुरू करने के लिए पहले से ही एक टुकड़ी को भेजा गया। चौबीस दिसम्बर को प्रासंगिक राष्ट्रीय मंत्रालयों और आयोगों ने शिनजियांग और तिब्बत की स्वायत्त सरकारों, हथियारबंद पुलिस सैन्य इकाई और अन्य प्रासंगिक विभागों के साथ आखिरकार बीजिंग में शिनजियांग–तिब्बत हाईवे के तिब्बती हिस्से का हस्तांतरण समारोह आयोजित

किया। 2002 की बसंत में सैन्य इकाई ने अली क्षेत्र में प्रवेश किया और अली के लोगों के लिए उस जीवन–रेखा की मरम्मत का काम शुरू किया।

पेशाब से बचाया गया

जुलाई 2000 में शिनजियांग–तिब्बत हाईवे की संरक्षण सैन्य इकाई का अभी गठन नहीं हुआ था। हथियारबंद पुलिस परिवहन सैन्य इकाई की एक छोटी ब्रिगेड को अनजान अली क्षेत्र में प्रवेश करने के आदेश मिले। पैंतालीस लोगों की टीम का मिशन था अली माउंट से शिबुकी तक बने हाईवे का सर्वेक्षण करना। शिबुकी भारत से कुछ ही किलोमीटर की दूरी पर है। उन्होंने कई महीनों में अपना कार्य पूरा किया। उन्होंने इस बात की कल्पना भी नहीं की होगी कि डेढ़ साल बाद ही एक अन्य सैन्य इकाई का गठन होगा और उन्हें अली क्षेत्र में स्थायी रूप से तैनात होने के लिए जाना पड़ेगा। सेना 1, 375 किलोमीटर लम्बी आक्रमण नियंत्रण रेखा में फैल गयी, और एक अनजान क्षेत्र जैतूनी हरे रंग में रंग गया। चौन युकांग आठवीं टुकड़ी की नौंवी डिवीजन के उप–कमांडर थे। उस समय, वह ब्रिगेड के पलटन कमांडर भी थे, और मैंने उन्हें जमीनी स्तर के अफसरों के प्रशिक्षण समारोह में देखा था।

चौन युकांग ने मुझे बताया कि उन्होंने उन्तीस दिनों में पैदल चलते हुए येचेंग से अली माउंट तक का सफर किया और माउंट से शिबुकी पहुँचने में उन्हें एक महीना ही लग गया। उन्होंने पूरे 128 किलोमीटर लम्बे राष्ट्रीय रक्षा हाईवे का सर्वेक्षण किया। रितु काउंटी और सिंह जलस्रोत के बीच एक रिसोंग पुल था। पुल की ऊँचाई सड़क जितनी नहीं थी, लेकिन वहाँ के बड़े जलाशय के कारण सड़क तबाह हो चुकी थी। ब्रिगेड वहाँ फंस गयी थी। उनके आस–पास वीरान पहाड़ थे और दूर–दूर तक कोई दिखाई नहीं दे रहा था। उनके पास कोई विकल्प नहीं था, इसलिए उन्हें एक सड़क बनानी थी जिसे अस्थायी पुल की तरह इस्तेमाल किया जाए और वह वहाँ से बाहर निकल पाएँ। भाग्य से सड़कों, पुलों का निर्माण करना ही उनकी ताकत थी। उन्होंने लकड़ियाँ इकट्ठी की और तैरते हुए प्लेटफार्म बनाए, फिर उन्हें जोड़कर अस्थायी सड़क के हिस्से बनाए।

पहले दिन उन्होंने सड़क का एक हिस्सा बनाया और दूसरे दिन पानी के बहाव से वह टूट गया। उन्होंने छह दिन तक लगातार काम किया और काम चलाऊ सड़क बनाई।

एक अनजान क्षेत्र में सड़क का सर्वेक्षण करना बिल्कुल आसान नहीं था। जब वो पूरे इलाके का नक्शा तैयार करने बैठे, आसमान से ओलों की बारिश शुरू हो गयी और उन्हें कोई सुरक्षित ठिकाना नहीं मिला। हारकर अपना मुँह बचाते हुए घुटनों के बल जमीन पर बैठ गये और गिरते हुए ओलों को अपनी पीठ और सर में झेलने लगे। उस अनजान क्षेत्र में रेत और पत्थरों से ढ़की कई सड़कों पर उन्हें चलना था, और उनके जूते फट चुके थे। एक जगह रूककर उन्होंने तम्बू गाड़ा, तो अपने फटे जूतों को तम्बू के पीछे रख दिया। खाना पकाने के लिए भी कुछ नहीं था, न कोई स्थायी चूल्हा, और न ही सब्जियाँ काटने के लिए बोर्ड। बिना चूल्हे के, उन्होंने तीन बड़े पत्थर लिए और हमेशा की तरह उन पर बर्तन रखकर खाना बनाना शुरू किया। बिना बोर्ड के, उन्होंने नदी के पानी से कुछ ईटें धोई और फिर उस पर कुछ नूडल्स काटे। उनके नूडल्स जितने भी अच्छे होते हों, प्रेशर कुकर में वह हमेशा टूट जाते। ऊँचाई की वजह से वह पानी को सत्तर डिग्री तक ही गर्म कर पाते, कम से कम नूडल्स तो थे!

उनके पास कोई सब्जियाँ नहीं थी। उन्हें अपने आस–पास दूर–दूर तक कोई दिखाई दे रहा था, और इसलिए ऐसी स्थिति में उनके पैसे बेकार थे। कुछ जड़ी–बूटियों के अलावा उस जमीन पर कोई घास भी नहीं उगती थी। वह सौभाग्य से कुछ खानाबदोश लोगों से भेड़ खरीद पाए। एक दोपहर को कैंटीन के रसोइयों ने कुछ आटे की बोरियों के बदले एक भेड़ खरीदी। आधे रास्ते में ही भेड़ उनसे छूटकर भाग गयी। रसोइया बहुत थका हुआ था, उसका पीछा नहीं कर पाया। रात होते–होते भेड़ पूरी तरह गायब हो चुकी थी। लेकिन तीन दिन बाद किस्मत से भेड़ फिर उनके सामने सड़क पर आ मिली। भेड़ की टांग टूट चुकी थी, इसलिए वह ज्यादा दूर नहीं भाग पाई। वह नहीं जानते थे कि उसकी टांग कैसे टूटी; शायद किसी जंगली जानवर ने उसपर हमला किया हो, और वो चोटी से नीचे गिर गयी हो, या फिर शायद वह रास्ता भटक गयी होगी,

और चलते–चलते इतना थक गयी कि उसकी टांग ही टूट गयी। सैनिकों को उस पर दया आ गयी, वह उसे खाने की हिम्मत नहीं कर पाए। वह उसे साथ ले गये, उसकी देखभाल की, उसके जख्मों पर दवाई लगाई। जब उन्हें फिर कोई खानाबदोश व्यक्ति मिला, उन्होंने भेड़ को उसे ही दे दिया।

चौन युकांग ने कहा, "हम भी उस भेड़ की तरह ही हैं; हम भी अकेले पड़ गये हैं। जब एक भेड़ इस अनजान जमीन पर कदम रखती है, उसके लिए एक ही रास्ता है–मौत का रास्ता। अब हमने उसे उस व्यक्ति को दे दिया है, अब वो सुरक्षित है, अब उसे कोई खतरा नहीं। " मैंने कहा, "क्या अबसे तुम किसी भेड़ को नहीं खाओगे?" चौन ने कहा, "हाँ बिल्कुल, अगर हम नहीं खाएँगे, तो क्या करेंगे? हम भूखे मर जाएँगे।" चौन युकांग शर्मिंदा होकर हंसने लगे। "असल में, हम कभी–कभी खुद को और दूसरे लोगों को भी धोखा दे देते हैं। उस वक्त जब हमने भेड़ को घायल देखा, तो हम उसे खा नहीं पाए। कुछ देर बाद ही हमने वो किया, जो हमें करना चाहिए।"

चौन युकांग ने कहा कि जब वह वापस गये और दो इलाकों को अलग करने वाले पहाड़ की चढ़ाई चढ़ी, जो समुद्रतल से 6, 700 किलोमीटर की ऊँचाई पर था, उस समय सुबह के पाँच बज रहे थे। वहाँ वाहन रोकना बेवकूफी थी, लेकिन कुछ लोगों को पेशाब करना था और वाहन के अंदर काफी घुटन भी थी। उन्हें रुकना ही था। हर कोई वाहन से उतरा और थोड़ी राहत महसूस करने लगा। चौन युकांग और तकनीशियन बो मोफेंग एक साथ खड़े थे। वह इधर–उधर लड़खड़ा रहे थे, और फिर थोड़ा संभले। बो मोफेंग भी चक्कर खाते हुए डगमगाने लगे, सीधे खड़ा होना उनके लिए मुश्किल हो रहा था, फिर वाहन का सहारा लेने के लिए झुके। वह काफी देर से पेशाब कर रहे थे। यह मुश्किल हो रहा था, यह ऊँचाई की बीमारी के ही लक्षण थे। वाहन अपने सफर में फिर से चलने लगा। आगे घने कोहरे में चौन युकांग सो गए। उन्हें नहीं पता था कि कितना समय बीत चुका था और फिर कुछ और लोगों को भी पेशाब करना था। वाहन फिर से रुका और चौन युकांग जाग गये। शाम की धीमी

रोशनी में उन्होंने बो मोफेंग को धीरे–धीरे अपना मुँह खोलते देखा। उन्होंने देखा बो उनके सामने था। बो के चेहरे से आंसुओं की दो धाराएं बह रही थी। उसके मोटे–मोटे आंसू चेहरे पर ही रुक गये। चौन ने बो मोफेंग को कोहनी से धक्का दिया, "तुम क्यूँ रो रहे हो?"

बो बड़ी कठोरता से थोड़ा खिसका और कुछ नहीं बोला, लेकिन उसने अपनी वही मुद्रा बनाए रखी। चौन को लगा कि कुछ सही नहीं था। उसने अपना हाथ आगे बढ़ाकर बो की नाक के नीचे रखा, वह सांस नहीं ले रहा था। चौन घबरा गया, उसने अपने अंगूठे से बो के उपरी होंठ में चिकोटी काटी। बो की तरफ से कोई प्रतिक्रिया नहीं थी। चौन ने उसे थप्पड़ भी मारा, लेकिन फिर भी उसने कोई प्रतिक्रिया व्यक्त नहीं की। चौन ने शीघ्र ही ट्रांसमीटर के जरिये वाहन रोकने का संदेश भेजा और कॉल करके डॉक्टर झांग को बुलाया। झांग ने बो को मुँह द्वारा कृत्रिम सांस देने की प्रक्रिया की। चौन और दूसरे कई साथी वहाँ खड़े चौन का नाम पुकार रहे थे; कुछ तो रोने भी लगे। दस मिनट बाद बो को धीरे–धीरे होश आने लगा। वह ऐसे उठा जैसे नींद से जाग रहा हो, और फिर उसने जब अपने साथियों को उसके आस–पास घेरा बनाए देखा, तो चौंककर पूछने लगा, "तुम सब क्या कर रहे हो?" झांग ने कहा, "तुम बेहोश थे। अगर चौन ने नहीं ध्यान दिया होता, तो तुम मर चुके होते।" वह सैनिक, जिसने पेशाब करने के लिए वाहन रुकवाया था, कहने लगा, "मैंने किस्मत से पेशाब करने के लिए सही समय पर गाड़ी रुकवाई! मेरे पेशाब करने की वज़ह से ही तुम्हारी जान बची।"

कार में यात्रा करने से ही पैरों में छाले पड़े

मई 2001 में, मेजर जनरल शी झोकियान, हथियारबंद पुलिस परिवहन सैन्य इकाई के मुख्यालय के निदेशक, ने अली के पहाड़ी मैदानों में सत्रह लोगों के सैन्य–परीक्षण दल की अगुवाई की। सैन्य–परीक्षण दल में शामिल थे सेनावास मुख्यालय के उप–कमांडर चौन तोंग्कियाओ, सैन्य संचालन विभाग के सेक्शन चीफ चाओ श्न्गुई, सेनावास के मुख्य हांग झिजुंग, संचालन केंद्र और परिवहन विभाग के स्टाफ के उप–मुख्य वांग

युपिंग, सैन्य भंडार के सेक्शन चीफ ली योंग्वेन, प्रभारी अधिकारी सचिव लिऊ जुन्मिन, दूसरी डिवीजन के कप्तान होऊ हंशेंग, आठवीं टुकड़ी के लीडर मा हैकिंग, और अन्य सदस्य।

सैन्य–परीक्षण दल को गोबी पहाड़ को पार करने में बाईस दिन लगे, उन्होंने बर्फीले पहाड़ों, दलदलों को पार किया, पहाड़ी मैदानों की पतली हवा और वहाँ की उबड़–खाबड़ सड़कों और कई मुश्किल हालातों का भी सामना किया। कुल मिलाकर उनकी 4, 500 किलोमीटर लम्बी यात्रा थी, और उस यात्रा में दो स्वायत्त क्षेत्र, आठ काउंटी, सोलह कस्बे, नौ तालाब, और इक्कीस नदियाँ शामिल थी; उन्होंने दो इलाकों को अलग करने वाले आठ पहाड़ों की चढ़ाई की। उन्होंने वहाँ की सामान्य बीमारियाँ, स्थानीय समुदायों की जीवन–शैली, और लोगों की सामान्य विचारधाराओं की जानकारी इकठ्ठा की, इसके साथ ही उन्होंने शिनजियांग–तिब्बत हाईवे के संरक्षण कार्यों का फिल्मांकन भी किया, उन्होंने वहाँ पर तैनात सैन्य इकाई के कार्यों का भी पूरा ढांचा तैयार किया। वहाँ मोर्चे पर तैनात सैनिकों के अनुसार मेजर जनरल शी झोकियान पूरे हथियारबंद सैन्य इकाई के इतिहास में अनजान अली क्षेत्र में कदम रखने वाले पहले जनरल थे। लिऊ जुन्मिन, मुख्यालयों के दफ्तरों के सचिव, ने जनरल के साथ पूरे शिनजियांग–तिब्बत हाईवे की पैदल यात्रा करी, उन्होंने कहा, "यह उनके जीवन की सबसे मुश्किल यात्रा थी। उनकी कमर लगभग टूट ही गयी और सर दर्द करने लगा। उन्हें कई बार तो ऐसा लगा कि वह पूरा रास्ते चल नहीं पाएँगे, आखिरकार सबको आश्चर्यचकित करते हुए उन्होंने सफर पूरा किया। जबकि जनरल पूरे रास्ते में आशापूर्ण रहे, और उन्होंने शुरुआत से लेकर अंत तक सफर के बारे में कुछ भी बुरा नहीं कहा, लेकिन उनका चेहरा भी भयानक लग रहा था, जो काला और पीला पड़ गया, और उनके होंठ भी काले पड़ गये" लिऊ जुन्मिन ने कहा कि उन्हें बहुत आश्चर्य होता है कि वह बिना खाए–पिए या बिना किसी दूसरे मनुष्य का चेहरा देखे, सत्रह घंटों तक चलते रहे, और वह किसी नरक में चलने जैसा था।

बाद में मैंने जनरल शी से पूछा कि उन्हें अली क्षेत्र की यात्रा में सबसे ज्यादा क्या प्रभावित किया। उन्होंने कहा, "सड़क काफी मुश्किल थी और युद्ध–नियंत्रण रेखा भी काफी लम्बी थी। कुछ जगहों पर कोई सड़क नहीं थी; अनजान अली क्षेत्र पूरी तरह से एक बंजर जमीन है और दूर–दूर तक कोई मनुष्य नहीं देखा जा सकता, कई किलोमीटर दूर तक कोई पेड़ भी नहीं है। ऊँचाई की बीमारी भी जीवन और मुश्किल कर देती है, आगे–पीछे डोलते वाहनों में बैठने से भी आपका सर चकराने लगता है। आपको ऐसे लगता है जैसे आपके अंदर मस्तिष्क भी आगे–पीछे डोल रहा हो।" जनरल ने यह भी कहा, "सड़कें उबड़–खाबड़ हैं, और कभी–कभी आपको कोई सहारा पकड़ना पड़ता है, ताकि आपका सर वाहन की छत से न लगे। हमने तमारिस्क बीच से लेकर सिंह जलस्रोत की यात्रा चौदह घंटों में करी। जब हम वाहन से उतरे, चौन तोंग्कियो, सेनावास मुख्यालय के उप–सचिव, इतने थक चुके थे कि उनसे और आगे चलने की हिम्मत नहीं हो रही थी। मैंने देखा कि उनके पैरों में छाले पड़ गये थे। वह देखकर मैं काफी घबरा गया। वाहन से यात्रा करते हुए पैरों में छाले पड़ जाएँ, मैंने ऐसा पहले कभी नहीं देखा था।"

मुख्य सैन्यदल के अली में प्रवेश करने के अवसर में हथियारबंद परिवहन सैन्य इकाई के मुख्यालय की पार्टी कमेटी ने चीफ इंजिनियर झु देबाओ और अन्य स्थायी कमेटी के सदस्यों को ल्हासा जाने वाली अग्रिम कमांड समूह की अगुवाई करने के लिए नामांकित किया, उन्हें शिनजियांग–तिब्बत हाईवे में उलटी दिशा की ओर आगे बढ़ना था, अली के सिंह जलस्रोत में प्रवेश करके मुख्य सैन्यदल से मिलना था। झु और कमांड समूह बारह अप्रैल को ल्हासा की ओर रवाना हुए, दिन–रात यात्रा करके सोलह को कमांड पॉइंट पहुँचे। बूढ़े अनुभवी झु, जिन्होंने शिनजियांग में तीस साल काम किया और प्रसिद्ध "स्वर्ग का रास्ता" के नाम से जाने वाली सड़क बनाई, अब वह एक सहायक सैन्य जनरल थे, जिनका बीजिंग में तबादला किया गया था। एक साल के अंदर वह दोबारा पहाड़ी मैदानों में लौटे। कमांड समूह में पचास साल के एक और अनुभवी व्यक्ति थे। उनका नाम मा सनसन था, वह दूसरी डिविजन के चीफ इंजिनियर थे।

उन्होंने 1978 में बीजिंग की नानजियांग मेरीटाइम यूनिवर्सिटी से वाटरवर्क्स की पढ़ाई पूरी करी। अब वह एक उच्च स्तर पाँचवीं श्रेणी का इंजिनियर है, और किसी सहायक सैन्य अफसर की तनख्वाह पाता है।

चीफ मा को याद आया कि उस समय शिनजियांग–तिब्बत हाईवे में सिर्फ एक सौ किलोमीटर की कच्ची सड़क बनी थी। बाकी की सड़क अधूरी थी और बिलकुल ही खराब थी। सर्दियों और गर्मियों के लिए अलग–अलग रास्ते थे। ल्हासा को रवाना होने के अगले दिन वह सुबह शिगात्से शहर में नींद से उठे, और उसने ध्यान दिया कि उसके होंठ काले पड़ गये हैं। वह बहुत घबरा गया। शिनजियांग–तिब्बत हाईवे में आने के वक्त भी ऐसा हुआ था; वह यह सोच–सोचकर घबराने लगा की आगे और कितनी मुसीबतें होंगी। यात्रा बहुत कठिन रही, और रात को नींद न आने से यात्रा और ज्यादा मुश्किल हो गयी। उन सब ने डॉक्टर वांग शियोमी से नींद की गोलियाँ माँगी। मा ने एक गोली ली, कमांडर झु ने दो ली– वह इसी तरीके से कुछ घंटें सो सकते थे। उन्होंने पूरी यात्रा के दौरान नींद की गोलियाँ खाई, पूरे तीस दिन तक लगातार। जब वह सागा काउंटी से झोंग्बा काउंटी की ओर जाते वक्त बर्फीले पहाड़ पार कर रहे थे, ऊँचाई के कारण कमांडर झु का भयंकर जी मचलने लगा, उन्हें सांस ही नहीं आ रही थी। सब एकदम डर गये और कमांडर झु को ऑक्सीजन मास्क दिया गया। वह जब झान्बू काऊँटी पहुँचे, तब जाकर कमांडर झु की हालत थोड़ी ठीक हुई। वह शाम को काउंटी की पार्टी समिति के हॉस्टल में रुके। उन्होंने बताया कि कहने को वह एक हॉस्टल था, लेकिन असलियत में सिर्फ एक ही कमरा था और वहाँ लकड़ी की खाट ही थी। कमरे के बीचोंबीच एक स्टोव था, और गाय का गोबर भी पड़ा था। बहुत बदबू आ रही थी। वहाँ कोई गर्म पानी नहीं था, इसलिए वह अपने पैर नहीं धो पाए। कमांडर झु ने अपने मोजे उतारे और खम्बे पर रखे, उनसे मिटटी हटाई। उन्होंने मौजों को एक किनारे रखा और फिर सो गये। चीफ मा ने कहा, "जितना मुझे याद है, पूरे महीने में कमांडर झु ने सिर्फ एक बार सिंह जलस्रोत में अपने पाँव धोए थे।"

अग्रिम सैन्यदल ने अली में प्रवेश किया, और 134 दिनों तक पैदल चले

सैन्य इकाई के अली क्षेत्र की ओर प्रस्थान करने के मौके पर मैंने सुना कि एक अग्रिम सैन्यदल लौट आया था और मैं उनका इंटरव्यू लेना चाहता था। लेकिन वह मुझसे बहुत दूर थे और इसलिए मैंने फोन करके उनका हालचाल जानना चाहा। इसके आगे मैंने मेरी आठवीं टुकड़ी के उप–कमांडर जियान बायी, जो एक योग्य अर्थशास्त्री भी हैं, से हुई फोन पर बातचीत लिखी है:

> 2001 के शुरूआती नवम्बर में सैन्य टुकड़ी के लीडर मा हैकिंग ने मुझे अग्रिम सैन्य इकाई के सहायक समूह लीडर बनने की इजाजत दी; इसलिए मैंने पहाड़ की चढ़ाई करने से पहले की तैयारियाँ शुरू करी। मैंने माउंट कुनलुन में बारह साल काम किया था और मुझे पहाड़ों का काफी अनुभव हो चुका था; मैं इस जिम्मेदारी के योग्य था और इसलिए मैंने उस मौके को स्वीकारा।

आठ नवम्बर को अग्रिम सैन्य इकाई के सभी सैनिकों ने चमकदार लाल फूलों के रंग के कपड़े पहने, और सभी टुकड़ी की सभा में एक बैठक के लिए एकत्रित हुए। तिब्बती स्वायत्त इलाके, शिनजियांग उईघर स्वायत्त इलाके और परिवहन विभाग के सभी लीडर, और साथ ही हथियारबंद पुलिस परिवहन सैन्य इकाई के लीडर सभा में शामिल हुए। धूम धाम से पटाखों के शोर में काफिला रवाना हुआ। वह एक बड़ा ही भव्य दृश्य था, लोग काफी असहज भी महसूस कर रहे थे क्यूँकि ऐसा लग रहा था जैसे हम किसी युद्ध में जा रहे हों। हमें विदा करने आई भीड़ में कई लोग रोने लगे। जैसे हमारे काफिले ने शहर की दीवारों के बाहर कदम रखा, मेरी पत्नी ने मुझे फोन किया। वह फूट–फूट कर रो रही थी और यह मुझे भी बहुत बुरा लगा। हम सबसे पहले येचेंग पहुँचे, और फिर हमने माउंट कुनलुन की चढ़ाई करी। दोपहर को थोड़ा खाना खाया, और शाम को छह बजे हमारा काफिला सेना के कैंट में पहुँचा। हमारे काफिले में छोटे और बड़े दोनों वाहन थे, कुछ वाहन धीमे थे और कुछ वाहनों की रफ्तार तेज थी। हमारा वाहन जब थोड़ा आगे निकल जाता, तो हमें रूककर दूसरे

वाहनों की प्रतीक्षा करनी पड़ती। आधे रास्ते में एम्बुलेंस का इंजन खराब हो गया, और दो बड़े वाहनों में भी खराबी आई। एक का बम्पर बार टूटकर गिर गया और दूसरे की हेडलाइट खराब हो गयी। जब वह तीस किलोमीटर दूर एक सेनानिवास पहुँचे, शाम के साढ़े छह बज चुके थे। आगे तमारिस्क बीच था। हालांकि तमारिस्क बीच सिर्फ 120 किलोमीटर दूर था, लेकिन रात में उन सड़कों में यात्रा करना बहुत खतरनाक था। हम सभी को भी सेनानिवास रुकना पड़ा।

स्टेशन का उप–प्रधान शांक्शी से था, और उसने हमारी बहुत खातिरदारी करी। शाम के वक्त, लेकिन मेरा जी मचलने लगा और मैं बिलकुल सो नहीं पाया। अगला दिन हमारे लिए बहुत मुश्किल था। हमने तमारिस्क बीच से होते हुए सीमापार के पहाड़ों को पार किया, जोकि पूरे रास्ते में समुद्रतल से सबसे ज्यादा ऊँचाई पर थे। जब हम दुओमा स्टेशन पहुँचे, हममें से ज्यादातर ऊँचाई की बीमारी से परेशान थे। मेरे हाथ–पांव सुन्न पड़ चुके थे, और सर दर्द कर रहा था। मैंने शाम को मेरी पत्नी को फोन किया। उसने मेरी तेज–तेज सांस लेने की आवाज सुनी, वह काफी देर तक कुछ नहीं बोली। फिर मुझे उसकी सिसकियाँ सुनाई दी। मैंने उसे बताया कि यह ऊँचाई पर होने वाली साधारण बीमारी है, और इन इलाकों में अक्सर सभी को होती है। और चिंता करने की कोई बात नहीं। मेरी पत्नी को विश्वास नहीं हुआ, और उसने रोना जारी रखा।

अग्रिम सैन्य इकाई सत्रह तारीख को सिंह जस्रोत पहुँचा। वहाँ की स्थानीय सरकार और अली सैन्य मंडली ने हमारा बहुत गर्मजोशी से स्वागत किया, और हमारी टुकड़ी का बेस कैंप चुनने में मदद की। उन्होंने हमारी कई मुश्किलों का भी हल निकाला, जिनके बारे में हमारे दल को यात्रा पर निकलने से पहले सोचना चाहिए था। हम सिंह जलस्रोत में बीस दिन तक रुके, और फिर दो छोटे समूहों में बंट गये। पहला समूह जरूरी सामान जुटाने के लिए सिंह जलस्रोत में रुका, और दूसरा समूह दो वाहनों में आगे बढ़ा। मैं भी पीछे नहीं रुका, और मैंने दूसरे समूह की आगे की यात्रा की अगुवाई करी। मैं बिलकुल भी कल्पना नहीं कर सकता था कि कुछ किलोमीटर दूर चलने पर हमारा एक वाहन बर्फीली नदी में फंस

जायेगा। हमने वाहन के पहियों से बर्फ हटायी, लेकिन वो फिर भी हिलने का नाम नहीं ले रहा था। उस फंसे वाहन को खींचकर बाहर निकालने के लिए हमारे पास दूसरा वाहन भी था, लेकिन वह उपाय भी काम नहीं आया। उस समय हम एक सुनसान सड़क पर थे और दूर–दूर तक कोई दिखाई नहीं दे रहा था, एक बंजर क्षेत्र, नीला आसमान और तेज बर्फीली हवा। हम एक जमी हुई नदी पर खड़े थे, हमारे पाँव सुन्न पड़ रहे थे। वाहन और गहरा फंसता चला गया। ड्राईवर का कम्पार्टमेंट तो पानी से भर चुका था। हमें कोई उपाय नहीं सूझ रहा था। वह हमारी बदकिस्मती थी! हम सिर्फ प्रतीक्षा ही कर सकते थे। दो घंटे बाद दो पी.एल.ऐ. ट्रक वहाँ से गुजरे और उन्होंने हमारी वाहन को बाहर निकालने में मदद की।

हम जैसे ही पवित्र झील में पहुँचने वाले थे, हमारे दूसरे वाहन का पहिया फट गया। लेकिन हम फिर भी आगे बढ़ते रहे, ध्यान ही नहीं दिया कि दूसरा वाहन काफी पीछे रह गया। हमने पवित्र झील में रूककर उनकी प्रतीक्षा करी, और हमारी आगे की यात्रा कई घंटों तक रुक गयी। हमने दूसरे वाहन की काफी देर तक प्रतीक्षा करी, फिर शाम को आठ बजे पुलान पहुँचे। उस दिन हमने कोई गर्म खाना नहीं खाया था, सिर्फ सूखे नूडल्स ही खाए थे।

मुझे अच्छी तरह याद है कि हम पुलान से तेरह दिसम्बर को रवाना हुए, और एक दिन तो सोलह घंटों तक यात्रा करी। दोपहर को हुओ–हर गाँव पहुँचे। हम गाँव के प्रधान को ढूँढ रहे थे, लेकिन उसे चीनी भाषा नहीं आती थी। सौभाग्य से उसकी छोटी बहन वहाँ थी, उसने हमारे लिए एक ट्रांसलेटर का काम किया। उसकी छोटी बहन जिले के सरकारी दफ्तर में एक सेक्रेटरी थी, और चीनी बोल सकती थी। जैसे उन्होंने सुना कि हम सड़कों की मरम्मत करने के लिए आए हैं, गाँव का प्रधान बहुत खुश हुआ, और उसने हमें बाहर निकलकर डिवीजन के सेनानिवास का रास्ता समझाया। सबकुछ सही चल रहा था, और दो घंटें में ही काफी चीजें सुलझ गयी।

हम झोंग्बा काउंटी की ओर बढ़े, और रास्ते में हमें एक जमी हुई झील मिली। इस वजह से हम एक दूसरे रास्ते से गये, जो दर्जनों किलोमीटर

ज्यादा लम्बा था, और हम रात को बारह बजे ही झोंग्बा पहुँच पाए। हम वहाँ एक सरकारी हॉस्टल में रुके। शाम के वक्त तापमान काफी कम था, हमने कमरे में गाय के उपलों की आग जलाई और दो कंबल ओढ़कर सोए। उस दिन हर किसी को ऊँचाई की बीमारी परेशान कर रही थी। मेरा भी बहुत मन खराब हो रहा थाय सर दर्द कर रहा था, मुझे ठीक से सांस भी नहीं आ रही थी, मेरी छाती जकड़ रही थी, और मेरे हाथ सुन्न थे। हमारी मुश्किल और बढ़ाते हुए ठंड भी बहुत ज्यादा थी। गाय के उपलों को जलाने से कमरे में काफी बदबू तो थी, लेकिन इतनी ठंड थी कि बिना उपलों के आग बुझ जाती। हमारे पास उपले भी कम थे; उन्होंने हमें एक टोकरी भरके उपले ही दिए थे। उपले महंगे भी होते हैं। उपलों की एक गाड़ी पाँच सौ युआन और एक मुट्ठी भर उपले पाँच युआन के पड़ते हैं। हमें जितने उपले दिए गये, उन्ही से गुजारा करना था। सुबह होते–होते सारे उपलें खत्म हो चुके थे और आग भी बुझ चुकी थी। हम ठंड से कांप रहे थे, कुछ तो कंबल ओढ़े पूरी रात बैठे रहे।

उन्नीस दिसम्बर को हम ल्हासा पहुँचे। हम वहाँ पहुँचते ही बीमार पड़ गये। मुझे जुकाम और खांसी हो गयी, काफी कमजोर भी महसूस कर रहा था। लेकिन मैंने फिर भी कुछ समस्याओं को सुलझाने के लिए परिवहन विभाग और सरकारी दफ्तर जाने का आग्रह किया। सारे काम निपटाकर जब मैं वापस आया, मुझे फिर से संक्रमण लग गया। आठ दिनों के बाद भी मेरी बीमारी ठीक नहीं हो रही थी, मुझमें एक और संक्रमण झेलने की हिम्मत नहीं थी। मुझे डर लगने लगा कहीं मेरी रोग प्रतिरोधक क्षमता कम हो गयी हो और इसी वजह से मेरा जुकाम और बिगड़ रहा हो। हमने 2001 के नए साल का पर्व ल्हासा में बिताया। उस दिन अग्रिम सैन्य इकाई के सभी सैनिकों ने सिर्फ एक कटोरी उबले चावलों की खाई। समस्या यह नहीं थी कि हम कुछ अच्छा खाना नहीं खरीद सकते थे; हम सब अपने–अपने कामों में व्यस्त थे, और किसी के पास बाहर जाकर खाने का वक्त नहीं था। जब हम अली क्षेत्र में वापस पहुँचे, हम चावू गाँव का रास्ता भूल गये और गलत दिशा में चले गये। हमें पश्चिम जाना था, लेकिन दक्षिण–पश्चिम दिशा में चले गये, और झंग्मु की ओर जाने वाली

सड़क में पहुँचे। हमें इससे पहले यह एहसास होता, हम उस गलत दिशा में सैंकड़ों किलोमीटर का सफर कर चुके थे। और फिर मुड़े और तेजी से वापस गये। इस तरह से काफी समय गंवाकर हम दसगा बहुत देरी से पहुँचे। वापस जाते वक्त रास्ता पहले की अपेक्षा ज्यादा कठिन हो गया था, क्यूँकि सर्दियों का वक्त था और सड़क बर्फ से ढकी थी। अनजान अली क्षेत्र का ज्यादातर हिस्सा सफेद बर्फ से ढक चुका था और हमें कई जगहों पर बिल्कुल सड़क नहीं दिख रही थी। हम अपने अनुभव और थोड़ा बहुत अंदाजों के सहारे आगे बढ़ रहे थे।

उसके बाद तो हम कई बार अपने रास्ते से भटके, पर समय पर ही एहसास कर लिया। हममें से ज्यादातर को हिमांधता के कारण कुछ दिखाई नहीं दे रहा था, उनमें से एक मैं भी था। मेरी आँखों से लगातार पानी बह रहा था, और बर्फ की चमकदार रोशनी में आँखें दर्द कर रही थी, शाम के वक्त भी मैं इतना दर्द महसूस कर रहा था कि मैं सो नहीं पाया। हम उसी तरीके से, सड़क पर चलकर और साथ–साथ काम करते हुए, आगे बढ़ रहे थे। जब हम वापस येचेंग पहुँचे, मार्च की पच्चीस तारीख हो चुकी थी। जब मैं इतना समय गंवाने के बारे में सोचता, मेरा दिल दुखने लगता। मेरा अग्रिम सैन्य इकाई की अगुवाई करने का कार्य सड़कों में बार–बार आगे–पीछे घूमने का कार्य बन गया, और हम कुल मिलाकर 134 दिन पैदल चले।

अध्याय – 2

सभी लोग और वाहन हजार किलोमीटर चले

सोलह अप्रैल 2002 की सुबह, हाल ही में गठित हुई शिनजियांग–तिब्बत हाईवे की संरक्षण सैन्य इकाई और हथियारबंद परिवहन पुलिस की आठवीं टुकड़ी के हजार सैनिक, आगे की यात्रा के लिए माउंट कुनलुन में एकत्रित हुए।

"दिव्य पहाड़ की गहराइयों के सैनिकों" ने मनुष्य जीवन की सीमाओं को चुनौती दी

ली बिन्कुई का उपन्यास "दिव्य पहाड़ की गहराइयों के सैनिक" और "दिव्य पहाड़ की चढ़ाई" फिल्म (बीस साल पहले की प्रसिद्ध फिल्म), दोनों सैन्य इकाई की यात्रा से प्रेरित थे। अब वही बहादुर सैनिक, जिन्होंने दिव्य पहाड़ के उत्तर–दक्षिण रास्तों की मरम्मत का काम किया, अनजान अली क्षेत्र में प्रवेश करने जा रहे थे, और मनुष्य की सीमाओं को चुनौती दे रहे थे। अली की ओर प्रस्थान करने से पहले, एक बड़ा ही भव्य शपथ समारोह आयोजित किया गया। सभी लोगों ने अपनी बंद मुठ्टी को हवा में उठाकर शपथ लीः मैं इस मिशन में पूरे दिल से काम करूँगा और कैसा भी बलिदान देने से नहीं डरूंगा ......

उसके बाद, सैन्य इकाई दो भागों में बंट गयी, जो एक दूसरे के आगे–पीछे प्रस्थान करेंगी। पहला समूह छह दिनों में 1, 400 किलोमीटर

पैदल चलकर अपने निर्धारित स्थान पर पहुँचा, और बाइसवें दिन तिब्बत की पुलान काउंटी पहुँचा। दूसरा समूह 25 अप्रैल को रवाना हुआ, और आठ दिनों में 2, 000 किलोमीटर पैदल चला। वह निर्धारित समय पर, 2 मई को निर्धारित स्थान, तिब्बत की सागा काउंटी, पहुँचा। इस अनंत यात्रा में बड़े काफिले के पास सैंकड़ों टन का सामान था, और हर किस्म के उपकरण थे। सभी सैनिकों ने सारे सामान को उठाकर पहाड़ों की चढ़ाई की, झरनों के बीच से होकर निकले, अनजान अली क्षेत्र के सैंकड़ों दूर तक गये, समुद्रतल से 5, 000 किलोमीटर ऊँचाई की आठ सीमाओं के पहाड़ों और बर्फीले पानी के 21 झरनों को पार किया।

उसके बाद मैंने आठवीं टुकड़ी के लीडर से पूछा कि उन्होंने सैन्य इकाई के प्रस्थान करने का समय सुबह नौ बजे क्यूँ रखा। टुकड़ी के महासचिव जू कोंग ने कहा, "चेयरमैन माउ ने कहा था, "हम सभी जवान सुबह आठ या नौ बजे के सूरज की तरह हैं।" हम ऐसा यह दिखाने के लिए ही कर रहे हैं कि हमारा सैन्यदल सूरज की तरह है, और हर मुसीबतों का सामना करके उनपर विजय प्राप्त कर सकता है, और "अली की लड़ाई" मिशन को पूरा कर सकता है।" सी रुइकुन, एक अनुभवी व्यक्ति जो बारह साल पहले सैन्य इकाई के सेवा से मुक्त हुए थे, ने सुना था कि उसकी समय की सैन्य इकाई भी अली क्षेत्र में प्रवेश करने वाली थी। उस रात उन्होंने एक गाना भी तैयार किया और लानझू से येचेंग फैक्स पर भेजा। गाने के बोल कुछ इस प्रकार थे: "वहाँ तारें बहुत चमकदार थे, चाँद भी पूरा गोल था, आसमान ज्यादातर नीला था, और हवा बहुत पतली थी, वहाँ सड़कें भी बहुत खतरनाक थी...... वह जगह स्वर्ग के नजदीक है, रहस्यमयी अली के पहाड़ी मैदान। अली, अली, हमारे सैनिकों के संरक्षण में एक मात्रभूमि......"

2001 में लानझू यूनिवर्सिटी से चीनी विभाग से ग्रेजुएट होकर, लिऊ हैलोंग सेना में शामिल हुए और शिनजियांग गये। जब उनकी प्रशिक्षण सभाएँ खत्म होने को थी, तब उन्हें पता चला कि सेना अली में प्रवेश करने जा रही थी। वह वहाँ जाने को बहुत उत्सुक था, इसी वजह से उन्हें और यूनिवर्सिटी के अन्य नौ विद्यार्थियों को आठवीं टुकड़ी में भेजा गया। उनकी

प्रेमिका जिउक्वान में थी, वह दोनों एक दूसरे को बेहद चाहते थे। प्रशिक्षण सभाओं के दौरान भी वह दोनों एक दूसरे से घंटों बातें किया करते थे, महीने के पाँच या छह सौ युआन फोन के बिल पर खर्च करते थे। जब उनकी प्रेमिका ने सुना कि वह अली जाने वाले थे, उसने बहुत समर्थन किया, लेकिन वापस घर आते वक्त वहाँ के तिब्बती शहतूत के पेड़ के फूलों को लाने को कहा।

लिऊ हैलोंग का डिवीजन अली में प्रवेश करने वाला पहला समूह था। उसके बाद जब मैं उससे मिला मैंने यात्रा के बारे में पूछा। उसने मुझे बताया कि उसका बहुत मुश्किल समय बीता और वह बेहद डर गया था। सड़क के कई खतरनाक हिस्सों में उनका वाहन दाएँ तरफ झुक रहा था। वह खुद बाएँ तरफ झुकने लगा, सोचते हुए कि शायद अपने वजन से वाहन का संतुलन बना पाए, और उसे पलटने से बचा पाए। असल में यह बिल्कुल व्यर्थ का प्रयास होता है, लेकिन जब हम ऐसे हालातों का सामना करते हैं, तो खुद भी ऐसा ही करने लगते हैं। सड़कों की हालत बहुत जर्जर थी, और वह हिलते–डुलते, लड़खड़ाते यात्रा कर रहे थे। वह शुरुआत में भय के कारण काफी सतर्क होकर चल रहे थे, लेकिन बाद में उनकी ऊँचाई की बीमारी बढ़ती गयी और वह बेहोश पड़ने लगे। उस घने कोहरे में वह सब कुछ साफ सुन रहे थे, लेकिन अपनी मूर्छित अवस्था से जाग नहीं पा रहे थे। अगर कोई लिऊ को धक्का देकर जगाने की कोशिश करता, तो वह उसका बहुत आभारी होता, यह बिल्कुल मौत से जागने जैसा था।

मैंने लिऊ हैलोंग को जून 2004 में अली क्षेत्र में फिर देखा। उसने मुझे बड़ा उत्साहित होकर बताया, "मेरी पिछले साल शादी हो गयी और मेरी पत्नी ने इस अप्रैल एक लड़की को जन्म दिया। उसका नाम लिऊ युवांग है। लेकिन मैंने उसे अबतक नहीं देखा।"

वह दोनों एक साथ यूनिवर्सिटी में पढ़ते थे, और दोनों की गर्लफ्रेंड भी उसी यूनिवर्सिटी की ग्रेजुएट थी, लेकिन ही लीं जिउ हैलोंग की तरह खुशकिस्मत नहीं था। जब उसने अपनी प्रेमिका को अली जाने के बारे में बताया, वह खुश नहीं थी और उसने ही को रोकने का हर संभव प्रयास

किया। लेकिन ही अपने फैसले पर दृढ़ था, वह खुद भी अली क्षेत्र जाने को इच्छुक था और दूसरा सेना के आदेश का पालन करना ही था। उसका परिणाम यह हुआ कि काम पर जाने से पहले ही उसकी प्रेमिका ने रिश्ता तोड़ दिया।

कांग जीशान, नौंवी डिवीजन के पलटन कमांडर, गांसू के मिन्किन से थे। उन्होंने शी'अन हाईवे कॉलेज से पढ़ाई पूरी की और दिसम्बर, 1994 को वह सेना में शामिल हुए। उनके पिता एक प्राथमिक विद्यालय के अध्यापक थे, और उनकी माता एक किसान थी। उनके पिता बत्तीस साल तक पढ़ाने के बाद सेवामुक्त हुए थे। बूढ़े पिता ने अपने बेटे को दो साल से नहीं देखा था, और जब उसने सुना कि वह अली क्षेत्र जाने वाला था, उससे मिलने के लिए वह उरुमकी गये। बूढ़े पिता ने इतना लम्बा सफर कभी नहीं किया था; वह काउंटी के कसबे से ज्यादा दूर कभी नहीं गये थे। हालांकि, कांग जीशान ने उरुमकी में अपने परिवार के साथ समय बिताया, लेकिन अगले ही दिन वह सैन्य–इकाई के साथ अली को रवाना हो गया।

जाने के पिछले दिन की शाम, उसने "स्नो लोटस" सिगरेट का डब्बा खरीदा और अपने पिता को दे दिया। वह जानता था कि उसके पिता को धूम्रपान करना पसंद था। उसके पिता ने तोहफा स्वीकारा और कुछ नहीं बोले। उसकी माता अपने आंसुओं को अपने पल्लू से पोंछती अंदर के कमरे में चली गयी। कांग जानता था कि उसकी माँ रो रही थी और उसे देखना नहीं चाहती थी। जब बूढ़े पिता ने अपना सर उठाया, कांग ने देखा कि उसके पिता का चेहरा भी आंसुओं से भीग गया था। उसके बाद जब मैंने कांग जीशान का इंटरव्यू लिया, उसने कहा, "मैं कभी अपने पिता के आंसू नहीं भूल पाऊंगा! मैं उनकी इक़लौती संतान हूँ, और वो मेरी चिंता करते हैं!" वह अपने माता–पिता को छोड़कर चला गया, और उसके माता–पिता भी चले गये। जब माता–पिता अपने बेटे के सैन्य वाहन को जाते देख रहे थे, गोबी रेगिस्तान में वाहन कहीं खो गया, और वह एक दूसरे का हाथ पकड़कर स्टेशन की ओर चल पड़े।

स्टाफ चीफ काइ कोंग्लुन महासचिव जू कोंग के साथ मिलकर दूसरे समूह की अगुवाई कर रहे थे। पहले तो काइ कोंग्लुन को लगा कि इतनी ऊँचाई पर सफर किया जा सकता है, लेकिन जैसे ही वह माझा बॉर्डर के पहाड़ों में पहुँचे, उनकी राय बदल गयी। उनका सर दर्द करने लगा और उनका इतना जी मचल रहा था कि उलटी करने को मन था। लेकिन यात्रा के शुरुआत से अंत तक उन्होंने कभी अपनी बीमारी को जाहिर नहीं होने दिया। जब सैन्य डॉक्टर ने उनके चेहरे के हावभाव देखे, तो उन्होंने काइ की नब्ज देखी, जो जरूरत से ज्यादा तेज चल रही थी। डॉक्टर ने काइ को ग्लूकोस चढ़ाए जाने की अनुमति दी, लेकिन काइ ने इन्कार कर दिया; उन्हें डर था कि इससे सैन्य–इकाई का मनोबल गिर सकता है। अगले दिन उनकी ऊँचाई की बीमारी और बिगड़ने लगी, और उन्होंने पूरा दिन कुछ नहीं खाया। उनका चेहरा डरावना लग रहा था। लेकिन शाम को उन्होंने बड़ी हिम्मत रखी, वह डिवीजन के पहरेदारों को मिलने चले गये, और उनके बिस्तरों की भी जांच की। वह साथ ही संक्रमण दूसरे सैनिकों को भी लगा गये। जब वह अगली सुबह उठे और अपनी सैन्य इकाई को यात्रा में आगे ले जा रहे थे, रास्ते में कुछ सैनिकों का भी भयंकर जी मचलने लगा, काइ ने स्टाफ के वाहन को रोकने का आदेश दिया और उन बीमार सैनिकों को थोड़ा वक्त आराम करने दिया। उन्होंने खुद भी वाहन के कम्पार्टमेंट में सैनिकों के साथ बैठकर आराम किया।

रास्ते में उन्हें सड़क पर जमी बर्फ मिली, जिससे वाहन फिसल रहा था। आगे बढ़ना मुश्किल हो रहा था। जब वह एक जमी हुई नदी में पहुँचे, बड़े वाहनों के लिए पार करना मुश्किल हो गया, इसलिए उन्होंने बड़े वाहनों से पहले सामान उतारा, और जब वाहन ने नदी पार कर ली, फिर वापस सारा सामान लादा। जू कोंग ने काइ कोंग्लुन की हालत और खराब होते देखी, और उन्हें खाने को सॉसेज दिया। काइ ने खाना रख लिया, लेकिन कुछ भी नहीं खाया। जू कोंग ने कहा, "खाओ! जितना भी बुरा महसूस क्यूँ न कर रहे हो, लेकिन आपको खाना तो पड़ेगा! अगर आप हार मान लोगे, तो बाकी सैनिकों का क्या होगा?" काइ कोंग्लुन को जबरदस्ती आधा सॉसेज खिलाया गया। उन्होंने खाते वक्त जू को देखा,

और जू भी यह सब देख रहे थे। दोनों में से कोई कुछ नहीं बोला। काइ कोंग्लुन महासचिव जू के इस तरह देखने का मतलब अच्छी तरह समझते थे, लेकिनः "मेरे भाई, अभी तुम्हारे आगे लम्बा रास्ता पड़ा है, तुम्हे हिम्मत रखनी होगी!"

सहायक सैन्य डिवीजन के उप–कमांडर गुओ शुजुन दूसरे समूह के ही कार्यरत अफसर थे। उन्हें कठिन यात्रा इतना परेशान नहीं कर रहे थे, जितना कि समूह की अंतरिक परेशानियाँ। उन्होंने वैसे तो कोई खास परेशानी महसूस नहीं की, लेकिन एक सैनिक के बारे में उन्हें भी सोचना पड़ा। उस सैनिक का नाम फान लिफेंग था, और वह कैंटीन का प्रमुख रसोइया था। वह शांक्सी शहर के शिन्पिंग का रहने वाला था। सैन्य इकाई के प्रस्थान करने से पहले ही उसकी पत्नी को गर्भाशय कैंसर हुआ और उसकी मृत्यु हो गयी। फान ने इसके बारे में किसी को भी नहीं बताया, अपनी बेटी को अपने माता–पिता को सौंपा और चुपचाप अपना सामान बांधकर मुख्य सैन्यदल के साथ निकल पड़ा। यात्रा के दौरान गुओ शुजुन ने ध्यान दिया कि फान बहुत कम बोल रहा था, फिर उन्होंने सोचा कि उसे भी ऊँचाई की बीमारी होगी। लेकिन बाद में जब उससे हालचाल पूछा गया, तो सब पता चला। गुओ शुजुन ने कहा,

"तुमने यह सब पहले क्यूँ नहीं बताया?"

फान लिफेंग ने कहा, "अगर मैं बताता, तो आप मुझे आने नहीं देते। जब लोग मर जाते हैं, तो वो वापस नहीं आते। क्यूँकि सेना पहली बार अनजान अली क्षेत्र में कदम रखने जा रही थी, अगर मैं नहीं जाता, तो सारी जिंदगी अफसोस मनाता।"

मुझे स्वर्ग या धरती से डर नहीं लगता, मुझे तमारिस्क से दुओमा का रास्ता ज्यादा भयानक लगता है अली प्रवेश करने पर पहला मुख्य द्वार अकाजी दबान है, जिसे कूदी दबान भी कहा जाता है।

वाहन ने खड़े घुमावदार पहाड़ी रास्ते को पार किया, थोड़ी–थोड़ी दूरी पर वाहन छू–छू की आवाज कर रहा था, जैसे कि सांस ले रहा हो। वाहन में बैठे लोगों को भी साँस नहीं आ रही थी; उन्हें अंतड़ियाँ ऐसे महसूस हो

रही थी, जैसे कोंगी पकवान से भरी हुई हों। पहाड़ पर जमी चमकदार सफेद बर्फ सूर्य के प्रकाश को और चमकदार कर रही थी। वाहन के पहियों में जमी बर्फ भी लगातार घिस रही थी। आठवीं टुकड़ी के सचिव शिन झिवे, जो सैन्यदल के साथ ही यात्रा पर थे, उन्होंने बाद में मुझे बताया। "पहाड़ की चोटी पर खड़े होकर और दूर क्षितिज की ओर देखकर आप अपने आपको बहुत छोटा महसूस करने लगते हो। आप सिर्फ देख पाते हो, विशाल कुनलुन पर्वत, पहाड़ के पीछे पहाड़, और चोटी के पीछे एक और चोटी। हाईवे इन पहाड़ों के बीच किसी भूखे सांप की तरह रेंगता प्रतीत होता है। " अकाजी के बाद, कई साथियों में ऊँचाई की बीमारी के लक्षण दिखने लगे, जैसे उदासी, सरदर्द, जी मचलना और उलटी आना। पर हर कोई इस बात को भली भाँती जानता था कि यात्रा का मुश्किल भाग तो अभी शुरू ही हुआ था।

एक बार अकाजी को पार किया, तो हमारे सामने माझा दबान था, जो समुद्रतल से 5, 080 मीटर की ऊँचाई पर था। "माझा" का उइघुर भाषा में मतलब "मकबरा" होता है। हाईवे पहाड़ों के बीच से तराशे हुए लग रहे थे। उनके सर के ऊपर खड़ी चट्टान की चोटी थी, और उनके पैरों के नीचे खाई थी। वाहन ऐसे ऊपर की चढ़ाई कर रहा था, जैसे किसी शेर के मुँह से निकल रहा हो; एक क्षण की लापरवाही वाहन और उसके अंदर बैठे सभी लोगों को तीस हजार मीटर गहरी खाई के अंधकार में ले जा सकती थी। तीस हजार लम्बी सड़क में हर जगह लुढ़ककर खाई में गिरे वाहनों के मलबे देखे जा सकते थे। वाहनों के अवशेष पूरी वादी में फैले हुए थे। सड़क किनारे चट्टानों पर लगी धूल तेज बर्फीली हवाओं से टकराने पर साफ हो गयी थी, जिससे उन खड़ी चट्टानों पर गेंहुए रंग से घाव बने हुए थे। वह जमे हुए खून की तरह लग रहे थे, जैसे सूचित कर रहे हों कि आगे बड़ी खतरनाक घटनाएँ होने को हो।

सभी सैनिकों और अफसरों के लिए सांस लेना मुश्किल हो रहा था, इसलिए वह बिल्कुल बात नहीं कर रहे थे। उन्हें पहाड़ पर जीवन होने के कुछ निशान दिखे। लेकिन आँखों के सामने दो जंगली घोड़ों और गधों के भागने के भयानक दृश्य के अलावा उन्हें कोई और जानवर नहीं दिखा।

पहाड़ी मैदानों में सूरज तेज चमक रहा था, रुई की तरह लग रहे सफेद बादल, पहाड़ की चोटी के ऊपर हिलते दिखाई दे रहे थे। जैसे ऊँचाई बढ़ती गयी, सड़क की चौड़ाई और कम होती गयी। सैनिक यात्रा के दौरान ऊँचाई की बीमारी से इतना परेशान हो गये, कि उनमें और सहने की हिम्मत नहीं थी। उन्होंने हाथ बढ़ाकर डॉक्टर से दर्द की दवाइयाँ मांगी। दर्द की दवाई नहीं थी, नींद की गोलियों से ही काम चलाना पड़ा, सैनिक सोकर समय व्यतीत करके अपने दर्द को कुछ भूल पाए।

दबान का उइघुर और मंगोलियन भाषा में मतलब होता है घुमावदार सड़कों वाले पहाड़। कुडी दबान का मतलब बर्फ में जमा हुआ दबान होता है, इतना यह मुश्किल भूखंड होने के कारण नाम पड़ा।

जब सत्रह अप्रैल को सैनिकों ने तीसरा दबान हेकामू पार किया, जो समुद्रतल से 5, 200 मीटर की ऊँचाई पर था, ज्यादातर सैनिक चक्कर खाकर बेहोश होने लगे। वह अपना राशन भी नहीं खा पाए, और कई सैनिकों ने उल्टी कर सारा एसिड बाहर निकाला। जब वह थोड़ा आराम करने के लिए वाहन से उतरे, उन्हें पैर ऐसे महसूस हो रहे थे जैसे कि उनमें लोहे की रॉड डली हो। यात्रा पर निकलने से पहले सभी सैनिकों को 'एक रेशम और चार चमड़े की वस्तुएँ' दी गयी थीः जिनमें शामिल थे उनके रेशम के कपड़े, चमड़े के जूते, टोपी, दस्ताने और ओवरकोट। लेकिन फिर भी कड़ाके की ठंड उन्हें कंपकंपाने पर मजबूर कर रही थी।

उस दिन हमारा काफिला तमारिस्क स्टेशन देरी से पहुँचा।

बत्तियाँ बुझाने का समय बीत चुका था। जब दूसरी रेजिमेंट के चीफ मार्शल लिऊ शुन्ख्शु और आठवीं डिवीजन के कमांडर मा हैकिंग सोने लगे, सारी रात बेचैन होकर करवटें बदलते रहे। उन दोनों को बहुत तेज सरदर्द हो रहा था, और बस्ते की पेटी से सर बाँधने का भी कोई फायदा नहीं हुआ। अगर उनकी ऐसी हालत थी, तो बाकी सैनिकों का क्या हाल होगा? वह दूसरे सैनिकों के शयन कक्षों में गये। उन्होंने टॉर्च की रोशनी में देखा, कोई भी सैनिक नहीं सोया था। पहाड़ी मैदानों में ऑक्सीजन की कमी से उनके आंसू, बलगम, थूक एक जैसे दिखाई दे रहे थे। कुछ

सैनिकों ने कमरे में ही उल्टी कर रखी थी। इस तरह ही पूरी रात बीती, और सुबह तक भी कोई नहीं सोया। सभी सैनिक थके हुए और कमजोर थे, और उनका आत्मविश्वास भी गिर चुका था। दोनों कमांडरों को लगा कि इस तरह सहने से अच्छा वह वहाँ से जल्दी निकलें। इसलिए उन्होंने आदेश दियाः पूरे सैन्यदल को सुबह साढ़े चार बजे उठना होगा, पाँच बजे नाश्ता और फिर वहाँ से प्रस्थान करना होगा!

काफिला पहाड़ी मैदानों की तेज हवाओं और बर्फ को झेलते हुए अली क्षेत्र की ओर गहराईयों में पहुँचा। वह शाम के वक्त "मौत की घाटी" पहुँचे। तीखी हवा और गरजने लगी, और बर्फ उनको चारों तरफ से घेरने लगी। "मौत की घाटी" माउंट कराकोरम के अंदर है, दो इलाकों को अलग करने वाले पहाड़ों से लगभग सौ किलोमीटर की दूरी पर है। पहाड़ी घाटी दर्जनों किलोमीटर लम्बी थी, और काराकोरम के पहाड़ों के बीच में दबी हुई सी लग रही थी। वहाँ सालों से पड़े अनगिनत सफेद कंकाल थे, उन लोगों के जो ठण्ड के कारण, किसी बीमारी के कारण या फिर वाहन के दुर्घटनाग्रस्त होने के कारण मर गये थे। जब हमारा वाहन वहाँ से गुजरा तो तीखी हवा किसी भूत या भेड़िये के चीखने जैसी लग रही थी। जैसे ही शाम का वक्त हुआ, घाटी के दोनों तरफ पड़े कंकालों के अवशेष एक सीधी लकीर बनाकर चमक रहे थे, वह दृश्य देखकर सभी बहुत डर गये।

मा हैकिंग, जिनके पास पहाड़ी मैदानों में काम करने का काफी अनुभव था, ने सैन्य इकाई को आराम करने का आदेश दिया, वह घाटी को थोड़े विश्राम के बाद पार करेंगे। रसोइयों ने मौके पर सब के लिए खाना बनाया, और सभी सैनिकों को पूरी यात्रा के दौरान का सबसे शानदार भोजन परोसा गया। जब सैन्य इकाई ने आराम कर लिया और सारी जरूरी प्रक्रिया भी पूरी कर ली, सैनिकों ने बड़े विश्वास के साथ ऊँचें स्वर में देशभक्ति के गीत गाए, और "मौत की घाटी" को जीतने का कार्य शुरू किया। घाटी का ऐसा नाम बिल्कुल सही रखा गया था। सभी सैनिकों के होंठ नीले पड़ गये, उनके चेहरे फूलने लगे, और वह मुँह खोलकर सांस ले रहे थे। ऊँचाई की बीमारी से उनका काफी ध्यान भटक चुका था। नयी भर्ती शू मिंगशिन तो इस बीमारी से सबसे ज्यादा प्रभावित था। उसका

इतना सर दर्द कर रहा था की वह सीधे खड़ा भी नहीं हो पा रहा था। सैन्य इकाई के डॉक्टर लिऊ शेंग ने उसकी नाक से खून बहते देखा, उन्होंने रेशम का कपड़ा फाड़ा, और उससे खून के प्रवाह को बंद करने की कोशिश की; फिर वह दूसरे साथियों को देखने चले गये।

दो घंटों के संघर्ष के बाद काफिला "मौत की घाटी" के दूसरी तरफ पहुँचा। उन्तीस अप्रैल को अस्थायी एम्बुलेंस दूसरे काफिले के कुछ लोगों को लेकर घाटी से गुजर रही थी। वहाँ काफी अँधेरा था। उनमें से एक वाहन से बीमार सैनिक शौच करने के लिए उतरा। वह बिल्कुल अंदाजा नहीं लगा सकते थे, जैसे उनका वाहन रुका, भेड़ियों का झुंड वहाँ पहुँच गया। सैन्य इकाई की अगुवाई करने वाले उप कमांडर ने घबराहट में अपने ओवरकोट को मिटटी के तेल से जलाकर भेड़ियों की तरफ फैंक दिया। उससे भेड़िये वहाँ से भाग गये और कमांडर ने उस सैनिक की जान बचाकर राहत की सांस ली।

दो इलाकों को अलग करने वाला जिशेन दबान पहाड़ पूरे रास्ते में समुद्रतल से सबसे ज्यादा ऊँचाई पर था। जिशेन दबान तिब्बत और शिनजियांग को अलग करता है। वहाँ हवा में ऑक्सीजन का स्तर आम जगहों से चालीस प्रतिशत कम था। सड़कें और ऊबड़–खाबड़ होती गयी, और गर्मियों में सड़कें अक्सर टूट जाती हैं और दलदल बन जाती हैं। अगर वहाँ कोई गुजरता वाहन फंस जाए, तो ड्राईवर को वाहन छोड़ना पड़ता है, नहीं तो अपनी जान गंवानी पड़ती है। जब सैन्य इकाई जिशेन दबान पहुँची, सभी सैनिक उग्र हवा, तेज बारिश, कड़ाके की ठंड और पतली हवा से प्रताड़ित थे। कुछ सैनिक बेहोश हो गये, कुछ उल्टी करने लगे। नये सैनिक गुओ शिआली के लिए ऊँचाई की बीमारी नई थी। उसने चुपचाप रोते हुए स्क्वाड्रन कमांडर से कहा, "मुझे मेरी माँ चाहिएय मैं इस्तीफा देना चाहता हूँ!" उसे देखकर दूसरे सैनिक भी उल्टी न करने लगें, इसलिए उसने अपने हाथों को मुँह पर रखकर उल्टी रोकी और सब कुछ अंदर वापस निगल लिया। लेकिन सभी मुश्किलों के बावजूद चार घंटों के बाद काफिले ने पहाड़ को काफी पीछे छोड़ दिया था।

मा हैकिंग ने बहुत गर्व से कहा, "हमने सैन्य इकाई के रूप में खुद को साबित किया है, और हमने दिखाया है कि हम किसी भी चुनौती का सामना करने में सक्षम हैं। जिशेन दबान तो क्या, हम एवेरेस्ट को भी अपने कदमों में झुका सकते हैं!"

झाओ जियांपिंग, कमांड समूह के एक सदस्य और मुख्यालय के युद्ध–सम्बंधित विभाग के प्रधान, ने बाद में याद किया, "तमारिस्क से दुओमा की यात्रा पहले काफिले के लिए सबसे ज्यादा मुश्किल थी। स्थानीय लोग कहते थे, "मुझे स्वर्ग से डर नहीं लगता, मुझे पृथ्वी से भी डर नहीं लगता, लेकिन मुझे तमारिस्क से दुओमा का रास्ता सबसे भयानक लगता है।'" आप यात्रा के उस हिस्से की मुश्किलों की कल्पना कर सकते हैं। उस दिन तो हवा और प्रचंड होकर बह रही थी, और सारा पहाड़ी मैदान सफेद रंग से भर गया, वहाँ कुछ भी दिखाई नहीं दे रहा था। काफिला अंदाजे से आगे बढ़ रहा था। वाहन थोड़ा आगे बढ़ते और उनके पीछे पहियों के निशान फिर से बर्फ से भर जाते। उनके पीछे चलने वाले वाहनों को रास्ते का कोई सुराग नहीं मिल रहा था। होंग्तु दबान एक पहाड़ कम और दो सौ किलोमीटर वर्ग में फैला एक समतल भूखंड ज्यादा लग रहा था। वह जगह समतल लग रही थी, लेकिन वह भी समुद्रतल से 5, 500 मीटर की ऊँचाई पर थी। जैसे वह समुद्रतल से और ऊँचाई पर पहुँचे, उनकी ऊँचाई की बीमारी और बिगड़ती गयी। हम सुबह चार बजे यात्रा पर निकले थे; हमारे काफिले का आखिरी वाहन आखिरकार शाम को ग्यारह बजे दुओमा पहुँचा।

एक बार उन्होंने दुओमा पार कर लिया, अगला लक्ष्य रितु था। कमांडर–इन–चीफ झू दबाओ तेज हवाओं में सिकुड़कर खड़े रहे, और उनकी प्रतीक्षा करने लगे। कमांडर झू उप–जनरल भी थे, जो अग्रिम सेना के सैनिकों में सबसे बड़ा पद होता है। लेकिन उनको छोड़कर सभी सैनिकों ने चमड़े के ओवरकोट पहन रखे थे। वह वहाँ ऐसे खड़े रहे, जैसे किसी रिश्तेदार की प्रतीक्षा कर रहे हों। उन्होंने सभी सैनिकों से बड़ी गर्मजोशी से हाथ मिलाया। जब सैनिकों ने कमांडर झू को देखा, जो पचास साल से ज्यादा उम्र के थे, बर्फबारी और तेज हवा में बड़ी बहादुरी

से खड़े थे, सभी सैनिक उनसे बहुत प्रभावित हुए। उनका पहाड़ी मैदानों को जीतने का मनोबल और भी ज्यादा बढ़ गया। उस शाम झाओ जियांपिंग ने कमांडर झू से पूछा, "आपने ओवरकोट क्यूँ नहीं पहना आपको ठंड नहीं लग रही?"

कमांडर झू ने कहा, "हाँ, मुझे भी ठंड लग रही है मैं भी जमकर कठोर होने वाला हूँ। पर मुझे बाकी सैनिकों का हौसला बढ़ाने के लिए ऐसा करना पड़ेगा!" यह सुनकर मुझे लोर्ड माउंटबैटन से जुड़ी एक मशहूर कहानी याद आ गयी। जब उनकी सैन्य इकाई यात्रा पर थी। क्यूँकि सड़कें दलदली थी, वह सब धीरे-धीरे आगे बढ़े। लेकिन खुद की जान बचाने के साथ-साथ समय पर भी ध्यान देना जरूरी था, इसलिए सैनिकों को पूरी क्षमता से आगे बढ़ने के आदेश मिले। माउंटबैटन ने देखा की सेना का एक टैंक दलदल में फंसकर खराब हो गया था। सुलझे हुए और हर काम को निसंदेह करने वाले माउंटबैटन ने अपने सफेद दस्तानें पहने और टैंक के पीछे जमे कीचड़ के ऊपर चढ़ गये। कुछ देर बाद, वह टैंक के नीचे से निकले, वह पूरी तरह कीचड़ से ढके हुए थे। सैनिकों ने उनसे पूछा, "क्या टैंक ठीक हो गया?" उन्होंने कहा "मैं कोई टैंक ठीक नहीं कर सकता।" सैनिक ने फिर से पूछा, "तो फिर आपने ऐसा क्यूँ किया?" माउंटबैटन ने कहा, "टैंक ठीक करना महत्वपूर्ण नहीं है। सबसे ज्यादा महत्वपूर्ण है कि मेरे सैनिकों ने ये सोचा कि मैंने दलदल में रेंगकर टैंक ठीक किया।" माउंटबैटन का यह तरीका उतना ही प्रभावशाली था, जितना उन्होंने उम्मीद की थी, और सैन्य ईकाई और तेजी से आगे बढ़ने लगी।

पहली सैन्य इकाई ने तमारिस्क से दुओमा का खतरनाक रास्ता पन्द्रह घंटों में पार किया। दूसरे समूह ने तेरह घंटों में पार किया। किसी भी सैनिक ने हार नहीं मानी।

दर्जनों आँखों ने सेब देखा, लेकिन किसी ने भी नहीं खाया

जितने जोखिम भरे क्षण होते हैं, सैनिकों का एक-दूसरे के प्रति उतना ही ज्यादा लगाव होता है। "पार्टी के सदस्य एक झंडे की तरह है, और

अफसर लाठी की तरह है।" सैन्य इकाई के प्रस्थान करने के मौके पर, पार्टी के सदस्यों और अफसरों ने सैनिकों के दिल को छू लेने वाली कहानियाँ सुनाई, अपनी क्रियाओं से सबको आदर और प्रेम से जोड़े रखा।

सड़कों में अफसरों ने खुद कृत्रिम ऑक्सीजन को इस्तेमाल करने से मना कर दिया, और वह सीमित वस्तु अपने सैनिकों को दी। हर बार जब वह सैन्य ठिकानों पर पहुँचे, उन्होंने अपने बिस्तर खोलकर नए सैनिकों को दिए और खुद पानी लाकर उनके चेहरे धोए। जब खाने का वक्त होता, वह अपने सैनिकों को पहले खाने को कहते। अगर खाना कम पड़ता, तो पार्टी के सदस्य और अफसर खुद थोड़ा–थोड़ा खाकर पानी पी लेते। जब मौसम खराब होता और सड़कों की हालत अच्छी नहीं होती, तो वह खुद वाहनों के पीछे बैठकर तेज हवाओं और धूल का सामना करते।

दूसरी डिवीजन के कमांडर चेन वुचुन हमेशा अपने वाहन के पीछे दाएँ तरफ बैठते। जैसे समुद्रतल से ऊँचाई बढ़ती, हवा में ऑक्सीजन का स्तर और भी कम होता जाता। वह वाहन के पीछे की तिरपाल खोल देते, ताकि सैनिक ताजी हवा ले सकें। इस तरह कराकोरम में उन्होंने सबको ताजी हवा में सांस लेने दी, और खुद दृढ़ता से कड़ाके की ठंड से सबको बचाते हुए वाहन के पीछे बैठे रहे। इसका यह परिणाम हुआ कि वह खुद किसी "टेराकोटा के योद्वा" बनकर रह गये। यात्रा के कई दिनों बाद भी उन्होंने वाहन की उस खतरनाक जगह पर किसी और को बैठने नहीं दिया। फिर आखिरकार उनकी भी सहनशक्ति जवाब दे गयी और वह वाहन के पीछे की छत से बार–बार उल्टी करने लगे। डॉक्टर ने ग्लूकोस की आखिरी बोतल उनको दी और उन्हें जल्दी बोतल चढ़ाने का आग्रह किया। जब उन्होंने बोतल को पकड़ा, उन्होंने देखा कि सैनिक लिऊ शियोऊ मृत व्यक्ति की तरह बैठा हुआ था, उसकी आँखें बंद होकर सिकुड़ी हुई थी। लिऊ शियोऊ ने भी अपने कमांडर को देखा, जो बार–बार उल्टी कर रहे थे, और उनका चेहरा आँसू और बलगम से भर गया था, और उसने ग्लूकोस न लेने की प्रतिज्ञा ली। चौन वुक ने कहा, "ले लो, मेरा आदेश है!"

जैसे हमने जिशेन दबान पार किया, रसोइयाँ के प्रधान लिऊ जियांजुन की तबियत भी खराब होने लगी। सैन्य इकाई के डॉक्टर ने शीघ्र ही उन्हें

एम्बुलेंस में चढ़ाया, उन्हें कृत्रिम ऑक्सीजन दी और उनकी नसों में ग्लूकोस की बोतल चढ़ाई। लिऊ जियांजुन उठा, तो नया सैनिक शू मिंगशिन बेहोश पड़ गया, फिर उसके साथी उसे एम्बुलेंस में ले गये। एम्बुलेंस लेटे हुए बीमार सैनिकों से भरी हुई थी। लिऊ जियांजुन ने अपनी ऑक्सीजन की पाइप हटाई और वाहन से लड़खड़ाते हुए बाहर निकले, कहने लगा, "मैं ठीक हूँ, मैं ट्रक के बड़े कम्पार्टमेंट में जा रहा हूँ। उसे मुझसे ज्यादा इलाज की आवश्यकता है।"

पानी जीवन के लिए सबसे ज्यादा आवश्यक होता है। लेकिन पहाड़ी मैदानों में पानी जीवन से भी ज्यादा जरूरी हो जाता है। ली शिआ, राजनितिक विभाग के निदेशक" ने मुझे एक कहानी बतायी। दूसरे डिवीजन के सोलह सैनिक तिरपाल से अच्छी तरह ढके हुए ट्रक के अंदर बैठे थे, उनके होंठ फट रहे थे, और गले प्यास के कारण सूख रहे थे। उनके गले इतने सूख रहे थे, कि वह दर्द कर रहे थे। लेकिन ट्रक में पानी की एक बूँद भी नहीं थी। ऊँचे पद के एक सैनिक चौन हाओ के होंठ तो इतने फट चुके थे, कि जब वह चलता, तो उसके होंठों से खून बहकर नीचे गिरता। चौन हाओ के जेब में एक सेब था, पर वह कई दिनों से उसे खाने की हिम्मत नहीं कर पाया था। उसने जरूरत की घड़ी के लिए बचा रखा था। लेकिन वह बहुत प्यासा था, उसके लिए और सहन करना मुश्किल हो रहा था। उसने जेब से सेब निकला। सभी सैनिकों ने उसके हाथों में सेब को देखा, पर फिर नजरें चुराकर इधर–उधर देखने लगे, या फिर सैनिक आँखें बंद करके सोने का नाटक करने लगे। चौन हाओ ने थोड़ी देर तक अपने हाथों में पड़े सेब को देखा, फिर अपने साथ बैठे सैनिक लान शियांग्लियांग को कोहनी से धक्का दिया। उसने सेब लान के हाथों में रख दिया। लान ने सर हिलाकर मना किया, लेकिन चौन ने उसे चुपचाप सेब खाने का इशारा किया। लान लम्बे समय तक दुविधा में रहा, वह बहुत शर्मिंदा लग रहा था। बाद में उसने एक निवाला लिया और अपने साथ बैठे सैनिक के हाथों में सेब पकड़ा दिया। इस तरह इकलौता सेब सोलह सैनिकों के पास घूमता रहा।

इस दृश्य ने मुझे शांगगान्लिंग फिल्म की याद दिलाई। यह एक इत्तिफाक था की सातवीं टुकड़ी से तबादले में आए सात सैनिक वाहन में बैठे थे, और सातवीं टुकड़ी एक बार शांगगान्लिंग के युद्ध में गयी थी। जैसे ली शिया सभी सैनिकों को अपने मुश्किल दिनों के बारे में बताने लगा, वह खुद को रोने से नहीं रोक पाया। उसने कहा, "मैंने उम्र भर के आंसू बचा रखे थे, लेकिन आज मैंने इस अनजान अली क्षेत्र में सारे बहा दिए।"

उन्नीस अप्रैल को सैन्य इकाई ने दो इलाकों को बांटने वाले पहाड़ को पार किया। तान शियोनिंग, तीसरी टुकड़ी के पलटन कमांडर, ऊँचाई की बीमारी के कारण गहरे सदमें में थे। जब ली शिया ने इसके बारे में सुना, उन्होंने पहाड़ों में ज्यादा थकावट वाले कामों को न करने की सलाह को दरकिनार किया, और तेज दौड़ते हुए दूसरी टुकड़ी के काफिले के पास पहुँचे। क्यूँकि वह इतना तेजी से दौड़ रहे थे, उनका शरीर उनकी छाती को पर्याप्त ऑक्सीजन देने में असमर्थ था, वह काफिले के पास पहुँचते ही गिरके बेहोश पड़ गये। जब ली शिआ जागे, उन्होंने ध्यान ही नहीं दिया कि पहाड़ी मैदान में उनकी हालत भी खराब हो रही थी, वह डॉक्टर के पास जाकर तान शियोनिंग की जान बचाने की कोशिश करने लगे। ली शीआ ने टुकड़ी के लीडर मा हैकिंग से इस बारे में बात की, और तान को इलाज के लिए येचेंग भेजने का निर्णय लिया। इस खबर को सुनकर तान ली शीआ के कपड़ों को पकड़कर चिल्लाने लगे, "मैं वापस नहीं जाऊँगा! तुम मुझे इस तरह वापस नहीं भेज सकते मैं अभी तो आया हूँ! मैं वापस नहीं जाऊँगा! मैंने यहीं मरने के लिए तैयार हूँ, मैं ऐसा ही चाहता हूँ!" ऐसे दृढ़ संकल्प और हठी सैनिक को देखकर, ली शिआ फूट–फूटकर रोने लगे।

कैमरामेन को अचानक आँखों के सामने झुर्रियाँ (क्रो'स फीट) दिखी

दूसरे डिवीजन के प्रचार विभाग के प्रधान दू याननलिन और मुख्यालय के लिए फिल्मांकन करने वाले कार्यप्रभारी सचिव चौन बंग्शियान पहले

काफिले के थोड़े बूढ़े सैनिक थे। उन दोनों के पास पहाड़ी मैदानों का काफी अनुभव था। वह दोनों छब्बीस साल से सेना में थे, और दोनों की उम्र पैंतालीस वर्ष थी। उनका मुख्य कार्य था –सैन्य इकाई के साथ चलना, कैमरे से फोटो लेना और विडियो बनाना। उन दोनों ने काफी अच्छी जोड़ी बना रखी थी। उन्होंने कैमरे अपने कंधों पर उठा रखे थे, कभी–कभी दौड़कर काफिले के आगे पहुँचने की कोशिश करते, और ज्यादातर काफिले के पीछे ही चल रहे थे। आगे बढ़ते सैन्यदल में उनको देखना काफी दिलचस्प था।

जब चौन बंग्शियान अली से बीजिंग गया, उसने मुझे बताया कि जब सैन्यदल ने अली में प्रवेश किया, वहाँ सड़क का एक बड़ा हिस्सा बहुत मुश्किल से पार किया। सबसे ज्यादा बड़ी चुनौती थी कि उन्हें खुद को नहीं पता था कि सड़क उन्हें किस दिशा में ले जाएगी। हर रास्ता सही ही लग रहा था, लेकिन उस पर चलकर ही पता चलता था कि वह रास्ता कितना ठीक था। असल में कुछ जगहों में तो बिल्कुल कोई सड़क नहीं थी। जब आप अनजान अली क्षेत्र में प्रवेश करते हो, आपको कोई अंदाजा नहीं होता कि आपने कहाँ कदम रखे हैं या कहाँ जा रहे हो। आपको ज्यादातर समय अंदाजा ही लगाना पड़ता है।

उसने बताया कि यात्रा का एक दिन बहुत असाधारण गुजरा। वह सिर्फ पाँच किलोमीटर ही चल पाए थे, और उनके वाहन का पहिया चार बार फटा था। दू युनलीन को सड़क में ऊँचाई की बीमारी के गंभीर परिणाम भुगतने पड़े; उसका लगातार सर दर्द कर रहा था। उसने चौन बंग्शियान के द्वारा बनाई सभी दर्द की गोलियाँ खाई। जब वह सबसे ऊँचें स्थान पर पहुँचे, सभी सैनिकों को गंभीर रूप से ऊँचाई की बीमारी ने जकड़ रखा था। उनके सर चकरा रहे थे और वह मुरझाए हुए से थे। वह आधे जगे हुए थे, और आधे बेहोश थे। अफसरों ने सैनिकों को सोने के लिए मना कर दिया था, उन्हें डर था कि अगर सैनिक सोए, तो फिर कभी जाग नहीं पाएँगे। कुछ सैनिक फिर भी सर झुकाकर सोने लगे। फिर बाद में सैनिक एक–दूसरे को थप्पड़ मारकर जगाने लगे और इस तरह वह अपनी थकावट दूर कर रहे थे।

चौन बांग्शियान को अली की अल्ट्रावायलेट किरणें सबसे ज्यादा खतरनाक लगी। उसने मुझे एक किस्सा बतायाः एक सुबह जब वह उठा, उसने ध्यान दिया कि दू यानलिन की बाईं आँख कुछ अजीब लग रही थी। उसकी बाईं आँख बिल्कुल सिकुड़ गयी थी और आँखों के पास की चमड़ी में झुर्रियाँ बन गयी थी। पहले तो ऐसा नहीं था, अचानक एक रात में ऐसा क्या हो गया? सबसे ज्यादा चौंकाने वाली बात थी कि उसकी दाईं आँख बिल्कुल ठीक थी।

उसने दू को इसके बारे में बताया। दू दौड़कर वाहन के पीछे लगे शीशे के पास गया, वह वैसा ही था जैसा चौन ने बताया था। उसने खुद हाथ लगाकर महसूस किया, पर उसमें कोई निशान नहीं था। दू बहुत घबरा गया, उसे बिल्कुल समझ नहीं आ रहा था कि क्या हो रहा था। वह दौड़कर पानी लेने गया, वह जितना मर्जी आँखें धो ले, उसकी आँख नहीं ठीक हो रही थी। उसे यह बाद में पता चला कि ऐसा पहाड़ी मैदानों की अल्ट्रावायलेट किरणों की वजह से होता है। जब दू कैमरा से शूट कर रहा होता, तो उसकी एक आँख ही खुली रहती, दूसरी बंद होती। उसकी बाईं आँख बंद रहती, इस वजह से आँखों की अंदर की चमड़ी पर अल्ट्रावायलेट किरणें नहीं पड़ती, और इस वजह से उस चमड़ी का रंग सफेद था। जिस चमड़ी पर किरणें पड़ रही थी, उसका रंग काला पड़ गया था। और इस वजह से इस बीमारी का नाम "क्रो'स फीट" था।

महिलाओं के शौचालय का इस्तेमाल करना मुसीबत बन गया

महिला सैनिक सैन्य दल का एक खूबसूरत दृश्य प्रस्तुत कर रही थी। सैन्य दल के अली में प्रस्थान करने से पहले, आठवीं टुकड़ी के राजनितिक विभाग के सचिव यांग जिंग को एक विशेष कार्य सौंपा गयाः उसे अपने साथ चार महिला सैनिकों को भी अली में ले जाना था। वह "फूलों की रक्षा का प्रतिनिधि" बन गया। उसने हमें यात्रा के दौरान "फूलों की रक्षा" करने का अनुभव बताया। सैन्य इकाई के प्रस्थान करने से पहले, निदेशक अपने साथ चार महिला सैनिकों को लाया और उसने कहा, "मैं इन चारों को आप को सौंप रहा हूँ; यह आपके प्रचार और प्रोत्साहन को बढ़ाने का काम

करेंगी। इनका खास ख्याल रखना; अगर इन्हें कुछ हुआ, तो आप भी मुसीबत में पड़ जाओगे।"

निदेशक ने अपनी बात रखी और फिर हड़बड़ी में चले गये। वह जानता था कि वह कोई अच्छा असाइनमेंट नहीं सौंपा था, लेकिन आदेश मिला था, इसलिए उसे पूरा करना था। वह और चार महिला सैनिक वाहन में बैठे और उनके साथ एक ड्राईवर था। महिलाओं में शामिल थी प्रथम श्रेणी की पलटन कमांडर पान जुन्होंग, और प्राइवेट–सैनिक दोंग फांगफोंग, यू जिंगजिंग और शीआ शिक्शियान। महिला सैनिक एक सच में बकवास चीज थी। उन्होंने अपनी यात्रा शुरू ही की थी, उनकी बक–बक शुरू हो गयी। उन्हें किसी का कोई डर नहीं था। ऐसा प्रतीत हो रहा था जैसे कि हम अली क्षेत्र में नहीं, पास के किसी बाजार में जा रहे हों। उससे भी भयानक बात थी, उन्होंने गाना शुरू कर दिया। उन्होंने बहुत सारे गाने गाये, लेकिन यांग को सिर्फ एक ही गाना याद था, सेना के हरे फूलः

चिंता मत करो माँ, तुम्हारे बच्चे बड़े हो गये हैं, वह पहरेदार बनकर देश की रक्षा करने जा रहा है, बारिश या तूफान से मत डरो, न ही मुसीबतों से घबराओ......

पहले दो दिन बड़ी शान्ति से, बिना किसी हादसे के गुजरे। महिला सैनिक काफी उत्साहित थीं, उन महिलाओं ने यांग को वाहन में कई मनोबल बढ़ाने वाली प्रेरणात्मक बातें सिखाई, और कुछ यात्राओं की मशहूर कहानियाँ भी बताई। उनकी सुंदर और नाजुक त्वचा माउंट कुनलुन की तीखी हवाओं में खुरदरी और काली पड़ने लगी। कहानियाँ सुना–सुनाकर महिलाओं का गला थक गया था। लेकिन इससे उनका जोश बिल्कुल कम नहीं हुआ, उन्हें यह यात्रा और ज्यादा रोमांचक लग रही थी। उन्होंने बताया कि यह अनुभव उनके लिए बहुत गर्व की बात थी। उन्होंने वर्तमान में शहरों में रहने वाली महिलाओं के बारे में कहा, "अली के पहाड़ी मैदानों में कौन आने की हिम्मत कर सकता था? वह सही थीं: वह इस सम्मान की हकदार थी। इससे पहले सैन्यदल की किसी भी महिला सैनिक ने, उन बड़े शहरों की महिलाओं को छोड़कर, अली क्षेत्र में कदम नहीं रखा।

वह यात्रा के तीसरे दिन तमारिस्क स्टेशन पहुँचे। यांग अभी आराम से बैठे ही थे, कि यु जिंगजिंग और शिआ शिक्शियान घबराहट में दौड़ते हुए उनके पास आईं। उन्होंने कहा कि पान जुंहोंग की हालत बहुत खराब थी, और वह लगातार उल्टियाँ कर रही थी। यांग उन लड़कियों के साथ दौड़ते हुए पान को देखने गये। पान का चेहरा पीला पड़ गया था, वह दौड़ते हुए बिस्तर के किनारे पहुँची और उल्टी करने लगी। फर्श पर पड़ा वाशबेसिन चिपचिपे तरल पदार्थ से भरा हुआ था। यांग ने डॉक्टर को बुलाया, और फिर पान को दवाइयाँ और इंजेक्शन दिए गये। इस तरह जब तक पान ठीक नहीं हो गयी, उन्होंने तीन से चार घंटे बर्बाद कर दिए।

लेकिन वह सुबह फिर आगे की यात्रा के लिए निकले ही थे, पान ने फिर से उल्टी करना शुरू कर दिया। वह जोर–जोर से साँसें ले रही थी। यांग जानता था कि वह ऊँचाई की बीमारी थी, और उसने फटाफट कृत्रिम ऑक्सीजन का कनस्तर निकाला और पान को सांस लेने के लिए दिया। दोंग फांगफांग को भी सरदर्द था, जब उसने पान जुन्होंग की ऐसी हालत देखी, वह अचानक फूट–फूटकर रोने लगी। उसने यांग से पूछा, "क्या हम सब मरने वाले हैं?" यांग ने शरीर को ढीला छोड़ते हुए शान्ति से उसे समझाया, "हर कोई जो पहली बार पहाड़ी मैदानों में आता है, उन्हें यह बीमारी होती ही है। आप जितना ज्यादा इस बीमारी से डरोगे, यह बीमारी उतना ही बढ़ती जाएगी। अगर आप शांत रहोगे, तो बीमारी के कम असर महसूस होंगे।"

यह शब्द सिर्फ उसके होंठों पर ही थे, दिल से वह भी काफी डरा हुआ था। वह सभी बहुत जवान थेः उनमें से सबसे ज्यादा उम्र का एक सैनिक बीस साल का था। अगर ऐसा–वैसा कुछ हो जाए, तो यांग क्या कर सकता था? सौभाग्य से ऊँचाई की बीमारी का महिलाओं पर पहला आक्रमण दोपहर होते–होते दूर हो गया था। यांग ने भी राहत की सांस ली। लेकिन, वह फिर भी चिंतित था; उनके सामने बहुत ही निर्दयी सड़क थी, और पहाड़ों की ऊँचाई बढ़ती जा रही थी।

अली पहाड़ों के ऊपर चढ़ते वक्त, समुद्रतल से पाँच या छह किलोमीटर की ऊँचाई पर, उनकी कुछ खास वजहों से वाहन को रोकने की हिम्मत नहीं हो रही थी। खासकर पहाड़ों की चोटियों पर, अगर एक बार वाहन रुक जाए, तो फिर वह दोबारा आसानी से शुरू नहीं होता। आदमी भी लम्बे समय से वाहन के अंदर ही बैठे थे, अगर वह अचानक वाहन से उतरते, तो वह भी बेहोश पड़ने लगते। यह काफी जानलेवा हो सकता था। इसलिए काफिला पूरे ताकत से आगे बढ़ रहा था, वह सिर्फ एक जगह शौच करने के लिए थोड़ी देर रुके, जहाँ समुद्रतल से ऊँचाई थोड़ी कम थी। जैसे ही वह रास्ते में आगे बढे, समुद्रतल से ऊँचाई भी बढ़ती रही, और इस वजह से वाहन भी बहुत कम बार रुके। शौच जाने की भी एक समस्या थी। कुछ सैनिक रोक नहीं पाते थे, और पानी की बोतलों में ही पेशाब कर देते। पुरुष सैनिकों को संभालना आसान था; लेकिन महिला सैनिकों को संभालना मुश्किल था।

ज्यादातर समय काफिला सिर्फ महिलाओं के लिए ही रोका गया। यांग ने महिला सैनिकों को वाहन एक सीमा की तरह समझने को कहा; पुरुष सैनिक सीमा के बाईं तरफ थे, और महिला दाईं तरफ, जिससे काफी चीजें आसान हुई। पुरुष सैनिक शौच के लिए सीमा के बाईं तरफ जा सकते थे, उनके लिए यह आसान था। लेकिन महिलाओं को शौच के लिए दूर जाना पड़ता था। वह बार–बार पीछे मुड़कर देखतीं, कहीं ज्यादा दूर तो नहीं आ गयीं; फिर आगे बढ़तीं। यांग ने उन्हें चिल्लाकर कहा, "ज्यादा दूर मत जाना; ऊँचाई की बीमारी और बेहोश पढ़ने का भी ध्यान रखना।"

महिला सैनिक कुछ नहीं सुनती, बस चुपचाप आगे बढ़तीं। अगर वह कुछ कदम की दूरी पर ही होतीं, तो मुड़कर देखती, अगर ज्यादा दूर चली जाती, तो किसी की परवाह किये बिना चलते जाती। महिलाओं के लिए गोबी रेगिस्तान की मुलायम, समतल मिटटी में शौच के लिए गुप्त जगह ढूँढना मुश्किल था। वह चलती गयी और चलती गयी, फिर उन ढलानों में खो गयी। काफी देर हो गयी, वह वापस नहीं आयीं। यांग चिंतित हो रहा था; उसे डर लगने लगा कहीं वह बेहोश पड़ गयी हों। लेकिन वह पुरुष सैनिकों को भी उनको देखने के लिए नहीं भेज सकता था, इसलिए उसके

पास उनकी प्रतीक्षा करने के अलावा कोई और रास्ता नहीं था। पहले उसे किसी का सर दिखा, फिर पूरा शरीर; एक–एक करके वह वापस आयीं। जैसे महिलाएँ वाहन में चढ़ीं, वह शर्मा रहीं थी और उनका चेहरा बैंगनी सा लग रहा था। फिर वह लगभग बेहोश ही हो गयीं। उसके बाद यांग ने उन्हें फिर कहीं जाने नहीं दिया। फिर किसी को बाहर जाने की जरूरत पड़ी, तो यांग ने किसी पुरुष सैनिक को वाहन से उतरने नहीं दिया और महिलाएँ वाहन के पीछे जा आतीं।

यू जिन्लिंग शिनजियांग से थी। वह अपने परिवार की इकलौती संतान थी, और सेना में शामिल होने से पहले वह कभी अपने माता–पिता से अलग नहीं हुई थी। उसने बहुत ही आसान और आरामदायक जिंदगी बिताई थी, और इस तरह के मुश्किल हालातों का पहले कभी सामना नहीं किया था। लेकिन यात्रा में उसने दृढ़ संकल्प और इच्छाशक्ति दिखाई। जब बीस अप्रैल को सैन्य इकाई बैंगोंग झील पहुँची, यू जिन्लिंग की ऊँचाई की बीमारी और बिगड़ने लगी। वह लगातार उल्टियाँ करने लगी। मैंने जैसे वाहन का दरवाजा खोला और उसे उठाकर बाहर निकालने लगा, वह बेहोश होकर जमीन में गिर गयी। उसके चेहरे में ठंडा पसीना बह रहा था। हमारे साथ के डॉक्टर ने मौके पर कुछ आपातकालीन प्रक्रियाँ की।

जब उसे होश आया, यु ने अपनी आँखों के सामने बैंगोंग झील को देखा, और उसके साथ उसकी रक्षक बनकर खड़ी हुई पान जुन्होंग को कहा, "स्क्वाड्रन लीडर, बैंगोंग झील का नजारा कितना सुंदर लग रहा है! ऐसा लग रहा है जैसे मैं घर के दरवाजे से बाहर सैलिमु तालाब देख रही हूँ।" वह घबरा गयी कि उसने अपने साथ सबको भी परेशान कर दिया, और कहने लगी, "मैं ठीक हूँ। और आगे जाने के लिए तैयार हूँ।" पर वह लड़खड़ाते हुए खड़े होकर दो कदम ही चली थी, और फिर से बेहोश हो गयी। राजनितिक विभाग के निदेशक ली शीआ ने रास्ते में कई महिला सैनिकों को आते देखा। उसने गोरी त्वचा वाली उन महिलाओं को देखा, जो कुछ दिन पहले बहुत प्यारी और सुंदर लग रही थी, लेकिन अब अल्ट्रावायलेट किरणों और पहाड़ी मैदानों की तीखी हवाओं के कारण

उनकी त्वचा काफी खुरदुरी और सख्त लग रही थी। उनके होंठ काले और नीले पड़ गये थे। ली के आंसू नहीं रुके और उसने बोला, "शाबाश! तुम बहुत अच्छा कर रही हो!" महिला सैनिक भी रोने लगीं और उन्होंने जवाब में कहा, "हमने अबतक कुछ भी नहीं सहा, हम बिल्कुल नहीं रोयेंगी; हम अपने लक्ष्य तक पहुँचेंगे!" बारह की शाम को सैन्य इकाई सिंह जलस्रोत पहुँची। तिब्बती लोगों और स्थानीय सरकार के नेताओं ने एक पंक्ति बनाकर हमारा स्वागत किया, और हमें हाडा स्कार्फ दिया और पहाड़ी मैदानों की जौं की शराब दी। अली जिला सरकारी दफ्तर से श्रीमान दोंग ने जब सैन्य इकाई में महिला सैनिकों को देखा, वह बहुत आश्चर्यचकित हुए। उन्होंने महिलाओं के पास जाकर अपना अभिवादन प्रकट किया और बड़े आदर से कहा, "महिला सैनिकों के लिए यहाँ तक आना बिल्कुल भी आसन नहीं रहा होगा!"

अध्याय – 3

सेविंग प्राइवेट रयान
(प्राइवेट–सैनिक रयान को बचाना है)

अप्रैल 2002 के अंत में अमेरिकी फिल्म "सेविंग प्राइवेट रयान" की काल्पनिक कहानी अनजान अली क्षेत्र में असलियत में बदल गयी।

एक सैनिक का जीवन खतरे में था, और वायु माध्यम से आपातकालीन सहायता का निवेदन किया गया।

यह बाइस अप्रैल 2002 के दिन बीजिंग की घटना थी। सूरज चमक रहा था और हवा में झंडा इन्द्रधनुष की तरह लहरा रहा था। लेबर डे की छुट्टियों का समय था, हर जगह त्यौहार और खुशियों का वातावरण था। लेकिन गलियों में चलते आनंदमय लोग कल्पना भी नहीं कर सकते थे की तिब्बत के अनजान अली क्षेत्र में कुछ सैनिक जीवन–मरण के बीच संघर्ष कर रहे थे। 11:52 का समय था। हथियारबंद पुलिस परिवहन सैन्य इकाई के मुख्यालय के एक साधारण कमरे का फोन अचानक बजने लगा। अपनी ड्यूटी कर रहे लोगों ने फोन उठाया और एक आपातकालीन सन्देश लिया: "मैं दूसरी डिवीजन के ड्यूटी रूम से बोल रहा हूँ; एक आपातकालीन स्थिति की सूचना देनी है।

जब शिनजियांग–तिब्बत हाईवे में सैन्य–इकाई अपनी कार्यवाही कर रही थी, ऑक्सीजन की कमी होने से तीन सैनिकों की छाती जाम हो गयी है। उनका जीवन खतरे में है; उन्हें शीघ्र हस्पताल पहुँचाने के लिए वायु

सेना की सहायता चाहिए। मदद के लिए कृपया उच्च अधिकारियों से संपर्क करें।"

जब उन्हें रिपोर्ट मिली, मुख्यालय स्टाफ के उप–प्रधान झू जिलाई ने तुरंत उप–महासचिव कुइ की बनाई रिपोर्ट जवाब में भेजी। उप–महासचिव ने रेजिमेंट के वरिष्ठ अधिकारियों से सभी दिशा–निर्देशों की जानकारी मांगी, और उन्होंने सारी रिपोर्ट तैयार करके सिचुआन और शिनजियांग में चल रही सैन्य गतिविधियों का संचालन कर रहे महासचिव लू लिन्युआन और मुख्यालय के निदेशक शी ताओकीन को भेजी।

दोपहर के बारह बज रहे थे। चौन झुआनको, हथियारबंद पुलिस सैन्य इकाई के स्टाफ चीफ, को रिपोर्ट मिली। उन्होंने कमांडिंग अफसर वू शुंघजान से दिशा–निर्देश मांगे। कमांडिंग अफसर ने उन्हें जनरल स्टाफ से तुरंत संपर्क बनाने और साथ ही उन सैनिकों की जाने बचाने के लिए हर संभव प्रयास करने का दिशा–निर्देश दिया। स्टाफ चीफ चौन ने अपने सलाहकारों से सैन्य गतिविधियों का सारा नक्शा मंगवाया, और फिर जल्दी नक्शे में अली क्षेत्र का सिंह जलस्रोत ढूँढा। स्टाफ अफसर ने कहा कि सिंह जलस्रोत का दक्षिणी भाग ल्हासा से लगभग हजार किलोमीटर की दूरी पर है, और उत्तरी भाग उरुमकी से दो हजार किलोमीटर की दूरी पर था। अगर वह यात्रा करने के लिए वाहन का इस्तेमाल करते, तो चार या पाँच दिनों में पहुँचने की उम्मीद कर सकते थे। स्टाफ चीफ चौन ने निर्णय लिया, "हम हेलीकाप्टर का इस्तेमाल करेंगे!" उन्होंने यह शब्द बोले ही थे, कि उन्होंने टेबल पर पड़ा लाल टेलीफोन पकड़ा और कहा, "मेरा जनरल स्टाफ के युद्ध–संबंधित विभाग से संपर्क कराओ।"

दोपहर के 1:50 का समय था। अली के पहाड़ी मैदानों से एक और अप्रिय समाचार आने वाला था। तीन बीमार सैनिकों में से एक सैनिक, हांग शुई, की हालत और ज्यादा बिगड़ गयी और कोई इलाज काम नहीं आया। तकरीबन 1:30 बजे उसने अपने प्राण त्याग दिए। माओ लिंबाओ और जू मिन्जिन की हालत भी लगातार खराब हो रही थी।

ठीक दो बजे, कमांडर वू ने परिवहन मुख्यालय, हथियारबंद पुलिस सैन्य इकाई की जगह सारे मामले को संभाल रही पार्टी समिति, और कई

वरिष्ठ अधिकारियों को फोन किया। उन्होंने मौके पर अपनी जान गंवाने वाले सैनिक की दुखद घटना पर शोक प्रकट किया और शिनजियांग–तिब्बत हाईवे पर लगातार तैनात आठवीं टुकड़ी के सैनिकों के लिए सहानुभूति प्रकट की। कमांडर ने उन्हें बताया कि मुख्यालय ने पहले ही जनरल स्टाफ से हेलिकॉप्टर की मदद मांग ली और अब वह जवाब की प्रतीक्षा कर रहे थे। जनरल स्टाफ ने सीमावर्ती इलाके पर तैनात सैन्य इकाई को तुरंत मदद पहुँचने के भी निर्देश दिए। वह शिनजियांग सेनानिवास से संपर्क करेंगे और पूरी स्थिति पर नियंत्रण करने की कोशिश करेंगे। उनसे उनकी पूरी यात्रा के दौरान संपर्क बनाया जाएगा, और उन्हें सभी परिस्थितियों की खबर देनी होगी।

महासचिव जू योंग्किंग, जो किसी और जगह सैन्य–इकाइयों के कामकाजों की देखरेख कर रहे थे, उन्होंने भी मामले में पूरी नजर बनाए रखी थी। उन्होंने सैनिकों की जान बचाने और उन्हें सही सलामत वापस लाने की हिदायत दी; साथ ही उन्हें किसी आपातकालीन स्थिति में जनरल स्टाफ से और मदद मांगने को भी कहा गया। परिवहन सैन्य इकाई के मुख्यालय के निदेशक, महासचिव शी झाओकिन और महासचिव लू लिन्युआन, दोनों ने हजारों किलोमीटर दूर सीमावर्ती क्षेत्रों के निर्माण–स्थलों से फोन किया। उन्होंने हथियारबंद परिवहन सैन्य इकाई के सैनिकों से मामले को ज्यादा अहमियत देने और उन दोनों सैनिकों की जान बचाने के लिए संगठन को सभी उचित प्रयास करने को कहा। उस दिन, हथियारबंद पुलिस परिवहन सैन्य इकाई की "ड्यूटी डायरी" में दर्ज किया गया:

16:00 पी.एम. मुख्यालय के युद्ध–सामग्री विभाग के मंत्री ये ने कहा: जनरल स्टाफ ने लानझू के सेनानिवास के लिए प्रस्थान करने के निर्देश दिए हैं। उन्होंने दो "ब्लैक हॉक" नामक दस्ते भेजे, दोनों दस्तों में चार–चार सैनिक हैं। आपको शिनजियांग सेनानिवास के जमीनी और समुद्री मुख्यद्वारों और अली के सेनानिवास से संपर्क बनाए रखना है।

17:15 पी.एम. दूसरे डिवीजन के जनरल कमांडर ने सूचना दी: शिनजियांग सेनानिवास ने दोनों दस्तों को 18:00 बजे प्रस्थान करने का आदेश दिया है। अली सेनानिवास से दो डॉक्टर भी भेजे गये हैं।

18:50 पी.एम. मुख्यालय के युद्ध कक्ष से स्टाफ चीफ यान ने लेफ्टिनेंट जनरल लिऊ युआन के दिए निर्देश जारी कियेः (1) गंभीर रूप से बीमार सैनिकों के लिए हर संभव प्रयास किये जाएँ, उनकी हालत और बिगड़ने ना दी जाए, और उनकी जान बचाने के लिए प्रयास किये जाएँ; (2) सैनिक हांग शुआई के मरणोपरांत सभी सम्बंधित व्यवस्थाएं की जाएँ, (3) सैनिकों को युद्ध क्षेत्र के बारे में सभी जरूरी बातें बताई जाएँ, उन्हें सेना के समाजवादी विचारों के बारे में अवगत कराया जाए; साथ ही सभी सैन्य गतिविधियों की सुरक्षा भी मजबूत की जाए, और जानी नुक्सान बचाने के लिए पूरी सावधानी बरती जाए।

22:00 पी.एम. दूसरे डिवीजन के ड्यूटी रूम से सूचना उरुमकी में मूसलधार बारिश हो रही है और कराची एअरपोर्ट में भी तेज बारिश के साथ ओलों की बौछार पड़ रही है। सभी विमानों की उड़ानों पर अस्थायी रूप से रोक लगी ......

अगली सुबह जनरल स्टाफ, हथियारबंद पुलिस का मुख्यालय, लानझू सेनानिवास, शिनजियांग सेनानिवास, हथियारबंद पुलिस परिवहन सैन्य इकाई के मुख्यालय, परिवहन मुख्यालय का दूसरा डिवीजन, और कई दर्जन जनरलों और वरिष्ठ कर्नलों ने भी विश्व की सबसे ऊँची भूमि अली क्षेत्र में नजर बना रखी थी। वह बड़ी बेचैनी से मौसम के बेहतर होने की प्रतीक्षा कर रहे थे, ताकि विमान उड़ान भर सकें।

"ब्लैक हॉक" ने मेरी जान बचाई, पर मैं बिल्कुल देख नहीं पाया ऐसा कैसे हुआ

"एक सैनिक की जान सबसे ज्यादा कीमती होती है; आपको हर कीमत चुकाने के लिए तैयार रहना चाहिए और अपनी पूरी जान लगाकर उसकी जान बचानी चाहिए।" यह निर्देश हथियारबंद पुलिस सैन्य इकाई के कमांडर वू शुंगझान ने दोबारा भेजा। तेरह अप्रैल की दोपहर 5:00 बजे, जब शिनजियांग सेनानिवास को जनरल स्टाफ और लानझू सेनानिवास से आदेश मिले, उन्होंने तुरंत एक हवाई बचाव मिशन तैयार किया। उन्होंने छह बजे उड़ान भरी। विशेष श्रेणी के पायलट शैन झेंगवैन, जमीनी और समुद्री समूहों के एक स्टाफ चीफ, और बटालियन के उप–प्रशिक्षक ने

बहुत कम समय में विमान के उड़ान भरने के लिए सभी जरूरी तैयारियाँ की। शिनजियांग के वायु सेना ट्रैफिक नियंत्रण विभाग और उरुमकी के विमान–चालन नियंत्रण केंद्र और इनके साथ कई सैन्य इकाइयों के सहयोग से उन्होंने "आपातकालीन हवाई गलियारा" खोला। उसी समय हथियारबंद पुलिस परिवहन सैन्य इकाई ने आपातकालीन परिस्थिति में बचाव कार्यों के लिए सभी नियमों के मद्धेनजर योजना बनाई। लान्झू सेनानिवास के जनरल हस्पताल और शिनजियांग के बारहवें हस्पताल के चिकित्सा कर्मियों ने घायलों के इलाज और देखभाल के लिए सभी तैयारियाँ की।

जब सारी तैयारियाँ हो गयी, वह बस विमान को अनुमति मिलने की प्रतीक्षा कर रहे थे। लेकिन अचानक उरुमकी में मुसलाधार बारिश शुरू हो गयी, और विमान के उड़ने से अस्थायी रूप से रोक लग गयी। उस रात कोई भी नहीं सो पाया। उरुमकी में कुछ लोग स्वर्ग की ओर देख रहे थे, अपनी धड़कती साँसों से बारिश के रुकने और आसमान के साफ होने की प्रतीक्षा कर रहे थे। बीजिंग में सभी जनरल अपने–अपने फोनों के नजदीक बैठे थे, मिशन की हर खबर की प्रतीक्षा कर रहे थे। पहली मई की सुबह 9:36 बजे दो ब्लैक हॉक के हेलीकाप्टर ने आखिरकार उड़ान भरी, और उत्तरी शिनजियांग से उड़ते हुए दक्षिणी शिनजियांग के महत्वपूर्ण शहर काशी पहुँचे। उसके बाद वह काशी से सीधा अली क्षेत्र के सिंह जलस्रोत गये।

दोपहर 1:30 बजे, "ब्लैक हॉक" का हेलीकाप्टर सिंह जलस्रोत के बाहरी इलाके की कच्ची सड़क पर उतरा। परिवहन सैन्य इकाई के लोग उन दो गंभीर रूप से बीमार सैनिकों की देखभाल कर रहे थे और मदद पहुँचने की प्रतीक्षा कर रहे थे। जब उन्होंने हेलीकाप्टर आते देखा, वह इतने उत्साहित हुए कि उनके चेहरे से आँसू बहने लगे। दोनों सैनिकों को हेलीकाप्टर में चढ़ाया गया। पूरा चालक दल पानी पीने भी नहीं रुका और उन्हें सीधा काशी ले गया।

हेलीकाप्टर को रास्ते में कई बार तेज हवा के दबाव का सामना करना पड़ा। तेज हवाओं के चलते हेलीकाप्टर काफी झटके ले रहा था और

तीखी ठंडी हवाएँ दरवाजे से होते हुए केबिन से चीरती हुई निकल रही थी। घायल सैनिकों को तेज हवाओं से बचाने के लिए मैकेनिक वांग गुंग्तो और पान रुई केबिन के दरवाजों के पास बैठ गये, वह अपने शरीर से तेज हवाओं को रोक रहे थे। परिवहन सैन्य इकाई की दूसरी डिवीजन की महिला डॉक्टर फैंग निंग, जो बचाव दल के साथ ही थी, को हेलिकॉप्टर के तेज झटकों के कारण चक्कर आने लगे।

उसका चेहरा पीला पड़ गया और छाती कंपकंपाने लगी। लेकिन, उसके बीमार साथी कहीं झटकों से इधर–उधर हिलने न लगे, इसलिए उसने सैनिक जू मिंगशिन को पूरी यात्रा के दौरान कसके अपनी छाती से पकड़कर रखा। जुओ जियाकुन, परिवहन सैन्य इकाई की दूसरी डिवीजन के बाहरी रोगी विभाग के निदेशक, माओ लिन्बाओ के किनारे घुटनों के बल बैठ गये, उसे समय–समय पर पानी पिलाते, उसकी जान बचाने की पूरी कोशिश कर रहे थे।

जब विमान माउंट कुनलुन के मार्ग पर पहुँचा, उनके आस–पास अचानक काले बादलों का झुंड बनने लगा। शैन झेंगवैन, जो विमान चला रहे थे, विमान को बादलों के किनारों की तरफ घुमाने लगे, और बादलों के बीच खाली जगह पहुँचने की कोशिश करने लगे। एक चक्कर, दूसरा चक्कर........ जब विमान तीसरी बार चक्कर काटने लगा, तो सूरज की एक किरण पहाड़ और बादलों के बीचोंबीच निकलकर उन तक पहुँची। यह रोशनी की किरण शैन झेंगवैन की आँखों तक पहुँची। उन्होंने अपने सहायक पायलट लिऊ जून के साथ मिलकर अपना इरादा बदला और रोशनी की ओर जाते हुए उस मौके का फायदा उठाना चाहा। वह इस तरह बादलों के बीच से चीरते हुए निकले और माउंट कुनलुन के नजदीक विमान को ले गये।

शाम को 19:00 बजे, ब्लैक हॉक हेलीकाप्टर सुरक्षित काशी उतरा। पीपलस लिबरेशन आर्मी के दक्षिणी शिनजियांग सेनानिवास, बारहवां पी.एल.ऐ. हस्पताल, हथियारबंद पुलिस के शिनजियांग रेजिमेंट के कमांड पोस्ट, हथियारबंद पुलिस सैन्य इकाई और चार सैन्य इकाइयों के चिकित्सा कर्मियों ने पहले से ही एम्बुलेंस तैयार रखी थी, और उसके साथ

ट्रैफिक पर नियंत्रण करने वाले दूसरे वाहन भी तैयार बैठे थे। वह बड़ी उत्सुकता से विमान की प्रतीक्षा कर रहे थे। जब विमान उतरा, दोनों घायल सैनिकों को सुरक्षित बारहवें हस्पताल ले जाया गया। हस्पताल के विशेषज्ञों के निरंतर प्रयास के कारण वह दोनों सैनिक खतरे से बाहर आ पाए।

जू मिंगशिन, मौत के मुँह से निकले हुए एक सैनिक, ने बाद में बताया कि जब सैन्य इकाई ने तमारिस्क बीच में प्रवेश किया, मेरा सर दर्द करने लगा। वह कोई सामान्य सरदर्द नहीं था, काफी तीक्ष्ण दर्द था; मुझे इतनी तकलीफ महसूस हो रही थी कि लग रहा था मेरा सर किसी भी क्षण फट जाएगा। उसने सैन्य डॉक्टर से कई नींद की गोलियाँ मांगी थी, फिर बस वह अपने दांतों को पीसते हुए पूरी मजबूती से दो क्षेत्रों को अलग करने वाले पहाड़ को पार करने लगा। फिर बाद में वह बेहोश हो गया और उसे अपने आस–पास की घटनाओं की कोई खबर नहीं थी। जब वह जागा तो एम्बुलेंस में था; उसने अपने आस–पास लोगों का झुंड अपने–अपने कामों में व्यस्त देखा। ज्यादा देर नहीं हुई, और वह फिर से बेहोश हो गया। जब वह दोबारा जागा, तो काफिला रितु काउंटी पहुँच चुका था। उसने देखा कि एम्बुलेंस में दो और घायल सैनिक थे। उनमें से एक को वह जानता था, उसका नाम माओ लिंबाओ था। दूसरे व्यक्ति को वह नहीं जानता था; बाद में उसे पता चला कि उस व्यक्ति का नाम हांग शुआई था। उन तीनों को इंजेक्शन लगाए गए। हांग शुआई बेहोश ही था।

तीनों को सिंह जलस्रोत के अली सैन्य निवास के हस्पताल में ले जाया गया। पहले दिन वह वार्ड में ही सोए। अगली सुबह हांग शुआई की हालत और बिगड़ने लगी, और उसे दूसरे कमरे ले जाया गया। दोपहर में उन्हें हांग शुआई की मृत्यु की खबर मिली। हांग शुआई की हृदय गति रुक जाने से फेफड़े में खून जमा हो गया, और बाद में वह प्रमस्तिष्क एडिमा बन गया। हस्पताल ने उसकी जान बचाने की पूरी कोशिश की, लेकिन उनके सारे प्रयास विफल हो गये। जू और माओ लिंबाओ की तबियत बिगड़ रही थी। फिर बाद में उन्होंने सुना की उच्च अधिकारियों ने उनकी जान बचाने के लिए ब्लैक हॉक हेलिकॉप्टर भेजा था, पर उन्होंने खुद

बेहोश होने के कारण हेलीकाप्टर को नहीं देखा। उन्हें बिल्कुल पता नहीं, उन्हें कैसे विमान में चढ़ाया गया।

पहाड़ी मैदान में और सैनिकों को भी प्रमस्तिष्क एडिमा होने लगा

चार मई की सुबह दो बजे, अली क्षेत्र के आंतरिक इलाकों में सागा काउंटी से एक जरूरी खबर मिली। गाओ गुओकिंग, आठवीं टुकड़ी के छठे डिवीजन के एक प्राइवेट–सैनिक, को भी ठंड और ऑक्सीजन की कमी से प्रमस्तिष्क एडिमा बन गया। सेना के डॉक्टर उसका तुरंत इलाज कर रहे थे, लेकिन सागा के क्लिनिकों में संसाधनों की कमी की वजह से उच्च अधिकारियों से आपातकालीन मदद मांगी गयी। छठी टुकड़ी के कमांडर ने इस मामले में अपनी राय दी और बाद में भी दोहराया, "जब हम नौंवे दिन येचेंग से रवाना हुए, सड़कें झोंग्बा से गुजरकर निकलती हैं। सैनिक गाओ गुओकिंग बीमार पड़ गया। सुबह यात्रा पर निकलने से पहले हमने सबकी हाजिरी ली और गाओ हमें जमीन पर बेहोश पड़ा मिला। झोंग्बा यहाँ के सभी स्टेशनों में सबसे ज्यादा ऊँचाई पर है; यह समुद्रतल से 5, 300 मीटर की ऊँचाई पर है। यहाँ कोई हस्पताल भी नहीं है। हमसे बिल्कुल रुका नहीं गया, गाओ को एम्बुलेंस में बैठाया गया, वहीं उसकी जान बचाने की भी कोशिश की गयी और साथ ही एम्बुलेंस सागा काउंटी की ओर रवाना हुआ। झोंग्बा और सागा के बीच 170 किलोमीटर की दूरी है। सड़कों की हालत भी खस्ता थी, और काफी खड्डे थे; हमारा वाहन बड़ी धीमी रफ्तार से आगे बढ़ पा रहा था।

"जब हमारे और सागा के बीच सिर्फ बीस किलोमीटर ही रह गये, हम झांग जिजुन के पास दौड़ते हुए गए, जो ल्हासा से मशीनों को लाने वाले संचालन विभाग के मुख्य थे। हमने उन्हें पूरी बात समझाई। वह गाओ गुओकिंग से मिले, एक पल तो रोने लगे, उनके आंसू तेजी से बह रहे थे। उन्होंने हमें चलते रहने को कहा, और गाओ को बचाने के लिए शीघ्र सागा पहुँचने को कहा। जब हम सागा पहुँचे, हम गाओ को तुरंत स्वास्थ्य रक्षा निगम में ले गये। वहाँ गाओ का इलाज नहीं हो पाया, फिर हम उसे काउंटी के हस्पताल में ले गये। एक तिब्बती स्वयंसेवक डॉक्टर ने गाओ

की जांच की, और उन्होंने बताया कि उसकी छाती में तरल पदार्थ जमा होने की वजह से एडीमा बन गया था। हमने तुरंत यह खबर टुकड़ी को दी। गाओ गुओकिंग की हालत काफी नाजुक थी, और उसकी किसी भी क्षण मृत्यु हो सकती थी। तिब्बती डॉक्टर, पाँचवीं सीमा सुरक्षा निगम के डॉक्टरों और साथ ही हमारे सैन्य इकाई के डॉक्टर ने मिलकर उस की जान बचाने की कोशिश की। कई घंटों के प्रयास के बाद गाओ को होश में लाया गया। लेकिन वह फिर से बेहोश हो गया, और फिर शाम को दस बजे ही उठा।

जब वह जागा, वह काफी कमजोर हो चुका था। उसने मेरी ओर देखा, और हांफते हुए कहने लगा, "कमांडर, मुझे किसी को पाँच सौ युआन देने है.......अगर मैं बच न पाऊँ, तो मेरे पैसे आने के बाद उसे अगले महीने दे देना..." जब मैंने यह सुना, मेरे चेहरे से आंसू बहने लगे। मैंने कहा, "बकवास मत करो। तुम बिल्कुल ठीक हो जाओगे। मुख्यालय के कमांडर द्वारा भेजा सहायक दल किसी भी क्षण पहुँचता होगा।" उसने कहा, "शुक्रिया....अगर सब ठीक न हो पाए, तो मेरे माता–पिता को कहना कि वह सैन्य इकाई को और परेशान न करें..." वहाँ खड़ा हर व्यक्ति रो रहा था।

पाँच मई की सुबह 1:30 बजे, एक और सैनिक वांग शिन्जियन बीमार पड़ने लगा। फोन पर मदद की गुहार सुनकर कमांडर वू शुंगझान ने सैन्य इकाई को अपने सारे संसाधनों के साथ मदद के लिए पहुँचने का निर्देश दिया। मोर्चे पर तैनात सैन्य इकाई ने सूचना दी कि सागा की हालत काफी खाराब थी। सारा यातायात ठप पड़ गया था, और उन्हें 980 किलोमीटर चलकर बीमार सैनिकों को इलाज के लिए सिंह जलस्रोत ले जाना होगा, या फिर 460 किलोमीटर दूर शिगात्से की ओर चलना होगा। उसी रात, कमांडर ने एक आपातकालीन बैठक बुलाई। उन्होंने सैनिकों को बचाने की एक योजना बनाई, और निर्देश जारी कियेः हथियारबंद पुलिस के तिब्बती रेजिमेंट को तुरंत इलाज के लिए एक ब्रिगेड तैयार करनी होगी, और शीघ्र मदद के लिए सागा काउंटी पहुँचना होगा। उन्हें वापस आते वक्त तीन महीने के लिए शिनजियांग तिब्बत हाईवे पर सभी तैनात सैनिको की जाँच के लिए भी रुकना होगा।

जब उन्हें मुख्यालय से यह आदेश मिले, तिब्बती रेजिमेंट के छह डॉक्टर एम्बुलेंस में बैठे, उन्होंने एम्बुलेंस में बड़ी मात्रा में दवाइयाँ और अन्य जरूरी उपकरण भी रखे। उसी रात वह हड़बड़ी में निकले और तेजी से अली की ओर चलने लगे। चिकित्सा ब्रिगेड ने दिन–रात यात्रा की, और दुगुनी रफ्तार से चलते हुए नौ सौ किलोमीटर का सफर किया। पाँच मई की दोपहर तीन बजे वह सागा काउंटी पहुँचे। कुछ तीन घंटों बाद उन्होंने गाओ गुओकिंग और वांग शिन्जियन की जान बचाई, जो कई दिनों से मृत्यु और जीवन के बीच झूल रहे थे। उसके बाद चिकित्सा ब्रिगेड पाँचवीं डिवीजन एक और सैनिक शीओं कुंजीयन की जान बचाने गयी, उसे हृदय रोग था। उसके बाद उन्होंने शिनजियांग–तिब्बत हाईवे में तैनात सैनिकों के लिए एक टूरिंग क्लिनिक खोला। दस मई को दूसरे रेजिमेंट के समाचार विभाग के सचिव, वांग होंग्बिन को अली क्षेत्र से फोन आया। कई घायल सैनिकों को जानलेवा खतरे से बचाया गया था, और बाकि सैनिक धीरे–धीरे पहाड़ी मैदानों के वातावरण की आदत डाल रहे थे। सैन्य इकाई ने एक कैंप लगाया, और कुछ देर के आराम और तैयारियों के बाद, उन्होंने फिर अपने आपको शिनजियांग–तिब्बत हाईवे की मरम्मत करने और उसे खुला रखने के मिशन में झोंक दिया।

समुद्रतल से शून्य मीटर की ऊँचाई पर मौत को पार करके 6000 मीटर की ऊँचाई के ध्रुवीय इलाके पहुँचे

हांग शुआई एक साधारण सैनिक था। उसके पिता भी एक सैनिक थे। पच्चीस साल पहले, वह भी अपने बेटे की सैन्य इकाई में ही सक्रीय नौकरी कर रहे थे। हांग के पिता ने आठ सालों में तियांशान के हाईवे टनल बनाए थे, और फिर अपने गाँव के आम जीवन में वापस लौट गये। पच्चीस साल बाद, हांग शुआई ने भी अपने पिता के पदचिन्हों पर चलने का फैसला किया, कुनलुन पर्वत की चढ़ाई की, और अनजान अली क्षेत्र में प्रवेश किया। लेकिन उसे गये हुए ज्यादा देर नहीं हुई थी, वह अली के पहाड़ी मैदानों में ऐसा गिरा कि दोबारा कभी उठ ना पाया।

जब उसके पिता एक बार फिर उसे देखने पहाड़ी मैदानों में आए, उनका बेटा पहले ही येचेंग के शहीदों के कब्रिस्तान में एक शहीद स्मारक बन गया था। हांग शुआई की सैन्य इकाई शुरुआत में दलिआन में तैनात थी, जो समुद्र किनारे है, शिनजियांग नहीं। वहाँ समुद्रतल से ऊँचाई शून्य होती है। जब शिनजियांग–तिब्बत हाईवे के निर्माण सैन्य इकाई के गठन की खबर फैली, हांग शुआई तुरंत अली में तैनाती के लिए सैन्य इकाइयों के दफ्तर गया। उसकी इच्छा पूरी की गयी, और उसे आठवीं टुकड़ी के एक डिवीजन में वाहन स्क्वाड्रन के ट्रक ड्राईवर की जगह दी। कुछ समय बाद, उसे स्क्वाड्रन लीडर भी बनाया गया। साल के अंत तक सैन्य इकाई ने हांग शुआई के घर जाकर अपने परिवार से मिलने का प्रबंध किया। वहाँ हांग शुआई ने अपने लम्बे समय से मंगेतर रही याओ युन से शादी कर ली। उसके रिश्तेदार जानते थे कि वह अली जाएगा, और इस वजह से वह काफी चिंतित थे। उसकी नयी पत्नी भी घबराई हुई थी। हर बार उसने इस बारें में पूछा, हांग शुआई ने उसे बहकाते हुए कहा, "वह बहुत खूबसूरत इलाका है वहाँ घास है, फूल हैं, भेड़ें हैं। वह जगह किसी स्वर्ग की तरह है!" असल में, हांग शुआई को भी अच्छी तरह पता था कि अली क्षेत्र कैसा था। सैन्य इकाई ने छह महीने पहले से ही ऊँचाई की बीमारी को ध्यान रखते हुए अली की परिस्थितियों के अनुकूल होने के लिए अभ्यास शुरू कर दिया था।

पच्चीस अप्रैल को हांग शुआई वाहनों की दूसरी टोली के साथ पहाड़ों पर गया। जब वाहन सैन्य निगम पहुँचे, उसे ऊँचाई की बीमारी के लक्षण महसूस होने लगे: जी मचलना; सरदर्द, और आंतें सिकुड़ना। उसने चिकित्सा कर्मियों से कई दवाइयाँ ली, और अपनी यात्रा जारी रखी। जब वह तमारिस्क स्टेशन पहुँचे, हांग की बीमारी और बिगड़ने लगी। लेकिन वह पूरी सैन्य इकाई की यात्रा में अकेले अपनी वजह से दखल देना नहीं चाहता था, इसलिए उसने अपनी बीमारी के बारे में किसी को भी नहीं बताया। शाम को उसके साथियों ने ध्यान दिया कि वह न ठीक से खा रहा था, ना ही पानी पी रहा था, और उन्होंने डिवीजन को यह सूचना दी। सैन्य डॉक्टर चौन पैंग ने तुरंत हांग को कृत्रिम ऑक्सीजन, इंजेक्शन और

दवाइयाँ दी। अगली सुबह हांग की हालत काफी सुधरी, और उसने आपके आप को फिर ड्राईवर की सीट में बैठने के लिए विवश किया।

हलांकि तमारिस्क बीच से दुओमा स्टेशन का रास्ता सिर्फ 360 किलोमीटर का था, लेकिन फिर भी यह यात्रा दर्जनों घंटों की थी। जब वह सुबह तमारिस्क बीच स्टेशन से प्रस्थान करने लगे, मौसम ठीक था। लेकिन जब वह समुद्रतल से 6, 700 मीटर की ऊँचाई पर दो इलाकों को अलग करने वाले पहाड़ पहुँचे, आसमान से बर्फ गिरना शुरू हो गयी। और पलक झपकते ही उस बर्फीले तूफान में सारी सड़क ढक गयी। जमीन और आसमान सफेद धुंध से ढक गये, और तापमान घटकर शून्य से बीस डिग्री कम तक पहुँच गया। उस समय, सैनिकों में सरदर्द, उल्टियाँ, जी मचलना और दूसरे ऊँचाई की बीमारी के लक्षण दिखने लगे। कुछ सैनिकों ने थैलों की पेटी से सर बांध लिया, ताकि दर्द थोड़ा कम हो। हांग शुआई हाव–भाव से बहुत गंभीर लग रहे थे, लेकिन फिर भी उन्होंने यात्रा जारी रखने के लिए खुद को मजबूर किया।

शाम को सैन्य इकाई दुओमा स्टेशन पहुँची। जब सबने खाना खा लिया, उनके साथ के डॉक्टर ने सभी सैनिकों की स्वास्थ्य जांच की और पाया कि हांग शिआओ और अन्य दो सैनिक, माओ लिंबाओ और जू मिंगशिन को तेज बुखार था। उनका तुरंत इलाज शुरू किया गया। अगले दिन, हांग शाओ और अन्य दो सैनिकों की हालत और बिगड़ने लगी। टुकड़ी के महासचिव जू कोंग ने डॉक्टर को पूरी कोशिश करके बीमार सैनिकों की जान बचाने को कहा और पूरी यात्रा का संचालन कर रहे कमांडर झू को रिपोर्ट भेजी। कमांडर झू ने उन तीनों सैनिक को अली के सैन्य–हस्पताल ले जाने के लिए एक तीव्रगति का वाहन भेजने का निर्णय लिया। उन्होंने मुख्यालय फोन किया और वायु माध्यम से सहायता का निवेदन किया।

जब तीनों सैनिक अली के सैन्य हस्पताल पहुँचे, डॉक्टर ने देखा कि हांग की हालत बहुत नाजुक थी। उसके फेफड़ों में ऐडीमा बन गया था। हांग शुआई हांफते हुए बोला, "नए सैनिकों को पहले बचाओ। मैं ठीक हूँ–

मैं बच जाऊँगा....." तेरह अप्रैल की दोपहर बारह बजे, हांग शुआई की जान बचने के सारे प्रयास असफल हो गये, और उसने अपनी आखिरी सांसें ली। कमांडर झू, जो पहाड़ी मैदान में इतने चिंतित थे कि कई दिनों से सो नहीं पाए थे, जब उन्हें हांग शुआई के मरने की खबर मिली, वह रोने लगे। उन्होंने यह दुखभरी खबर निदेशक शी झाओकिन और मुख्यालय के महासचिव लूऊ लिन्युआन को सुनाई। "मैं सैनिक की जान नहीं बचा पाया। मुझपर सभी सैनिकों की जिम्मेदारी है और अब मैं पार्टी की हर आलोचना का सामना करने को तैयार हूँ।"

जब हांग शुआई ने अपनी जान गंवाई, मेजर जनरल शी झाओकिन तिब्बत के एक दूसरे युद्ध–क्षेत्र में थे, और सिचुआन–तिब्बत हाईवे में सैन्य इकाई के चल रहे काम की देखरेख कर रहे थे। जब उन्हें यह खबर मिली, तो आयरन जनरल भी रोने लगे। सचिव माओ गुआंगचेंग के अनुसार, जो उनके साथ थे, वह हांग शुआई के मरने पर तीन बार रोए। हांग शुआई के पार्थिव शारीर को पहाड़ों से नीचे ले जाने वाले लोग थे– पहली डिवीजन के उप–कमांडर लिऊ वांघुआ और चौथे स्क्वाड्रन के लीडर लिऊ जुजुन। दोनों लिऊ जुजुन और हांग शुआई एक ही साल सेना में शामिल हुए थे। लिऊ जुजुन ने बाद में बताया कि वह पहाड़ों से धीरे–धीरे नीचे उतर रहे थे, वह हांग के शव को क्रोधित नहीं करना चाहते थे। मई की दोपहर में पहाड़ी मैदानों में काफी गर्मी थी। उन्हें डर था कि लाश कहीं इतनी गर्मी में सड़ न जाए, इसलिए उन्होंने तालाब किनारे काफी बर्फ खोदी थी, और उसे हांग के पार्थिव शारीर के आस–पास रख दिया था। हांग को शिनजियांग–तिब्बत हाईवे के आरम्भ में ही दफना दिया गया दक्षिणी शिनजियांग के येचेंग के शहीदों के कब्रिस्तानों में। इस तरह अली के पहाड़ी मैदानों ने हांग के जवान शरीर को अपनाया। एक हफ्ते बाद हांग शुआई के माता–पिता जियांग्सु के हुआइ–अन से अली हड़बड़ी में पहुँचे। वह दोनों अपने बेटे की कब्र के सामने खड़े हो गये, माँ से अपना दुःख संभाला न गया। लेकिन उसके पिता शांत होकर खड़े रहे। बूढ़े पिता, जिन्होंने पहाड़ी मैदान के तियांशन हाईवे के निर्माण में अपना योगदान दिया था, वह जानते थे कि सैनिक होना क्या होता है, और

पहाड़ी मैदानों में जीवन कैसा होता है। उनके पीछे हांग शुआई की जवान पत्नी याओ यून खड़ी थी।

याओ युन भाग्यशाली थी। उनका हनीमून अभी खत्म ही हुआ था, और उसने पाया कि वह गर्भवती थी। लेकिन वह बहुत अभागी भी थी कि विवाह के तीन महीने बाद ही उसके पति की मृत्यु हो गयी। वह इतनी खुशी और दुःख के मौके को एक साथ कैसे बर्दाश्त कर सकती थी? उसका और उसके पति का साथ इतने कम समय का था। याओ हांग के कब्र के सामने घुटनों के बल से बैठ गयी और बड़ी कर्कश आवाज में रोते हुए कहने लगी, "हांग, तुम चले गये। तुम्हारे बिना मैं और हमारा बच्चा क्या करेंगे..."

भाग – 3

स्वर्ग के बीच से गुजरना

ऐसी जगहों को पार करने के लिए चाहिए कि आप ऊपर देखें और रेंगते हुए आगे बढ़े।

पहली जून 2004 में, मैं अकेले अपनी पीठ पर बैग लटकाए बीजिंग से निकल गया। मैं हवाई यात्रा करके शिनजियांग के उरुमकी पहुँचा, और फिर विमान बदला और कशी की ओर चल पड़ा। फिर मैंने एक वाहन की सवारी की, और कुनलुन पर्वत के पास येचेंग में पहुँचा। येचेंग शिनजियांग–तिब्बत हाईवे के शुरुआत में पड़ता है। मैं वहाँ से निकलकर केसी पर्वत, कुनलुन, गंगदेसे पर्वत, हिमालय और समुद्रतल से काफी ऊँचाई पर अन्य पहाड़ों की श्रृंखलाओं को पार करना चाहता था; उसके बाद अनजान अली क्षेत्र, दलदली जगहों, भूस्खलन–ग्रस्त जगहों, हिमस्खलन–ग्रस्त इलाकों और कई दर्जनों इलाकों को पार करने की योजना बना रहा था; तब तक, मैं पूरे शिनजियांग–तिब्बत हाईवे और सिचुआन–तिब्बत हाईवे को पार कर चुका हूँगा। इसको ऐसे कहूँ तो मैं पूरे तिब्बत की पश्चिम से पूर्व तक की यात्रा करना चाहता था, और अपने जीवन की सबसे कठिन यात्रा करने जा रहा था।

मेरे प्रस्थान करने से पहले, मेरे कुछ दोस्तों ने मुझसे सिचुआन–तिब्बत के बराबर में चेंगडु से सिचुआन जाने वाला रास्ता पकड़ने का सुझाव दिया। जब ल्हासा पहुँचा, उन्होंने सुझाव दिया, कि मुझे शिनजियांग–तिब्बत हाईवे में प्रवेश करना चाहिए, जोकि एक बहुत खतरनाक और जानलेवा सड़क थी। उस रास्ते में, ऊँचाई कई चरणों में बढ़ती है, और मेरे शरीर को अनुकूल होने का कम समय मिलता, और सड़कें तो काफी मुश्किल ही थी। लेकिन मैं उनका सुझाव नहीं मानना चाहता था, मैं दूसरा रास्ता चुनना चाहता था, जहाँ यात्रा शुरुआत में तो कठिन थी, लेकिन बाद में लाभदायक थी। मैं सब सुझावों के विपरीत चला। इस तरह मेरी यात्रा और भी ज्यादा चुनौतीपूर्ण और कठिन हो गयी।

मैं तिब्बत पहली बार 1984 गया था, और उसके बाद से लगभग हरसाल मेरा तिब्बत का एक चक्र लगा। कुछ साल, तो मैं कई बार तिब्बत

गया। अब मैं इस बारे में सोचता हूँ, मैं बीस सालों में तीस बार तिब्बत गया, और अकेले सिचुआन–तिब्बत हाईवे दस या उससे ज्यादा बारी गया। अब मैं इसके रहस्मयी घूंघट को उठाने के लिए मजबूर था।

मेरे बैग में मेरे स्वेटर के अलावा, मेरी ऊनी पतलून थी, कुछ दूसरे कपड़े थे, एक सेना की दी हुई केतली थी, एक खाली नोटपैड था, पाँच बॉल पेन थे, और एक तिब्बत की यात्रा के लिए नक्शा था। मुझे यह नक्शा बीस साल पहले तिब्बती परिवहन विभाग ने दिया था। मैंने इसे अब तक बचाए रखा था, हमेशा तिब्बत की यात्रा में साथ लेकर जाता था। मेरे बैग में कुछ सर्दी की दवाइयाँ भी थी। तिब्बत की यात्राओं में मेरा स्वास्थ्य हमेशा ठीक ही रहा, और मुझे कुछ खास तकलीफ नहीं हुई– लेकिन फिर भी मैं हमेशा सर्दी लगने के डर से कुछ दवाईयाँ साथ ही रखता था। अगर समुद्रतल से ज्यादा ऊँचाई की जगहों पर जुकाम हो जाए, तो ठीक होना काफी मुश्किल हो जाता है। और सिर्फ जुकाम होने से ही एडीमा, फेफड़ों की बीमारियाँ और पहाड़ी मैदानों की कई बीमारियाँ हो सकती थी। यहाँ सिर्फ जुकाम होने से आपका जीवन काफी खतरे में पड़ सकता है। तकरीबन दस साल पहले, मुझे सिचुआन–तिब्बत हाईवे में जुकाम हुआ था, और महीने के उपचार के बाद भी कुछ खास फर्क नहीं पड़ा था। मैं लगातार दो महीनों तक खांसता रहा। उसके बाद से, यह बीमारी मेरी साथी ही बन गयी। अब कई सालों बाद, मैं पहाड़ी मैदान में हूँ या आंतरिक इलाकों में, अगर मुझे जुकाम हो जाए, तो महीनों चलता था। इस वजह से अब मैं दूसरी दवाइयाँ भी रखता हूँ, लेकिन मैं जुकाम की दवाई तो ध्यान से लेकर चलता हूँ।

यात्रा पर निकलने से पहले मैंने आखिरी चीज की कि मैं दफ्तर से सारी जरूरत की चीजें भरकर बैग घर ले गया। फिर मैं जीवनबीमा के दफ्तर गया और वहाँ से पाँच व्यक्तिगत दुर्घटना बीमा पालिसियाँ खरीदी, और लिफाफे में भरकर अपनी पत्नी को दे दिया। मेरी पत्नी ने मुझसे पूछा कि लिफाफे में क्या था, और मैंने उसे बताया, "कुछ भी नहीं, तुम चिंता मत करो।" मेरे तिब्बत की कई यात्राओं के दौरा, यहाँ के जीवन के संघर्षों और मृत्यु के भय ने मुझपर गहरा प्रभाव डाला था। तिब्बत में कुछ भी हो

सकता था। अगर सड़कों में कुछ भी अनपेक्षित घटित हो जाए, तो वह पाँच जीवन बीमाएँ मेरी पत्नी और बच्चों को उनके जीवन में बहुत काम आएंगे। अपने कर्तव्यों के साथ–साथ मुझ पर मेरे परिवार की भी जिम्मेदारियाँ थी। मैं एक अच्छा सैनिक बनना चाहता था, पर मैं एक अच्छा पिता और अच्छा पति भी बनना चाहता था। इस तरह, मैं यात्रा में अकेले निकल पड़ा।

अध्याय – 1

"शून्य किलोमीटर" पर ध्यान लगाना

विमान ने उरुमकी से उड़ान भरी, और तियान के चमकदार बर्फीले पहाड़ों के ऊपर से गुजरा। हम दक्षिण–पश्चिम दिशा में तालीमु घाटी के ऊपर उड़े। केबिन की खिड़की के शीशों से नीचे देखने लगा, तो मुझे तकेलामगन का दूर तक फैला रेगिस्तान दिखा। एक घंटे बाद, विमान काशी उतरा, जहाँ तियान पहाड़ और कुनलुन पर्वत मिलते हैं।

अगले दिन मैंने दक्षिणनपूर्व की ओर जाने वाली बस ली। दोपहर में येचेंग पहुँचा, जोकि शिनजियांग–तिब्बत हाईवे के "शून्य किलोमीटर" हिस्से का आरम्भ स्थल था। वहाँ हथियारबंद पुलिस परिवहन डिवीजन की आठवीं टुकड़ी का बेस कैंप था। मैं बड़ी प्रसन्नतापूर्वक बसे कैंप पहुँचा, लेकिन मेरे साथियों ने मुझे एक दुखभरी खबर सुनाई। कुछ दिन पहले, वहाँ कुडी दबान में एक भूस्खलन हुआ था, और सड़कें बंद पड़ गयी थी। उनका अंदाजा था कि यातायात के लिए सड़कों को खुलने में अभी एक हफ्ता और था। अली क्षेत्र में प्रवेश के लिए पहला मुख्य द्वार बंद कर दिया गया था। मैंने अब तक अली में कदम नहीं रखा था, और हमारे पहले आमने–सामने में ही ही मुझे जोर का झटका लगा। "शून्य किलोमीटर" स्थान में खड़े होकर अली की ओर जाने वाली सड़कों पर लगे मार्ग–चिन्हों को देखकर मैं जान गया था कि अली प्रदेश अभी दूर था। लेकिन मुझे नहीं पता था कि आगे का रास्ता कैसा होगा। मैं इस लम्बी–दूरी की यात्रा

को लेकर उत्साहित भी था और साथ ही आगे की सड़कों को लेकर घबराहट भी थी।

वीर सैनिक पहाड़ों से नीचे वाहन को ले गये

जियान बायी आठवीं टुकड़ी का पहला व्यक्ति था, जिससे मैं मिला। वह टुकड़ी का चीफ अकाउंटेंट था, और वहाँ उम्र में सबसे बड़ा सैनिक भी था। उसे येचेंग के निर्माण–कार्यों का भार सौंपा गया था। मुझे समझ नहीं आ रहा था कि मैं क्या कहके बुलाऊं, वह कोई बसे कैंप का निदेशक नहीं था। मैंने उसे "बूढ़े जियान" कहकर बुलाया। मैं इससे पहले बूढ़े जियान से कभी नहीं मिला था, लेकिन मैंने उसका फोन पर इंटरव्यू लिया था। लोग कहते थे कि उसे बेस कैंप में रहने और सारे कामों की जिम्मेदारी दो कारणों के चलते दी गयीः पहला, वह अपने काम को लेकर काफी समर्पित था, और समायोजन करने में भी कुशल था; दूसरा, उसने पहाड़ी मैदान में काफी सारा समय बिताया था, और उसे कई बीमारियाँ भी थी। वह अली क्षेत्र में निर्माण–कार्य करने के सक्षम नहीं था।

बूढ़ा जियान शांक्षी से था, मैंने उस क्षेत्र के किसी भी सैनिक से कभी लापरवाही वाला काम नहीं देखा था, उसके विपरीत, वह काफी समझदार और सुलझा हुआ लग रहा था। लेकिन इतने सुलझे हुए और सभ्य इंसान ने सेना की सेवा करते हुए अठाईस सालों तक कई मुश्किल चुनौतियों का सामना किया। उसने सबसे पहले तियान पहाड़ में सात साल काम किया, और फिर सात साल और तैहांग पहाड़ में गुजारे। वह 1991 में कुनलुन पर्वत लौटा, तबसे यहीं काम कर रहा था। अठाईस सालों में उसने छोटे–बड़े हाईवे की कई सड़कों की मरम्मत की।

उसे अपने तियांग पहाड़ पर बने हाईवे के निर्माण में भाग लेने पर गर्व था। उस साल "तियान पहाड़ को पार करना" फिल्म आई थी, जो बाद में काफी प्रसिद्ध हुई, और वह फिल्म उसकी सैन्य इकाई की उपलब्धि पर ही आधारित थी।

फिल्म का नायक, याओ हुन्चेंग, पहले सेनानिवास का सहायक कमांडर था लेकिन तीसरे सेनानिवास में काम कर रहा था। याओ अभी बीजिंग से

लौटा ही था, जहाँ उसने कांग्रेस समिति में भाग लिया। जियान ने बाद में उसकी उपलब्धियों की याओ हुचेंग की रिपोर्ट सुनी।

मैं हमेशा बूढ़े जियांग के विचित्र नाम को लेकर काफी जिज्ञासु था; मुझे नहीं पता था कि उसने ऐसा नाम क्यों चुना। मैंने उससे कई बार पूछना चाहा, लेकिन हिम्मत नहीं हुई, और जब यह बात उठी, तो मैंने पूछा, "क्या तुम्हारे नाम का अगस्त के सैन्य स्थापना पर्व से लेना–देना है?"

बूढ़ा जियान हंसने लगा, "मुझसे कई लोग यह सवाल पूछते हैं, पर सच बताऊँ तो मेरे नाम का सैन्य स्थापना पर्व से कोई लेना देना नहीं है। मेरा जन्म उस दिन नहीं हुआ था। मेरे माता–पिता भी सैनिक नहीं थे। मुझे नहीं पता उन्होंने यह नाम क्यूँ रखा। पर असल में, मैंने अपने जीवन के दौरान इस सैन्य इकाई के साथ एक बड़ा ही संवेदनशील रिश्ता बना लिया है।" येचेंग के बेस कैंप में एक खेतीबाड़ी का सैन्य डिवीजन भी था। वह 530 मू के क्षेत्र में काम करते थे, और तरबूज, मक्का और कुछ अन्य फल–सब्जियाँ उगाते थे। ज्यादातर क्षारीय भूमि के कारण शुरुआत में फसल उत्पादन इतनी लाभदायक नहीं थी। खेतीबाड़ी के डिवीजन का कोई भी सैनिक शारीरिक रूप से अली क्षेत्र के अनुकूल नहीं हो पाया था, और इस कारण उनका तबादला करके उन्हें पहाड़ों के नीचे ही भेज दिया।

जब मैंने खेतीबाड़ी डिवीजन के कुछ सैनिकों का इंटरव्यू लिया, मैंने ध्यान दिया कि सैनिकों का आत्मविश्वास काफी कम था। मुझे कुछ प्रश्न ही लगे जानने में कि उनमें से कोई भी पहाड़ के नीचे जाना नहीं चाहता था; उन्हें लगा कि सैनिकों का खेत में रुकना उनका हौसला तोड़ सकता था, और वह अपने आप में हीन भावना महसूस करते। सैनिक शियाओ हुनान के युएयांग का था। वह मूल रूप से पहली डिवीजन का था। पिछले साल बांगोंग झील में उसका काम काफी अच्छा रहा था, इस साल पहाड़ में आने से पहले उसका एक शारीरिक परीक्षण हुआ, और डिवीजन कमांडर ने उसे शारीरिक रूप से अली क्षेत्र जाने के अयोग्य बताया। शियाओ बिल्कुल समझ नहीं पाया कि ऐसा कैसे हुआ। उसका स्वास्थ्य बिल्कुल ठीक ही लग रहा था, फिर उसे अयोग्य क्यूँ बताया गया? असल

में, वह नहीं जानता था कि पहाड़ों में कई ऐसी बीमारियाँ लग जाती हैं, जिनका असर तुरंत दिखाई नहीं देता; लेकिन जब आपको पता चलता है, तो काफी देर हो जाती है।

वांग शिनजियान भी मूल रूप से झोंग्बा की डिवीजन का था। सेना में भर्ती होने के एक महीने बाद ही, मई 2002 में वह और उसके साथी शियाओ कुन और गाओ गुओकिंग एक के बाद एक बीमार पड़ गये। उसके पेट में फोड़ा निकला, शियाओ कुन को हृदयरोग था, और गाओ गुओकिंग को फेफड़ों में एडीमा था। सैन्य इकाई ने तीनों को एक हफ्ते के लिए इलाज के लिए ल्हासा भेजा, उसके बाद उनका स्वास्थ्य थोड़ा सुधरा। पिछले साल शियाओ और गाओ अपने–अपने गाँव लौट गये, क्यूँकि वह पहाड़ी मैदान में और नहीं रुक सकते थे; वांग खेतीबाड़ी डिवीजन में चला गया, जहाँ वह फिर से स्वस्थ्य होने की कोशिश कर रहा था, ताकि अली क्षेत्र जा सके।

सैनिक होऊ देशान को पिछले साल जुकाम हो गया, और उसे सूखी खांसी भी थी। कई महीनों बाद भी उसकी खांसी ठीक नहीं हुई, और फेफड़ों की बीमारी में बदल गयी। डिवीजन ने उसे पहाड़ के नीचे भेज दिया। कुछ दिनों बाद वह वापस आया, और फिर से उसकी खांसी शुरू हो गयी। वह फिर से नीचे जाने को मजबूर था। होऊ ने मुझे बताया कि वह बहुत डर गया था, जब वह पहाड़ पर बीमार पड़ गया; जब वह निर्माण–स्थल में थे, उनका एक साथी बेहोश हो गया। जांच करने पर पता चला कि उसे एडीमा था। उस रात उसे शिगत्से ले जाया गया, जहाँ उसकी जान बचाई गयी। होऊ, लेकिन, अली में ही रुकना चाहता था। वह बोलता था कि वह जब तक अली में रहेगा, वह सेना में अपने योगदान के सपने को पूरा करेगा। लेकिन इसके विपरीत, उसका जूनून उसके स्वास्थ्य के आगे हार गया।

सैनिक ली चुनले का पहाड़ के नीचे आने का बड़ा ही साधारण कारण था। वह जब ऊपर आया था उसका वजन ठीक था, लेकिन धीरे–धीरे उसका वजन गिरने लगा। सिर्फ एक साल में ही उसका वजन दस किलो घट गया। उसकी बीमारी का पता नहीं चल रहा था, पर डिवीजन के सभी

अफसर परेशान थे और उसे नीचे जाने को कहने लगे। खेतीबाड़ी डिवीजन का कमांडर लियांग शुएली असल में सैन्य–गोदाम डिवीजन का कमांडर था, पर पिछले साल ही उसका तबादला किया गया। इसका कारण भी था उसका खराब स्वास्थ्य। पिछले दो सालों के दौरान लियांग शुएली ने अली जाने वाले काफिले की अगुवाई पन्द्रह बार की, जो पृथ्वी के डेढ़ बार चक्र लगाने जैसा था।

डिवीजन कमांडर झांग जियांगताओ को कोई स्वास्थ्य की समस्या नहीं थी, और नहीं जानता था कि उसे पहाड़ के नीचे क्यूँ भेजा गया। शायद खेतीबाड़ी डिवीजन को एक डिवीजन कमांडर चाहिए था, झांग को ऐसा ही लगा। उसके सेना में शामिल होने और सैनिक बनने की कहानी काफी दिलचस्प थी। उनका परिवार शिन्युआन काउंटी के नालाती कसबे में रहता था, जो तियान पहाड़ों की काफी गहराइयों में था। तियान पहाड़ का हाईवे उसके घर के सामने से गुजरता था। उसने बचपन में अपने घर के दरवाजे से सैन्य इकाई को हाईवे का निर्माण करते हुए देखा था। वह सैनिकों को पूजता था, खासकर सड़क निर्माण में लगे सैनिकों को, और इसलिए जब वह बड़ा हुआ, तो खुद भी एक सैनिक बना, और उसी सड़क–निर्माण सैन्य इकाई में शामिल हुआ।

तुम सड़क के इस छोर में खड़े हुए हो, और मैं दूसरे में

सैन्य इकाई ने जिस सैनिक को मिलने भेजा, वह शिन झिवेई था। वह राजनितिक विभाग में प्रचार सचिव था, और वहाँ मुझसे एक दिन पहले ही पहुँचा था। वह और उसका ड्राईवर अली से आये थे, और तीन दिन का सफर करके येचेंग पहुँचे थे। यह यात्रा आमतौर पर दो दिनों की ही होती थी, लेकिन कुडी दबान में हुए भूस्खलन के कारण उनके लगभग दस घंटें बर्बाद हो गए। जब वह कुडी दबान से निकले, वहाँ एक और भी ज्यादा बड़ा भूस्खलन हुआ, और सड़कों में यातायात पूरी तरह से ठप्प हो गया। अगर मैं एक या दो दिन पहले येचेंग पहुँचता, तो शायद कुडी दबान पार करके अली की और जाती सड़क में पहुँच जाता। इस तरह मुझे विशाल और निर्दयी कुनलुन पर्वत को भी पार नहीं करना पड़ता, जिसने मुझे रोक

के रखा था और येचेंग में हफ्ते के लिए रुकने को मजबूर कर दिया। लेकिन, टुकड़ी के बेस कैंप में मुझे इस घटना के कारण हुई कई दिल को छूने वाली कहानियाँ पता चली।

मैं नहीं जानता था कि इस स्थिति में मैं दुखी होता या प्रसन्न। मैं शिन झिवेई से कई साल पहले मिला था। 2002 में, मुख्यालय ने बीजिंग की समाचार प्रेस के कई मुख्य सदस्यों को ट्रेनिंग में डाल दिया। मैं उनकी क्लास का निदेशक था, और वह मेरा एक विद्यार्थी था। उस समय वह मुझे स्वास्थ्य से काफी जवान लगे, और ज्यादातर चुप–चाप ही रहते थे। कई बार बोलने के बजाय वह हंस कर टाल देते थे। लेकिन मैंने जब उन्हें इस बार देखा, तो उन्होंने मुझे काफी डरा दिया; जैसे वह कोई शिन झिवेई के भेष में दूसरा व्यक्ति हो। जब मैंने उन्हें बताया कि वह काफी बदल चुके थे, तो मेरा मतलब नहीं था कि उनका चरित्र बदल गया। उनका चरित्र वैसा ही था; वही मौन किरदार जो कुछ बोलने से पहले ही हंसने लगता था। लेकिन उनकी छवि इतनी बदल गयी थी कि मुझे वह पहचान में ही नहीं आए।

वह बहुत ज्यादा सांवले और कमजोर हो गए थे; उन्हें हड्डियों का ढांचा कहना भी अतिश्योक्ति नहीं होगी। मैंने उनसे पूछा कि उनका इतना वजन कैसे कम हो गया। उन्होंने बताया कि 2001 में जबसे वह अली के पहाड़ी मैदान में आए थे, उनका वजन कम होना शुरू हो गया था। पहले साल उनका बारह किलो वजन कम हुआ। अब वह सिर्फ सैंतालीस किलो के थे। उनकी बातें सुनकर मैं बहुत आश्चर्यचकित हुआ, और मेरा मन उदासी से भरने लगा। कोई भी, जब किसी 1.8 मीटर लंबे और सिर्फ सैंतालीस किलो के इंसान को देखेगा, तो चौंकेगा ही और दुखी होगा।

शिन झिवेई ने मुझे बताया कि उन्हें पहाड़ से नीचे उतारकर मुझसे मिलने की अनुमति नहीं मिली थी क्यूँकि ली शिया, राजनितिक विभाग के निदेशक, उनकी देखभाल करना चाहते थे; उनकी पत्नी ली ले येचेंग के बसे कैंप में थी। ली ले बसे कैंप में अकाउंटेंट थी, और मैं उन्हें यहाँ पहुँचने के अगले ही दिन मिला था। वह एक पुलिस अफसर थी, शिनजियांग की एक खूबसूरत महिला थी। जैसे ही मैं शिन से मिलने जा रहा था, ली ले

मेरे पास चलकर आई और मुझे थल सेना के अठारहवें हस्पताल में शारीरिक परीक्षण के लिए जाने को कहा। मैंने उनसे कहा कि मैं बिल्कुल स्वस्थ था, और मुझे आराम की कोई जरूरत नहीं थी। ली ले ने बताया कि पहाड़ में चढ़ने वाले सभी सैनिकों को यह टेस्ट देना होगा; यह एक नियम था। मुझे अगली सुबह हस्पताल पहुँचने का आश्वासन देना पड़ा। फिर हम तीन वहाँ बात करने बैठ गए। मैंने ली ले से पूछा, "क्या आप शिनजियांग के हो? ली ले ने हंसकर कहा, "नहीं, पर मैं शिनजियांग में पली बड़ी हुई हूँ।"

ली ले ने मुझे बताया कि उनके पिता हथियारबंद पुलिस परिवहन सैन्य इकाई के एक सैनिक थे, और उसके बाद उन्होंने अपना व्यवसाय बदला और आंतरिक इलाके में चले गए। वह हेनान प्रांत की गुशु काउंटी की कर्मचारियों के संगठन के उप–अध्यक्ष बन गए। अब वह शिनजियांग में थी और उसका छोटा भाई कहीं और अपनी पढ़ाई कर रहा था; उनका परिवार अपने दो सदस्यों से बिछड़ गया था। उनके पिता का नाम ला लानशिन था। वह 1974 में सेना में शामिल हुए और उन्होंने झोंगबा हाईवे और तियांशान हाईवे के निर्माण में अपना योगदान दिया। उन्होंने कराकोरम पहाड़ में कई साल गुजारे। ली ले की माता शिनजियांग तब आई, जब ली ले का जन्म होना था। ली अपनी माँ के पेट में थी, और इस तरह वह भी शिनजियांग अपनी माँ के साथ पहली बार आई। जब वह आठ साल की हुई, वह और उसकी माता सेना के साथ काशी गये, जो येचेंग से ज्यादा दूर नहीं है, और उसके बाद से ही वह काराकोरम पहाड़ में रह रहे थे।

मैंने ली और उसके पति से पूछा कि वह दोनों कैसे मिले, और कौन किसके पीछे पड़ा था। ली ले शर्माते हुए हंसने लगी, और शिन झिवेई की ओर देखने लगी। शिन ने भी हँसते हुए कहा, "बिल्कुल, मैं ही इनके पीछे पड़ा था। उन दिनों बहुत सारे लड़कें ली ले के पीछे पड़े थे, पर मैंने सबको हरा दिया।" मैंने शिन झिवेई से पूछा, "तुमने ऐसा कैसे किया?"

इससे पहले शिन कुछ भी बोल पाता, ली ले ने बीच में कहा, "यह बहुत बुरा इंसान है; यह जब मेरे पास आता था, इसने कभी मुझसे खुलकर कुछ नहीं कहा। यह बाकी लोगों से हटकर सिर्फ मुस्कुराता ही रहता था।

लंबे समय के दौरान, मुझे लगता है इनका सीधापन, इनकी ईमानदारी, और इनकी मुस्कराहट ही मेरे दिल को छू गयी।" उसने अपनी बात जारी रखी, "हम जुलाई के महीने में एक–दूसरे से प्रेम करने लगे थे और यह आनेवाली नवम्बर को अग्रिम सैन्य इकाई के साथ अली क्षेत्र जाना चाहता था। अगली बार जब मैं इनसे मिली, अगले साल की जून का वक्त था। छह महीनों में हम–दोनों ने मोबाइल फोन पर बात की, और हमारा बिल 14, 000 पहुँच गया था। जब हम रास्ते पर थे, इन्होने मुझे एक अंगूठी दी, और कहीं भी टेलीफोन मिलने पर मुझे अपना हालचाल बताते रहने का भरोसा दिया। जब वह अनजान अली क्षेत्र चले गये, कई दिन बीत जाते थे और हमारी बात नहीं हो पाती थी, मैं बहुत परेशान हो जाती थी। सारी रात सो नहीं पाती और दिनभर इधर–उधर उत्सुकता में घूमती रहती।"

शिन झिवेई भी बीच में कहने लगे, "अली क्षेत्र जाने वाले अग्रिम सैन्य इकाई में राजनीतिक विभाग का अकेला सदस्य होने के कारण, मेरा मुख्य काम था कैमरे से यात्रा का विडियो बनाना; मैंने पूरे रास्ते के दौरान कई इलाकों के दृश्यों और अग्रिम सैन्यदल के लगातार आगे बढ़ने का विडियो बनाया। मुझे हर दिन टुकड़ी के मुख्यालय रिपोर्ट भेजनी होती थी। एक और चीज मुझे करनी पड़ती थी– रोज ली ले को अपनी रिपोर्ट भेजना; जब हम बिछड़े थे, तो इस बात को लेकर हम दोनों ने सहमति जताई थी। अनजान अली क्षेत्र में रास्ता बहुत ही खराब था; कई जगह तो कोई टेलीफोन नहीं था, और मेरे लिए रास्ते में हर रोज फोन करना मुश्किल था। एक बार, घंटों के प्रयास के बाद मुझे सड़क किनारे एक छोटी दुकान में टेलीफोन मिला। पर मैं कुछ शब्द ही बोल पाया था, और फोन कट गया। उसके बाद मैंने कॉल लगाने की और भी कोशिश की, लेकिन बात नहीं हो पाई। एक और बार मौका मिला, पर काफी रात हो चुकी थी। मुझे लगा कि यह मेरी चिंता कर रही होंगी। इसलिए मैं खाना छोड़कर इनसे बात करने गया। रास्ते में मुझे जंगली कुत्ते मिले, उस दिन मैं बाल–बाल बचा। मुझे कभी अपना मजाक उड़वाने का डर नहीं लगता। हमारी बातचीत दो घंटे तक चली, और ली ले के फोन की बैटरी ही खत्म हो

गयी थी। इन्होने नयी बैटरी डाली, और हम उसके बाद भी काफी देर तक बातें करते रहे। मुझे इनकी बहुत याद आती थी, अली में बहुत मुश्किल हालातों में भी मैं इनके बारे में ही सोचता था। इन्हीं से मुझे उन कठिन परस्थितियों को झेलने की प्रेरणा मिलती थी और जब मैं इनके बारे में सोचता था, मुझे किसी का भी डर नहीं लगता था।"

ली ले ने कहा, "हमारी उस वक्त शादी नहीं हुई थी। अग्रिम सैन्य इकाई आठ नवम्बर को रवाना हुई। मुझे अच्छी तरह याद था, क्यूँकि उस दिन इनका जन्मदिन था। सैन्य इकाई की योजनाएँ बनाने वाले अफसरों में से एक स्टाफ अफसर थे– गोउ दफांग। उनकी पत्नी झाओ शियांग का जन्मदिन सात नवम्बर को था, मेरे जन्मदिन से पिछले दिन। हमने शाम को साथ में खाना खाया, हमारी विदाई का भी मौका था और झाओ शियांग का भी जन्मदिन था, हालांकि मेरा जन्मदिन अगले दिन था। उस दोपहर, मैं और झाओ शियांग अपने–अपने पतियों के अली जाने की तैयारियों के लिए कुछ सामान खरीदने बाजार गए। मैंने इनके लिए एक रेशम का वेस्ट खरीदा। अली काफी ठंड थी, और इसलिए जरूरी भी था। मैंने इनके लिए दवाईयाँ खरीदी और चार अलग–अलग आकार की टॉर्च भी खरीदी। उसके बाद मुझे ध्यान आया कि वह जन्मदिन अली में ही मनाएंगे, इसलिए मैंने एक घड़ी खरीदी और इन्हें जन्मदिन के तोहफे के तौर पर दी।"

"उस रात अग्रिम सैन्य इकाई की बैठक काफी देर तक चली। झाओ शियांग और मैं इन दोनों की प्रतीक्षा कर रहीं थी। दस बजे के करीब बैठक खत्म हुई, और हम पास के रेस्टोरेंट खाना खाने गए। वहाँ बहुत कम लोग थे, और इसलिए हमने मोमबत्तियाँ जलाई और एक–दूसरे के सौभाग्य की कामना की। पहले तो मैं और झाओ ही हमारा जन्मदिन मना रहे थे, लेकिन हम दोनों लड़कियाँ अपने–अपने पतियों की यात्रा सफल होने की ही कामना कर रहीं थी। हमने जन्मदिन के गाने नहीं गाए, हमारे दिल काफी दुःख से भी भरे हुए थे। जब हम खाना खा रहीं थी, दोनों आदमी हमारा हौंसला बढ़ाने के लिए हंस रहे था, आपस में बातें कर रहे थे। फिर भी मैं काफी डरी हुई थी, और अंदर–अंदर ही बहुत बुरा महसूस

कर रही थी। मैं रोना चाहती थी। मैंने खुद पर नियंत्रण रखा, और नहीं रोई। उसके बाद मुझसे बिल्कुल रुका नहीं गया, और मैं बाथरूम का बहाना करने रोने चली गयी। वहाँ दस मिनट तक मैंने अपना मन हल्का किया। फिर मुँह धोकर बाहर मुस्कुराते हुए निकली।

अगले दिन, यह चले गये। मैं इन्हें विदा करने वहीं भीड़ में इनसे सैंकड़ों मीटर दूर खड़ी थी। उस समय मैं इनसे हाथ मिलाना चाहती थी, पर वहाँ बहुत सारे लोग थे, और इस तरह सबसे आगे जाना शर्मनाक होता। मैंने अपनी जगह खड़ी होकर पूरे काफिले को जाते हुए देखती रही। मैं अकेले अपने कमरे दौड़ते हुई गई, और फिर चुपचाप रोने लगी।"

यह सब कहते हुए ली ले के आँसू एक बार फिर बहने लगे। शिन झिवेई ने ली को एक नैपकिन पकड़ाया, शिन के खुद की आँखें लाल हो रखी थी। ली ली ने अपने आंसू पोंछे और शर्मनाक तरीके से कहा, "सेक्शन चीफ, हमें जाने की आज्ञा दो, हम आपको हंसा रहे है। मुझे नहीं पता लेकिन तुमने जो आज यह बात छेड़ी मुझसे आँसू रोके नहीं गए। अगले छह महीनों के दौरान यह अली में थे, पूरे समय मैं बहुत डरी हुई थी। रात के बुरे सपने मुझे नींद से जगा देते थे। हर बारी जब यह कॉल करते, मैं सिर्फ इनका हालचाल ही पूछती। यह भी हंसकर जवाब देते, "मैं ठीक हूँ, यहाँ सब ठीक है।" पर दूसरे सैनिकों ने मुझे बाद में बताया कि यह एक बार बेहोश हो गए थे, और कई प्रयासों की बाद ही दोबारा होश में आए।"

जैसे ही वह यह सब बोल रही थी, ली ले एक बार फिर रोने लगी। "इस से पहले मैं कभी झाओ शियांग से नहीं मिली थी, लेकिन फिर बाद में हम दोनों बहनों की तरह हो गयीं क्यूँकि हमारे चहिते लोग एक साथ अली गए थे। हममें से जिस किसी को भी सैन्य इकाई की कोई खबर मिलती, हम एक दूसरे को तुरंत बताते। हम अक्सर हमारे पतियों की ही बातें करती, और बातों से ही हमारा मन भरने लगते और हम रोना शुरू कर देतीं। पर मैं अब पहले से ज्यादा कठोर हूँ, ज्यादा दृढ़ संकल्पी हूँ। मैं वैसे इस तरह कभी नहीं रोती पर आज कुछ अलग दिन है।"

शिन झिवेई ने कहा, "मैं इतने सालों से इन पहाड़ों पर हूँ, और परिवार की जिम्मेदारी ली ले को अकेले उठानी पड़ी है। अब यह काफी बदल गयी हैं; अब पहले से काफी ज्यादा समझदार है और ज्यादा कठोर।" ली ले ने कहा, "हमारी पिछले साल ही शादी हुई है, पर यह ज्यादातर समय पहाड़ पर ही रहे, और हम दोनों बहुत कम ही मिल पाते हैं। हमने अब तक शादी नहीं की थी। जब इन्हें छुट्टी मिली, हम दोनों ने दक्षिण में जाने और वही शादी करने का फैसला किया। सबसे ज्यादा जरूरी चीज थी इन्हें कुछ वक्त और चौन की सांस लेने देना। पर अभी भी हम कोई बच्चा नहीं चाहते। डॉक्टर ने कहा है कि बच्चे पैदा करने के लिए पहाड़ी मैदान में काम करने के सात महीने तक इंतजार करना। अगर आप ऐसा नहीं करोगे, तो आपके बच्चे मंदबुद्धि पैदा हो सकते हैं। पर इन्हें हर साल सिर्फ दो या तीन महीने की ही छुट्टी मिलती है, और तो हमारे पास बच्चें पैदा करने के लिए समय नहीं है। हमें नहीं पता कि हमारे बच्चे कब होंगे।"

मुझे याद है जियान बायीं ने "जीवन के तीन पड़ाव" के बारे में क्या बताया था, "पिता, जब वो पहाड़ में थे, सांवले थे, पत्नी, पहाड़ों में, खुद पर काबू नहीं कर पा रही है, और बच्चा, जब पैदा होता है, पागल होता है।" उसने मुझे इसका अर्थ समझाया था : जब पति सैनिक बनकर पहाड़ी मैदानों में जाता है, उसकी त्वचा अल्ट्रावायलेट किरणों के कारण सांवली हो जाती है; पत्नी बड़ी उत्सुकता से अपने पति का इंतजार करती है, और उनका बच्चा मंदबुद्धि पैदा होता है, क्यूँकि पिता ने पहाड़ी मैदानों में काफी समय बिताया था। यह बेहूदा वाक्य किसी मजाक की तरह लगता है, लेकिन इसमें गहरा दुःख भी छिपा है। पहाड़ी मैदानों में पुरुष सिर्फ अपनी जवानी ही नहीं खोता, अपने बीवी, बच्चों को भी खो देता है। मैंने ली ले से पूछा, "तुम अब सबसे ज्यादा क्या चाहती हो?"

ली ले ने इसके बारे में सोचा और कहा, "असल में हमने निर्णय लिया था कि हम शादी की फोटो लेंगे, लेकिन इनके पास समय नहीं था। जब इन्हें दुबारा छुटियाँ मिलेंगी, हम दोनों उरुमकी जाएँगे और एक फोटो खिंचवाएँगे।" मैंने कल्पना भी नहीं की थी कि उसकी इच्छा इतनी सरल भी हो सकती थी।" मैंने उनसे कहा, "अगर आप मुझे माफ करो, तो मैं

आपकी फोटो खींच सकता हूँ।" दोनों बड़ी खुशी से कहने लगे, "यह तो बहुत अच्छी बात होगी!" हम बेस कैंप के दरवाजे से बाहर निकले, और सड़क पर पहुँचे। सड़क के दोनों किनारें चिनार के पेड़ थे, और दूर सड़क के एक किनारे कुनलुन पर्वत की बर्फ देखी जा सकती थी। मैंने सड़क किनारे चिनार का पेड़ का दृश्य नए शादीशुदा जोड़े की फोटो के लिए चुना, जिनके पास अबतक एक फोटो खींचने का भी समय नहीं था।

वांग शेन ने यांग जून से कहा, "दादाजी पश्चिमी निकास द्वार से बाहर निकलेंगे, और तुम्हे भी ऐसा ही करना है; जितना दूर जाओगे, दूरी और भी बढ़ती जाएगी।"

वांग शान यांग जून की पत्नी थी। यांग जून सुरक्षा टुकड़ी के कमांडर थे। शिनजियांग–तिब्बत हाईवे में सुरक्षा टुकड़ी को "उड़ता बाघ सैन्य–दल" कहा जाता था, और इसी वजह यांग जून को लोग "उड़ता बाघ जनरल" कहते थे।"

जब मैंने यांग जून को येचेंग के बेस कैंप में देखा, वह अपने साथियों के साथ एक वाहन की मरम्मत कर रहे थे। कुडी दबान का रास्ता खुलने के बाद काफिले ने अली जाने का फैसला कर लिया था। यांग जून जवान थे; वह 1991 में सेना में शामिल हुए थे, और उनमें किसी बाघ जैसी ही फुर्ती थी। उनका एक प्रभावशाली व्यक्तित्व और मजबूत शरीर था, और जब वह हँसते थे, उनके छोटे नुकीले दांत दिखते थे। वह एक जमीनी स्तर के अफसर थे, जिन्हें सात साल पहले पद्दोनत करके एक प्रशासनिक पद दिया गया था, और चार बार उन्हें उनकी योग्यता के लिए सम्मानित किया गया था। जब वह अपनी टुकड़ी के बारे में बात करते, तो उनका चेहरा गर्व से चमकने लगता। उन्होंने बताया कि पिछले दो सालों में उनकी टुकड़ी ने अफसरों और सैनिकों के बारह समूह को अली में छोड़ा, और पूरे जीवन में तकरीबन नौ हजार टन सामान अनजान अली तक पहुँचाया। उनके कार्यकाल में कोई बड़ी दुर्घटना नहीं हुई थी, और इसलिए हथियारबंद पुलिस परिवहन सैन्य इकाई के मुख्यालय ने उन्हें एक "बेहतरीन अफसर और सी.पी.सी. काफिला के लोगों के लीडर" का

नाम दिया। 2003 में टुकड़ी को एक तीसरी श्रेणी का सम्मान दिया गया, और उन्हें "अग्रिम पार्टी शाखा" का भी नाम दिया गया।

जैसे हम बात करते, यांग जून अक्सर बीच में टोकते। हर बार जब ऐसा होता, वह मुस्कुरा के समझाते, "जब आप इतना ज्यादा समय अली में बिताते हो, आपकी स्मरण–शक्ति कम होने लगती है। अक्सर जब मैं बोल रहा होता हूँ, मेरा मस्तिष्क मेरे विचारों की रेलगाड़ी रोक देता है।" मैं यह बिना बोले रह गया कि सुरक्षा टुकड़ी ने कई मुश्किल समय भी देखे थे। उन्होंने इन सड़कों में अक्सर कई जानलेवा खतरों का भी सामना किया, जिनके बारे में वह ना बात करना चाहते थे और न ही याद करना चाहते थे; वह ऊपर–नीचे बिना रुके चलते रहे, हर ऊँचाई में आते बदलाव के आदी थे, इतना तो वह झेल सकते थे। अगर आप पहाड़ी मैदानों में एक जगह ही रहेंगे, तो खुद को वातावरण के अनुकूल करना आसान हो जाता है। उन्हें सबसे ज्यादा डर लगातार उतराई और चढ़ाई से लगता था, बार–बार ऊँचे और निचले स्थानों में भटकते रहने से वह भी घबराते थे। एक अनुभवी सैनिक होने के कारण, मैं समझ सकता था कि इससे शरीर को बहुत नुक्सान पहुँच सकता है।

यांग जून आंतरिक मंगोलिया से थे। वह हान्जिन रियर बैनर में शानबा नाम के कसबे में रहते थे। शानबा में ज्यादातर रहने वाले लोग शांक्षी से थे, और आजादी से पहले वहाँ बस गये थे, जिसे वह कहते थे, "पश्चिमी निकास द्वार के साथ–साथ" चलना। यांग जून के दादाजी ने वह रास्ता लिया था। यांग अपने परिवार का इकलौता वारिस था, इसलिए उसके माता–पिता चाहते थे कि वह अपने घर के नजदीक ही रहे। लेकिन उन्हें थल सेना पसंद थी, इसलिए वह एक सैनिक बने, और घर छोड़कर अपनी यात्राओं में दूर तक गए। पहले वह हेबेई के चेंगड़े में थे, फिर वह सेना के साथ कई जगह बदलते हुए यिली, काशी से लेकर येचेंग, अली तक गए। वह अपने सैनिक व्यवसाय में पृथ्वी के हर कोने तक गए, और हर साल सिर्फ एक बार ही घर जाते थे। उनकी पत्नी वांग शान उनकी तीन साल की बेटी को उनसे मिलाने येचेंग गयी। वह वहाँ थोड़े दिन ही रुके थे, और यांग जून काफिला लेकर ऊपर अली चले गये। वांग शान

को येचेंग से रोते हुए जाना पड़ा। वांग शान लम्बे समय तक उस बात को लेकर बैठी रही, उनके लिए समझना मुश्किल था। पिछले साल सी.सी.टी. वी ने हथियारबंद पुलिस परिवहन सैन्य इकाई के कार्यों को देखते हुए एक धारावाहिक का प्रसारण किया "मृत्यु रेखा को पार करना।" वांग शान ने जब उसे देखा तो वह बहुत रोई और आखिरकार अपने पति को समझ पाई।

यांग जून ने "उड़ता बाघ टुकड़ी" और अपने सैनिकों के बारे में कहा। "हमारा हर सैनिक बेहतरीन है! एक बहुत बकवास पक्तियाँ शिनजियांग–तिब्बत हाईवे में बोली जा रही हैः एक मृत व्यक्ति मौत की घाटी में सोता है, और जिएशान दबान में पेशाब करता है, और अपने पैर बांगोंग झील में धोता है।" लोगों की जिस पर निगाहें रहती है या जिसे लोग हीरो की अद्‌भुत उपलब्धियाँ कहते हैं, सुरक्षा टुकड़ी के सभी सैनिकों ने कई बार अनुभव किया है। मेरी टुकड़ी के लोगों को बाहर किया गया, और कई दूसरी टुकड़ियों से तबादले में आए। यह कई कठिन परीक्षाओं से गुजरे। रेजिमेंट महासचिव जू माओ एक ड्राईवर के बेटे थे। सैन्य इकाई ने ड्यूटी पर जाने से पहले, अपने सभी ड्राईवरों की दो बारी जांच की, और फिर आखिरकार उनमें से मजबूत शरीर वाले, हुनरमंद और दृढ़ चरित्र वाले बयालिस लोगों को चुना।"

यांग जून के पास सड़को की कई कहानियाँ थी। उन्होंने कहा कि जब सैन्य इकाई काम पर जाया करती थी, सड़क का हुओ–अर से पारयांग वाला हिस्सा सबसे खतरनाक था। यह रास्ता बहुत दलदली था और अक्सर वाहन यहाँ फंस जाते थे। अगस्त 2008 में यांग जून काफिले को लेकर सागा गए और गांगदिसे श्रृंखला के के सबसे ऊँचे पहाड़, गांगरिबोच पहाड़ गए। बर्फ पिघलना शुरू हो गयी थी और नदियाँ पिघले बर्फ के पानी को आगे ले जा रही थी। काफिला वहाँ फंस गया और वहाँ तेज बारिश भी हो रही थी। सैनिक शी हैबिंग ने बताया कि उसका वाहन अच्छी हालत में था, और उसने रास्ते में बसे आगे चलने की अनुमति मांगी।

उसने दुर्घटना की स्थिति में बचाव करने के लिए एक लोहे ही तार वाहन के पीछे कसकर बाँध रखी थी। वह कुछ दूर ही गया था, और

उसका वाहन पानी में डूब गया, जिससे ड्राईवर के कम्पार्टमेंट में गले तक पानी भर गया। उसे वाहन चलाने के लिए खड़ा होना था। जब उसने चाबी लगाईं, इंजन गरम होने लगा, और वाहन के थोड़ा हिलते ही धमाका हो गया। सौभाग्य से निकास की एक पाइप छत पर थी, अगर वह नहीं होती, तो सारे प्रयास व्यर्थ जाते। शी हैबिंग ने लोहे की तार से एक–एक करके दूसरे वाहनों को खींचना शुरू किया।

उस समय तक काफी अँधेरा हो चुका था, और बारिश अब भी हो रही थी। काफिला आगे बढ़ने की कोशिश करता रहा। आगे कोई रास्ता नहीं था, सिर्फ दूर तक फैला हुआ दलदल। वह लगभग दस किलोमीटर तक ही गए होंगे, और वह अपने रास्ते से भटक गए। पूरा काफिला एक बार फिर दलदल में फंस चुका था। हर किसी ने एक–दूसरे की जान बचाने की कोशिश की, इसलिए हर कोई वहाँ फंसा ही रहा। उन्होंने पूरा दिन, पूरी रात उस दलदल में बिताई, और तेज बारिश भी होती रही। सैनिक प्यासे थे, वह बारिश का पानी नहीं पी सकते थे। यांग ने दो सैनिकों को हुओ'र से मदद लाने के लिए भेजा।

दोनों सैनिक पाँच घंटों तक पैदल चलते रहे। जब वह उप–महासचिव जियांग युन्शेंग के सामने खड़े हुए, उनके पूरे शरीर में गीली मिट्टी लगी हुई थी, यह सब देखकर जियांग एक दम रोने लगे। जियांग युन्शेंग तुरंत दो लोडर लेकर गए, और पूरे काफिले को उस दलदल से बचाया। यु कियांग, सुरक्षा टुकड़ी के उप–कमांडर, जो कई बचाव मिशन का हिस्सा रहे थे (वह मूल रूप से चौथी टुकड़ी के स्क्वाड्रन कमांडर थे, जिन्हें हुओ'आर तैनात किया गया था) ने मुझे बताया, "उस साल हमारी टुकड़ी ने इस तरह के कम से कम एक सौ बचाव अभियान चलाए। ज़ब हमने दूर से काफिले को आते देखते, हम बहुत खुश होते; जब हमने दो सैनिकों को आते देखा, हमारे रोंगटे खड़े हो गए, और हम जान गए काफिला फिर से दलदल में फंस गया था।"

यांग जून को याद आया, "इस मुश्किल यात्रा में कुछ दूर ही गए थे, हम जानते थे कि हमें उस दलदली जमीन को पार करना होगा। आसमान से लगातार बारिश हो रही थी, लेकिन कुछ देर बाद ओले भी पड़ने लगे,

जो हमारे वाहन की छत से टकराते। हमसे कुछ दूरी पर हमने एक वाहन दलदल में काफी अंदर तक जाता देखा; कई लोग वाहन की छत पर खड़े होकर लगातार कपड़े लहरा रहे थे। जब हमने पास जाकर देखा, वह आम नागरिक थे जो रास्ता पार कर रहे थे।" यांग ने तुरंत काफिले को रुकने को कहा, और उस डूबते वाहन तक जाकर उन्हें मदद के लिए पूछा। उस वाहन में पाँच लोग थे, तीन अन्हुई से और दो सिचुआंत से थे। एक व्यक्ति, जो शायद बीस वर्ष का था, वाहन के पलटने के कारण उसकी कमर टूट चुकी थी, और उसके मुँह से लगातार खून बह रहा था। यांग ने अपने कई सैनिकों को घायलों की देखभाल करने को कहा, और अपने वाहन से तिरपाल निकालकर फंसे वाहन के नीचे बिछाने को कहा। सैनिकों ने एक साथ धक्का लगाया, और एक घंटे के परिश्रम के बाद वाहन को दलदल से सुरक्षित बाहर निकाल पाए। आम नागरिकों का वह वाहन तो दलदल से बाहर निकल गया, लेकिन यांग का खुद का वाहन दलदल में फंस गया। उन्होंने वहाँ से आम नागरिकों को सुरक्षित भेजा, और फिर अपने खुद के वाहन को निकालने लगे, सुबह के तीन बजे, जाकर वाहन उस दलदली भूमि से निकल पाया।

अध्याय – 2

बर्फ में जमे हुए दबान को पार किया

नौ जून को मैं सुरक्षा टुकड़ी के एक काफिले के साथ आगे की यात्रा में निकल पड़ा। मैंने सुना था कि कुडी दबान का रास्ता यातायात के लिए खुल गया था, और इसलिए सुबह जल्दी हम सड़कों में निकल पड़े। महीने की तीसरा, छठा, और नौंबा दिन चीन में यात्रा के लिए शुभ माना जाता है। आज जून की 9 तारीख है, और मुझे लगा आगे का दिन शुभ होगा। शायद आज मेरी किस्मत अच्छी होगी, मैंने ऐसा ही सोचा। मैं येचेंग से निकला और गोबी हाईवे पर सौ किलोमीटर तक सफर किया और फिर मैंने कराकोरम पहाड़ पार किए। टुकड़ी के कमांडर यांग जून काफिले की अगुवाई कर रहे थे। कुछ समय मैं वाहन में बैठा, और बाकी समय मैं लोगों का इंटरव्यू लेने, काफिले के मुख्य ट्रक में बैठा। यांग जून ने मुझसे कहा, "अब से हम तीस जमे हुए दबान पार करेंगे, कुछ छोटे, कुछ बड़े।" उन्होंने मुझे शिनजियांग–तिब्बत हाईवे में फैली एक कहावत भी सुनाई:

कुडी दबान खतरनाक है, नरक का दरवाजा है

माझा दबान की काफी खड़ी ऊँचाई थी, हेइका दबान के घुमावदार निन्यानवे टेड़े–मेढे रास्ते थे; जिएशान दबान काफी ऊँचाई पर था; अगर आप हाथ उठाकर हवा में रखते हो, तो स्वर्ग को छू सकते हो......

पहाड़ों की चढ़ाई के दौरान ड्राईवर, ही पिंग, ने बाईं ओर इशारा करते हुए मुझसे पूछा, "यह किसकी तरह लग रहा है?" मैंने देखा और मुझे कुछ

समझ नहीं आया। जब मैंने दूसरी बार ध्यान से देखा, मुझे एक आकार सूझा। मैंने कहा, "यह एक औरत की तरह है।"

ही पिंग ने कहा, "आपकी पारखी नजर है। यह "वीर महिला पहाड़" है" मैंने पूछा इसका ऐसा नाम क्यूँ है, और उसने कहा, "प्राचीन समय में एक व्यापारी अपने जानवरों के झुंड के साथ अली क्षेत्र में कपड़े बेचने जा रहा था। व्यापारी की पत्नी बहुत खूबसूरत थी, और वह–दोनों एक–दूसरे से बहुत प्यार करते थे। हर बार जब व्यापारी अली जाता, उसकी पत्नी उसे इस पहाड़ तक छोड़ने आती। वह अपने पति के वापस आने के समय का अंदाजा लगाकर कुछ दिन पहले ही यहाँ पहुँच जाती। उसके बाद व्यापारी की अली में मौत हो गयी, और उसकी पत्नी दुःख में यहीं तीन साल उसका इंतजार करती रही। अंत में, वह इस पहाड़ में बदल गयी।"

बदकिस्मती से कितनी खूबसूरत कहानी थी! हम बातों में लगे रहे, और समुद्रतल से ऊँचाई धीरे–धीरे बढ़ती रही। हमें पता भी नहीं चला, और हमने कुडी दबान की चढ़ाई कर ली थी। कुडी दबान को अकाजी दबान भी कहा जाता है। यह समुद्रतल से 3, 150 मीटर की ऊँचाई पर है और येचेंग से 1, 600 मीटर की ऊँचाई पर। सड़कें पहाड़ों से किसी मुर्गी की आँतों की तरह निकल रही थी, और काफी दूर तक ऐसा ही रास्ता था।

हमने तीन बर्फ में जमे हुए दबान को अठारह घंटों में पार किया

हम आगे लगभग दस किलोमीटर और चले। सड़क किनारे एक छोटा जंगल सा था, शायद दस या उससे ज्यादा पेड़ थे। ड्राईवर ही पिंग ने कहा कि इसे "खुशहाल जंगल" कहते हैं। मैंने उसे बताया कि हम लियांग पहाड़ में नहीं थे, तो इस जगह को "खुशहाल जंगल" क्यूँ कहते थे? मैंने कभी लियांगशान नहीं गया था, और मैं नही जानता था कि "खुशहाल जंगल" क्या था। ही पिंग ने कहा कि अली क्षेत्र में बहुत कम पेड़ और झाड़ियाँ होती हैं। सैनिकों को पूरा साल कहीं हरियाली नहीं मिलती, इसलिए जब वह पहाड़ से नीचे यहाँ आए, उन्होंने कई पेड़ देखे, वह बहुत खुश हुए। इसी कारण उन्होंने इसका नाम "खुशहाल जंगल" रखा। शिन

झिवेई, जो मेरे से पीछे की सीट में बैठे थे, पहाड़ों के नीचे की रेस्टोरेंट की मालिक ने मुझे ऐसी कहानी कई दिन पहले बताई थी। पिछले साल आठवीं टुकड़ी के दो सैनिक पहाड़ के नीचे सैन्य स्कूल की जाँच करने गए। जब उन्होंने रेस्टोरेंट में खाना खा लिया, उन्होंने अपने आगे थोड़ी हरी घास देखी, जो यहाँ बहुत कम देखने को मिलती है। वह काफी देर तक घास पर बैठे, घास में ऐसे ऊँगलियाँ फेर रहे थे, जैसे कोई बालक हो। मालिक यह देखकर काफी भावुक हुआ, और उसने सैनिकों ने खाने के पैसे नहीं मांगे। मालिक ने कहा कि एक सैनिक होना बिल्कुल भी आसान नहीं होता; वह अली जैसे भूतिया और भयानक जगह में पूरे साल कठिन परिस्थितियाँ झेलने की कल्पना भी नहीं कर सकता।

शिन झिवेई ने कहा, "मेरे अली में आने से पहले, मैंने सुना था कि जब कुछ सैनिक पहाड़ के नीचे उतरे और उन्होंने बड़े पेड़ देखे, उन्होंने पेड़ को गले लगा लिया और रोने लगे। मैंने उस समय विशवास नहीं किया, लेकिन अब समझ आ रहा है।" जैसे ही वह बोल रहा था, हमारे वाहन ने बड़े पत्थरों से बने खड्डे में प्रवेश किया। वहाँ कुछ पत्थर तो किसी घर की तरह बड़े थे। वह ऐसे लग रहे थे जैसे कोई ऊऊट अपने गर्द उठाकर आसमान की ओर देख रहा हो। शिन झिवेई ने मुझे बताया कि यह "ऊँट की घाटी" है। इतिहास में लिखा है कि बहुत समय पहले कई व्यापारियों का झुंड यहाँ से गुजरकर अली की ओर जा रहा था, और उन्होंने भयानक बर्फबारी और तूफान को सहा। सारे लोग मर गए, सिर्फ एक ऊँट ही जिन्दा रहा। तब से वह अपने मालिक की प्रतीक्षा में यहीं खड़ा था। उसके मालिक आएंगे, और उसकी पीठ पर बैठकर आगे की यात्रा करेंगे। अली की ओर जाने वाले इस रस्ते में कई दुखद घटनाओं की कहानियाँ प्रचलित हैं।

हम चलते गये और चलते गये, फिर अचानक हम और आगे न बढ़ पाए। आगे रास्ते में बहुत सारे वाहनों के कारण जाम था। हमने थोड़ी पूछताछ की और पाया कि आगे का रास्ता अभी भी साफ नहीं किया गया था। हमें बस अपने वाहन में बैठकर प्रतीक्षा करनी थी। दोपहर का समय था, और हम जिस जगह पर थे, वह इतनी बीहड़ और बर्बाद थी कि वहाँ

दूर तक कोई गाँव, दूकान नहीं थी। खाना खाने के लिए कोई जगह नहीं थी। संयोग से यात्रा पर निकलने से पहले, हमने कुछ ब्रेड खरीदी थी। ब्रेड शिनजियांग के लिए काफी नई चीज थी। हमने ब्रेड के ऊपर चटनी लगाई, और खाना शुरू किया। खाने की काफी अच्छी महक थी, ऐसा खाना यात्रा में ले जाने के लिए आसान होता है। इस खाने को कई महीने तक बिना सड़े रखा जा सकता है। ब्रेड का आकार गोल था, बीच से फूली हुई थी और किनारे पतले थे। यह बड़े और छोटे, दोनों आकार में आती थी; छोटी ब्रेड किसी प्लेट की तरह बड़ी होती थी, और बड़ी किसी बर्तन की तरह बड़ी थी।

हमने वाहन में ब्रेड खाई और पानी पिया। ब्रेड काफी सख्त थी, और हमें चबाने के लिए काफी मेहनत करनी पड़ी, पर फिर भी उसका स्वाद लाजवाब था। शी झिवेई ने बताया कि अल्पसंख्यक वेइजु लोग अक्सर अपने घरों से जब भी बाहर जाते, ऐसी ब्रेड लेकर ही जाते थे। अगर उन्हें रास्ते में भूख लगती, तो नदी किनारे घास में बैठ जाते और सख्त ब्रेड को नदी के बहते पानी में आगे फेंक देते, कभी–कभी तो बिना देखे ही। वह ब्रेड की उनकी ओर बहकर आने की प्रतीक्षा करते, और फिर पानी से वापस निकाल लेते। अब ब्रेड काफी मुलायम हो जाती। मैं जानता था कि वह मजाक कर रहा था, लेकिन अगर सड़क किनारे कोई नदी होती, तो मैं वेइजु लोगों की इस विचित्र आदत को खुद भी करने की कोशिश करता। पहाड़ में नदी नहीं थी, लेकिन, बड़े गड्ढ़े और खड़ी चट्टानें थी। उस दिन हम कुडी दबान में आठ घंटों तक फंसे रहे।

जब हमने माझा दबान पार किया, आसमान में अँधेरा हो रहा था। "माझा" का मतलब "मकबरा" होता है; यह समुद्रतल से 5, 100 मीटर की ऊँचाई पर था। अचानक आसमान से भारी बर्फबारी शुरू हो गयी, वाहन की रोशनी में रुई जैसी बर्फ नाचते हुए दिख रही थी। दूर से देखने पर ऐसे लग रहा था, जैसे कीट–पतंगे रोशनी में हिल रहे हों। मुझे ऊँचाई की बीमारी बिल्कुल महसूस नहीं हुई, लेकिन मेरा पेट थोड़ा सूज गया था, गैस से भरा हुआ लग रहा था। मेरे लिए सबसे ज्यादा शर्मनाक बात हुई कि मैं पूरे रास्ते में गैस छोड़ता चला गया। मैंने वाहन में दूसरे लोगों को भी

गैस छोड़ते सुना, और हर कोई खुद को हंसने से न रोक पाया। शायद यह दोपहर को खाई ब्रेड का असर होगा, जो अब जाकर हजम हुई। शिन झिवेई ने कहा कि यह भी ऊँचाई की बीमारी थी; ऊँचाई लगातार बढ़ रही थी, और हमारी आँतों पर वाहन के बाहर की अपेक्षा ज्यादा दवाब पड़ रहा था। इसका मतलब था और भी ज्यादा वायु छोड़ना। उसने मुझसे पूछा कि क्या मैं पेशाब करना चाहता हूँ। अगर मैं उस समय पेशाब करता, तो उसने कहा, कोई समस्या नहीं थी। पेशाब न कर पाना अली की पहाड़ी मैदान में सबसे ज्यादा चिंताजनक बात होती; अगर ऐसा होता है, तो आपके फेफड़ों को एडीमा हो गया है, और इसलिए उन्होंने कहा कि "वह इंसान जो दबान में पेशाब करता है" असल में हीरो है।

जब वह कुछ नहीं बोलता, तो मुझे कुछ महसूस नहीं होता। लेकिन जब उसने यह सब बताया, मुझे अचानक पेशाब करने की जरूरत लगी; शायद मैंने जानना चाहता था कि कही मुझे फेफड़ों का एडीमा तो नहीं हो गया हो। जब वाहन रुका, हर कोई पेशाब करने गया। जब कर लिया, तब जाकर हर कोई शांत हुआ। वाहन हर किसी के लिए मलत्याग करने के लिए भी रोका गया। लेकिन जब हमें फिर से चलना था, एक वाहन शुरू नहीं हुआ। हम "मकबरे" के अंदर थे, और वाहन के खराब होने के लिए बिल्कुल भी सही जगह नहीं थी– आसपास कुछ नहीं था। मैकेनिक और ड्राईवर ने मरम्मत का काम शुरू किया; मैं भी वाहन से बाहर यांग के साथ खड़े होकर प्रतीक्षा कर रहा था। मैं काफी चिंतित था, लेकिन, यांग जून को जैसे कोई फर्क नहीं पड़ा; जैसे कि इस तरह की घटनाएँ इस सड़क पर आम बात हो। यांग जून ने मजाक करते हुए कहा,

"शायद वाहन को फेफड़ों की बीमारी हो गयी हो।"

जब वाहन की मरम्मत चल रही थी, यांग जून ने मुझसे एक घटना बताई, जो ज्यादा समय पुरानी बात नहीं थी। जब वह अली में सामान पहुँचाकर वापस जाने लगे, वह माझा दबान पहुँचे थे। एक बर्फीला तूफान उनकी ओर बढ़ रहा था, आज के तूफान से कई ज्यादा बड़ा। सड़क में कम से कम एक इंच तक बर्फ की मोटी परत जम गयी। जब दोंग चान्ग्रू

का वाहन दूसरे मोड़ को पार कर रहा था, उसका पहिया फिसला और अचानक सड़क पर तेजी से घूमता रहा। वह फिसलकर धीरे–धीरे ढलान के नीचे जा रहा था। दाएँ हाथ की तरफ पहाड़ की चोटी थी, और बाईं तरफ गहरी खाई। दोंग चान्ग्रू शांत और संतुलित था। वह वाहन को गड्ढे में ले जाने की कोशिश कर रहा था, पर गाड़ी की गियर बेवजा घूमे जा रहे थे, और काम नहीं कर रहे थे। अगर वाहन उसी तरह फिसलता रहता, तो कुछ भी हो सकता था। दोंग ने अपने साथ की दो सैनिकों को धक्का दिया, जो पहाड़ के नीचे दाखिला की परीक्षा देने जा रहे थे। वह चिल्लाकर कहने लगा, "जल्दी, बाहर निकलो!" लेकिन, वाहन का दरवाजा तो बर्फ के कारण जाम हो गया था। सैनिकों ने काफी धक्का दिया, लेकिन वह दरवाजा खोल न पाए। यांग जून ने आगे कम्पार्टमेंट में कूदकर नियत्रण संभाला, और कुछ देर बाद वाहन को धीरे–धीरे सुरक्षित जगह ले गए। दोंग चान्ग्रू बाहर निकला, वह इतना डरा हुआ था कि काफी देर तक कुछ भी नहीं बोला।

वाहन की जल्दी मरम्मत की गई, और हम अपनी यात्रा में आगे बढ़े।

शी झिवेई को जुकाम हुआ, और उसकी नाक बंद हो गयी। मैंने उसे कुछ दवाइयाँ दी, और वाहन के पीछे से एक ओवरकोट निकलकर उसे ओढ़ने के लिए दिया। वह बहुत शर्मिंदा हुआ और कहने लगा, "मुझे तुम्हारा ध्यान रखना चाहिए, पर तुम ठीक हो, और मैं खुद बीमार पड़ गया! उल्टा, तुम मेरा ध्यान रख रहे हो।" मैंने बोला, "मुझे भी पहाड़ी मैदानों का काफी अनुभव है; जब मैं यहाँ आया था, तुम प्राथमिक विद्यालय में पढ़ रहे होगे।" उसने कहा कि उसे नहीं पता ऐसा कैसे हुआ: "हर बारी जब मैंने माझा दबान पार करता हूँ, कुछ न कुछ दुर्भाग्यपूर्ण जरूर घटता है। इस साल अप्रैल में जब मैं ऊपर गया, और फिर वापस नीचे यहाँ आकर पेशाब करने लगा; मैं कुछ कदम ही चला था, फिर बेहोश पड़ गया। जिस समय तक मैं जगा, मैंने खुद को एम्बुलेंस में पाया। डॉक्टर ने मुझे दवाइयाँ खिलाई और कृत्रिम ऑक्सीजन दी।" दो घंटे बाद हमने

हेइकाजी दबान पार करना शुरू किया। बर्फ तो पड़ना बंद हो गयी थी, पर हलकी–हलकी बारिश शुरू हो गयी, जो बाद में ओलों में बदल गयी। मौसम एक कहावत के अनुसार ही चल रहा था, "एक दिन में भी सारे मौसम देखे जा सकते है, और दस ली की दूरी में भी अनजान मौसम देखा जा सकता है!" हमारे काफिले के एक सैनिक को भयंकर ऊँचाई की बीमारी थी। मैंने उसे वाहन के अंदर बिठाया और खुद स्टेयर ट्रक में उसकी जगह बैठ गया। स्टेयर का ड्राईवर काई शियोबिंग था। वह जवान था और बहुत चतुर था। जैसे हम यात्रा में आगे बढ़े, हमने बातें शुरू की और समुद्रतल से 5, 300 मीटर की ऊँचाई के हेइकाजी दबान पहुँच गये, बिना किसी बीमारी से परेशान हुए।

मैंने काई शियोबिंग से पूछा, "तुम कितने सालों से अली में यात्राएँ कर रहे हो?" उसने कहा, "मैं यहाँ पहली बार 2002 में आया था।" मैंने कहा, "क्या तुमने अबतक किसी भयानक या रोमांचकारी घटना का सामना किया है?" काई ने कहा, "मुझे कुछ भी रोमांचक या भयानक नहीं लगता, पर जब मैं यहाँ पहली बार आया, मैं काफी डरा हुआ था। कभी–कभी तो मेरी टांगें कांपने लगती। एक बार हम हेइकाजी दबान पार कर रहे थे, और हम टीम मोड़ों पर पहुँचे, जहाँ ऊँचाई और ढालन दोनों थे; बर्फ तेजी से गिर रही थी, और सड़क में काफी फिसलन थी। वाहन की चैन किसी काम नहीं आई। मेरा वाहन पीछे की ओर फिसलता गया, मुझे लगा कि हम फिसलकर चोटी के नीचे जा गिरेंगे। सैनिक वाहन से कूदे, और अपने ओवरकोट, रेशम की रजाईयाँ, कुदाल पहिये के नीचे रखने लगे। इस कारण वाहन और फिसलने से रुका। मैं वाहन के बाहर निकला और मैंने टुकड़ी के कमांडर को देखा। मेरी आँखें नम थी, मैंने कहा, "कमांडर, मुझे लगा मैंने आप को खो दिया।" कमांडर ने मुझे कसकर गले लगाया, मेरी पीठ सहलाते रहे, और कहने लगे,

"तुम चिंता मत करो। मैं अब यहीं हूँ। सब कुछ ठीक हो जाएगा।"

जैसे ही हम बातें कर रहे थे, मैं बेहोश होने लगा, बिल्कुल मदहोश, और उसके बाद धीरे–धीरे सोने लगा। जिस समय मैं जागा, तीस ली की दूरी के सेनानिवास पहुँच गए थे।

मैंने अपनी घड़ी में देखा, और सुबह के तीन बज रहे थे। हम सैनिक स्टेशन में ठहरे। तीस ली का सेनानिवास तुल्नात्मत कम ऊँचाई पर था, पर फिर भी मौसम बहुत खराब था। शिनजियांग–तिब्बत हाईवे का वह बहुत मशहूर हाईवे था।

अफवाह थी कि आजादी से पहले, यहाँ कुओमिन्तांग कंपनी रहा करती थी। लेकिन बाद में पता चला कि वहाँ वह बिल्कुल नहीं रहते थे, बल्कि अल्पसंख्यक वेई का गाँव था। कुओमिन्तांग के सैनिकों ने इस गाँव को कई यातनाएँ दी और हर तरह के दुष्कर्म किये, और उईघर लोग उनसे बहुत नफरत करते थे। एक रात गाँव के लोगों ने पूरी कंपनी की सभी सैनिकों को मार दिया; उनमें से सिर्फ दो ने शौचालय में छुपकर अपनी जान बचाई। वह दोनों रेजिमेंट के मुख्यालय गए, और सारी घटना की सूचना की। रेजिमेंट कमांडर हजार सैनिकों के साथ गया, और पूरे गाँव को घेर लिया। उन्होंने गाँव में रहने वाले हर व्यक्ति, बच्चे, बूढ़ों का बड़ी बेरहमी से कत्ल कर दिया। उसके बाद उन्होंने अपने सेनानिवास को तीस ली सेनानिवास ले गये, और यहाँ का डेरा छोड़ दिया। मैं स्टेशन के बिस्तर में लेटा रहा, और मेरा दम घुट रहा था, मुझे साँस नहीं आ रही थी। मैं बिल्कुल सो नहीं पाया, इसलिए मैं उठा और मोमबत्ती जलाई, बिस्तर पर बैठकर डायरी लिखने लगा।

उसने चपटी ब्रेड को मून केक में बदल दिया

अगले दिन हम सुबह साढ़े पाँच बजे उठे। मैं सिर्फ दो घंटे ही सो पाया था, और उसमें भी कई बार उठा, मुझे ऐसा लग रहा था जैसे मेरी आंतें सिकुड़ गयी हों। हमारे आगे का रास्ता सबसे लम्बा था; हमें तमारिस्क बीच, मौत की घाटी, समुद्रतल से 6, 700 मीटर की ऊँचाई पर दो इलाको को अलग करने वाला पहाड़ भी पार करना था। रात होने से पहले हमें दुओमा पहुँचना था। इसलिए सुबह जल्दी उठना बहुत जरूरी था। पिछले दिन, जिन सैनिकों को ऊँचाई की बीमारी हुई थी, उनकी हालत कुछ ठीक नहीं थी। आज का रास्ता तो और भी ज्यादा कठिन था;

मैंने उस सैनिक को वाहन में अपनी जगह ही बैठने दिया, और खुद तीसरी श्रेणी के सैनिक, फान शुजुन के साथ बैठ गया।

वाहन में सुन किंग नाम का एक और सैनिक भी था। वह बहुत अनुभवी सैनिक था, उसे तेरह साल का अनुभव था, और वह टुकड़ी में मैकेनिक था। तीसरी ली सेनानिवास से चालीस किलोमीटर दूर, सुन किंग सड़क की ओर इशारा किया और कहा कि उसने पहला मरम्मत का काम इसी जगह किया था। सितम्बर 2002 में काई शियोबिंग यहाँ अपने रास्ते से भटक गया, और उसके वाहन में भी कोई खराबी आ गयी। ठीक करना काफी थकावट भरा काम था और उसके लिए दो पेग की जरूरत थी। ऊँचाई की बीमारी का ध्यान रखते हुए, तीनों एक–एक करके मशीन को हथोड़े से पीटते; थोड़ी मेहनत के बाद ही उन्हें साँस लेने रुकना पड़ता, और फिर कुछ देर आराम करके फिर से औजार चलाना शुरू करते। उन दो पेग ने उन्हें पूरे दिन तड़पाए रखा।

वह कांग्शीवर पहुँचे, और काफिला सड़क किनारे आराम करने रुक गया। टुकड़ी के कमांडर यांग जून ने अपने हाथों में शराब की दो शीशियाँ पकड़ी हुई थी, और मुझे अपने साथ कहीं जाने के लिए बुलाया। हम बाएँ मुड़कर एक चोटी गली में गए। मैंने दूर से एक बड़ी पत्थर की सिल्ली देखी; जब मैं थोड़ा पास जाकर करीब से देखा, तो मुझे पता चला कि वह वह पत्थर कोई कब्र है। यांग जून ने मुझे बताया कि वह कांग्शीवर के शहीदों का कब्रिस्तान था। हर बार जब वह इस जगह से गुजरते थे, उसने कहा, वह प्रार्थना करते थे, ताकि मृत सैनिक उन्हें वहाँ से गुजरने की आज्ञा दें। यह टुकड़ी का एक अलिखित नियम बन गया था। भारत–चीन युद्ध में भी जिन सैनिकों ने अपनी जान गंवाई, उनको भी यहीं दफनाया गया था। ज्यादातर लोग युद्ध में नहीं मरे थे, बल्कि ऊँचाई की बीमारी से उनकी जान गयी थी। युद्ध के दौरान येचेंग थल सेना का अठारहवां हस्पताल तीसरी ली सेनानिवास के लिए सबसे नजदीक सैन्य हस्पताल था; क्यूँकि बहुत बड़ी संख्या में लोग युद्ध में घायल हुए थे, येचेंग में एक क्लिनिक की स्थापना की गयी, और उस समय के ऊँचाई की बीमारी के पहले चीनी अनुसंधान केंद्र की भी स्थापना की गयी।

जब हमने शहीदों के लिए प्रार्थना कर ली, हम आगे बढ़े। तमारिक्स बीच ज्यादा दूर नहीं था, और उससे आगे, किताई दबान को पार करके, तियांशुहाई था। उससे पहले मैंने एक कहावत सुनी थी, "तमारिक्स बीच में कोई तमारिस्क नहीं है, तियांशुहाई में कोई मीठा पानी नहीं है।" (तियांशुहाई का मतलब होता है मीठे पानी का समुद्र।)

लेकिन, मुझे नहीं पता था कि ऐसा क्यूँ कहा जाता था। ऐसा कहा जाता था कि बहुत साल पहले कुछ विदेशी पर्यटकों का झुंड यहाँ आया था, उनके सभी लोग थक चुके थे, और उनके घोड़े थकावट के कारण लड़खड़ा रहे थे, इसलिए उन्हें रात बिताने यहाँ रुकना पड़ा। अगली सुबह, कई ऊंट और लोग कठोर लाश में बदल गये। इस कारण, तामरिस्क बीच को "राक्षसों की घटी" भी कहा जाता है। पर उसका तामरिस्क से क्या लेना–देना था? फान शुजुन ने मुझे बताया कि बहुत समय पहले यह घाटी तामरिस्क से भरी हुई थी, पर एक बार यहाँ विशाल कीचड़ का सैलाब आया और सारे तमारिस्क बहा के ले गया। उसके बाद, एक भी झाड़ी दोबारा नहीं उगी।

मेरा प्रश्न का जवाब अभी भी उसके विवरण में नहीं था। मैंने फिर से पूछा कि "तियांशुहाई में कोई मीठा पानी नहीं है" का क्या मतलब है? फान शुजुन ने बताया की तियांशुहाई में कोई ताजा पानी नहीं था, सिर्फ मीठा पानी था। लोग कहते थे कि शिनजियांग की आजादी के दौरान, पी.एल. ऐ. सैनिकों की एक कंपनी ने लंबी दूरी की जगह में धावा बोला, और तीन दिन तक पानी की एक बूंद भी नहीं पी। एक सैनिक सड़क में बेहोश हो गया। जब वो जागा, उसने बताया कि उसने सपने में एक विशाल समुद्र देखा; वह सपने में ऊपर चढ़ा और अपनी बची जान लगाकर पानी पीने लगा। पानी बहुत मीठा था। उसने अपनी बात खत्म की, और उसकी मृत्यु हो गयी। उसके साथियों ने उसे सड़क किनारे कहीं दफनाया और इस जगह का नाम "मीठे पानी का समुद्र" रखा। यह एक और दुखद, और मार्मिक कहानी थी। मैं बहुत गंभीर होकर अपने खयालों में खो गया, फिर कुछ भी नहीं बोला। उन दोनों ने भी कुछ नहीं कहा। बाद में फान शुजुन

ने चुप्पी तोड़ी, उसने तामरिस्क बीच में पिछले साल मध्य–शरद त्यौहार के दौरान हुई "टूटने–फटने" की घटना के बारे में बताया।

वह छठी बार पहाड़ की चढ़ाई कर रहा था। वापस आते वक्त उनके वाहन का पहिया कई बार फटा, और जब वह तामरिस्क बीच से बीस किलोमीटर की दूरी पर थे, उनका पहिया फिर फट गया। अब आगे बिल्कुल नहीं बढ़ा जा सकता था। रात के बारह बज रहे थे, पर काफिला नहीं रुका; वह आगे चलता गया। टुकड़ी के कमांडर ने उसे उसी जगह रूककर मदद के इंतजार करने को कहा। उनकी योजना असल में तीस ली दूर सेनानिवास पहुँचकर वहाँ मध्य–शरद त्यौहार मनाने की थी, लेकिन अब वह असंभव लग रहा था। फान को अकेले सड़क किनारे त्यौहार मनाना पड़ेगा। आधी रात का वक्त था और पहाड़ी घाटी बिल्कुल शांत थी। हवा भी नहीं बह रही थी; बीच–बीच में दूर कहीं से भेड़िये की कर्कश गरजने की आवाज सुनाई दे रही थी। आवाज काफी दूर से आती लग रही थी, पर काफी तेज थी। पहाड़ी मैदान में चाँद तेज चमक रहा था। चाँद शिनजियांग के ब्रेड की तरह गोल था। फान चपटी ब्रेड के बारे में सोचने लगा, और अचानक उसे तेज भूख लगने लगी। उसने वाहन के अंदर ब्रेड का पैकेट ढूँढा और फिर वाहन की छत पर चढ़ गया। उसने ब्रेड को अपने सीने से लगाया, फिर चाँद की तरफ देखने लगा, वह अपने बीवी, बच्चों के बारे में सोचने लगा। आंसू धीरे–धीरे उसके चेहरे से नीचे गिरने लगे।

"मेरे सपनों में अक्सर बख्तरबंद घोड़े और जमी हुई नदी दिखाई देती थी" उसने पाँच दिन "मौत की घाटी" में बिताए

जब हम दोपहर तामरिस्क बीच पर खाना खा रहे थे, मैं ली युए से मिला। मैं उससे काफी प्रभावित हुआ, उसकी वजह यह नहीं थी कि हम दोनों एक ही शहर से थे; बल्कि वह, खुद एक वाहन चालक था, लेकिन उसकी पत्नी स्नातक अनुसंधान सहायक पद पर थी। ली युए का परिवार शांक्षी के पू शहर के शिंग कसबे में रहता था। उनसे केवल दस किलोमीटर की दूरी पर फुपिंग का लाओ मियाओ था, जहाँ मेरा परिवार रहता था। ली युए 1992 को सेना में शामिल हुआ था और चौथी श्रेणी का

सैनिक था। जब वह अपनी पत्नी चेन फांग के बारे में बात करने लगता, ली बहुत बातूनी हो जाता। जब वह बोलता, तो जैसे उसे इस बात की बिल्कुल परवाह नहीं थी कि उसकी पत्नी अनुसंधान सहायक पद पर थी, लेकिन उसके चेहरे से इस बात का गर्व साफ दिखाई देता। उसने बताया कि वह और उसकी पत्नी एक ही माध्यमिक विद्यालय में पढ़ते थे, और एक ही डेस्क पर बैठते थे। फिर बाद में एक ही उच्चतर माध्यमिक विद्यालय में साथ–साथ गए, और एक–दूसरे को चाहने लगे। ली युए स्कूल की पढ़ाई पूरी करके सैनिक बन गया, और दोनों का फिर भी मेल होता रहा।

दो साल बाद चेन फांग का दाखिला शी'अन व्यावसायिक कॉलेज में हुआ। उस समय ली युए को लगा कि सब कुछ खत्म हो गया; जब वह एक यूनिवर्सिटी छात्रा बनी, वह उसकी महिला मित्र बनकर नहीं रहना चाहती थी, इसलिए उसने मिलना–जुलना बंद कर दिया। लेकिन चेन पहले जैसी ही थी, शायद पहले से भी बेहतर। उसने लगभग हर हफ्ते ली युए को संदेश भेजना शुरू कर दिया। चेन फांग ने फिर बाद में गणित की ग्रेजुएट डिग्री के लिए दाखिला लिया। लेकिन ली के लिए उसकी भावनाएँ कभी कम नहीं हुई, और यह बात ली को छू गयी। ली को सबसे ज्यादा प्रभावित किया कि कॉलेज का अध्यापक बनने के बाद भी फान ने उससे शादी करने के लिए पूछा। उसने शादी का विरोध कर रहे घरवालों की भी नहीं सुनी, और चुप–चाप जाकर ली से शादी कर ली। वह बचपन से सैनिकों को पूजती था; जब उसे पता चला कि ली युए रहस्यमयी अली क्षेत्र में अपने कर्तव्यों का निर्वाह करने जा रहा था, उसने दिल से ली युए को बहुत सराहा। चेन फांग कहती थी कि अली क्षेत्र में मौत और जीवन का संघर्ष करने वाले सैनिक उसके स्नेह और लगाव के हकदार थे। ली युए कहता था कि वह अपनी पत्नी का आभारी था, और खूब मेहनत करके उसका कर्ज चुकाना चाहता था। वह अपने खुद के स्वास्थ्य की देखभाल भी करना चाहता था, और अपनी पत्नी के पास सुरक्षित पहुँचना चाहता था।

लेकिन अली के पहाड़ी मैदानों में यात्रा करने का मतलब होता है अपनी जिंदगी को खतरे में डालना। दिसम्बर 2002 के अंत में, टुकड़ी के

चौदह वाहनों के काफिले ने ढुलाई का आखिरी कार्य किया। उस समय काफी ठंड थी; तापमान शून्य से घटकर बीस डिग्री तक पहुँच गया। वाहन फिर भी नहीं रुके; क्यूँकि एक बार वाहन का इंजन शुरू हो गया, तो बंद होने का बाद बड़ी मुश्किल से दोबारा शुरू होता था। जब वह "मौत की घाटी" में चल रहे थे, रात के बारह बज रहे थे। दू हुई का वाहन खराब हो गया, लेकिन काफिले ने फिर भी आगे बढ़ते रहना ही जरूरी समझा। एक बार रुके, तो सारे वाहनों को दुबारा शुरू करना मुश्किल हो सकता था। टुकड़ी के कमांडर ने उसे रूककर दू की मदद करने की अनुमति दी। वह आगे के पहिये के पास पहुँचा, और खराबी की जांच करने लगा। वाहन में एक पार्ट कम था, और उसकी मरम्मत नहीं की जा सकती थी। दोनों के वाहन रस्सी के दोनों छोर से बंधे हुए थे। वहाँ इतनी ठंड थी, कि उनसे और सहा नहीं गया, उन्होंने सबसे पुराना पहिया सड़क पर निकाला, और उसे जला दिया। ऐसा करने का एक और लाभ था कि भेड़िये भी नजदीक नहीं आते। दू हुई ने उसे जाने दिया, ताकि वह पार्ट ढूंढ पाए, और वापस आकर दू की जान बचा सके। मदद के लिए और इंतजार नहीं किया जा सकता था, इसलिए उसने सारा राशन और पानी पीछे ही छोड़ दिया, और खुद अकेले निकल गया।

सड़क पर बर्फ की मोटी परत जमी थी, और इस वजह से काफी फिसलन थी। ली युए कुछ दस किलोमीटर ही गया, जब वह एक ढ़लान पार कर रहा था, उसका वाहन जमी हुई झील में फंस गया। तब सुबह के तीन या चार बज रहे थे। उसने बहुत कोशिश की, लेकिन वह वाहन को झील से बाहर नहीं निकाल पाया। वाहन के आस–पास पानी जमा हो रहा था, जैसे पानी नीचे से ऊपर की ओर निकल रहा था, ऊपर आते ही पानी जम जाता, और परत दर परत बनती जाती। जितनी ज्यादा बर्फ वाहन के आस–पास इकठ्ठा हो रही थी, वहाँ से निकलना उतना ही मुश्किल था। वाहन बिल्कुल भी नहीं हिल सकता था। उसने अपना पाँव पेडल पर जोर से मारा, वाहन का पहिया और उग्र होकर बर्फ से घिसने लगता। फिर भी वाहन बिल्कुल भी नहीं हिला। आसमान में अँधेरा था और तारे जगमगा रहे थे। वह अकेला वाहन में बैठा रहा, और आसमान की ओर देखता रहा।

वह पहली बार अली क्षेत्र में डर महसूस कर रहा था। उसने "दुएल्लिस्ट" फिल्म की कुछ पक्तियाँ याद आईः "मौत मेरी ओर मुस्कुराते हुए आ रही थी, और मैं उससे मिलने जा रहा था।" अगले दिन जब सूरज निकला, बर्फ फिर से पिघलने लगी। उसने खुद को बचाने की एक ओर कोशिश की, और खुशकिस्मती से वह इस बार वाहन को बाहर निकलने में सफल रहा।

उस साल जब वह छुट्टियों में घर गया, हर रात उस भयानक हादसे के सपने देखता रहा। वह सपनों में पेडल को जोर से मारता, और अपनी पत्नी चेन फांग को लात मारकर बिस्तर से बाहर कर देता। जब चेन उससे पूछती कि क्या बात थी। तो वह बताता कि एक भयानक सपना देखा था। उसने चेन को जमी हुई झील की घटना बताई, और चेन रोने लगी, वह कहती, "मेरे सपनों में अक्सर बख्तरबंद घोड़े और जमी हुई नदी दिखाई देती थी।" ली युए ने कहा, "असल में, मेरे साथ जो हुआ, वह इतना भी बुरा नहीं था। दू हुई मुझसे भी ज्यादा मुश्किल में था। उसके बाद हमने शिकुआन नदी जाकर पार्ट उठाया, और उसकी जान बचाई; कौन सोच सकता था कि सड़कें बर्फबारी के कारण बंद पड़ सकती थी।" जब मैंने सुना कि दू हुई भी हमारे काफिले में ही था, मैंने फटा–फट खाना खाया, और "मौत की घाटी" की ओर जाते वाहन में उसके साथ बैठ गया। पूरी यात्रा के दौरान मैंने उससे काफी बातें की।

दू हुई ने बताया कि "मौत की घाटी" के बारे में कई कहानियाँ प्रचलित थी। एक कहानी बहुत दुखद थी। कई दशक पहले सर्दियों के दौरान, पी. एल.ऐ. के काफिले ने घाटी में प्रवेश किया, तेज आंधी का सामना किया, और बर्फ के ऊपर वाहन चलाया। सड़क, जो घाटी के मुँह की ओर जा रही थी, बिल्कुल अगम्य थी। सैनिकों के पास बहुत कम राशन और पीने का पानी बचा था। वह वहाँ एक हफ्ते तक फंसे रहे, और अंत में उन्होंने वाहन का पहिया और कैरिज जलाया। लेकिन इससे भी तेज आंधी का प्रकोप कम नहीं हुआ, और सभी सैनिक बर्फ में जमकर मर गए। उसके बाद में लोगों ने इस सड़क को "मौत की घाटी" कहा। काफिले ने धीरे–धीरे "मौत की घाटी" में प्रवेश किया। घाटी के दोनों तरफ के पहाड़ ऊँचाई में काफी नीचे थे और शानदार लग रहे थे। वह जगह समुद्रतल से

5, 300 मीटर की ऊँचाई पर थी, और मौसम का बिल्कुल अंदाजा नहीं लगाया जा सकता था। जब उसने उस हादसे के बारे में बताया, यह बिल्कुल साफ था कि वह खुद उस डर से उभर नहीं पाया था।

दू हुई ने बताया, "जब ली युए गया, मैं घाटी में बिल्कुल अकेला पड़ गया। मुझे बिल्कुल नहीं लगा कि मैं पाँच दिनों तक जिंदा रह पाऊंगा। मुझे लगा कि मैं तो गया, लेकिन बड़े चमत्कारिक ढंग से मेरी जान बचा गयी और मुझे नया जीवन दिया गया। मैं वो हादसा कभी नहीं भूल पाऊँगा।"

दू हुई ने बताया कि तापमान काफी कम था, और दोपहर के वक्त भी बर्दाश्त के बाहर था। जब सुबह सूरज निकलता, तो तापमान शून्य से दस डिग्री कम होता, और रात होने पर तापमान शून्य से तीस डिग्री कम तक चला जाता। वह शुरूआत में तो बिल्कुल नहीं डरा। काफिले और ली हुए ने उसके लिए तीन भुने हुए चिकन और पाँच सूअरों का गोश्त छोड़ा था, और साथ ही कई मन्ताऊ और छह बोतल पानी की भी थी। इतना खाना कई दिनों तक बिना कोई खास परेशानी तक चल सकता था। दिन के दौरान जब सूरज चमक रहा था, उसने पानी की बोतल खिड़की के शीशे के आगे रख दी, ताकि थोड़ी बोतल का जमा हुआ पानी पिघल सके। आधे या एक घंटे बाद थोड़ा पानी पिघला और उसने एक घूंट पिया, और फिर बोतल धूप में रख दी। उसने खाना भी थोड़ा गर्म होने के लिए बाहर निकाला, लेकिन कोई फायदा नहीं हुआ। खाना जमने के कारण सख्त ही रहा। जब उसने एक निवाला लेने की कोशिश की, वह इतना सख्त था कि उसके दांत दर्द करने लगे। उसने छोटे–छोटे टुकड़े करके खाना खाया, जैसे कि चिड़िया खाती है।

वहाँ कड़ाकेदार ठंड थी, तो वह सड़कों में जलाने के लिए कोई टूटा–फटा पहिया ढूँढने चला गया। भाग्य से शिनजियांग–तिब्बत हाईवे में हर जगह ऐसे कई पहिये देखने को मिल जाते हैं। लेकिन रात में वहाँ जाने की हिम्मत नहीं थी, उसे जंगली भेड़ियों के हमले का भी डर था, इसलिए उसे दिन–दिन में निकलना था। मौत की घाटी में कई भेड़िये हैं। जब वह आग देखते हैं, तो आगे नहीं बढ़ते। लेकिन आग के पास की

जगह बैठ जाते हैं और गरजने लगते हैं। उस समय उसने भी सोचा था कि अगर किसी कारण उसकी मृत्यु हो जाए, तो भेड़िये उसे चीर–चीर के आपस में बाँट लेंगे। वह सोचता रहा कि अगर वह मर जाए, तो उसकी लाश सैनिकों को सही–सलामत नहीं मिलेगी, और वह बहुत दुखद बात होती। यह सोचकर वह घबराने लगा। उसने बाद में अपने नजदीक की जगह में सारे पहिये जला दिए। जब आग बुझ जाएगी, तो भेड़िये भी वाहन के आस–पास भटकेंगे।

तीन दिन बीत गए, और कोई मदद नहीं पहुँची। दू हुई अब डरने लगा। भूख और बर्फ का पानी पीने के कारण उसे दस्त लग गए। उसकी आंतें भी सूजने लग गयी। अगर उसने एक घूंट और बर्फ का पानी पिया, तो फिर तीन मिनट में पेट में मरोड़ के कारण वह अपनी पतलून गंदी करने लगता। लेकिन उसे जीवित रहने के लिए पानी पीना ही था। कभी–कभी तो ज्यादा वक्त नहीं मिलता, वाहन से बाहर निकलना काफी खतरनाक था, इसलिए वह अपनी पतलून में ही अपना पेट हल्का कर लेता। दिन के समय इतनी समस्या नहीं थी; भेड़िये दिन में छुप जाते हैं, इसलिए वह हल्का होने बाहर जा सकता था। सारी परेशानियाँ रात की ही थी, और बाहर जाने के लिए उसे भेड़ियों के हमलों से बचने के लिए लाठी भी साथ रखनी पड़ती।

दू हुई ने बताया कि वह चौथे दिन बिल्कुल शक्तिहीन हो चुका था। उसे ऐसा लगता था जैसे उसका जीवन चाकू की धार पर हो। उसे नहीं लगा कि वह बच पाएगा, और इसलिए अपनी वसीयत लिखने के बारे में सोचने लगा। वह दो जगह अपनी वसीयत लिखना चाहता था, एक सैन्य इकाई के लिए, दूसरा उसके माता–पिता के लिए। लेकिन उसने काफी देर तक ढूँढा, उसे कोई पेन या कागज नहीं मिला। वह उदास होने लगा; ऊपर वाले उससे इतने नाराज कैसे हो सकते थे कि वह अपनी वसीयत भी नहीं छोड़ सकता था? पाँचवें दिन की दोपहर, उसके साथी उसे बचाने आए। वह मरने के कगार पर था।

समुद्रतल से 6, 700 मीटर की ऊँचाई पर जिशान दबान में उन्होंने विश्व में वास्तु–कला के सबसे बड़े नमूने की स्थापना की दोपहर के वक्त

हमने जीशान दबान पार किया। मौत की घाटी में मौसम काफी अच्छा रहा था, पर अब एक बर्फीला तूफान हमारा इंतजार कर रहा था। स्वर्ग और धरती मिलकर विस्तार में फैल गये, और उन्होंने जीशान को ढक लिया, हाईवे का सबसे ऊँचा पहाड़, जिसका एक रहस्यमयी घूँघट भी है। चोटी की ऊँचाई काफी ज्यादा थी, पर फिर भी वह तुलनात्मक समतल थी, और इस वजह हमें कोई खास खतरा नहीं लगा।

दू हुई के अनुसार, जब सैन्य इकाई यहाँ पहली बार आई थी, यहाँ लगभग कोई सड़क नहीं थी। वाहन किसी जंगली घोड़े की तरह ऊपर–नीचे भगदड़ मचाते हुए चलते; सड़कों की खस्ता हालत के कारण कई वाहन दलदल में गिरे। जब सैन्य इकाई यहाँ 2002 में आई, पहली निर्माण–ब्रिगेड की दो टुकड़ियों ने सौ दिन के कठिन परिश्रम के बाद यहाँ सड़क की नींव रखी। उससे पहले जीशान दबान को पार करने में चार या पाँच घंटे लगते थे, और अगर कोई दुर्घटना हो जाए, तो पार करना लगभग असंभव हो जाता। अब इन सड़कों पर यात्रा करना आसान था, और जीशान दबान को एक घंटे में पार किया जा सकता था।

जीशान दबान में शिनजियांग और तिब्बत की विभाजन रेखा है। यहाँ से शुरुआत करते हुए, हमने अली क्षेत्र में प्रवेश किया। यह आठवीं सैन्य इकाई की सुरक्षा एवं संरक्षण दल का आरम्भ–स्थल था। इसलिए जब हमारा काफिला चोटी पार करने लगा, मैंने रुकवाकर कुछ तसवीरें खींची। मैं पेशाब भी करना चाहता था, यह साबित करने के लिए कि मैं भी हीरो था। जब मैं वाहन से उतरा, मैं दौड़कर एक मशहूर पत्थर की सिल्ली के पास गया। पर मैं बहुत निराश हुआ, वह बहुत साधारण पत्थर था, और उसकी ऊँचाई किसी आम इंसान के आधी थी। उसके ऊपर लगा लाल पेंट बारिश और आंधी के कारण धुल गया था, पर फिर भी उस पर लिखा समझ सकता था।

उस पर लिखा थाः जीशान दबान, समुद्रतल से 6, 700 मीटर की ऊँचाई पर। वहाँ चोटी पर काफी ठंड थी, और ऊपर से घनी बर्फ भी गिर रही थी। हवाएँ तेज चल रही थी; पत्थर की सिल्ली से बंधा हुआ बहुरंगी फड़फड़ा रहा था, जैसे हमारे आने का स्वागत कर रहा हो। वहाँ इतनी

ठंड थी, कि मैं लगातार कांप रहा था। मेरा सर भी बहुत दुःख रहा था, इसलिए मैंने फटाफट तस्वीरें खींची, पेशाब किया, और वाहन में शिन झिवेई के साथ बैठ गया। उसने बताया कि वह जगह बहुत खतरनाक थी और वह वाहन से ज्यादा देर बाहर रहने की हिम्मत नहीं कर सकते थे। आखिरी बार जब कोई सैनिक वाहन से तस्वीरें खींचने बाहर निकला, वह बेहोश पड़ गया, और कृत्रिम ऑक्सीजन चढ़ाई जाने के बाद ही दोबारा होश में आया।

जब मैं वाहन में बैठा, मैंने ध्यान दिया कि वह सैनिक जिसे पिछले दिन ऊँचाई की बीमारी हुई थी, अब वहाँ नहीं था। शिन झिवेई ने बताया कि वह अब ठीक था, और सबसे आगे के वाहन में सवार था। वाहन के अदंर गर्मी थी, और मेरा सर–दर्द भी हट गया। लेकिन, शिन झिवेई लगातार छींक रहे थे, और अपने रेशम के ओवरकोट में भी कांप रहे थे। शायद उन्हें और भी ज्यादा ठंड लग गयी थी, वह वाहन से नीचे उतरकर मुझे बुलाने गये थे। शाम के वक्त हम समुद्रतल से 4, 700 मीटर की ऊँचाई पर दुओमा पहुँचे। यहाँ तीसरी टुकड़ी तैनात थी। यह पहली टुकड़ी थी, जिसे मैंने पूरे रास्ते में देखा। रितु काउंटी में तैनात पहली और तीसरी टुकड़ी पूरे रास्ते में सबसे ऊंचे निर्माण–स्थल पर तैनात थे। जब हम खाना खाकर हटे, मैंने स्टेशन के डॉक्टर ली झिपेंग को शिन झिवेई को ग्लूकोस चढ़ाने को कहा, ताकि उनकी हालत और न बिगड़े।

पहाड़ मैदान में जुकाम भी बहुत खतरनाक बीमारी हो सकती है। शिन झिवेई बिस्तर पर लेटे, और उन्होंने कुछ कहने के लिए अपना मुँह खोला। मैं जानता था वह क्या कहना चाहते थे, इसलिए अपने हाथों से उन्हें बोलने से रोक दिया। वह शर्मिंदा होकर हंसने लगे और कहने लगे, "सेक्शन चीफ, तुम एक मजबूत इंसान हो!"

मैं चिकित्सा–कक्ष से बाहर निकला, और अनौपचारिक बातचीत के लिए सैनिकों को बुलाने लगा। उस समय दस बज चुके थे। मैं सैनिकों को आराम करने से रोकना नहीं चाहता था, पर मुझे लंबी यात्रा करनी थी, और मेरे पास वक्त कम था, और इसलिए मेरे पास इंटरव्यू लेने के लिए एक रात ही थी। मैंने उनसे कहा, "मैं तुम्हे रोकने के लिए माफी चाहता

हूँ। तुमने अली में बहुत मेहनत की है और हथियारबंद पुलिस परिवहन सैन्य इकाई का नाम ऊँचा किया है। मुझे तुम्हारी कहानी लोगों को बतानी चाहिए। मैं चाहता हूँ कि तुम मुझे अपनी कहानियाँ और अनुभव सुनाओ।" सैनिक काफी प्रभावित हुए। "आप यहाँ हमसे मिलने आए हो, इसका मतलब है हम पहले से ही बहुत खुश हैं।" उस रात हमने लंबे समय तक बातें की, और हमारी बातचीत सुबह एक बजे जाकर खत्म हुई। टुकड़ी का कमांडर वांग गेन्तुआन शांक्षी के फूगू से था। वह तीस साल का था और उसकी अब तक शादी नहीं हुई थी; ऐसा नहीं था कि वह चाहता नहीं था, लेकिन उसके पास अपना जीवन–साथी चुनने का भी समय नहीं था। वह पिछले दो सालों से घर नहीं गया था। जब वह घर में था, उसने दो महिला–मित्र बनाई थी, लेकिन जब उन्हें पता चला कि वह अली प्रदेश जा रहा था, वह डर गयी और उससे दोबारा नहीं मिली। कुछ ऐसे भी थे जो वांग के अली जाने से बिल्कुल नहीं डरते थे, लेकिन जब उन्होंने वांग का गंजा सर देखा, वह भी अनिच्छुक हो गए। अली में लंबे समय तक रहने वाले लोगों में बालों का झड़ना सबसे आम समस्या थी। वांग गेन्तुआन ने कई उपाए सोचे, और दवाइयाँ भी ली, लेकिन कोई असर नहीं हुआ। जब वह अपने बाल धोता था, उसके बाल एक–एक करके झड़ते रहे। उसके बाद, गुस्से में आकर उसने अपना पूरा सर ही मुंडवा लिया। लेकिन वह फिर भी काफी आशावादी था, और बोलता था कि अगर लड़कियाँ उसकी परवाह नहीं करती, तो यह उनका नुक्सान था। "असल में", उसने कहा, "मैं बहुत अच्छा इंसान हूँ।" जब वह जीशान दबान में अपने मुश्किल समय के बारे में बात करता, वांग गेन्तुआन का सारा मनोबल गिरने लगता।

उसने बताया कि उन्होंने पहाड़ में तंबू गाड़े। वहीँ निर्माण–स्थल में रहते और खाते रहे, और पार्टी सदस्यों ने मिलकर एक अग्रिम ब्रिगेड की स्थापना की, जो दिन–रात काम करती थी। वहाँ का मौसम बहुत अस्थिर और खतरनाक था; वहाँ दिन में कई बार बारिश हो सकती थी, ओले पड़ सकते थे, बर्फबारी हो सकती थी, लेकिन लगातार ठंड बनी रहती। उन्हें डर था कि शाम तक उनके द्वारा खड़ी की गई दीवार बर्फ में जमकर

बिखर सकती थी, इसलिए उन्होंने पूरी दीवार को रेशम की रजाई से ढक दिया। रात में दो सैनिक एक रजाई के अंदर सोते थे।

जीशान के निर्माण–कार्यों में दो तरह की परेशानियाँ थी। पहली, गारे के घोल को ठोस करना मुश्किल था। पहाड़ी मैदान में किसी और जगह गारे को जमकर ठोस होने में छह या सात दिन लग सकते थे, लेकिन जीशान में पन्द्रह या बीस दिन लग जाते थे। इसका मुख्य कारण था कि यहाँ का तापमान ज्यादा ठंडा था। शाम के वक्त तो जमकर ठोस हो जाता, लेकिन सुबह धूप में फिर से तपने लगता; इस तरह की गर्मी और ठंडी के बीच गारे का ठोस बने रहना मुश्किल था। दूसरी समस्या थी पीने के पानी को लेकर। पहाड़ में कहीं पानी नहीं मिलता था, और उन्हें साठ किलोमीटर चलकर जमी हुई झील से पीने का पानी निकालना पड़ता था। उन्होंने झील में एक बड़ी हिम दरार खोद रखी थी, जिससे वह पानी निकालते थे। रात के समय पानी का स्तर बढ़ जाता, और सुबह हिम दरार में उन्हें स्वच्छ पानी मिलता। पहाड़ों में तो पानी साठ डिग्री तापमान में उबलता है। जिस दौरान वह बड़ी मेहनत से काम कर रहे होते, कैंटीन का रसोइया निर्माण–स्थल में खाना पहुँचाता। जब वहाँ धूलभरी आंधी चलती, उनके कटोरे धूल से भर जाते। वह अपनी चोप–स्टिक से कटोरे में खाना खाते। और खाने के साथ धूल के कंकर भी चबाते। वह दिन बड़े कठिन थे और कई सैनिक बीमार पड़ गये, फिर भी हठी होकर अपने–अपने कामों में लगे रहते।

लिऊ युमिआओ मूल रूप से सैन्य–सामग्री इकाई में काम करने वाला एक अफसर था, लेकिन बाद में उसका तीसरी टुकड़ी के आधुनिक तकनीशियन कोर में तबादला कर दिया। पिछले साल, उसने एक प्रशिक्षक बनके नए सैनिकों की ट्रेनिंग करवाई, पर इस साल जब वह जीशान आया, वह अपने ट्रेनिंग कैंप के किसी भी सैनिक को नहीं पहचान पाया। सभी नए सैनिकों के चेहरे काले पड़ गये थे, और उनकी त्वचा में छिलने के कई निशान बन गए थे। उनके होंठ फट गए थे, और उनमें से खून बह रहा था। वह सांवले और नाजुक युवक जो उसके पास आए थे, एक महीने में ही पहाड़ी मैदानों के जंगलियों जैसे बन गए। यह सब देखकर लिऊ

युमिआओ काफी उदास़ हुआ, और उसने खुद को रोने से रोका। फू शुआनबेन, कैंटीन कोर का एक सैनिक, ने बताया कि मई महीने में टुकड़ी की सभी सब्जियाँ खत्म हो गयी। वह जमी हुई झील में कुछ मछलियाँ पकड़ने गए। बर्फ के ठंडे पानी में उनकी हड्डियाँ कंपकंपा रही थी, उन्हें ऐसा लग रहा था जैसे कोई कुत्तों का झुंड उनकी टांगों को काट रहा था, नोच रहा था। वह कई दिनों तक मछलियाँ पकड़ने गए, फिर बाद में उन्हें सर्दी लग गयी और महीने बाद ही फिर से स्वस्थ हो पाए।

अगले दिन मैं सुबह जल्दी उठा, और सेनानिवास के बाहर हाईवे पर कैमरा लेकर खड़ा हो गया। मैं सुबह–सुबह कसरत के लिए जाने वाले सैनिकों की तसवीरें खींचना चाहता था। इस जगह, समुद्रतल से पाँच हजार मीटर की ऊँचाई पर, सवेरे का व्यायाम काफी मुश्किल होता है; इतनी ऊँचाई का मतलब है– पीठ पर तीस या चालीस किलो का वजन उठाकर दौड़ना। टुकड़ी के कमांडर वांग गेन्तुआन ने मुझे बताया कि वह हर हफ्ते पाँच ड्रिल करते थे। जब मैंने तस्वीरें खींच ली, मैंने सड़क किनारे दलदली घास में तीन काली गर्दन वाले सारस पक्षियों को देखा। मैंने उनका पास से फिल्मांकन किया। वह उड़े थे, जो मुझे बहुत अजीब लगा। वांग गेन्तुआन ने बताया कि वह एक परिवार के तीन सदस्य हैं और सैनिकों को देख के घबराते नहीं है। मैंने उससे पूछा कि ऐसा क्यूँ था, उन्होंने बताया कि पिछले साल कई सैनिक लगभग दस ली दूर जमी हुई झील से पानी निकालने गए थे, उन्होंने पानी से एक काली गर्दन वाले सारस पक्षी को बाहर निकला, जो पैर से घायल था। वह उसे वापस ले गए और डॉक्टर ने उसकी टांगों में बैंडेज बांधी। वह झील जाकर उसके खाने के लिए मछली पकड़ने गए। सैनिकों ने तीन महीने तक पक्षी की देखभाल की और फिर वह अपनी चोट से उभर गया। सैनिकों ने सारस पक्षी के साथ एक गहरा रिश्ता बना लिया, पर उन्हें उसे आजाद भी करना था। काली गर्दन वाला सारस पक्षी उड़ गया, और फिर वापस आया, और दो और सारसों को लाया, जो उसके माता–पिता थे। उसके बाद से तीनों सारस पक्षी यहीं पास में रहते थे, और कभी–कभी उड़कर सेनानिवास भी जाते थे।

ऐसा कुछ दूसरी टुकड़ियों में भी हुआ था। मैंने बाद में सुना कि जब पहली टुकड़ी अपने निर्माण–कार्यों में लगी हुई थी, दो बाज ऊपर चोटी से नीचे आ गिरे। सैनिक उन्हें अपने साथ ले गया, उसने उन्हें खिलाया, पिलाया, उनकी देखभाल की। जब वह खाते थे, तो बाज उड़कर सैनिकों के कंधों में जा बैठते, और उनसे कटोरे में बचे चावल के लिए झगड़ा करते। वांग गेन्तुआन ने बताया, "अनजान अली क्षेत्र में, सभी जीव–जंतु एक साथ मिलकर प्रकृति का सामना करते थे। यह जीने–मरने के संघर्षों का अनुभव दूसरे इलाकों के लोग नहीं अनुभव करते।"

जब हम नाश्ता कर लिया, हमने रितु की ओर प्रस्थान किया। बांगोंग झील के पास के हाईवे में हम पहली निर्माण ब्रिगेड के कई अफसरों से मिले, जो पूरे सभी निर्माण–कार्यों की देखरेख कर रहे थे। मैं वहाँ रुका और काफिले को मेरे बिना जाने दिया।

बांगोंग झील रितु काउंटी के उत्तर में पड़ती थी, और चीन से निकलते हुए पश्चिम दिशा की ओर जाती थी, जहाँ यह कश्मीर में प्रवेश करती। सबसे ज्यादा विचित्र बात थी कि चीनी के इलाकों की सभी झीलों का पानी ताजा था, लेकिन कश्मीर में प्रवेश करते ही वह पानी नमकीन हो जाता। चीन की सीमाओं में झील के बीचोंबीच एक छोटा सा टापू था, जिसे दुनिया का सबसे ऊँचा टापू कहा जाता था। उस टापू में पक्षियों का ही बसेरा था। लंबी गर्दन वाले कलहंस, भूरे रंग वाले गंगा–चिल्ली पक्षी, और और काली गर्दन वाले सारस पक्षी, और बीस अलग–अलग प्रजातियों के पक्षियों ने डेरा जमा रखा था। उनकी संख्या इतनी ज्यादा थी, कि जब वह एक साथ उड़ते, तो पूरे सूरज को ढक लेते और उनकी चहचहाने की आवाज किलोमीटर दूर तक भी सुनाई देती।

हम नदी किनारे मैदान पर बैठे, और बातें करने लगे। लू किंग, प्रशिक्षक, का चेहरा नीला, लाल, काला और हरा भी लग रहा था; पहली बार देखकर मुझे लगा कि वह कोई तिब्बती होंगे, लेकिन बाद में पता चला कि वह भी शांक्षी के थे। वह पिछले साल के शुरुआत से पहाड़ों में आए थे, और तब से यहीं रह रहे थे। उनकी पत्नी और बच्चे शिनजियांग के मौकांग में रहते थे। पहले सैन्य इकाई ने उन्हें उरुमकी की सैनिक

परिवारों की कॉलोनी में एक घर दिया था। पर उनके पास वहाँ सामान ले जाकर रहने का समय नहीं था। जब हमारी बातचीत जीशान के संघर्षों तक पहुँची, लू किंग ने बताया कि मुझे निर्माण ब्रिगेड के उप–कमांडर और पहली टुकड़ी के कमांडर लू गुओयोंग से बात करनी चाहिए। सैन्य इकाई ने लगातार तीन सालों तक उनकी अगुवाई में पहली टुकड़ी को अली जाने वाली अग्रिम टुकड़ी बनाने की निर्णय लिया था। उन्हें पिछले दो सालों से उनकी सेवा के लिए तीसरी श्रेणी के पुरस्कार से भी सम्मानित किया गया।

लू गुओयोंग लंबे और हृष्ट–पुष्ट थे; उनका चेहरा भी लू किंग की तरह नीला पड़ गया था। उन्होंने बताया कि जून 2002 की छह तारीख के दोपहर, उनकी टुकड़ी को अगली सुबह जीशान दबान की ओर प्रस्थान करने के आदेश मिले। उन्होंने चौबीस सैनिकों और आठ लोडर वाली टीम की अगुवाई की, और उसी शाम रितु काउंटी की ओर रवाना हो गए। अगले दिन सुबह सात बजे, वह अपने निर्धारित स्थान पर पहुँचे।

उन्होंने वहाँ की दलदली जमीन पर तंबू गाड़े, और पत्थर इकठ्ठा करकर अस्थायी बेड तैयार किए। वह उन बिस्तरों पर सोए, जहाँ उनके नीचे पानी बह रहा था। उन्होंने अपनी यात्रा शुरू ही की थी, और उन्हें नूडल्स खाकर गुजारा करना पड़ा। ऊँचाई के कारण, नूडल्स उबालने पर पिलपिले से हो जाते। वह ज्यादातर नूडल्स ही खा रहे थे। तीसरे दिन तक सभी सैनिकों के चेहरे, होंठ फटने शुरू हो गए, और उन्हें "रैबिट माउथ" सिंड्रोम हो गया। हर दो या तीन दिन में एक सैनिक बीमार पड़ जाता, और उसे खूने चढ़ाने की जरूरत पड़ती। कभी–कभी तो पलटन के दो–तीन सैनिक एक साथ बीमार पड़ जाते। टुकड़ी के पास जमीन समतल करने के लिए तीन मशीनें थी, लेकिन सिर्फ दो ऑपरेटर ही स्वस्थ थे। लू गुओयोंग, जो खुद एक ऑपरेटर के बेटे थे, ने खुद एक मशीन चलायी, सैनिकों के साथ कंधे से कंधे मिलाकर इस युद्ध में हिस्सा लिया।

जब निर्माण–कार्य सबसे ज्यादा मुश्किल था, वह तीन दिनों के अंतराल में सिर्फ चार या पाँच घंटे ही सोए। कैंटीन के रसोइये सुबह

पाँच बजे पलटन को खाना पहुँचाते, और उन्हें लू ड्राईवर के कम्पार्टमेंट में सोए मिलते। वह उन्हें नहीं जगाते। जिस समय वह जागते, दोपहर हो चुकी होती। वह बहुत क्रोधित होकर रसोइये को डांटते, "तुमने मुझे जगाया क्यूँ नहीं?" रसोइया रोते हुए कहता, "कमांडर, मैं जानता था कि आप बहुत थके हुए होंगे, इसलिए आपको जगाने की हिम्मत नहीं कर पाता।"

पहली टुकड़ी का मौजूदा कार्य था– सड़कों के ढांचे की नींव रखना। लेकिन, दलदली जमीन में निर्माण कार्य बहुत मुश्किल था। वह जिस चीज की मरम्मत करते, वह दूसरे दिन दलदल में धंस सकती थी। वह एक काम को तीन बार करते, फिर सड़कों को पत्थरों से ढक देते। उन्होंने जून से लेकर अक्टूबर के 109 दिनों में पैंसठ किलोमीटर की सड़क की नींव रखी। एक साल बाद, पहली टुकड़ी ने जीशान दबान में 145 किलोमीटर लम्बी सड़क बनाई, और ऊँचे इलाकों में निर्माण–कार्य के सभी कीर्तिमान तोड़ दिए।

आठ जुलाई 2003 को, लेफ्टिनेंट जनरल लिऊ युआन, हथियारबंद पुलिस मुख्यालय के उप–महासचिव, शिनजियांग–तिब्बत हाईवे की जांच की। जब उन्होंने जीशान दबान पार किया, उन्होंने सैनिको के फटे गालों को हाथों से छुआ, उनके फटे हाथ देखे; वह इतने दुखी हुए कि रोने लगे। उन्होंने कहा, "आप लोगों ने बहुत मेहनत की है! जिस सड़क की आपने मरम्मत की है, वह स्वर्ग का रास्ता है। आप सभी हथियारबंद पुलिस परिवहन सैन्य इकाई की शान हो, और इस मातृभूमि और तिब्बत के लोगों को आप पर गर्व है! वांग शेंगली, सैन्य–संचालन विभाग के उप सेक्शन चीफ, ने एक उस शाम पर पहाड़ में एक कविता लिखीः

दोनों हाथों से सैनिकों के फटे गालों को सहलाकर, जनरल रोने लगे, यह कैसा चेहरा बन गया था?

क्या सूरज की गर्मी में एक आलू के छिलके निकल रहे थे, क्या किस बैंगन को निर्जाल किया गया, या पहाड़ों की कोई बंजर जमीन जैसा था?

रितु काउंटी में जहाँ पहली टुकड़ी तैनात थी, मैं लिऊ पैझु, सहायक सैन्य इकाई कमांडर, से मिला। जब हम अली क्षेत्र के मुश्किल जीवन के बारे में बात कर रहे थे; लिऊ पैझु ने कहा कि वह असल में कष्टों से नहीं घबराता; उसे मृत्यु से ज्यादा डर लगता था। जब लिऊ सिर्फ छह साल का था, उसके माता–पिता दोनों गुजर गए, और उसका बचपन बड़ी मुश्किलों से बीता। अली हर प्रकार के कष्टों से भरा पड़ा था, लेकिन लिऊ को भी दुःख सहने की आदत बन गयी थी। लेकिन वह अपने प्रियजनों को खोने का दुःख नहीं झेल सकता था, न ही अपने साथियों को मृत्यु और जीवन के बीच झूलते देख सकता था। वह अली में लगातार दो बसंत ऋतु रुका और घर बिल्कुल नहीं गया। उसके माता–पिता तो नहीं थे, लेकिन एक भाभी थी। उसके माता–पिता के गुजरने के बाद उसकी भाभी ने ही उसकी अकेले देखभाल की। वह उन्हें बहुत याद करता था। वह उसकी माँ जैसी ही थी। लेकिन अली में आने के बाद से वह उनसे नहीं मिला था। पिछले बसंत के त्यौहार के दौरान उनकी मृत्यु हो गयी। वह अली में अपने घर की दिशा की ओर बैठ गया, और अपनी भाभी के लिए तीन बारी अपना सर जमीन से टकराने लगा। उसने मुझे बताया कि वह बहुत छोटा था जब उसके माता–पिता गुजर गए, और उसे दुःख की समझ नहीं थी। पर उसकी भाभी के गुजरने के बाद, उसने सच में बिछड़ने का दुःख सहा। वह उनके क्रियाकर्म के लिए भी घर नहीं जा पाया, पर विश्व के सबसे ऊँचे स्थान से ही उनके लिए प्रार्थना की।

लिऊ पैझु ने पिछले साल दूसरी बार मौत और जीवन का संघर्ष महसूस किया। उसने नए सैनिकों के दल का नेतृत्व किया और पहले वह येचेंग पहुँचे, फिर बाद में अली गए। जब वह तामरिस्क बीच पहुँचे, एक नया सैनिक बीमार पड़ गया। उनके साथ का डॉक्टर कुछ नही कर पाया, इसलिए उसके इलाज के लिए उन्हें अली जल्दी पहुँचना था। काफिला तेजी से आगे बढ़ा। यात्रा के दौरान लिऊ बीमार सैनिक की देखभाल कर रहा था; वह उस सैनिकों की साँसों को धीरे–धीरे धीमी होती महसूस कर सकता था। वह बहुत डर गया, वह डर गया कि उसका एक नौजवान साथी उसकी बांहों में ही कहीं दम न तोड़ दे। वह बहुत घबरा गया था,

और पूरे रास्ते रोता गया। रोते–रोते उसने उस बीमार सैनिक से कहा, "दोस्त, हम जल्दी पहुँच जाएँगे। तुम्हें हिम्मत रखनी होगी....." जब वह नया सैनिक शिकुआन नदी पहुँचा, उसे एक हफ्ते तक कृत्रिम ऑक्सीजन पर रखा गया, और फिर जाकर दोबारा स्वस्थ हुआ।

अध्याय – 3

शिकुआन नदी में घोड़ों को पानी पिलाया

जब मैंने शिकुआन नदी पर दूर से कस्बे का नजारा देखा, मैं थोड़ा निराश हुआ। वह कस्बा मुझे बहुत साधारण लगा, जैसे कोई शेर अपनी नींद से न जागा हो। नदी किनारे वह कस्बा बहुत उदासीन और सुनसान लग रहा था, और चारों ओर पहाड़ों से घिरा हुआ था। वहाँ दुनिया के सबसे ऊँचे स्थान की स्थानीय सरकार थी, वह जगह चीन और विश्वभर में काफी मशहूर थी।

अली किसी समय पूर्व और पश्चिम के बीच आर्थिक दृष्टि के आधार पर बहुत महत्वपूर्ण जगह थी। पश्चिमी एशिया, मध्य एशिया, और दक्षिणी एशिया को जोड़ने वाला सिल्क रूट अली की इस जगह से होकर गुजरता था। तिब्बती बोन धर्म का जन्म इसी धरती पर हुआ था, और एक प्राचीन सभ्यता का भी जन्म यहीं हुआ था।

प्रचलित कहानियों के अनुसार, शिकुआन नदी का किनारा तामरिस्क बीच का सबसे बेरंग और सुनसान इलाका हुआ करता था। जब शिनजियांग–तिब्बत हाईवे यातायात के लिए पहली बार 1964 में खुला, उन्होंने इस जगह कई सेनानिवास और सार्वजनिक इमारतें बनाई। 1966 में अली की स्थानीय सरकार गी'अर से यहाँ आई। शिकुआन नदी का यह कस्बा और गी'अर का आपस में गहरा संबंध रहा था; दोनों को शिकुआन

नदी ही अलग करती थी। गी'अर का तिब्बती भाषा में मतलब "तंबू" होता है; इसका ऐसा नाम कई सेनानिवासों और सैन्य ठिकानों के होने के कारण पड़ा। हथियारबंद पुलिस परिवहन सैन्य इकाई की आठवीं टुकड़ी के प्रशासन ने गी'अर काउंटी में अपना ठिकाना रखा।

एक होनहार नौजवान

जब सैन्य इकाई के कमांडर मा हैकिंग को मैंने पहली बार देखा, तो मुझे वो बिल्कुल पसंद नहीं आए; उन्होंने रंगबिरंगे चश्में पहन रखे थे। मैंने इस बारे में उनसे बाद में पूछा, तो जाना कि उन्हें कोई आँखों की बीमारी थी और किसी शारीरिक बीमारी से भी जूझ रहे थे। यह सुनकर मेरे दिल में हथियारबंद पुलिस परिवहन सैन्य इकाई के इस कमांडर के प्रति सहानूभूति बढ़ी। मा हैकिंग अपनी बीमारी के बारे में बात नहीं करना चाहते थे, लेकिन मेरे बार–बार पूछने पर उन्हें बताना ही पड़ा। उन्होंने कहा कि उन्हें "तीन बीमारियाँ और एक चिढ़" थी।

उनकी आँखों में मोतियाबिंद था और उन्हें धूलभरी आंधी से बचकर रहना पड़ता था। लेकिन सैन्य इकाई के कमांडर होते हुए, उन्हें हर दिन शिनजियांग–तिब्बत हाईवे का दौरा करना होता था, जहाँ काफी धूल होती थी। इस कारण उनकी आँखों की बीमारी और भी गंभीर हो गयी। उनका पिछले साल उरुमकी में एक ऑपरेशन भी हुआ था, जो उनकी बीमारी को जड़ से ठीक नहीं कर पाया। उनकी दूसरी बीमारी रक्तचाप की थी। उन्हें यह बीमारी 2001 में लगी थी, जब वह मुख्यालय के निदेशक जनरल शी झओकिन के साथ शिनजियांग–तिब्बत हाईवे की जांच करने गए थे। उसके बाद से उनका रक्तचाप कभी कभी 160 से नीचे नहीं गया।

उनको सबसे गंभीर बीमारी बवासीर की थी। वहाँ एक कहावत थी, "हर दस लोगों मे 9 को बवासीर होती थी।" बवासीर कोई जानलेवा बीमारी नहीं थी, लेकिन उनकी गंभीर थी। मैंने कभी बवासीर से इतनी बुरी हालत किसी की नहीं सुनी थी। उन्हें 2002 में यह बीमारी लगी, जब सैन्य इकाई अली में आई ही थी, और अपने निर्माण–कार्यों में लग गयी। उस साल वह और उनके साथी भेड़ों के बाड़े में सोते थे, और मिलकर

सेनानिवास बना रहे थे; वह किसी जंगली घोड़े की तरह थे, जो शिनजियांग–तिब्बत हाईवे में अपनी जान की परवाह न करते हुए हजार ली दूर तक का चक्कर लगाते। उस साल के अंत तक सभी सैनिक नए सेनानिवास में रहने लगे, पर मा हैकिंग अपने बिस्तर एक नयी बीमारी लेकर गए। वह कहते थे कि उनकी बीमारी एक फूलगोभी की तरह थी। उनका रोज खून निकलता और उन्हें तंपन रुई लगानी पड़ती थी। वह शौचालय जाने से बहुत घबराते थे। उन्होंने कभी किसी को नहीं बताया, लेकिन उनका इतनी मात्रा में खून बहता था कि कोई भी डर जाए। इतना खून बहकर वह सोचते थे कि उनके शरीर में कितना खून बचा होगा। वह पहाड़ के नीचे जाकर अपना ऑपरेशन कराना चाहते थे, लेकिन उनके पास बिल्कुल वक्त नहीं था।

मा हैकिंग ने अपनी "एक चिढ़" के बारे में बताया। "मैं अली में रात में बहुत कम सो पाता हूँ। मैं एक रात में ज्यादातर तीन या चार घंटे ही सो पाता हूँ; मेरी आँखें सुबह तक भी खुली रहती है। तुम नहीं अंदाजा लगा सकते कि बिना नींद के कैसे महसूस होता है। मुझे रोज नींद की गोलियाँ लेनी पड़ती है, एक से मेरा कुछ नहीं होता; मैं दो गोलियाँ लेता हूँ।" मा हैकिंग ने बताया कि जब इस सैन्य इकाई का गठन हुआ और उन्हें कमांडर नियुक्त किया गया, उनमें बिल्कुल आत्मविश्वास नहीं था, और वह आगे की मुसीबतों को लेकर डरा करते थे। अप्रैल 2001 में वह मुख्यालय के जनरल शी झाओकिन के साथ शिनजियांग–तिब्बत हाईवे का निरीक्षण करने गए। जब उन्होंने यहाँ का प्रतिकूल वातावरण और चल रहे निर्माण कार्य की स्थिति देखी, उनकी चिंता और बढ़ गई। वह पूरे रास्ते में मौन और नामिलनसार थे; वह बहुत कम बोले, बेपरवाह और उदास लग रहे थे। जनरल शी ने उन्हें डांटते हुए बोला, "मा हैकिंग, तुम अपनी मनोदशा ठीक करो! तुम एक कोर के लीडर हो; अगर तुम्हें अपने ऊपर विश्वास नहीं रहेगा, तुम एक सैन्य–इकाई का नेतृत्व कैसे करोगे?" पूरे रास्ते में जनरल शी ने उन्हें इस तरह कई बार फटकार लगाई।

बीस दिनों के अंतराल में उन्होंने अपने स्तर का खाना सिर्फ दो बार ही खाया, एक बार तामरिस्क बीच में और दूसरा पुलान में। बाकि के समय

उन्होंने मंताऊ, नमकीन सब्जियाँ, और नूडल्स ही खाए। कभी–कभार उनके पास रहने की कोई जगह नहीं होती, और वह किसी चरवाहे की भेड़शाला में रहे। जनरल शी ने बहुत मुश्किल हालातों में भी कृत्रिम ऑक्सीजन लेने से मना कर दिया। जनरल का ऐसा हौंसला देखकर मा हैकिंग बहुत प्रभावित हुए। जनरल पचास साल के थे, फिर भी उन्होंने दृढ़ इच्छाशक्ति दिखाई; वह खुद इतने मजबूत क्यों नहीं हो सकते? जब उनका निरिक्षण खत्म होने को था, मा हैकिंग जनरल के सामने खड़े हो गये, उनका विश्वास बढ़ गया था, उन्होंने कहा, "आप मुझपर विश्वास कीजिये। मैं सैन्य–इकाई का अच्छे से संचालन करूँगा, मुख्यालय के सभी निर्देशों को पूरा करूँगा, 'वहाँ जाओ, डटकर खड़े रहो, और जीतो!'" जनरल की अटल और जिद्दी आँखें भी नम हो गयी। "हैकिंग, मैं जानता हूँ कि यह बहुत मुश्किल है; तुम पर बहुत दबाव भी है। पर केन्द्रीय पार्टी समिति और सैन्य परिषद ने हमें यह काम सौंपा है, और इसलिए हमें इस काम को पूरा करने के बारे में सोचना चाहिए!" अप्रैल 2002 में मा हैकिंग और महासचिव जू कोंग ने अली के पहाड़ी मैदान में आठवीं टुकड़ी के सैनिकों की अगुवाई की। उन्होंने 'वहाँ जाओ' लक्ष्य बड़ी आसानी से पूरा किया। उसके बाद उन्होंने सैनिकों की सड़कों की मरम्मत, रखरखाव और उन्हें यातायात के लिए खुला रखने की मुहीम की सफलतापूर्वक अगुवाई की, और सेनानिवास भी बनाए। पाँच महीनों में उन्होंने 16, 000 किलोमीटर वर्ग में सेनानिवास बनाए, जिसका मतलब था कि सर्दियाँ आने से पहले सैनिक भेड़शालाओं और तम्बूओं को छोड़कर सेनानिवासों में रहने लगे। इस तरह उन्होंने दूसरा निर्देश 'डटकर खड़े रहो' पूरा किया। उसी समय उन्होंने उस साल सड़कों की मरम्मत और उन्हें यातायात के लिए खुला रखने का कार्य भी पूरा किया। उन्होंने सर्दियों के समय शिनजियांग–तिब्बत हाईवे को सबसे ज्यादा लंबे समय तक खुला रखने का नया कीर्तिमान बनाया, और इस तरह 'जीतो' लक्ष्य भी पूरा किया।

पापा को दूसरी माँ ढूँढने दो; दूसरी माँ को अली जाने दो; और तुम यहीं रूककर मेरे साथ रहो।

जब मैंने काओ किल्लियन और मी ऐपिंग का इंटरव्यू लिया, वह दोनों रोने लगी। इसमें अलग क्या था कि काओ किल्लियन बहुत अंतर्मुखी थी; वह चुपचाप बिना किसी आवाज किये रोई। मी ऐपिंग साफ दिल और हंसमुख थी, और उनमें किसी पुरुष की तरह जोश और उत्साह था। वह मुस्कुरा रही थी, लेकिन उनकी आँखें भी नम थी। काओ किल्लियन आठवीं टुकड़ी की अभियांत्रिकी विभाग की सेक्शन चीफ थी, दसवें श्रेणी की इंजिनियर थीं। उन्होंने शिनजियांग अभियांत्रिकी कॉलेज से अपनी ग्रेजुएशन पूरी की थी। उन्होंने पूरे रास्ते पानी पीने की हिम्मत नहीं की थी, क्यूँकि उन्हें डर था कि कहीं बाहर जाने का मौका मिले या न मिले। कभी–कभी उनसे और नियंत्रण रखना मुश्किल हो जाता, तो कई बार उन्होंने अपनी समस्या सुलझाने के लिए वाहन रुकवाया। उन्होंने पाँच दिन सड़कों पर यात्रा की, इस बीच उन्होंने अपना पेट पूरी तरह से साफ कर लिया।

जब काओ किल्लियन अपने बेटे को छोड़कर जा रही थी, उनका बेटा बड़ी दूर तक उनका पीछा करता रहा। लड़के की दादी ने उसको पकड़ा, लेकिन लड़का फिर भी लातें मारता रहा, और चिल्लाता रहा। उनके पास और कोई रास्ता नहीं था, वह वापस अपने बेटे को घर छोड़ने गई। उसकी दादी ने उसे सीने से लगा लिया और घर के अंदर वापस ले गयी; लड़का चलते–चलते रो रहा था। इस तरह अपने बेटे को दुखी होते देखना अच्छा नहीं लगा, वह अब चुपचाप रो रहा था। काओ ने बताया कि उसने अपने बेटे को इतना दुखी कभी नहीं देखा था। उन्होंने बहुत पहले ही अली जाने का निर्णय कर लिया था; उस समय, लेकिन, वह अपने बेटे के आंसुओं से बिल्कुल हार गयी थी। उसकी टांगों में जान नहीं रही, वह चल नहीं पा रही थी। बाद में जब उसका बेटा सो रहा था, वह घर छोड़ पाई। अब, वह जब कभी भी अपनी आँखें बंद करती, उसे अपने बेटे का रोता चेहरा याद आता, और वह अंदर से टूट जाती।

उनके परिवार के तीनों सदस्य अलग–अलग जगह रह रहे थे। वह अली में थी, उनके पति शांक्षी के झोउझी में थे, और उनका बेटा उनकी माँ के साथ उरुमकी में। अपने परिवार से संपर्क करने का सार्वजनिक टेलीफोन ही जरिया था, इसलिए वह हर साल दर्जनों कार्ड इस्तेमाल

करके अपने पति, और बच्चे से बात करती। उनका बेटा प्राथमिक विद्यालय की पहली कक्षा में पहुँचा, तो वह हर रोज फोन करके उसे स्कूल का काम करने में मदद करती। पिछले साल के अंत में, जब वह अपने परिवार से मिलने घर गयी, उन्होंने अपने बेटे को अली का एक पत्थर दिया। जब वह इस साल दोबारा अपने बेटे को छोड़कर गई, उनके बेटे ने उस पत्थर को खिड़की के शीशे के सामने रख दिया, ताकि वह उसे रोज देख पाए। उसने दादी से पूछा कि, "माँ वापस कब आएगी? वह खोए–खोए कह देती, "जब वह पत्थर सोने में बदल जाएगा, तब तुम्हारी माँ वापस आ जाएगी।" बच्चे ने वो बात सच मान ली, और हर दिन स्कूल से आने पर वह दौड़कर खिड़की के पास जाता देखने के लिए कि क्या पत्थर सोने में बदला?

मी ऐपिंग अंकेक्षण विभाग की सेक्शन चीफ थी। उनके पति एक सामान ढुलाई के दफ्तर में ड्राईवर थे। क्यूँकि उसे अली के मौसम के अनुकूल होने में मुश्किल हो रही थी, वह खाना ठीक से नहीं खाते थे। उनका वजन घटता गया, इसलिए उन्होंने पिछले साल अपना व्यवसाय बदला, और शांक्षी चले गए। उस साल मी की सास को कैंसर हो गया। वह मरने से पहले मी से मिलना चाहती थी, पर मी अली के पहाड़ी मैदान में थी, और इस तरह सब कुछ छोड़कर नहीं आ सकती थी। उसकी सास की वसीयत में लिखी शर्तों के अनुसार उन्हें तब तक दफनाया नहीं जा सकता था, जब तक मी छुट्टी लेकर पहाड़ों से उनसे मिलने नहीं आती। बेटी के पैदा होने के एक महीने बाद ही वह अली चली गयी, और उनकी बड़ी बहन उनकी बेटी को वुहान ले गयी। उनकी बहन लड़की की बहुत अच्छे से देखभाल कर रही थी, जैसे उनकी खुद की बेटी हो। उनकी बहन अक्सर बड़ी थकी हुई होती, और फोन पर मी से बड़बड़ाती, "क्या इस लड़की को मैं रख रही हूँ?" मी को अपनी बेटी की बहुत याद आती थी, लेकिन फिर भी वह बहुत कम बारी फोन किया करती। वह जब भी फोन करती, उसकी बहन परेशान होकर बोलती, "अगर तुम्हे मेरी लड़की की देखभाल करना पसंद नहीं आ रहा है, तो तुम खुद आकर उसे ले जाओ।"

मैंने उनसे पूछा कि अपने बच्चों से बिछड़ने के अलावा अली में और क्या समस्याएँ आ रही थी। मी ऐपिंग बोली, "आपको ज्यादातर बाहरी इलाकों का अनुभव है, इसलिए मुझे आपका मजाक बुरा नहीं लगा। हमारे पूरी शारीरिक क्रियाएँ और जैविक घड़ी यहाँ आकर बिगड़ गयी। हमें महीने में कई बार महिलाओं की समस्याएं भी हुई और हर बार समस्या दस दिन रहती; हम बिल्कुल आराम नहीं कर पाती हैं। प्रमुख कमांडर हमारी काफी देखभाल करते हैं, अगर कोई ऐसी मुश्किल परिस्थिति बन जाए, तो उन्होंने हमें सुबह की ड्रिल न करने की कई बार अनुमति दी। पर अक्सर लोग हमपर विशवास नहीं करते, इसलिए हम समस्या होने के बावजूद भी व्यायाम करते हैं। ड्रिल के दौरान, हममें भागने की हिम्मत नहीं होती, इसलिए हम मैदान का गोल चक्कर ही लगा लेती हैं। कई चक्कर लगाने के बाद हम कमजोर अवस्था होने के कारण पसीने से भीग जाती हैं। यहाँ हमारे बाल भी बहुत झड़ते हैं, कई बार तो गुच्छों में झड़ते हैं। हम रातों को सो नहीं पाती, और जब छुट्टी मिलने पर हम पहाड़ के नीचे उतरती हैं, हम कई दिनों तक आलस महसूस करती हैं और कई बार तो बेहोश पड़ने लगती हैं, जैसे कि हम नींद में चल रही हों। हमारी स्मरणशक्ति भी काफी प्रभावित हुई है, हम बात करते–करते भूल जाती हैं कि हम क्या बात कर रहे थे। कभी–कभार लोगों को इस चीज का बुरा भी लगता है। कुछ लोग हमारे पीछे बोलते हैं, "इससे पंगा मत लेना, यह अली से आई है...."

झांग युयु के बेटे का नाम हुजाई था। उसकी देखभाल उसकी सास कर रही थी। उसे छुट्टी मिलने तक की प्रतीक्षा करनी पड़ती थी, जब वह अपने बेटे को पत्थर नदी किनारे से उठाकर अपने सीने से लगाती। बच्चा बहुत समझदार था और जानता था कि उसके पास माँ के साथ समय बिताने का बहुत कम समय होता था। इस कारण उसका अपनी माँ से बहुत ज्यादा लगाव था और हमेशा झांग के घर आने पर उसके साथ ही रहता। जब वह छुट्टियों पर होती, उसके पास फिर भी आराम करने के लिए वक्त नहीं होता; उसे पीछे के दफ्तर में भी काफी काम होते। और जब उसे कॉल आती, उसे तुरंत रवाना होना पड़ता। लड़के ने बाद में हर बार

फोन की घंटी बजने को डर से जोड़ लिया, क्यूँकि वह जानता था कि वह फिर अपने ही घर में अकेला कैद हो जाएगा।

उस साल की पहली मार्च को झांग को किसी काम के लिए बाहर जाना पड़ा। उसका बेटा रोने लगा, "माँ, क्या मैं आपके साथ नहीं जा सकता? मैं यहाँ रुकना नहीं चाहता; मैं डर जाता हूँ। मुझे अपने साथ ले जाओ, माँ! मैं बिल्कुल शरारत नहीं करूँगा ...." वह अपने बच्चे से कहती, "माँ को काम पर जाना है, मैं तुम्हे अपने साथ नहीं ले जा सकती। मैं जल्दी वापस आ जाऊँगी। अच्छे बच्चे बनो, हुजाई, और घर पर ही रुको। मैं जल्दी वापस आ जाऊँगी।" फिर वह दरवाजा बंद करके चली जाती। जब वह सीढ़ियों के नीचे उतर रही थी, उसे अपने बेटे के रोने की आवाज सुनाई दी, "माँ....." नीचे कोई चिल्लाने लगा, "किसी के बच्चे ने खिड़की से छलांग लगा ली!"

जब वह दौड़कर नीचे पहुँची, उसका बेटा नीचे गिरा पड़ा था। लेकिन किस्मत से वह पिछले दिन बनाए बर्फ के ढेर पर गिरा। उसके मुँह और नाक से खून तो निकल रहा था, लेकिन फिर भी कोई खास चोट नहीं लगी। वह उसे पकड़कर रोने लगी, "हुजाई, तुम्हारी माँ कहीं नहीं जा रही; मैं यहाँ तुम्हारे साथ रहने के लिए ही आती हूँ।" बाद में उसने हुजाई से पूछा कि वह खिड़की से क्यों कूदा। उसने बताया कि वह अकेले घर में रहने से बहुत डरता था और वह नहीं कूदता, तो अपनी माँ को खो देता। इस साल झांग के पहाड़ों में जाने से पहले उसके बेटे ने उससे पूछा, "माँ, आप पापा को दूसरी माँ क्यों नहीं ढूँढने देते, ताकि वह अली चली जाए, और आप यहाँ मेरे साथ रुक सको?" जब उन्होंने यह सुना, वह और उसके पति दोनों जोर–जोर से हंसने लगे। पर हंसते हुए भी झांग अपने आँसुओं को बहने से नहीं रोक सकी।

जीवन रेखा की मरम्मत एंव संरक्षण करना ही सैनिकों का कार्य था; डॉक्टर का कार्य सैनिकों की जान बचाना था

जब मैंने पहली बार झांग के को देखा, तो मैंने सोचा कि वह बहुत ज्यादा कमजोर था, वह किसी स्वास्थ्य–रक्षा कोर के सैनिक की तरह नहीं लग रहा था, जो घायल सैनिकों की जान बचाते थे। वह बेशक देखने में

बहुत दुर्बल और शक्तिहीन लगता था, लेकिन उसने कई लोगों को मौत के मुँह से निकाला था। इस वजह से उसका इंटरव्यू लेने में मेरी दिलचस्पी और बढ़ गई। मैंने उससे पूछा, "पहाड़ी मैदान में कौन सी बीमारी होने का सबसे ज्यादा खतरा रहता है?"

उसने बताया, "जो लोग लंबे समय से पहाड़ी मैदानों में रहते हैं, उन्हें हाथों की, दिल, जिगर, फेफड़ों और कई अंगों की बीमारियाँ लग सकती हैं। उनके काम करने की क्षमता कम हो सकती है, और स्मरण–शक्ति कमजोर हो सकती है; उन्हें आसानी से हृदय–रोग, फेफड़ों की बीमारी लग सकती है; अगर उनका इलाज करने में देरी हुई, तो उनकी जान को भी खतरा हो सकता है। हाँ बिल्कुल, हमें ऐसे मामले भी देखने को मिलते हैं, जिनकी कोई उम्मीद नहीं होती।"

"जब मैं पहली बार अली में आया, मुझे एक बहुत भयानक चीज का सामना करना पड़ा। मैं आज भी जब उसके बारे में सोचता हूँ, तो कांपने लगता हूँ। जब हम होंग्तु दबान को पार कर रहे थे, हमारे दो वाहन एक दलदल में फंस गये, हमने उन्हें निकालने में पूरा एक दिन बर्बाद किया। दुओमा की ओर जाते रास्ते में हमने एक स्थानीय वाहन देखा, जो दलदल में फंस गया था और उसे दूसरे वाहन से खींचा जा रहा था। हम भी वहाँ जाकर उनकी मदद करना चाहते थे, लेकिन जैसे ही हम वाहन के आगे पहुँचे, उसको खींचने वाली लोहे की तार एकदम छूट गयी, और एक स्थानीय व्यापारी के सर पर 'बैंग' की आवाज करते हुए लगी। उसका सर एकदम फट गया। हम दौड़कर उसके पास गए, लेकिन उसकी अंत में मौत हो गयी। उस स्थिति में हम कुछ नहीं कर सकते थे।"

झांग के ने कहा कि यहाँ ऊँचाई की बीमारी और इससे जुड़ी दूसरी बीमारी होना आम बात थी। हर साल उन्हें कई लोगों की जान बचानी होती थी। पिछले साल, ड्राईवर झांग गुआंगमिंग, शिकुआन नदी के आस–पास वाहन चला रहा था, जहाँ पहाड़ों में ऑक्सीजन की कमी और प्यास के कारण उसकी नाक से अचानक खून बहने लगा। झांग के ने बहुत कोशिश की, लेकिन उनके सारे प्रयास व्यर्थ गए। इतना खून बहने

के कारण झांग गुआंगमिंग बेहोश हो गया। जब झांग के को पता चला, वह दौड़ते हुए उसके वार्ड गए, फिर अगले दस मिनट तक उस पर कई आपातकालीन उपचार किए। जिसके बाद उसकी नाक से खून बहना रुक पाया। अगर झांग के थोड़ी देर और कर देता, तो झांग गुआंगमिंग का जीवन खतरे में था। पहाड़ी मैदान में होने वाली हर बीमारी जानलेवा हो सकती है।

पिछले साल की गर्मियों में चौथी टुकड़ी के ली लुबिंवु और लू झोजुन को फेफड़े की बीमारी हो गयी। झांग के को जब फोन पर बताया गया, उन्होंने फटाफट अपना दवाइयों से भरा बक्सा अपने कंधों पर टांगा, फिर एक बंजारे से लिए घोड़े पर चढ़ा, और टुकड़ी की ओर रवाना हो गया। रास्ते में एक छोटी नदी थी; पानी इतना गहरा नहीं था, शायद कुछ मीटर ही हो। वह घोड़े पर बैठा–बैठा ही नदी को कूदकर पार करना चाहता था, लेकिन घोड़ा अचानक नदी किनारे की ओर सरपट भागने लगा, जिसमें उसका संतुलन बिगड़ा और वह गिर गया, लेकिन उसका एक पैर बेल्ट से फंसा रहा। घोड़ा उसे ऐसे ही बड़ी दूर तक खींचता रहा। किस्मत से उसका पाँव जूते से निकला, और वह बच पाया। लेकिन उसे कई जगह चोटें लगी, और उसे इतना दर्द हो रहा था कि उससे बर्दाश्त नहीं हुआ। उस समय भी, लेकिन, वह मृत्यु के कगार पर खड़े साथियों के बारे में ही सोच रहा था, इसलिए लंगड़ाते हुए वापस घोड़े पर बैठा। उसे नहीं पता था कि सड़क से कुछ दूरी पर उसके सामने ऊपर पहाड़ों से आया पानी तेज प्रवाह से बहने लगेगा। नदी जो आमतौर पर कई मीटर चौड़ी होती थी, अब उसकी चौड़ाई बढ़कर कई दर्जन मीटर तक हो गयी। उसे घोड़े को पार ले जाना ही था, घोड़ा पीठ तक पानी में डूबा हुआ था। घोड़ा अब शांत था, शायद उसे अपने मालिक को गिराने का अफसोस था, इस बार उसने घोड़े पर बैठकर ही नदी को पार कर लिया। उसके कपड़े भीग चुके थे, और तीखी, ठंडी हवा बह रही थी। जिससे वह लगभग जम ही गया। जब वह चौथी टुकड़ी पहुँचा, वह थक के चूर हो चुका था; लेकिन उसके पास आराम करने का वक्त नहीं था, और उसने खुद को घायल सैनिकों की जान बचाने में झोंक दिया। दोनों सैनिकों को तो खतरे से बाहर ले

आया, लेकिन उसे खुद को टाइफाइड हो गया और कई दिनों तक अपने बिस्तर में लेटा बुखार से तपता रहा।

2002 की सर्दियों में, पहली ब्रिगेड में फेफड़ों की बीमारी और ऊँचाई के कारण कोमा में जाने के दस से भी ज्यादा मामले थे। क्लिनिक में सिर्फ एक ही डॉक्टर था, और वह अकेला सबकी जान नहीं बचा सकता था। जब झांग के को मदद के लिए फोन किया गया, वह उसी रात निकल पड़ा। उस रात सर्दी के भारी बर्फबारी में यात्रा करना बहुत मुश्किल रहा; एम्बुलेंस के ड्राईवर को रास्ते में ऊँचाई की बीमारी के कारण बीच रास्ते रुकना पड़ा। लेकिन झांग के वहाँ एक स्थानीय ट्रक में चढ़ा और अपनी यात्रा में आगे बढ़ा। रास्ते में ट्रक एक जमी हुई झील में फंस गया। एक घंटे के परिश्रम के बाद ट्रक वहाँ से निकल पाया। सुबह होने से पहले वह ब्रिगेड पहुँच गया। दिनभर में पूरी जान लगाकर किए गए आपातकालीन उपचार के कारण सैनिकों को जानलेवा खतरे से बाहर निकाला गया। फिर उसे खाने का कटोरा हाथों में पकड़ा, जैसे ही उसने अपना सर खाने के लिए झुकाया, फिर गहरी नींद में सो गया और बारह घंटे बाद जागा।

अगस्त 2003 में झांग के ने दो और स्वास्थ्य कर्मियों के साथ हाईवे का स्वास्थ्य निरीक्षण किया। जब वह समुद्र तल से 5, 100 मीटर की ऊँचाई पर बर्फ में जमे हुए दबान पहुँचे, उनकी एम्बुलेंस खराब हो गयी। वह पूरे दो दिनों तक शून्य से तीस डिग्री कम तापमान की कड़ाके की सर्दी में फंसे रहे। उन्हें ऊँचाई की बीमारी भी सताने लगी, और उन्हें ठंड लगने के साथ–साथ भूख भी लग रही थी: उनके शरीर सिकुड़ गये, उनके पैर जमकर सख्त हो गए; उनके जूते इतने जम गए थे, कि वह बड़ी कोशिशों के बाद भी अपने जूते नहीं उतार पाए। उन्हें अपने शल्य चाकू से जूते काटने पड़े, और फिर वह अपने पाँव ओवरकोट से ढक पाए। फिर उन्होंने अपने झोले तेल में डुबोए, और फिर थोड़ी गर्मी करने जला दिए। जब उन तक मदद पहुँची, वह इतने जम गए थे कि चल ही नहीं पाए, न ही बोल पा रहे थे; उन्हें उनके साथी उठाकर सेनानिवास ले गए।

जब हमने झांग के से उसकी पत्नी और लड़की के बारें में बात करना चाहा, झांग के काफी देर तक चुप रहा। फिर कुछ देर बाद बोला "पिछले

साल, जब मैं घर गया, मुझे महसूस हुआ कि मैंने अपनी पत्नी के साथ बहुत गलत किया है। या शायद मैं इतना गलत न हूँ, लेकिन फिर भी मैं खुद को दोषी मानता हूँ।" उसकी पत्नी वांग बोहुई एक फैक्ट्री में काम करती थी। फैक्ट्री बाद में बंद हो गयी, और फिर वह अपनी बेटी की देखभाल करने घर चली गयी। वह खुद उनसे बहुत दूर रह रहा था, और उसकी स्थानीय लोगों से कोई खास जान–पहचान नहीं थी, इसलिए वह अपने परिवार के लिए कुछ नहीं कर सकता था; वह इतनी दूर से अपनी पत्नी को नयी नौकरी ढूंढने में कोई मदद नहीं कर सकता था। पिछले साल जब वह अपने घर गया, उसने अपने घर का दरवाजा खोला और अपनी आँखों के सामने का नजारा देखकर दंग रह गया। उसकी पत्नी बिस्तर पर लेटी हुई थी, और उसकी बेटी स्टूल के ऊपर खड़ी एक जलपात्र से पानी निकाल रही थी। जब उसने झांग के को देखा, वह इतना डर गयी कि उसका पैर फिसला और बर्तन समेत नीचे गिर गयी।

उसने अपनी बेटी को गले लगाया और पूछा, "तुम किस लिए पानी निकाल रही हो?" उसने कहा, "माँ को पीने का पानी देने के लिए" झांग के ने कहा, "बेवकूफ लड़की! तुम ठंडा पानी नहीं पी सकते; अगर तुम्हारी माँ ऐसा पानी पिएगी तो बीमार हो जाएगी।" लड़की ने कहा, "माँ पानी पीना चाहती है, हमने 3 दिनों से कुछ नहीं खाया है।" "वह अपना सर हिलाते हुए अपनी पत्नी को देखने गया, वह बेड पर लेटी हुई थी। उसकी पत्नी के बाल बिखरे हुए थे, और उसका चेहरा पीला पड़ गया था। उसने बड़े अचरज से झांग के की ओर देखा। वह उसके पास जाकर उसका माथा सहलाने लगा, "क्या तुम बीमार हो?"

उसकी पत्नी ने मुँह और होंठ हिलाए, पर कुछ नहीं बोली। पर दो आंसुओं की धारा उसके चेहरे से बहने लगी। उसके बाद उसने फूट–फूटकर रोना शुरू कर दिया। उसकी बेटी भी साथ में रोने लगी, वह चिल्लाते हुए झांग को धक्का देने लगी, "चले जाओ! चले जाओ! अगर आप वापस नहीं आओगे, तो माँ उदास नहीं होगी। हम आपसे नफरत करते हैं!" उसकी पत्नी ने लड़की को रोका, "बेटा, इन्हें धक्का मत दो, यह आपके पिता हैं।"

उस समय झांग के की आँखें भी नम होने लगी। और मेरी आँखों में भी पानी आ गया। जब झांग के ने खुद को संभाला, मैंने उससे पूछा "टुकड़ी में सैनिकों का स्वास्थ्य कैसा है? क्या ज्यादा लोगों को ऊँचाई की बीमारी है?"

"उच्च अधिकारी हमारी टुकड़ी की काफी मदद करते हैं। उन्होंने हमें हर तरह के स्वास्थ्य उपकरण मुहैया कराए हैं। अब हमारे पास उच्च दाब के ऑक्सीजन तंबू हैं। और अब हर टुकड़ी के पास पड़ोस की सैन्य इकाई का एक तिब्बती डॉक्टर है। इसके फलस्वरूप, अगर कोई सैनिक बीमार पड़ता है, हम उसका समय पर उपचार कर सकते हैं। दो साल पहले की तुलना में अब बहुत कम लोगों को ऊँचाई की बीमारी होती है। सैनिकों का कर्तव्य इस महत्वपूर्ण धरती पर डटे रहना है, और मेरा कर्तव्य उनकी जान बचाना है।"

पूरी धरती में जो इंसान मेरी सबसे ज्यादा परवाह करता था, अब वह चला गया।

मैंने सुना था कि दूसरी टुकड़ी ने कोंग फानसें प्राथमिक विद्यालय के साथ मिलकर एक कार्यदल का गठन किया। सैनिकों ने अनाथ बच्चों की पढ़ाई के लिए पैसे दिए, उनके लिए कपड़े, बैग, और सोने के लिए बिस्तर खरीदे और उनकी पूरी शिक्षा की जिम्मेदारी ली। में गी'अर में स्थित दूसरी टुकड़ी का इंटरव्यू लेने गया। मैंने उम्मीद नहीं की थी कि जब मैं यह विषय उठाऊंगा, तो उनमें से कोई बात नहीं करना चाहेगा। उन्होंने कहा कि वह वही कर रहे थे, जो हर नेक, ईमानदार चीनी नागरिक को करना चाहिए, और इस बारे में बात करने की क्या जरूरत है। उन्होंने सबसे ज्यादा पहाड़ी मैदान के सड़कों के बारे में बताया, जिसने उन्हें कई कठिनाइयों में डाला, सड़कें जो उन्हें सपनों में भी डराती थी और जिसने उनकी आत्मा झिंझोड़ कर रख दी थी। सबसे अलग था कि उन्होंने अपने परिवार के बारे में भी बताया। हर किसी को ऐसे कठिन हालातों में अपने परिवार का प्यार तो चाहिए। जब चेन हाओ सैनिक बने और पहाड़ी मैदान में आए, वह एक अनुभवी सैनिक के साथ बीच पर अपनी त्वचा पर मिट्टी रगड़ने गए। हर सैनिक रोज चार मीटर वर्ग की मिट्टी अपने शरीर पर

लगता था। कई दिनों बाद, उनकी त्वचा सूरज की तेज धूप में झुलस गयी थी, उनकी त्वचा किसी हमी तरबूज के जैसे लग रही थी। चेन जब खुद के गालों पर हाथ लगाता था, तो निराश होकर रोने लगता। जब वह घर में होता था, तो उसके माता–पिता उसे घर का काम नहीं करने देते, पर उसे अब सभी शारीरिक कार्य करने पड़ते। अगर उसके माता–पिता उसे इस हालत में देखते, तो वह बहुत चिंतित होते। लेकिन, उसने देखा कि अनुभवी सैनिक और टुकड़ी के अन्य अफसर उससे ज्यादा मुश्किल शारीरिक कार्य करते थे, उसने सोचा कि वह पहाड़ी मैदानों में कई सालों से काम कर रहे थे, लेकिन फिर भी उनमें से कोई भी कोई शिकायत नहीं करता था। उसे फिर अपनी स्थिति इतनी बुरी भी नहीं लगी, और उसके बाद से वह कभी नहीं रोया। अब वह एक क्रूर और आदमी सैनिक में बदल गया था।

उच्च श्रेणी के सैनिक यांग जिलेई ने कहा कि अली में बहुत बर्फ थी, जिसके कारण निर्माण–कार्यों में काफी मुश्किलें आती थी। उन्होंने चमड़े का ओवरकोट और टोपी डाली होती थी, लेकिन फिर भी बहुत ठंड लगती। कई सैनिक तो थकावट या बीमारी के कारण बेहोश पड़ने लगते। गोंग फानफेंग, जो यांग जिलेई के साथ ही सेना में शामिल हुआ था, उसे कब्ज थी और उसे मलत्याग नहीं कर पा रहा था। उसने दवाइयाँ ली, लेकिन कोई असर नहीं हुआ। एक अनुभवी सैनिक ने उसे उबली सब्जियों का पानी पीने को दिया, फिर जाकर उसकी समस्या सुलझी। उसके बाद से अगर किसी सैनिक को कब्ज होती, तो वह शौचालय जाने से पहले कैंटीन जाकर उबली सब्जियों का पानी पी लेता जो काफी समस्या कम करता। निर्माण–कार्यों के दो सबसे व्यस्त महीनों में कोई भी सैनिक नहीं नहाया। पीने का पानी ढूँढना सबसे ज्यादा मुश्किल था। जब बर्फ पड़ती, तो नदी में भी बर्फ की परत जम जाती; वह फिर खोदकर बर्फ निकालते, उसे पिघलाते, और फिर पीने लायक पानी मिलता। जब बर्फबारी नहीं होती, तो नदी का पानी गंदा और धुंधला होता, जो पीने लायक नहीं था। पर वह अस्वच्छ पानी भी उन्हें पीना पड़ता; इस कारण उन सभको एक–एक करके दस्त लगने लगे। यह बर्फबारी के शुरू होने का समय

होता, जिसे वह सबसे ज्यादा नफरत करते थे। उस दौरान, यांग जिलेई तीन बार बीमार पड़ा। हर बारी जब वह बीमार होता, उसे अपने परिवार की बहुत याद आती। लेकिन टुकड़ी के सभी अफसर उसकी बहुत देखभाल करते।

उसके माता–पिता भी उसे याद करते थे। वह उसे खत लिखा करते, जिसमें वह उसे अपनी फोटो भेजने को कहते, ताकि वह उसकी हालत देख पाएं। वह अचानक बहुत शर्मिंदा हुआ। शिकुआन नदी के पास एक फोटो बूथ था, लेकिन उनकी वहाँ जाने की हिम्मत नहीं हो रही थी। उसे डर था कि उसके माता–पिता उसको ऐसे रूप में देखकर बहुत परेशान होंगे, उसका चेहरा सांवला पड़ गया था, और उसके होंठ फट रहे थे। साल के अंत में वह पहाड़ के नीचे येचेंग गया और वहाँ उसने नए सैनिकों को अभ्यास कराया। वह वहाँ तीन महीनों तक रुका और चेहरे का रंग धीरे–धीरे सामान्य हुआ। उसने फिर अपनी फोटो ली और अपने माता–पिता को भेजी।

नया सैनिक लुओ झिमिंग टुकड़ी के सैनिकों में इकलौता यूनिवर्सिटी छात्र था। सेना में शामिल होने से पहले, वह हुनान कृषि विश्वविद्यालय में पढ़ता था, पर उसे अपने विषय पसंद नहीं थे, इसलिए डेढ़ साल बाद उसने कॉलेज छोड़ दिया और सैनिक बन गया। वह खुद को सैन्य इकाई के लिए तैयार करना चाहता था, और अगर उसका सैन्य कॉलेज में दाखिला होगा, तो वह उसके लिए बोनस होगा; अगर नहीं बन पाया तो एक प्राइवेट–सैनिक बनेगा, और सैन्य इकाई में ही रहना चाहेगा। उसने बताया कि एक सैनिक के अली में रहना चुनौतियों से भरा था। यह उसके दृढ़ संकल्प को मजबूत करने की प्रक्रिया थी, ताकि वह बाद में एक बेहतर जिंदगी जी सके। उसे आए कुछ दिन ही हुए थे, एक रात उसका पेट अचानक दर्द करने लगा। उस रात पलटन के कमांडर, स्क्वाड्रन कमांडर, और उप–कमांडर उसे स्वास्थ्य केंद्र ले गए और उसके साथ सुबह तक रुके। यह सब देखकर लुओ बहुत भावुक हुआ। उसने कहा कि अगर उसके माता–पिता भी उसके पास होते, तो वह भी इतने अच्छे से देखभाल नहीं कर पाते।

लियांग के एक छात्र सैनिक था, जिसका प्रांतीय विश्वविद्यालय में नामांकन हुआ था। उसने 'हुबेई इंस्टिट्यूट ऑफ पोलिटिकल साइंस एंड लॉ' से अपनी ग्रेजुएशन पूरी की थी। वह बचपन से ही एक सैनिक बनना चाहता था, और भविष्य में एक पुरस्कृत अफसर या जनरल बनने का सपना देखा करता था। लेकिन दिसम्बर 2003 में वह जब अली आया, तो बहुत पछताने लगा। वह इतना दुखी था कि उसने कई दिनों तक खाना नहीं खाया। ऊँचाई की बीमारी के कारण न सिर्फ उसे कई शारीरिक दर्दें हुई, पर उसे मानसिक प्रताड़ना भी सहनी पड़ी, जो सबसे ज्यादा जरूरी थी। जब वह बंजर, बेरंग पहाड़ी मैदान को देखता, तो उसका दिल दुखने लगता। ऐसे अनजान, भूतिया जगह में वह क्या कर सकता था?

उस समय टुकड़ी के लोग पहाड़ से नीचे आराम करने गए थे। वह और कमांडर चेन जुन्कू अकेले थे, चार और सैनिक भी थे। जब उनके पास थोड़ा समय था, चेन जेंकू लियांग के पास कुछ बातचीत करने गये। वह जानते थे कि लियांग उन्हें पढ़ सकता था कि वह किस बारें में बात करना चाह रहे थे, और वह भी लियांग को समझ सकते थे। चेन को लियांग की काफी चिंता थी। वह खुद मन ही मन सोचते रहे, उससे अब तक कुछ नहीं बोले थे, लेकिन उसे एक जरूरी सच्चाई समझाना चाहते थेः कि पहाड़ी मैदानों में उनके पास एक लक्ष्य पूरा करने को था। जियांग को उसकी मानसिक बाधाओं ने काफी रोक रखा था, लेकिन फिर भी वह चेन की निष्कपटता और उनके धैर्य से काफी प्रभावित था। एक दिन, चेन जुन्कू उसे ढूँढ रहा था।

चेन जुन्कू ने पूछा कि, "तुम्हारा अपने परिवार में सबसे ज्यादा किसके साथ लगाव है?" उसने बात बढ़ाते हुए ईमानदारी से जवाब दिया, "दादीमाँ।" चेन ने फिर पूछा, "तुम यह कैसे पता?" लियांग नहीं समझा कि चेन क्या कहना चाह रहे थे, पर उसने अपने बचपन में दादी के साथ गुजरे वक्त के बारे में बताया। वह मरने तक उन दिनों को नहीं भूल पाएगा। पूरी धरती में उसकी दादी के अलावा कोई और उसे इतना नहीं प्यार करता। चेन जुन्कू चुपचाप उसकी सारी बातें सुन रहे थे। उन्होंने

अपना सर नीचे किया और कुछ नही बोले। उन्होंने दोबारा जब अपना सर उठाया, तो उनकी आँखों में आँसू थे।

वह अचानक परेशान हो गए, और घबराते हुए पूछने लगे, "यह क्या? मेरी दादी, वह ....." चेन अपना सर हिलाते हुए बोले, "मुझमें तुम्हें यह खबर सुनाने की हिम्मत नहीं है, पर मुझे बोलना ही होगा। तुम्हारी माँ ने हस्पताल से फोन किया था, तुम्हारी दादी अब नहीं रही।" उसके आँसू चेहरे से बहते हुए जमीन से टकराए, वह उन्हें पोंछ नहीं पाया।

चेन ने बोला, "तुम्हारी दादी तुमसे बहुत प्यार करती थी। तुम्हें उनके अंतिम संस्कार के लिए घर जाना चाहिए था, लेकिन बाहर भारी बर्फबारी हो रही है, पूरा पहाड़ बर्फ से ढका हुआ। सड़कें बंद पड़ी हैं।" उसने अपनी आँखें पोंछते हुए कहा, "कमांडर, मैं वापस नहीं जा सकता। अगर मैं वापस गया, तो भी समय पर उनके अंतिम संस्कार में नहीं पहुँच सकता।" जैसे वह बात कर रहा था, उसके आँसू फिर से बहने लगे, "अब मैं दुनिया के सबसे ऊँचें स्थान पर हूँ, अपनी दादी को विदा कर रहा हूँ, जो मुझे पूरी दुनिया में सबसे ज्यादा चाहती थी....."

अध्याय – 4

अनजान क्षेत्र में आगे बढ़े

तेरह जून को हम शिकुआन नदी से निकले, और अनजान अली क्षेत्र की ओर रवाना हुए। शिन झिवेई का जुकाम अभी तक ठीक नहीं हुआ था; उसे कई दिन ग्लूकोस चढ़ाई गई, लेकिन उसकी हालत में कोई फर्क नहीं पड़ा। लेकिन फिर भी वह पीछे नहीं रुकना चाहता था, यात्रा पूरी करने पर अड़ा हुआ था। ली शीआ, आठवीं टुकड़ी के राजनीतिक डिवीजन के निदेशक, भी हमारे साथ सड़कों पर निकल पड़े। ली शीआ ने कहा कि वह सड़कों की हालत और रास्ते से अच्छी तरह परिचित था, और अगर वह उनके साथ नहीं जाते तो बहुत चिंतित रहते। अली में यात्रा करने वाला हर व्यक्ति जानता था कि यहाँ यात्रा में आपको तीन वाहन साथ में और चाहिए, पर हमारे पास सिर्फ एक ही था। शिकुआन नदी से दूर जाते हुए पहाड़ों की संख्या कम होती गयी, अली में तो बेरंग रेगिस्तान दूर–दूर तक फैला हुआ था, जहाँ तक भी नजर जा सकती हो। मुझे बिल्कुल नहीं पता था कि आगे हमारी कौन सी दुर्घटना प्रतीक्षा कर रही होगी।

अनजान अली क्षेत्र में एक दिन तीन बार खतरे से सामना हुआ

जब मैंने पहली बार ली शीआ का नाम सुना, मुझे लगा कोई महिला होगी। जब मैं इनसे मिला, तभी जान पाया कि वह एक खूबसूरत, हृष्ट–पुष्ट नौजवान थे। उनकी खूबसूरट भौहें, दो बड़ी आँखें, गहरा काला रंग था, वह मुझे दोनों निडर और सुंदर लगे। हमने एक–दूसरे को सभाओं

में ही देखा होगा, कोई खास बातचीत नहीं हुई। मैंने सुना था कि अली का अनुभव भी शानदार रहा। उनकी कहानी जानने का सुनहरा मौका था। हमारी अच्छी बन रही थी, शायद हम दोनों एक ही उम्र के थे। मैंने पाया कि वह एक प्रतिभाशाली वक्ता थे, और एक सिद्धांत पर अमल करते थे: "आप खड़े होकर बात करते हैं, बैठकर लिखते हैं, और बाहर जाकर काम करते हैं।" वह एक अद्भुत राजनीतिक डिवीजन निदेशक थे। रास्ते में उन्होंने अपने अली के अनुभवों के बारे में मुझे बताया।

उन्होंने बिल्कुल कई खतरों और मुश्किल परिस्थितियों में अपना साहस दिखाया था, लेकिन एक हादसे ने उन पर भी गहरा प्रभाव छोड़ा: 2003 के बसंत त्यौहार में, वह ल्हासा से वापस शिकुआन नदी जा रहे थे, जहाँ एक ही दिन में उन्हें तीन बार खतरे का सामना करना पड़ा। उस समय, बहुत सारे सैनिक अली छोड़कर जा रहे थे, वापस घर जाकर नया साल मनाने जा रहे थे। लेकिन, उन्हें वापस अली काम के लिए जाना पड़ा। वह बहुत उदास और असहाय महसूस कर रहे थे। उनके निराश महसूस करने का एक कारण उनका बेटा था। वह हर साल बहुत कम दिनों के लिए घर जाते थे। उनके बेटे का उनके प्रति कोई लगाव नहीं था, शायद वह उनसे नफरत भी करता था। क्यूँकि वह खुद अपने बेटे की देखभाल करने के लिए घर नहीं होते, जब वह छुट्टी पर घर जाते, तो उन्हें लगता कि पिता के प्रेम के अभाव में उनके बेटे का चरित्र काफी बदल गया था। उन्हें उसे सुधारना था। वह अपने उस समय में अपने बेटे को पढ़ने के लिए प्रोत्साहित करना चाहते थे, और इसलिए उन्होंने काफी सख्त नियम बनाए; उसके फलस्वरूप उनका बेटा उन्हें नापसंद करने लगा।

उनका बेटा अक्सर अकेले में अपनी माँ से पूछा करता, "पिताजी, वापस कब जाएँगे?" उसे अपने पिता के बिछड़ने का दुःख नहीं होता था, वह तो उनके जाने की उम्मीद करता था। बसंत त्यौहार आने वाला था, पर लड़के को उसके पिता के वापस अली जाने का कोई संकेत नहीं दिखा। उसने सीधे अपने पिता से पूछ लिया, "आप अभी तक यहीं क्यों हो?" ली शीआ को बहुत बुरा लगा, और उस रात वह अकेले रोए। उसे

अपने लड़के की बात का बुरा नहीं लगा, लेकिन वह अपने आप को कोसने लगे कि वह अपने बच्चे के साथ ज्यादा समय नही बिता पाए, वह अपने बच्चे को पिता का प्यार नहीं दे पाए। कुछ दिनों बाद सैन्य इकाई से उन्हें एक तार आया, जिसमें लिखा था कि उन्हें शीघ्र बसंत त्यौहार से पहले अली पहुँचना था। जब वह घर से निकले, उनका बेटा उन्हें विदा करने नहीं आया था, वह पूरे रास्ते मायूस थे।

ल्हासा से शिकुआन नदी तक की यात्रा से पहले वहाँ की परिस्थितियों से अनुकूल होने के लिए तीन दिनों का अभ्यास जरूरी होता है। लेकिन टुकड़ी के दफ्तर में बहुत सारा काम पड़ा था, इसलिए वह उसी रात यात्रा पर निकल गए। जब वह ल्हासा से निकले, उनके साथ वाहन में शियान केके, छठी टुकड़ी के सलाहकार और कमांडर, और लू झोहुई, चौथी टुकड़ी के कमांडर, भी बैठे। वह दोनों सागा में उतर गए, और फिर वहाँ से डॉक्टर झांग के और चौथी टुकड़ी के पलटन कमांडर झांग लिजियांग, ने ली शिआ के साथ आगे का सफर किया।

पहले खतरे का सामना उन्होंने संग्संग से सागा की ओर जाते रास्ते में किया। काफी ठंड थी और आसमान से श्वेत हिमकण नीचे गिर रहे थे। जब वह एक बर्फीले पहाड़ की उतराई पर थे, वहाँ एक तीखा मोड़ आया। सड़क पर काफी फिसलन थी, और वाहन अचानक फिसलता हुआ चट्टान के किनारे तक आ गया। आगे का पहिया हवा में था, और पीछे के पहिये के आगे एक पत्थर था। ली शीआ ऐसे खतरे की घड़ी में भी बेफिक्र ही था, पर उसने वाहन से धीरे–धीरे उतरने का आदेश दिया। उसके बाद कई लोगों ने अपनी पीठ पर लोहे की तार बांधी, फिर मिलकर वाहन को नीचे गिरने से बचाया। जब वह वापस वाहन में बैठे, ली शीआ ने पाया कि उसे नाक से सांस लेने में परेशानी आ रही थी। वह जानता था कि उसे जुकाम था। वाहन में कोई दवाई नहीं थी, सड़क बहुत सुनसान थी, आसपास कोई जीव नहीं दिखाई दे रहा था। आसपास दवाई खरीदने के लिए कोई दूकान नहीं थी। असल में सबसे खतरनाक उनका स्वास्थ्य नहीं, बल्कि वाहन था। वाहन का पहिया पत्थर से टकराने के कारण फट गया था, लेकिन उन्हें बिल्कुल नहीं पता था।

जिस समय वह सागा पहुँचे, शाम हो चुकी थी और ली शीआ की हालत और बिगड़ गयी थी। उसकी नाक बहने लगी और वह खांसी करने लगा; किस्मत से स्वास्थ्य कोर के डॉक्टर, झांग के वहाँ थे। सभी लोग उस रात ही यात्रा पर निकले थे, लेकिन ली शीआ को कहीं रोककर ग्लूकोस चढ़ाए जाने की जरूरत थी; उन्हें वाहन में ही ड्रिप चढ़ाया गया। वाहन हिचकोले लेता हुआ आगे बढ़ रहा था, और वाहन की छत भी नीची थी। ड्रिप बंद हो गई। झांग खिड़की के बाहर हाथ निकालकर बोतल को पकड़े रहे, जिससे थोड़ा काम आसान हुआ। लेकिन कुछ देर बाद ही ड्रिप फिर से बहना बंद हो गयी। उन्होंने देखा, तो पाया कि वह जम गयी थी। ग्लूकोस चढ़ाए जाने का कोई और तरीका नहीं था, और इसलिए उन्होंने सूई चुनने के लिए वाहन रोका।

सुबह के 3 बजे वह पयांग पहुँचे। पयांग से हुओ'अर की सड़क दलदली थी, उस पार वाहन चलाना काफी मुश्किल था। लेकिन जितना भी मुश्किल क्यों न हो, उन्हें पार तो करना ही था। पयांग पार किया, तो एक पुल में दायाँ और बायाँ पहिये का टायर बिल्कुल ही फटकर बाहर निकल गये, और वाहन के आगे ही आ गये। ड्राईवर, ही पिंग, ने जब देखा तो गाड़ी रोकनी चाही, पहिये का एक्सल तीस मीटर तक खोरेंचते हुए गया, जिससे पुल पर चिंगारियाँ निकल रही थी। कुछ लोग तो इतने डर गये, कि वह पसीने से भीग गए, और बहुत देर तक कुछ नहीं बोले। तापमान शून्य से तीस डिग्री कम था, और उनमें से कुछ तो जमकर ठोस हो चुके थे। उन्होंने अपना ओवरकोट पहना और हर जग वाहन का फटा हुआ टायर ढूँढा, लेकिन अंधेरा होने की वजह से उन्हें कुछ नहीं मिला। वह सुबह तक ढूँढते रहे, और फिर सुबह बीच किनारे बर्फ की सतह पर मिला। लेकिन टायर वापस लगाने के लिए वाहन को उठाना भी था, वह दोपहर तक बिना किसी सफलता के प्रयास करते रहे। उन्होंने पूरा दिन कुछ नहीं खाया था, अब ठंड के साथ भूख भी सताने लगी। और दूर–दूर तक कोई मनुष्य नहीं दिख रहा था। जब वह हार मानकर बैठ गए, उन्होंने कुछ दस किलोमीटर दूर से कुछ तिब्बती लोगों को आते देखा; वह

जोर–जोर से चिल्लाने लगे, जैसे कोई मसीहा देख लिया हो। तिब्बतियों ने उनकी वाहन को उठाने में मदद की, फिर उन्होंने टायर वापस लगाया।

आसमान में काफी अंधेरा था, पर फिर वह भी आगे बढ़ते रहे। जब वह हुओ'अर पहुँचे, वाहन का एक्सल टूट गया। इस बार तो कोई उम्मीद नहीं बची थी। सुबह के दो बज रहे थे। कई लोग तो हिम्मत हार चुके थे, निराश हो चुके थे। वह अपने अपनी आखिरी इच्छाओं का और अपनी आखिरी तस्वीरों को कैमरे में कैद कर रहे थे। ली शीआ की हालत और खराब हो गयी, उन्हें तेज बुखार हो गया। ड्राईवर, ही पिंग उनके साथ ही रुका रहा। डॉक्टर, झांग के, और पलटन कमांडर, झांग लिजियांग, मदद मांगने बीस किलोमीटर हुओ'अर तक चले। वहाँ चौथी टुकड़ी तैनात थी। जब वह हुओ'अर पहुँचे ही थे, झांग के इतने थक गए कि उनके मुँह से सफेद झाग निकला और वह बेहोश हो गए। अब जब डॉक्टर ही खुद बेहोश थे, झांग लिजियांग बहुत डर गए। अगर वह झांग के के साथ रुकते, तो दोनों मारे जाते। वह ज्यादा से ज्यादा झांग के को सड़क किनारे ही रख सकते थे, और वहाँ उन्हें ओवरकोट से ढ़ककर खुद आगे बढ़ सकते थे। आखिरकार झांग टुकड़ी के पास पहुँचे, तब शाम हो रही थी। वह दरवाजे तक पहुँचे ही थे, कि जमीन पर गिर गए, और बेहोश हो गए। सैनिकों ने दोनों झांग के और ली शीआ की जान बचाई। वह दोनों बिस्तर पर लेटे थे, और उनके ड्रिप चढ़ रखी थी। लेकिन वह ज्यादा देर हुओ'अर नहीं रुक सकते थे, उन्हें आगे बढ़ना था। लेकिन, उनका वाहन भी बिल्कुल टूट चुका था। टुकड़ी ने उन्हें उनकी शिकुआन नदी की यात्रा के लिए एक और वाहन दिया।

यह हादसा किसी की भी आत्मा को झिंझोड़ने और उनमें हमेशा के लिए डर पैदा करने के लिए काफी था। मैंने ली शीआ से पूछा, "क्या कोई और बात भी है, जो आपको परेशान करती है?" उसने कहा, "मेरी स्मरण–शक्ति अब इतनी अच्छी नहीं है। मैंने बहुत कुछ सहा है, पर अब याद नहीं।" वह हंस पड़े और अपना सर हिलाने लगे, "कुछ यादें हैं: मैं तुम्हें बताऊँगा, क्यूँकि वो शायद तुम्हारे काम आयें।"

2002 में सैन्य–इकाई जिस क्षेत्र में आई, वहाँ कोई सेनानिवास नहीं था। कई सैन्य टुकड़ियाँ भेड़शालाओं में ठहरी थी। ली को भी जमीनी स्तर का अनुभव हो रहा था, वह भी अपने सैनिकों के साथ भेड़शाला में रहे। वहाँ काफी बदबू थी, और चारों दीवारें काले रंग की थी। उन्होंने कहीं से चूना खरीदा और कई बार दीवारों पर लेपा, लेकिन दीवारों का रंग काला ही रहा। दरवाजे भी बहुत छोटे थे, अगर ध्यान न दो, तो उनसे सर टकरा जाए। ली शीआ ने दो बार दरवाजे से अपना सर दे मारा; एक बार तो वह बेहोश हो गए, जब जागे तो उनके माथे पर बड़ी सूजन बन गयी। बाद में वह पाँचवी टुकड़ी गए, वहाँ के स्थानीय अफसरों से थोड़ी जानकारी ली। सैन्य टुकड़ी सेनानिवास बनाने की तैयारी कर रही थी, और सैनिक इंटें बनाने में व्यस्त थे।

कुछ सैनिक ऊँचाई या कार्य की गहनता के कारण बेहोश हो गए। लेकिन जब जागे, दोबारा काम करने लग गए, और कोई उन्हें नहीं रोक सकता था। उस दौरान सैनिक एक साधारण से बनाए गए अस्थायी छप्पर में रहने लगे। जब बारिश होती, वह अंदर सो नहीं पाते। सैनिकों ने ली शीआ को एक सूखी जगह दी, लेकिन वहाँ भी उपर से पानी टपककर उनके सर पर गिर रहा था। इस कारण वह सिकुड़ कर बैठे थे, लेकिन पानी अभी भी उनके पैरों तक पहुँच रहा था। जब सैनिक सो नहीं पाए, उन्होंने टपकते पानी के नीचे एक बर्तन रख दिया। बर्तन में पानी के बूंदों के गिरने की आवाज सुबह तक आती रही.....

एक महिला, जो सेना की महिला सैनिकों में, समुद्रतल से सबसे ऊँचे स्थान पर रहती है

हम बार पहुँचे। यह समुद्रतल से 4, 600 मीटर की ऊँचाई पर था, और इसके आस–पास बंजर जमीन ही थी। हमें कहीं भी कोई हरियाली नहीं दिखी; वहाँ सिर्फ पीला, सफेद और नीला रंग दिखाई दे रहा था। पीला रंग अनंत गोबी रेगिस्तान का था, और सफेद रंग दूर से दिख रहे बर्फीले पहाड़ों का था। नीला आसमान था, जो इतना साफ लग रहा था जैसे किसी ने धोया हो।

आठवीं टुकड़ी सड़क किनारे बैठी थी। सेनानिवास खाली, सुनसान पड़े थे, कुछ मुट्ठीभर लोग ही रहे थे। कुछ लोग निगरानी के लिए रुके थे। उप–ब्रिगेड कमांडर चेन वुचुन भी यहाँ जमीनी स्तर पर कार्य का अनुभव करने के लिए थे। जब उन्होंने सुना कि मैं भी आना चाहता था, उन्होंने टुकड़ी के उप–कमांडर शु शिआंझी के साथ सेनानिवास में मेरा इंतजार किया। शू शियांझी ने मुझे बताया कि वहाँ से साठ किलोमीटर दूर सैनिक निर्माण–कार्यों में लगे थे। इस साल, उन्होंने बताया, उन्हें दो सौ किलोमीटर की सड़क का रखरखाव का कार्य पूरा करना था। सभी सैनिक निर्माण–स्थल पर ही रहते, खाते थे। जब एक भाग समाप्त होता, उन्हें फिर भी आगे बढ़ते रहना था। सबसे ज्यादा आश्चर्यजनक बात मुझे लगी कि टुकड़ी में दो महिला अफसर भी थी। एक उप–कमांडर वू युएहुआ और दूसरी सार्जेंट यांग किओझेन थी। जितना मैं जानता था, पूरी सेना में किसी भी ऊँचें स्थानों पर तैनात वह दोनों महिलाए ही थी। जब मैंने उनसे बात की, वह दोनों रोने लगी और मेरा भी दिल भर आया।

वू युएहुआ हथियारबंद पुलिस शिनजियांग कमान संस्थान से ग्रेजुएट थी। उसने बताया कि बार का मौसम बहुत कठोर था। पिछले दिन ही आधे इंच मोटी बर्फ गिरी थी। हर दोपहर तीखी हवाओं के झोंके चलते, और सुबह तक ही रहते। वह रातों को सो नहीं पाती थी, और अक्सर खिड़की से सुबह की रोशनी देखने की लिए अपनी आँखें खुली ही रखती। ऊँचाई के अनुकूल ढ़लने का जरूरी समय तो बीत बीत चुका था, लेकिन वह अभी भी अनिद्रा से परेशान रहती थी। कभी–कभार तो सांस रुकने की वजह से अचानक नींद से जाग जाती, और फिर और ज्यादा नहीं सो पाती।

जब वह पहली बार अली गयी थी, वह सुरक्षा डिवीजन के वाहन में येचेंग से निकली थी। वह चार दिन की यात्रा के बाद शिकुआन नदी पहुँचे। सड़कों पर उसे बहुत गंभीर ऊँचाई की बीमारी हुई, उन्हें इतना तेज सरदर्द हो रहा था कि वह अपने हाथों से अपना माथा पीट रही थी। वह होंग्तु दबान में बर्फीले तूफान में फंस गए। वाहन बर्फ में काफी गहरा धंस गया। वह और अन्य लोग वाहन से बाहर निकले और धक्का मारने लगे;

उन्होंने धक्का देकर वाहन को कुछ मीटर दूर ही पहुँचाया था, वू युएहुआ बेहोश पड़ गयी। वह जब जागी, तो दोबारा वाहन को धक्का देने लगी। सुबह से लेकर दोपहर तक का समय उन्होंने वाहन को धक्का देने में ही लगाया, और फिर आखिरकार वाहन उस स्थान से बाहर निकल पाया। जब वह दो इलाकों को अलग करने वाले पहाड़ के नीचे उतर रही थी, बर्फ की चादर और मोटी होती गयी। उन्हें सड़क नहीं दिख रही थी, और ड्राईवर अंदाजे से वाहन चला रहा था। जब वह एक ढ़लान के नीचे उतर रहे थे, वाहन फिसला और वू युएहुआ बहुत डर गयी; उसने अपनी आँखें बंद कर ली, उसमें सड़क की ओर देखने की हिम्मत नहीं थी। उसने खुद से कहा, "मैं जियूं या मरुँ, मेरे साथ जो मर्जी हो, मुझे ऊपरवाले के फैसले को स्वीकार करना होगा......"

उस साल वू युएहुआ तीस साल की थी। उनके पति का नाम कांग जीशान था, और वह दूसरी टुकड़ी के कार्यकारी कमांडर थे। वह दोनों एक दूसरे से 120 किलोमीटर ही दूर थे, लेकिन साल में बहुत काम बार ही मिल पाते थे। वू ने सुना था कि जो दंपत्ति लंबे समय तक अली में रहते थे, उनके बच्चों को जन्म दोष होते थे, और इस वजह उसने कभी बच्चा पैदा करने की हिम्मत नहीं की। जब हमने वू से इस बारें में बात करना चहा, वह रोने लगी, "मैं सच में बच्चा चाहती हूँ...."

सार्जेंट यांग किओझिन की किस्मत वू युएहुआ से थोड़ी बेहतर थी। उनके पति शिनजियांग रेजिमेंट में थे, और इसलिए उसे अली जाना नहीं पड़ता था। उसने यहाँ आने से पहले एक लड़की को जन्म दिया; उसकी लड़की डेढ़ साल की थी। उन्हें उरुमकी में एक आया मिली, उन्होंने अपनी लड़की की देखभाल करने की जिम्मेदारी उसे सौंप दी। वह हर महीने पाँच सौ युआन भेजती थी। जब वह अपनी लड़की के बारे में बात करती थी, उसके आंसू नहीं रुकते थे। उसने कहा कि वह अपनी बेटी को बहुत याद करती थी, और अक्सर उसके सपने देखा करती थी। उसे नहीं पता था कि वह कितनी बड़ी हो गयी थी या उसे क्या अभी भी दस्त थे। मैंने जब उनकी फोटो ली, फोटो में उनके चेहरे पर आंसू साफ देखे जा सकते थे।

मैंने तिब्बित स्वायत्त इलाके के उप–अध्यक्ष, गेसांगजियांगकुन, से हुओ'अर में मिला

अगले दिन, मैं हुओ'अर गया। वहाँ चौथी टुकड़ी थी। हुओ'अर एक रहस्यमयी जगह थी। समुद्रतल से 4, 700 मीटर की ऊँचाई पर थी, और यहाँ की आबो–हवा में भी धार्मिक सौहार्द फैला हुआ था। इसके एक तरफ गांगदेसे पहाड़ की चोटी थी, जिसे लोग 'रहस्यमयी पहाड़' कहते थे, और दूसरी तरह मापम युम्को घाटी थी, जिसे लोग 'पवित्र झील' भी कहते थे। दूर से समुद्रतल से 7, 694 मीटर की ऊँचाई पर, नैमोना'नयी चोटी, गंग्रिबोके पहाड़ के पीछे, दिखाई देती थी। यह दोनों प्रसिद्ध चोटियाँ एक–दूसरे से एक सौ किलोमीटर की दूरी पर थी। पास में समुदायों के कई मंदिर किसी जंगल की तरह फैले थे; यहाँ कई ऐतिहासिक जगहें थी।

आठवीं टुकड़ी के उप स्टाफ–चीफ और दूसरी ब्रिगेड के कमांडर, झांग गांगवू, चौथी टुकड़ी में जमीनी स्तर के कार्यों का अनुभव ले रहे थे। वह मशीनें चलाते थे, और निर्माण सैन्य इकाई की लगभग हर मशीन चला सकते थे। वह उनकी मरम्मत भी कर सकते थे, और उन्हें बाद में एक सहायक सैनिक भी बनाया गया। जब झांग की अगुवाई में पहला समूह अली आया था, सैन्य इकाई चाहती थी कि वह सबसे आगे बढ़कर हुओ'अर जाएँ, और चौथी टुकड़ी के सेनानिवास की समस्या सुलझाएं। उनके साथ एक और अफसर, चार नूडल्स के डब्बे, और दो पानी की बोतलें थी, वह यात्रा पर निकले। उस समय वह हुओ'अर के बारे में कुछ नहीं जानते थे। वह गाँव के पार्टी सचिव पिंगकुओलावांग से मिले। सचिव ने उनकी बहुत सहायता की और वह बहुत खुश था कि सैन्य इकाई उसके गाँव में ठहरी थी। लेकिन, वह ठहरने के लिए कोई स्थान नहीं जुटा पाया। उसके पास रहने के लिए सिर्फ आठ भेड़शाला थी। उसने झांग से पूछा कि क्या वह भेड़शाला में रह सकते थे, और झांग का जवाब सकारात्मक था। अगले दिन उन्होंने कई सैनिकों के साथ मिलकर भेड़शालाओं की सफाई की। वहाँ आधा इंच मोटी भेड़ की खाद पड़ी थी, और उन्हें यह सब साफ करने में पूरे तीन दिन लग गए। सैन्य इकाई उन

भेड़शालाओं में छह महीने तक रही और फिर अपने नए बने बैरकों में रहने लगी।

सैन्य टुकड़ी के पास बहुत कम खाना बचा था। वह खरीदे हुए थोड़े आलू, प्याज खाने की हिम्मत नहीं कर पाए, वह उनसे और सब्जियाँ उगाना चाहते थे। जब सैनिक ने बाहर भेड़ों की खाद का ढेर देखा, उनके पास एक उपाय था। क्यों न वो सब हटाने के बजाय, उन पर गली–सड़ी सब्जियों से और सब्जियाँ उगाई जाए? उन्होंने खाद फैलाई, और पास की पवित्र झील से पानी लिया। फिर उन्होंने अंकुरित सब्जियाँ और प्याज जमीन में गाढ़ दिए, जिनसे बाद और और सब्जियाँ निकलेंगी। सबको हैरान करते हुए सब्जियाँ भी उगी; लेकिन, सिर्फ हरे तने ही उगे, और अंत में उनका कोई लाभ नहीं था। लेकिन, वह फिर भी खुश थे, पहाड़ी मैदानों में सब्जियाँ उगाना कोई आसान काम नहीं था।

चौथी टुकड़ी के ज्यादातर अफसरों और सैनिकों ने हुओ'अर के मंयोबुला पुल से पश्चिम की ओर, अस्सी किलोमीटर दूर, निर्माण–कार्य का भार संभाला। उनमें से कुछ हुओ'अर ही रहे; कमांडर झांग वेन्शियंग वहाँ के कार्यभारी अफसर थे। वह पिछले साल ही अली आए थे। इससे पहले चार साल उन्होंने कुनलुन पर्वत में भी काम किया था, और फिर उनका तबादला समुद्रतट पर कर दिया गया। जिस साल में उनसे मिला था, उन्होंने दो कारणों के चलते आठवीं टुकड़ी में तबादले का अनुरोध किया था। पहला, वह खुद को अनजान अली क्षेत्र के लिए तैयार करना चाहते थे; दूसरा, वह हांग शुआई को अपनी तरफ से श्रृद्धांजलि अर्पित करना चाहते थे। अपने पूरे जीवनकाल के दौरान, हांग शुआई शेनजेन टुकड़ी के एक सैनिक थे, जहाँ से झांग खुद आए थे। उन्होंने खुद अली जाने का अनुरोध किया। जब झांग ने सुना कि हांग शुआई ने अपने जीवन का बलिदान दिया, वह चौंक गये थे। वह समझ नहीं पा रहे थे कि इतने जीवंत मनुष्य अली की पहाड़ी मैदानों ने कैसे निगल लिया?

अली की ओर जाते रास्ते में उन्हें पहाड़ी मैदान के कई क्रूर और निर्दयी किरदार मिले। जब उन्होंने जीशान दबान पार किया, उन्हें किंघाई प्रांत का एक मजदूर मिला, जो ऊँचाई के कारण बेहोश था। हमारे साथ

के डॉक्टर ने उसकी जान बचाने की पूरी कोशिश की, लेकिन वह विफल रहे। यह सब देखकर झांग बहुत घबरा गए। उन्हें एहसास हुआ कि अली में किसी मनुष्य का जीवन इतना नाजुक हो सकता था। बाद में वह जब टुकड़ी पहुँचे, उन्हें सैनिकों की हालत देखकर सारी मुश्किलों का अंदाजा हो गया था। उन्होंने कुनलुन पर्वत में बिताए चार सालों में भी काफी मुसीबतें झेली थी, अब उन्हें उससे भी ज्यादा मुश्किल हालातों का सामना करना था। उन्हें नहीं अंदाजा था कि पूरी सैन्य इकाई का कार्यभार उठाना इतना मुश्किल रहेगा, और और वहाँ प्रकृति इतनी निर्दयी होगी।

जब झांग वेन्शियंग समुन्द्र तटीय इलाके के कमांडर थे, एक बहुत ही प्रसिद्ध सैनिक की किडनी में छेद हो गया, जिससे उनकी मुख्य धमनी बंद पड़ गयी। सैनिक बहुत पहले से ही बीमार चल रहा था, निर्माण–कार्य के दबाव के चलते उसके पास हस्पताल जाकर अपना इलाज करवाने का समय नहीं था। जब उसकी हालत और बिगड़ी, उसे हस्पताल जाना ही पड़ा लेकिन बहुत देर हो चुकी थी। मुख्यालय के निदेशक शी झाओकिन ने निर्देश दिए, "हर संभव प्रयास करके उस सैनिक की जान बचाई जाए!" लेकिन उसकी स्थिति बहुत नाजुक थी, उसकी जवान पत्नी भी चुपचाप चली गयी। अपने मरणसेज पर लेटे उसने झांग से धीमी आवाज में कहा, "कमांडर, मुझे नहीं लगता कि मैं बच पाऊँगा। मेरा ध्यान रखने और इतने साल मेरा प्रशिक्षण करने के लिए आपका धन्यवाद......." झांग वेन्शियंग ने उन्हें गले लगा, और बिना आवाज करे रोने लगे। वह अपनी लापरवाही के कारण खुद से नफरत करने लगे; अगर उन्होंने पहले ध्यान दिया होता, तो उस सैनिक की जान बच सकती थी।

अपने दुःख में लम्बी सांसे लेते हुए उन्होंने कहा, "हमारे सैनिक कितने महान हैं! इतने अच्छे वातावरण में भी अपनी जान गंवा रहे हैं। अली वहाँ से सौ गुना ज्यादा मुश्किल है; मैं रोज डरता हूँ कि कहीं मेरे अधीन सैनिक मेरे लिए कोई बुरी खबर न ले आएं......" एक महीने पहले, नए सैनिक ली लियांग को मयोबुला के निर्माण–स्थल में काम करते जुकाम हो गया। उसे सांस लेने में परेशानी हो रही थी, और उसका सारा शारीर जकड़ रहा था। उसके हाथ कांप रहे थे। झांग बहुत ज्यादा डर गया, उस रात वह उस

सैनिक को लेकर टुकड़ी गया। उसने सारे रास्ते वाहन में ली लियांग को सीने से लगाए रखा, और पूरी यात्रा के दौरान ली को बार–बार पुकारता रहा। वह बहुत घबराया हुआ था और उसे ली के ना बचने का भी डर था। ली शी लियांग का पूरी रात इलाज चला, फिर उसे खतरे से बाहर लाया गया। तीन दिनों के आराम के बाद, उसने वापस निर्माण–स्थल जाने की अनुमति मांगी।

झांग वेंशियंग ने कहा, "मुझे सैनिकों के बीमार पड़ने का सबसे ज्यादा डर लगता है। जब मैं ऐसी कोई खबर सुनता हूँ, तो परेशान हो जाता हूँ और डरने लगता हूँ। मैं तुम्हे सच–सच बताऊंगा। मैं चार सालों से कमांडर था, शुरुआत में मैं सिर्फ एक साल ही नौकरी करना चाहता था, और फिर अपना व्यवसाय बदलना चाहता था। अब मैंने अपना इरादा बदल लिया है; मैं यह सब छोड़कर नहीं जाना चाहता। मेरे सभी सैनिक महान हैं और मैं उन सबको छोडकर जाने की हिम्मत नहीं कर सकता। मैं उन्हें ऐसी खतरनाक जगह पर अकेले नहीं छोड़ सकता। अगर मैं चला जाता हूँ, तो उनकी देखभाल कौन करेगा?"

झांग वेशियंग ने कहा कि उसने इस सवाल के बारे में कई बार सोचाः हम इस जगह क्यों रह रहे हैं? सैनिक इस जगह की रक्षा करते हैं, और अपनी जवानी, अपना स्वास्थ्य और अपना जीवन भी गंवाते हैं। क्या यह व्यर्थ नहीं है? मैं इस नतीजे पर पहुँचाः हाँ, यह सब व्यर्थ है! इस बात को प्रमाणित करने के लिए उस दोपहर को वह मुझे एक तिब्बती परिवार के पास ले गया। आदमी का नाम झाक्षीजियाबू था और उनका पारिवारिक काम ट्रांसपोर्ट का था। जब उसने सुना कि बीजिंग से मेहमान आए थे, उस आदमी ने मेरा बहुत गर्मजोशी से स्वागत किया, मुझे चमकदार सफेद हाडा स्कार्फ दिया, याक के दूध की चाय पिलाई, और सूखा बीफ खाने को दिया। झाक्षीजियाबू ने तेंदुए की चमड़ी का चोगा पहना था, जो बहुत महंगा लग रहा था। मैंने उससे पूछा कि उसका चोगा कितने का था। उसने अपनी अंगुलियाँ मेरी ओर बढ़ाते हुए कहा, "तीस हजार।" झाक्षीजियाबू ने कहा, "हम जो खुशहाल जिन्दगी जीते है, इसका कारण हथियारबंद पुलिस का सड़कों का रखरखाव करना ही है।

इससे पहले, हुओ'अर से बाग्सा के बीच बीस किलोमीटर लंबे रास्ते में कुल बारह झील थी। कभी–कभी तो यात्रा में दो या तीन दिन लग जाते, और अगर वाहन फंस जाए तो उससे ज्यादा समय भी लग सकता था। पर अब सैन्य इकाई ने इस सड़क के हिस्से को यातायात के लिए लगातार खुला रखा है, अब यह सिर्फ आधे घंटे का ही रास्ता है।"

अगले दिन तिब्बती स्वायत्त के उप–अध्यक्ष, लुओसांगजियांगकुन हुओ'अर आए, उन्होंने चौथी टुकड़ी का विशेष दौरा किया और वहाँ उन्होंने सभी सैनिकों को बुलाया। टुकड़ी के पास उनका स्वागत करने के लिए कुछ नहीं था, उनके पास बस भेड़िये का सूप और कुछ नूडल्स बचे थे। रास्ते में अध्यक्ष आठवीं टुकड़ी के सैनिकों को निर्माण परियोजना के तहत बहुत कठिन परिस्थितियों में काम करते देख बहुत भावुक हुए। उन्होंने कहा, "आठवीं टुकड़ी ने दक्षिण–पश्चिम सीमांत के इलाकों की स्थिरता, तिब्बत के निर्माण और विकास की तेजी के लिए बहुत बड़ा योगदान दिया है। तिब्बती स्वायत्त क्षेत्र की सरकार और तिब्बती लोगों की तरफ से मैं आप सबका बहुत धन्यवाद करना चाहता हूँ; आपने बहुत अच्छा काम किया है!" जाने से पहले उप–अध्यक्ष लुओसांगजियांगकुन ने आठवीं टुकड़ी के सैनिकों के बारे में कुछ शब्द लिखेः स्वर्ग के रास्ते की लौह सेना!

मैं समुद्रतल से 6, 000 मीटर की ऊँचाई पर चौदह घंटों में लगातार अठावन किलोमीटर पैदल चला

हुओ'अर में आने से पहले, मैंने यु कियांग को कहते सुना था कि आपको अक्सर पवित्र झील और धार्मिक पहाड़ का चक्कर लगाते लोग मिल जाएंगे; वहाँ बहुत सारे विदेशी भी होंगे। लेकिन, आज मैंने ऐसा कुछ नहीं देखा; शायद इसका कारण था कि वह साल तिब्बती मान्यताओं के अनुसार 'घोड़े का वर्ष' नहीं था। तिब्बती मानते थे कि 'घोड़े के वर्ष' में पवित्र झील और धार्मिक पहाड़ की एक बार परिक्रमा करना दूसरे वर्षों में तेरह बार परिक्रमा करने के बराबर था; अगर आप दस बार परिक्रमा करते हो, तो आप पाँच सौ पुनर्जन्म और मृत्यु के चक्र से मुक्त हो जाओगे।

इस कारण वहाँ हर साल बहुत सारे लोग पहाड़ और झील की परिक्रमा करने आते थे।

पवित्र झील का नाम मपाम युमको खाड़ी था, उसकी सतह 412 किलोमीटर वर्ग में फैली थी, उसका पानी नीले रंग का था और पहाड़ी मैदान के आसमान की तरह साफ था। तिब्बती भाषा में 'मापम' का अर्थ "अपराजेय" होता है। 'युमको' का मतलब 'जेड जैसी नीली झील' है। मान्यता है कि यहाँ शिव की पत्नी, देवी वुमा नहाती थी। मठधारी शुनजांग ने अपनी किताब 'महान तांग राजवंश का पश्चिमी इलाकों का अभिलेख' में मपाम युमको खाड़ी को 'पश्चिमी स्वर्ग की जेस्पर झील' कहा था। यु कियांग मूल रूप से चौथी टुकड़ी के पलटन कमांडर थे, फिर बाद में वह सहायक सुरक्षा डिवीजन का उप–कमांडर बना। जब मैंने उसका येचेंग में इंटरव्यू लिया, उसना बताया कि अली में आए विदेशी पर्यटक सबसे ज्यादा पवित्र झील में नहाना पसंद करते हैं। लेकिन, उन्हें पहाड़ों की चढ़ाई नहीं करनी पड़ती, इसलिए उन्हें यहाँ की समस्याओं के बारे में कुछ नहीं पता होता है; वह नहीं समझ सकते कि यहाँ अक्सर किसी का भी जीवन खतरे में पड़ सकता है। 2002 में सैन्य इकाई यहाँ आई ही थी, और वह झील किनारे की रेत ढ़ोने लगे। दर्जनों अंग्रेजी पर्यटकों ने यहाँ झील किनारे अपने तंबू गाड़ रखे थे, और यहीं रहने लगे। उनमें से कुछ यहाँ नदी में तैरे, इस कारण उन्हें जुकाम हो गया। और कई पर्यटकों को फेफड़ों की बीमारी हो गयी। आधी रात के वक्त अंग्रेजों ने टुकड़ी से मदद मांगी थी, और सैन्य डॉक्टर ने पूरी कोशिश करके उन सब की जान बचाई थी। लेकिन उनमें से एक की हालत बहुत नाजुक थी, उसे तुरंत पुलान भेजा गया, पर अगले दिन पुलान पहुँचते ही उसकी मृत्यु हो गयी।

रात्रि के भोजन के बाद मैं झील के पास टहलने गया। सैनिक डर रहा था कि कहीं मुझे ऊँचाई की बीमारी न हो जाए, और पूरे रास्ते में मेरे साथ ही चला। मैंने उससे काफी बातें की। वह एक नया सैनिक था और उसका नाम कोंग बो था। वह चोंगकिंग से था, पर उसका परिवार एक गाँव में रहता था, और उनकी आमदनी का कोई जरिया नहीं था। सैनिक बनने से पहले उसने कुनमिंग में लोगों का घर सजाने का पार्ट–टाइम काम किया

था। वह वहाँ महीने के एक हजार युआन कमाता था। उसने मुझे बहुत गर्व से बताया कि वह कुनमिंग के वर्ल्ड एक्सपो में अध्यक्ष जियांग जिमिन से मिला था। वह अध्यक्ष से कुछ पचास मीटर की दूर भीड़ में खड़ा था। अध्यक्ष के साथ कई जनरल भी खड़े थे; उनके पास सत्ता और प्रतिष्ठा की चमक थी। उस क्षण से, उसने एक सैनिक बनने का फैसला कर लिया।

मैंने कहा, "एक सैनिक जो जनरल नहीं बनना चाहता, वह सैनिक ही नहीं है। क्या तुम जनरल बनना चाहते हो?" वह शर्माते हुए हंसने लगा, "मैं पढ़ने में इतना अच्छा नहीं हूँ, और मैं इतने बड़े सपने देखने की हिम्मत नहीं कर सकता। मुझे सच में एक सैनिक बनना पसंद है। मैं खुद को अली के लिए सुधारना चाहता हूँ, और मैं अपने भत्ते से अपने छोटे भाई की पढ़ाई का खर्च उठाना चाहता हूँ।" मैंने उससे पूछा, "यह जगह समुद्रतल से काफी ऊँचाई पर है; क्या आपको डर नहीं लगता?" उसने अपना सर हिलाया, "मुझे बिल्कुल डर नहीं लगता। लेकिन मेरे साथ के नए सैनिक बहुत डरते हैं।" जब मैंने यह सुना, मुझे एक उपाय सूझाः अगर मैं गांगरिबोक पहाड़ का एक चक्कर लगाऊँ, तो इससे नए सैनिकों को भी प्रेरणा मिलेगी।

जब मैं वापस बैरक गया, मैंने इस बारे में ली शीआ से बात की। वह कुछ देर तक तो चुप रहा और फिर बोला, "गांगरिबोक" तो समुद्रतल से 6, 700 मीटर की ऊँचाई पर है। वहाँ जाना काफी खतरनाक है, और मुझे नहीं लगता कि तुम वहाँ पहुँच पाओगे...." मैंने कहा, "मैं बिल्कुल स्वस्थ हूँ; क्या तुम मेरे साथ आओगे?" ली ने कहा, "दो साल पहले, मैं वहाँ ऊपर गया था, और वह सफर बहुत मुश्किल रहा था। आप वहाँ की मुसीबतों का अंदाजा भी नहीं लगा सकते; अच्छा होगा कि इस बारे में आप एक बार फिर सोच लो।"

जब मैंने सुना कि वह एक बार ऊपर जा चुका था, मैं और ज्यादा हठी बन गया। "मैं ऊपर जा रहा हूँ। अगर तुम नहीं आओगे, तो मैं अकेला जाऊंगा!" ली शीआ के पास कोई रास्ता नहीं बचा, उसने भी ऊपर जाने के लिए हामी भर दी। हमने अगले दिन सुबह प्रस्थान किया। हर किसी

ने सैनिक वर्दी पहन रखी थी, और सैनिक बस्ते दाएं कंधे पर टंगे हुए थे। बस्ते में दो दूध के कैन, सूअर के गोश्त के चार टुकड़े, और उबले हुए बंद थे। हमने सैन्य केतली अपने बाएं कंधे पर टांगी। हम इसके अलावा कुछ और नहीं लेकर गए। हमने डाकिन गाँव से यात्रा शुरू की, और गांगरिबोक का दक्षिणावर्त दिशा में चक्कर लगाया।

गांगरिबोक गांगदेसे पहाड़ की मुख्य चोटी है। यह पूरा साल बर्फ से ही ढकी रहती है। यहीं से प्रसिद्ध शिकुआन नदी, मकुआन नदी, शियांगकुआन नदी, और कोंग्क नदी निकलती है। प्राचीन अभिलेखों में दर्ज है कि आम युग से सैंकड़ों शताब्दी पहले से ही गांगरिबोक को एक पवित्र पहाड़ माना जाता रहा है, और यह अभी भी तिब्बती बौद्ध लोग, हिन्दू और बोन धर्म को मानने वालों के लिए आस्था का प्रतीक है।

तिब्बती लोगों के अनुसार गांगरिबोक की नंगे पांव परिक्रमा करने में तीन दिन लगते हैं; और कम से कम दो दिन लगते हैं। अगर सर झुकाकर प्रणाम करते हुए चले, तो पन्द्रह से बीस दिन भी लग सकते हैं। लेकिन, हमने तो पूरी परिक्रमा एक दिन में करने की योजना बनाई थी। शुरुआत में हम तेज चले, और हम ज्यादा थके भी नहीं।

हम एक पहाड़ी घाटी के बीचोंबीच बढ़ते हुए चारों तरफ, जहाँ तक नजर जाए, फैले हुए गांगरिबोक के आंतरिक भाग में पहुँचे। कुछ घंटों बाद हमने पहाड़ की चढ़ाई शुरू की, पर हमारा शारीरिक बल हमारी उम्मीद से कम पड़ गया, और हमने हांफना शुरू कर दिया। हमने बहुत पसीना बहाया पर टांगे आगे बढ़ती रही। जब हम नर्क का द्वार पार कर रहे थे, हम हर कदम पर हांफ रहे थे, और पाँच कदम चलकर थोड़ा आराम करते थे। हममें से कोई कुछ भी नहीं बोल रहा था, लेकिन हम मुँह खोलकर हांफे जा रहे थे। दोपहर होने से पहले हम सभी को भूख लग रही थी, जब हमने टुकड़ी द्वारा तैयार किए गए उबले हुए रोल खोले, हमने पाया कि वह खाने लायक नहीं थे। पहाड़ी मैदान में हवा का कम दबाव होने के कारण उसकी सारी भाप उड़ गयी, और वह बिल्कुल सूख गए थे। वह ठंड से जम भी गए थे, और अब किसी चट्टान की तरह सख्त थे; हम उन्हें जितना भी चबाते, वह बिल्कुल नहीं टूट रहे थे। हमने दो सूअर के गोश्त

के टुकड़े खाए, और एक दूध की कैन पी, और फिर चोटी की तरह बढ़ते रहे। सारी थकावट और मुसीबतों को झेलने के बाद, हमने नरक के दो द्वार पार किए और हम नर्क के सबसे ऊंचे द्वार– झुओमाला पहाड़ पहुँचे। वह समुद्रतल से 6, 300 मीटर की ऊँचाई पर था। जब हम उसपर चलने लगे, ऊपर आसमान से ओले पड़ना शुरू हो गए। हमारे पास छुपने की कोई जगह नहीं थी। मुझमें और ताकत नहीं थी, और लग रहा था कि मौत बस नजदीक ही थी। किस्मत से ओले पड़ने बंद हो गए, जैसे थोड़ी देर के लिए हमें डराना और हमारी इच्छा शक्ति की परीक्षा लेना चाहते हों। हम एक बड़े से चट्टान पर बैठकर आराम करने लगे। सभी जगह फैले हुए झंडों ने आसमान को ढ़क लिया था, हवा में हिलते और लहराते जमीन को गंदा कर रहे थे। इस जगह पूरे तिब्बत में सबसे ज्यादा और सबसे बड़े झंडे लगाए हुई थे।

लेकिन, इसके बारे में और जानकारी लेने की मेरी कोई मनोदशा नहीं थी। मैं सिर्फ एक चीज के बारे में सोच रहा था कि नर्क के द्वार को जीवित कैसे पार किया जाए। मैंने कई बार खड़े होकर आगे बढ़ने की सोची, लेकिन मेरा शरीर अनुमति नहीं दे रहा था; ऐसा लग रहा था, जैसे मेरा शरीर मुझसे अलग हो गया हो, और मैं बस एक आत्मा ही था। लेकिन, मैं आखिरकार खड़ा हुआ और खुद को इस तरह प्रेरित करता रहा: इस बार मैं बिल्कुल उस पत्थर तक पहुँचूंगा, और फिर आराम करूँगा! असल में वह पत्थर सिर्फ दस मीटर ही दूर था। इतनी छोटी दूरी तय करने के लिए भी मुझे खुद को इतना प्रेरित करना पड़ा। दोपहर के वक्त, हम पहाड़ी घाटी में पवित्र पहाड़ की विपरीत दिशा में चल रहे थे। वहाँ कोई सड़क नहीं थी, बस बड़े–बड़े पत्थर ही थे। हम एक पत्थर से दूसरे पत्थर नाचते हुए गए, ऊपर से कूदे, जिससे और भूख लग गयी। वहाँ खाने को कुछ नहीं था, लेकिन एक पत्तागोभी मिल गयी। हमने बड़ी चट्टानों पर लेटकर उस कच्ची गोभी को बारी–बारी से खाया और फिर आगे बढ़ते रहे।

पहाड़ी घाटी में चलते हुए मुझे लगा कि मैं अपनी टांगों पर नियंत्रण खो दूंगा, और मैं लड़खड़ाते हुए चल रहा था। ली शीआ चिंतित थे कि मैं

और आगे नहीं बढ़ पाऊंगा, इसलिए उसने मुझसे एक बार फिर अनुरोध किया, "जब हम किसी तिब्बती चरवाहे के तंबू तक पहुँचेंगे, तो वहीं विश्राम करेंगे और आगे की यात्रा पर अगले दिन से निकलेंगे।" मैं नहीं माना। मैंने कहा कि हमें चलते रहना होगा, नहीं तो सारी जिंदगी पछताएंगे। हमने यात्रा पर निकलने से पहले सैनिकों से बात की था; अगर हम रास्ते के बीच रुकेंगे, तो वह सोचेंगे कि कहीं कोई हादसा न हो गया हो और हमारी चिंता करने लगेंगे। इसलिए, हमें चलते रहना होगा!

सड़क के आखिरी भाग में गहरी खाई थी। मैं सिचुआन–तिब्बत हाईवे में कई बार चला था, शायद इसलिए मुझे सड़क का बिल्कुल भी डर नहीं था। कुछ समस्याएँ भी थी; अंधेरा हो चला था और आसमान बादलों से घिरा हुआ था, बिल्कुल कोई रोशनी नहीं थी। वह बहुत संकीर्ण और घुमावदार पगडंडी थी, और हम अंधेरे में दिख रहे सफेद पदचिन्हों के सहारे आगे बढ़ रहे थे। हम अपनी थकावट के बारे में बिल्कुल भूल चुके थे, और अपनी थोड़ी बची ऊर्जा से रास्ता ढूँढ रहे थे। अचानक मेरा पत्थर के ऊपर पैर फिसला, और मैं खाई में गिरते–गिरते बचा। ली शीआ बहुत डर गया और चिल्लाने लगा..... शाम के ग्यारह बजे, हम आखिरकार घाटी के अंत में पहुँचे। हमने टॉर्च हाथों में लिए हमारे सैनिकों को हमारा अभिवादन करते आते देखा, और हम जानते थे कि हम सफल हुए।

उस क्षण मैंने सोचा, "हमने गांगदेसे पहाड़ जीत लिया, और हमने खुद को जीत लिया, और मनुष्य की सहनशीलता की सभी हदों को पार किया। अब से जीवन के सभी रास्तों में, पहले के और बाद में आने वाले, ऐसी कोई रूकावट नहीं होगी, जो मुझे फिर से डरा सके!" हमारी इस यात्रा ने हमारे सैनिकों का भी मनोबल बढ़ाया। उन्होंने कहा, "सेक्शन चीफ दांग और निदेशक ली हमसे उम्र में इतने बढ़े हैं, पर वह समुद्रतल से 6,000 किलोमीटर की ऊँचाई पर भी अठावन किलोमीटर तक चल सकते हैं; तो हमें किस चीज का डर है? बाद में हमने सुना कि पास के गाँव में रहने वाला तिब्बती कह रहा था कि मकाउ से आई बाईस साल की लड़की, जो पहाड़ों में घूमने आई थी, उसने भी हमारी तरह उसी दिन नर्क का द्वार पार किया था, लेकिन उसे फेफड़ों की बीमारी बन गयी। उसके साथियों

ने उसे पास के मंदिर तक पहुँचाने के लिए एक याक भाड़े पर लिया था। परन्तु उनके मंदिर पहुँचने से पहले ही लड़की की मृत्यु हो गयी।

टुकड़ी ने हमारे स्वागत के लिए एक भेड़ खरीदी, लेकिन रात के दौरान उसे भेड़िया खा गया

अगले सुबह मैं उठा, मैंने मुँह धोया। जब मैं अपने हाथ रगड़ रहा था, मैंने पहले तो ध्यान नहीं दिया, जब मैंने शीशे में देखा, तो मैंने पाया कि मेरी त्वचा फट रही थी। यह किसी महिला के मुखौटे की तरह लग रही था, परत दर परत बाहर निकल रही थी। मेरे नीचे का होंठ भी फट रहा था, और उससे खून निकल रहा था, और थोड़ा खून मेरी नाक से भी बह रहा था। मैं जानता था कि यह कोई साधारण ऊँचाई की बीमारी थी, और डरने की कोई बात नहीं थी। जब हमने नाश्ता कर लिया, हम चौथी टुकड़ी के बैरक से बाहर निकले, और समुद्रतल से 5, 000 मीटर की ऊँचाई पर मायोबुला पुल की ओर बढ़े। हमने रास्ते में थोड़ा आराम भी किया, और हमें वहाँ चरवाहों का परिवार मिला। मैंने उनसे पूछा कि वह साल में कितना कमा लेते थे, और तिब्बती आदमी ने खुशी–खुशी कहा, "अब अली की सड़क बहुत अच्छी है, हम अपनी भेड़े भी बेच सकते हैं। हम हर साल चार हजार युआन कमाते हैं।" जब वह हमसे बातें कर रहा था, उसकी बेटी उसकी साथ खड़ी हमें बड़ी उत्सुकता से देख रही थी। ऐसा लग रहा था, जैसे उस सुंदर तिब्बती लड़की ने इससे पहले कभी कैमरा नहीं देखा था। जब मैंने उसकी फोटो खींची, वह बहुत उत्सुक थी, पर शर्मा रही थी।

चौथी टुकड़ी का निर्माण–स्थल मायोबुला पुल में था। जब मैं टुकड़ी के कमांडर जीयाओ शिझू से मिला, उसने कहा, "किस्मत खराब थी; हमने कल दोपहर आपके आज आने की खुशी में एक भेड़ खरीदी थी, पर उसे कल रात भेड़िया खा गया।" जीयाओ शिझू हमें अपने तंबुओं के पास एक छोटी नदी की खाड़ी में ले गया। उसने जमीन पर पड़े भेड़ की अवशेषों की ओर इशारा किया। "कितनी शर्मनाक बात थी!" हम पलथी मारकर तंबुओ के बाहर बीच पर बैठे और बातें करते रहे।

जियाओ ने बताया कि उस इलाके बहुत सारे भेड़िये रहते थे। उनकी रात के समय अकेले शौचालय जाने की हिम्मत नहीं होती थी, वह छोटे–छोटे झुंडों में जाते थे, उनमें से कुछ सैनिक टॉर्च पकड़कर हर दिशा में रोशनी करके भेड़िये के हमले से बचने की कोशिश करते थे। वह बारी–बारी से पेशाब करते थे। भेड़िये बहुत खतरनाक थे; कैंटीन के रसोइयों ने अपने तंबुओं के बाहर, भेड़ियों से बचने के लिए, लोहे की तारें लगा रखी थी। पर वह फिर भी अपना रास्ता बनाकर अंदर घुस जाते और सैनिकों का सारा गोश्त खा जाते। एक रात, खुदाई की मशीन का चालक देर रात तक काम कर रहा था, तब दो भेड़िये उसकी मशीन के पास टहलने लगे, वह रोशनी से भी नहीं घबराए। उन्होंने चालक को इतना डरा दिया कि चालक की पेशाब जाने की भी हिम्मत नहीं हुई, उस लोडिंग मशीन में बैठे ही पेशाब करना पड़ा। कभी–कभार दिन के उजाले में भी निर्माण–स्थल में भेड़िये होते। जब वाहन निकलते, तो वह दौड़कर उनका पीछा करते। पिछले साल ये हुआयु वहाँ सर्दियों में रुका था। वह सब्जियाँ तोड़ने गया, तब काफी बर्फ पड़ रही थी। वाहन टुकड़ी से चालीस किलोमीटर दूर फंस गया। वह खुद चलकर टुकड़ी मदद मांगने गया। रास्ते में उसे दो भेड़िये मिले। वह बहुत डर गया था, लेकिन उसने भागने की हिम्मत नहीं की। उसने सुना था कि भेड़िये आग से डरते थे, इसलिए वह बार–बार अपने लाइटर को जलाता रहा। जब लाइटर जलता, भेड़िये रुक जाते; जब आग बुझ जाती, वह फिर आगे बढ़ते। दोनों भेड़ियों ने उसका काफी दूर तक पीछा किया, वह ज्यादा दूर नहीं थे, पर ज्यादा नजदीक भी नहीं थे। किस्मत से उसके साथी उसे लेने पहुँचे, और भेड़िये डरकर भाग गए।

ली लोंग, सहायक सुरक्षा डिवीजन का ड्राईवर, तेल की खेप पहुँचाने मायोबुला पुल से होकर जा रहा था। काफी अंधेरा था, और उसका टायर फट गया। वह खुद टायर बदलने बाहर निकला। उस समय सैन्य इकाई ने सड़क के उस हिस्से की मरम्मत नहीं की थी, इसलिए चारो तरफ सुनसान घाटी थी। उसे काफी मेहनत करनी पड़ी, वह हांफने लगा और उसे पसीना आने लगा। अचानक उसे कुछ महसूस हुआ, उसे पीठ में ठंड

लगने लगी। वह उठा और अपने कम्पार्टमेंट जाकर अपना ओवरकोट निकालने की सोचने लगा। उसने पीछे मुड़कर देखा, तो कुछ रोशनी सी धीरे–धीरे उसके समीप आ रही थी। वह जानता था कि वह कोई भेड़िया था, इसलिए फटाफट अपने वाहन में कूदा और दरवाजा बंद कर दिया। उसने वाहन की बत्तियाँ जलाई, पर भेड़िया बिल्कुल नहीं हिला वह हेड–लाइट की रोशनी के आगे–पीछे टहलता रहा। वह सुबह होने तक वाहन के अंदर ही रहा, भेड़िया मजे–मजे से टहलता हुआ वापस चला गया।

सुरक्षा डिवीजन के दो और सैनिक, झांग रिकी और कू शियी, के साथ भी ली लोंग जैसा ही हादसा हुआ। एक शाम उनका वाहन पास के एक रेत से भरे गड्डे में फंस गया, और बहुत कोशिश करने के बाद वह वाहन निकाल नहीं पाए। उनके पास कोई औजार नहीं था, इसलिए उन्होंने हाथों से ही रेत हटाना शुरू किया। वह बहुत थक गए और वहीं आराम करने बैठ गए, तब उन्होंने कुछ दूरी से तीन कुत्तों को आते देखा। कुत्तों का मतलब वहाँ कुछ लोग भी रहते होंगे, और वह भी उन्हें देखकर खुश हुए; शायद वह उनसे कुछ हथियार ले सकते थे। झांग रिकी आगे बढ़कर देखने गया, पर फिर मुड़कर भागने लगा। कू शियी ने कहा, "कुत्तों ने तुम्हें नहीं काटा, तुम क्यों भाग रहे हो?" झांग ने कहा, "भागो– वह भेड़िये हैं!" वह दोनों वाहन में चढ़ गए, और भेड़िये उनके पीछे वाहन के करीब पहुँच गए। उन्होंने वाहन को घेर लिया और गरजने लगे। भेड़िये वहाँ से नहीं गए, वाहन नहीं शुरू हुआ, वह दोनों सवेरा होने तक वाहन के अंदर ही बैठे रहे। जब सवेरा होने को आया, दो पी.एल.ऐ. वाहन आए और उन्होंने भेड़ियों को भगाया, फिर फंसे वाहन को गड्डे से बाहर निकाला।

जियाओ शिझू बहुत मजाकिया किस्म का इंसान था, वह कहता कि वह अली के पहाड़ी मैदान के जिप्सी थे। सड़क के एक हिस्से के रखरखाव और मरम्मत का काम पूरा हुआ, वह दूसरी सड़क की ओर चलने लगते। पिछले साल, उन्होंने पाँच या छह जगहें बदली। टुकड़ी के पास नया बैरक था, लेकिन वह उसमें नहीं रहते थे; वह पूरे साल तंबुओं में रहे। उनके पास कोई और विकल्प ही नहीं था; शिनजियांग–तिब्बत हाईवे काफी लंबा था।

दोपहर के समय मैं दूसरे सैनिकों के साथ निर्माण–स्थल के मैदान में बैठा, और हमने दोपहर का खाना खाया। उसके बाद हमने पैदल चलकर मायोबुला पुल पार किया और नौंवी टुकड़ी के निर्माण–स्थल में प्रवेश किया। हमें दूर से बहुत सारी मशीनें दिखाई दी, जिनमें से दो मशीनें चलाई जा रही थी। उनके सामने ओवरकोट पहने दो सैनिक खड़े थे। आंतरिक भाग में तो गर्मी थी, पर यहाँ इस जगह में ओवरकोट पहनना जरूरी था। अगर मैं ऐसा किसी व्यक्ति को कहूँगा, जो कभी अली न गया हो, तो वह मुझपर विश्वास नहीं करेगा। मैंने आगे जाकर देखा कि वह दोनों अफसर थे। ली शीआ ने मुझे उनमें से एक की ओर इशारा किया, जो देखने में शिनजियांग का ही लग रहा था। शी ने उसका नाम तांग चुनबिन बताया, और वह तीसरी निर्माण ब्रिगेड का इंजिनियर था। उसने दूसरे अफसर की ओर इशारा करते हुआ कहा कि वह चेन कियुजुन, शिनजियांग रेजिमेंट के द्वारा मदद के लिए भेजा एक तिब्बती डॉक्टर, था।

चेन कियुजुन ने कहा, "मैंने इससे पहले ऐसी कोई सैन्य इकाई नहीं देखी, जिन्हें इतना कुछ सहना पड़ा होगा। आपको इनके बारें में कुछ अच्छा लिखना होगा; इन सैनिकों ने सच में बहुत कुछ सहा है! मैं तो सिर्फ एक साल के लिए ऊपर गया था, पर इन्हें तो वहीं ठहरना है, वहीं रहना है और काम करना है। इन सैनिकों के इतनी कठिन परिस्थितियों को झेलने के हौंसले ने मेरा दिल छू लिया। मैं यह अनुभव अपनी पूरी जिंदगी नहीं भूल पाऊँगा।" चेन ने कहा कि जब वह यहाँ आया था, उसने पहले दो महीनों में दो सौ मरीजों का इलाज किया था। उन्हें ज्यादातर ऊँचाई–संबंधित बीमारी थी, और कई ज्यादा लोगों को तो सिर्फ जुकाम ही था। बहुत दिन पहले तांग चुनबिन ने निर्माण–स्थल में कई सैनिकों को लड़खड़ाते देखा। उसने उनके पास जाकर एक सैनिक का माथा छुआ, वह बहुत ज्यादा तप रहा था। तांग तुरंत उन्हें डॉक्टर के पास ले गया, जिन्होंने हर किसी का तापमान नापा। उन्होंने पाया कि सात से आठ सैनिकों को बुखार हो रहा था, और सभी को जुकाम था। तांग सभी बीमार सैनिकों को निर्माण–स्थल से दूर ले गया, और उनको ड्रिप चढ़ाई।

टांग ने कहा, "उस समय, मैं बहुत क्रोधित था, परेशान था और दुखी था। इन सभी सैनिकों ने मिशन पूरा करने के लिए अपनी जान जोखिम में डाल दी। मैं इनके माता–पिता या सैन्य टुकड़ी को क्या जवाब देता, अगर इन्हें कुछ हो जाता? फिर हम अपने रास्ते में आगे बढ़े। लगभग दस किलोमीटर दूर, हम नौंवी टुकड़ी के एक और निर्माण–स्थल पहुँचे। कमांडर तान मिंगजून की अगुवाई में सभी सैनिक सड़क को समतल करने का प्रयास कर रहे थे। तांग मिंगजून भी अपने सैनिकों की तरह ही लग रहा था; उसके चेहरे पर धूल लगी हुई थी, और उसके होंठ इतने फट रहे थे कि उनसे खून निकल रहा था। जब मैंने उनसे हाथ मिलाया, मैंने उनके हाथों के खुरदुरेपन महसूस किया। वह किसी जवान इंसान के हाथ नहीं लग रहे थे, पर किसी पचास या साथ साल के मजदूर के हाथ लग रहे थे। मैं खुद को रोक नहीं पाया, मेरे आंसू बहने लगे। मैं उनके गले मिला, सबसे नौजवान सैनिक के, फिर रोने लगा। तान मिंगजून ने खुश होते हुए कहा, "अब अच्छा लग रहा है। सड़क के नींव रखने का काम लगभग पूरा हो गया है, हमारे पास सभी जरूरत की चीजें उपलब्ध हैं। जब सैन्य इकाई यहाँ पहली बार आई थी, हमारे पास कुछ भी नहीं था। हमने तीन महीने तक हाथ–मुँह नहीं धोया था, और किसी जंगली की तरह लग रहे थे। लेकिन, मुँह न धोने का कुछ फायदा भी रहा; कम से कम अल्ट्रावायलेट किरणों से तो बचे रहे।"

मायोबुला से झोंग्बा तक की यात्रा के लिए पयांग और शुओगेला पहाड़ को पार करना था। सड़कें बहुत मुश्किल थीं। सड़क का वह भाग तो एक दलदल ही था। पहले वह रास्ता पार करना लगभग नामुंकिन हुआ करता था, और वहाँ बड़ी आसानी से कोई रास्ता भटक सकता था। यह प्रसिद्ध 'भूलभुलैया' इलाका था, जिसे आखिरकार आठवीं टुकड़ी ने थोड़ा सड़क लायक बनाया। यात्रा कठिन थी, लेकिन फिर भी हम झोंग्बा सूरज डूबने से पहले पहुँच गए।

किसने कहा था कि वह कोई फूलों का गमला था? वह बसंत ऋतु की हरियाली थी

झोंग्बा समुद्रतल से 5, 300 मीटर की ऊँचाई पर था। वहाँ पाँचवीं टुकड़ी तैनात थी, और मोर्चे पर तैनात आठवीं सैन्य इकाई में वह सबसे ऊँचे स्थान पर तैनात टुकड़ी थी।

झोंग्बा काउंटी एक कस्बे जितना छोटा था। काउंटी के कस्बे की गलियाँ बहुत ही संकीर्ण और 'टी' के आकर की थी, और वहाँ से एक समय में सिर्फ एक वाहन ही गुजर सकता था। पीछे मुड़ने के लिए भी कोई रास्ता नहीं था। पूरे कसबे में एक भी हरा पेड़ नहीं थी, और हमें एक भी घास की पत्ती नहीं दिखी। टुकड़ी को अपनी टॉर्च जलानी पड़ी। कसबे में बिजली भी पिछले साल ही आई थी। एक कॉल करना भी मुश्किल था, क्यूँकि पूरे कसबे में सिर्फ तीन टेलीफोन की तारें थी; टुकड़ी संपर्क के लिए एक अलग से स्टेशन इस्तेमाल करती थी। हर साल सैनिक बहुत कम बार ही अपने–अपने परिवारों से बात कर पाते थे, और सिर्फ एक पत्र भेजने के लिए ही महीनों सड़कों पर यात्रा करनी पड़ती थी। झांग झोंग्जू, टुकड़ी के उप–कमांडर, ने कहा कि जब सैन्य इकाई अली में आई थी, पयांग से बे'अर की सड़क की हालत खस्ता थी। और कुछ जगहों पर तो बिल्कुल कोई सड़क ही नहीं थी। एक बार किंघाई प्रांत से एक वाहन निर्माण–स्थल आया। ड्राईवर ने बाहर निकलकर पूछा, "219 राष्ट्रीय हाईवे का रास्ता कहाँ से है?" असल में वह हाईवे पर ही खड़ा था, पर वह सड़क किसी आम हाईवे की सड़क से इतनी अलग लग रही थी, की उसे खुद ही अंदाजा न रहा।

दो साल की कड़ी मेहनत के बाद अब सड़कों की काफी मरम्मत की जा चुकी थी। तिब्बत की ओर जाती सड़क में चलना यात्रा का सबसे मुश्किल भाग था। येचेंग से झोंग्बा की ओर जाती सड़क में यात्रा करने का औसतन समय लगभग नौ दिन था। रास्ते में कई पहाड़ चढ़ने और उतरने पड़ते थे, जहाँ कई बार छाती गुब्बारे की तरह फूल जाती थी, और कई बार बिल्कुल ही सिकुड़ जाती। वह बहुत ही असुविधाजनक रहा। रास्ते में, गर्मागर्म नूडल्स सूप पीना और फिर अच्छी नींद सोना उनकी सबसे बड़ी

इच्छा थी। लेकिन, वह ज्यादातर समय नहीं सो पाए। जब पहली श्रेणी का सैनिक किउ लीं आया, वह पूरी रात बकवास ही करता रहाः "मैं ट्रक से नीचे उतरना चाहता हूँ! मैं घर वापस जाना चाहता हूँ!" थोड़ी पूछताछ करने पर पता चला कि उसे प्रमस्तिष्क एडिमा था, और तीन दिन की चिकित्सा मदद के बाद ही उसकी जान बचाई गयी थी। पिछले साल वह छुट्टी पर घर गया, वहाँ ऑक्सीजन ज्यादा मात्रा में होने के कारण वह पूरे हफ्ते कोमा जैसी स्थिति में सोता रहा, जिससे उसके परिवार वालों के डर के मारे आँसू निकलने लगे। जब हमने रात का खाना खाया, मैंने देखा कि पाँचवी टुकड़ी जो मंताऊ खा रही थी, वह अच्छी तरह उबले थे। मैंने कमांडर चेन से पूछा कि उन्होंने यह समस्या सुलझाने के लिए क्या उपाय लगाया था। चेन ने, आहार इकाई के मुख्य, देंग तियानरन को बुलाया। देंग, जो चेंगडु के पुजियांग से थे, सिचुआन की भाषा ही बोलते थे। उसने कहा कि जब वह यहाँ आया था, उसके सामने मंताऊ को उबालने की सबसे बड़ी समस्या थी। वह तीसरी श्रेणी का रसोइया था, लेकिन वह झोंग्बा में एक महीने रहने के बाद भी यह समस्या नहीं सुलझा पाया। क्यूँकि ऊँचाई की वजह से उबले हुए मंताऊ की सारी भाप उड़ जाती थी, और वह बहुत सख्त हो जाते थे। उन्हें बिल्कुल नहीं खाया जा सकता था। किसी सैनिक ने उसकी शिकायत नहीं की, और चुपचाप उसके बनाए मंताऊ खाते रहे। लेकिन, देंग चिंतित था। उसने इस समस्या को सुलझाने का प्रण लिया। उसने कई प्रयोग किए, और इस बारे में बहुत सोचा। वह अपने किए गए सभी प्रयोगों के परिणाम भी लिखता था; कभी–कभार तो उसे सपने में भी उबले हुए मंताऊ दिखाई देते। एक महीने बाद उसे आखिरकार सफलता मिली। उसके बनाए मंताऊ आंतरिक क्षेत्र में बने मंताऊ से लगभग समान ही थे। उसकी मंताऊ बनाने की विधि इस प्रकार थीः उन्हें अच्छी तरह गूंथने के बाद, फिर वह उन्हें एकदम पॉट में नहीं फेंक देता था, वह उन्हें दस मिनट के लिए धुप में भूनने देता था। उन्हें प्रेशर कुकर में फिर से रख देता, इस बार बिल्कुल नहीं हिलाता। बीस मिनट तक उबालने के बाद कुकर दोबारा खोलता और छूकर देखता कि उसके हाथों में कोई नमी रह गयी हो। अगर नमी नहीं होती, तो

जबतक नमी न बन जाए, उन्हें फिर से आधे घंटे के लिए गर्म करने रख देता।

अगले दिन हम सागा की ओर रवाना हुए। यहाँ सैनिकों के अपने कर्तव्यों का निर्वाह करने से पहले, यात्रा में दो दिन लग सकते थे। पर अब आधे घंटे का ही सफर था। इससे पहले यहाँ यात्रा करना बहुत ही कठिन था, न सिर्फ जगह–जगह फैले गड्डों के कारण, बल्कि इस जगह कोई कहलाने लायक भी सड़क नहीं थी। तब सिर्फ अंदाजों और सहज–ग्यान से ही आगे बढ़ा जाता था। अगर कोई रास्ता भूल जाए, तो यहाँ से पैदल बाहर निकलने से पहले पंद्रह दिनों तक भटकता रहता; और फिर अपने बचे दिन अनजान अली के दूसरे रास्तों में भटक के गुजार देते। पर अब यहाँ काफी मरम्मत करके इन सड़कों को मानक अनुरूप बनाया गया है। इसलिए, अब यहाँ हालत काफी बेहतर हैं।

सागा में ही दूसरी ब्रिगेड और छठी टुकड़ी तैनात थी। यह आठवीं टुकड़ी द्वारा मरम्मत की गयी और यातायात के लिए खुला रखे जाने वाली सड़क का भी अंतिम–बिंदु था। जब हम वहाँ पहुँचे, मैंने टेबल पर फूलों का भरा प्याला पाया, जो मुझे बहुत अजीब लगा। यहाँ फूल कैसे हो सकते थे? जब मैंने पास जाकर देखा, वह ताजे फूल थे, कोई प्लास्टिक के बनावटी नहीं। मुझे और आश्चर्य करते हुए, वहाँ सलाद पत्ता भी था। दूसरी ब्रिगेड के उप–कमांडर, झांग लोंगशान, ने मुझे बताया कि पूरे बैरक में ऐसा एक ही 'फूलों' का भरा प्याला था। उस साल एक सैनिक अपने घर रिश्तेदारों से मिलने गया था, वहाँ से वह सलाद पत्ता लाया था, जिसे उसने प्याले में उगाया। सैनिक रोज उसे पानी देते और उसे बढ़ते हुए देखते, जैसे अपने किसी बच्चे की देखभाल कर रहे हों। सुबह जब सूरज निकलता, वह उसे बहर रख देते और शाम को ठंड पड़ने पर वापस अंदर ले आते। कई महीनों के बाद अब वह एक बड़े पौधे में उग गया। मैं इस कहानी से बहुत प्रभावित हुआ। यह कोई फूलों का प्याला नहीं थाय सैनिकों की नजरों में तो यह बसंत की हरियाली थी!

छठी टुकड़ी के कमांडर दांग झिपिंग थे। मुझे मेरे उपनाम के लोग लो अक्सर कम मिलते हैं; शिनजियांग–तिब्बत हाईवे में इस उपनाम के लोग

और भी कम थे, यहाँ लोग ही कम थे और दूर तक जंगल ही फैला था। मैंने उनसे पूछा और उन्होंने मुझे चौंकाते हुए जवाब भी दिया कि हम दोनों एक ही काउंटी और गाँव के थे। लोग अक्सर अपने गाँव के लोगों से मिलने पर रो देते हैं। शुरूआत में दांग नहीं रोया, लेकिन जब हम उनके और उनके सैनिकों द्वारा बागा गाँव में बिताए मुश्किल समय के बारे में बात करने लगे, उनकी आँखें भी नम हो गयी। वह असल में तीसरी टुकड़ी के उप–कमांडर थे। वह अप्रैल 2002 में यहाँ आए थे, वह एक बर्फ हटाने वाली मशीन और चार सैनिकों को लेकर, टुकड़ी से अठहतर किलोमीटर दूर, बागा गाँव आए थे। उन्होंने बर्फ हटाई, फिर सड़कों की नींव रखी। चारों सैनिक चरवाहों के छोड़े हुए कच्चे मिटटी के घर में रहे। उनके पास बिजली ही नहीं थी, टेलीविजन तो दूर की बात थी। कभी–कभी उनके पास मोमबत्तियाँ भी नहीं होती। मुझे उनकी बातों से लगा कि उन्हें यहाँ के कठिन वातावरण से अकेलापन ज्यादा सता रहा था।

वह हर रोज एक ही दिनचर्या दोहराते थे; काम करते, खाना खाते और एक ही तरह की बातें करते। दिन लंबे होते थे, और चारों सैनिकों के पास कहने को कुछ नहीं था। इस तरह रहते हुए तीन महीने बीत गयें, और वह बस एक–दूसरे का गला घोंटना चाहते थे! दांग ने टुकड़ी के पास लौटने पर सबसे पहले अपनी पत्नी, ली लिन्यान, को फोन किया। जैसे ही उसने अपने पति की फोन पर आवाज सुनी, वह रोने लगी और इतने दिनों से फोन न कर पाने की वजह पूछने लगी। उसके सभी परिवार के सदस्य इतने दिनों से दांग से कोई संपर्क न होने पर चिंतित थे। असल में दांग के अली जाने को उसकी पत्नी ने भी समर्थन दिया था; क्यूँकि वह खुद बचपन में तिब्बती पहाड़ी मैदान के सैन्य बैरकों में पली–बढ़ी थी। उसके पिता तिब्बत के लिंझी में सैनिक थे और उन्होंने बीस साल तक नौकरी की। ली लिन्यान का जन्म भी वहीं हुआ था। 1978 में उनके पिता तबादले में अपने फुपिंग के मेयान गाँव सपरिवार वापस लौट गए। दांग झिपिंग नानजियांग परिवहन कॉलेज से ग्रेजुएट हुए थे, और फिर वह सेना में शामिल हुए। वह पहली बार ली लिन्यान से अपने किसी सहपाठी के जरिये मिले। तिब्बत के बारें में बातें करते हुए वह एक–दूसरे के नजदीक

आए, जैसे उन्हें एक–दूसरे से बात करने की कोई भाषा मिली हो। शादी से तेरह दिन पहले ही दांग अली चले गए, उन्होंने अपने घर ही एक छोटा सा शादी समारोह रखा था। उसके बाद से ही दोनों पति–पत्नी एक दूसरे से अलग ही रहते थे, और बहुत कम समय ही मिल पाते थे। ली लिन्यान ने इसके लिए दांग को कभी माफ नहीं किया। वह फोन न करने से खासकर ज्यादा नाराज थी, और उन्हें अपने पति को माफ करने में छह महीने लग गए।

दांग झिपिंग के लिए दिसम्बर 2002 में दो क्षेत्रों को अलग करने वाले पहाड़ से नीचे उतरना अविस्मरणीय रहा। उन्होंने छह वाहनों का समूह इकठ्ठा किया, और उसी रात पहाड़ से नीचे उतरने का सफर शुरू किया, जिसमें उन्हें कई रातें लग गयी। जब वह जीशान के उत्तरी ढ़लान पर पहुँचे, एक वाहन जमे हुए नाले में फंस गया। सभी सैनिक अपने–अपने वाहनों से उतरे और उन्होंने मिलकर धक्का लगाया। लेकिन, फंसे वाहन का टायर बर्फ में जमकर ठोस हो गया था, और उनके सारे प्रयास असफल रहे। तीखी ठंडी हवाएं चल रही थी, तापमान शून्य से तीस डिग्री कम था। सैनिकों को इतनी ठंड लग रही थी, कि वह खुद को गर्म रखने के लिए एक–दूसरे से चिपककर खड़े थे। उसने किसी की लगातार चिल्लाने की आवाज सुनी, "हांग शुआई! हांग शुआई! हांग शुआई!" इतनी अंधेरी रात में भी सैनिक एक शहीद सैनिक को याद कर रहे थे; इतनी दुखद मृत्यु के बारे में सुनने से दांग धीरे–धीरे सरकने लगा। सैनिक मदद की लिए हांग शुआई की आत्मा को बुला रहे थे। वह चाहते थे कि हांग शुआई की वीर आत्मा उन्हें आशीर्वाद दे और इस खतरे से बचाए। बाद में सैन्य इकाई का स्टिगर ट्रक वहाँ आया, और फिर जाकर फंसे हुए वाहन को बाहर निकला गया।

हम बाईस जून को सागा से निकले और ल्हासा की ओर बढ़ने लगे। हमने दोपहर के वक्त लाजी काउंटी को पार किया और हम शिनजियांग–तिब्बत हाईवे और झोंग्नी हाईवे के बीचोंबीच खड़े थे। मैंने दक्षिण–पश्चिम दिशा की ओर जाते हुए झोंग्नी पुल की ओर नजर मारी। मैं पुल का अंत तो नहीं देख पाया, लेकिन मैं जानता था कि हथियारबंद

पुलिस परिवहन सैन्य इकाई वहाँ झान्मु कसबे की कई मुश्किल परिस्थितियों से लड़ रही थी।

मैं पहली बार अली सोलह साल पहले आया था, और उसके बाद से आना–जाना लगा रहा। झान्मु दक्षिण–पूर्व एशिया की ओर जाने वाले रास्ते में सबसे बड़ा हब था, और इस वजह से झोंग्नी पुल को तिब्बत का 'सुनहरा रास्ता' भी कहा जाता था। वहाँ यात्रियों का सामना "तीन सौ मीटर लंबी मौत की रेखा' से होता था; हमारे तीन साथियों ने उस सड़क की मरम्मत और उसे खुला रखने में बहुत महत्वपूर्ण योगदान दिया था। हम शाम को शिगात्से पहुँचे।

हमने आखिरकार इस जगह में हरे पेड़ देखे, और लोगों को व्यापार के लिए आते–जाते देखा। थोड़ी दूर पर ही हमें कई इमारतें और पक्की सड़कें मिली, जो हम लंबे समय से नहीं देख पाए थे। मैं जानता था कि हम अनजान अली क्षेत्र से अब बाहर निकल चुके थे।

अध्याय – 5

पोटाला महल गए

पच्चीस जून की दोपहर को हम तिब्बत की राजधानी ल्हासा पहुँचे। हमने दूर से नीले और सफेद बादलों से घिरा भव्य और आलीशान पोटाला महल देखा। आप लहास में किसी भी दिशा से प्रवेश करो, आपको सबसे पहला दृश्य पोटाला का ही दिखेगा। मैंने इस खूबसूरत जगह पहले भी कई बार आया था, पर मेरी यहाँ की पिछली कई यात्राएं भी इतनी रोचक नहीं रही होंगी। शायद ऐसा मेरे अली पठार से जिंदा बाहर निकलने की वजह से था।

उस क्षण, जब मैंने पोटाला देखा, मुझे कुछ समय के लिए एक गीत याद आया, "ल्हासा में लौटा, पोटाला में लौटा....." मैं ल्हासा से काफी अच्छी तरह परिचित था। यह जगह समुद्रतल से 3, 650 मीटर की ऊँचाई पर थी। इस शहर का 1, 400 साल पुराना इतिहास था। तिब्बत में ल्हासा का मतलब "पवित्र जगह" या "बुद्ध की जगह" होता है। विश्व में सबसे ज्यादा सूरज की रोशनी मिलने के कारण इस शहर को "धूप शहर" भी कहा जाता है। प्राचीन तिब्बती साहित्यों में वर्णित है कि इसका मतलब "पहाड़ी बकरियों की जगह" भी है। – दंतकथाओं के अनुसार पहाड़ी बकरियों ने पास के पहाड़ों से पत्थर ढ़ोकर जोखांग मंदिर के निर्माण में मदद की थी। पोटाला महल शहर के बीचोंबीच एक पहाड़ पर स्थित है। यह महल पूरे पहाड़ में लच्छा बनाते हुए चोटी तक फैला हुआ है। महल पहाड़ के निचले भाग में विस्तृत फैला हुआ है, और ऊपर जाते इसकी चौड़ाई कम होती जाती है। और यह पूरा देखने में किसी भी परिदर्शक को

बहुत सुंदर लगता है। महल की लाल और सफेद दीवारें और सबसे ऊँचा भाग, जिसमें कई सजावटें की गयी हैं, एक अनोखा शानदार दृश्य प्रस्तुत करती हैं, यहीं से आसमान और सफेद बादल शुरू होते प्रतीत होते हैं। इस महल को पहली बार 730 के आसपास सोंग्जान गामु, एक इंसान जो सरलता और वीरता का प्रतीक था, ने बनवाया था। सत्रहवीं शताब्दी में इसे बढ़ाया गया, और पुनर्निर्माण करके आजके महल जैसा बनाया। पोटाला में गूंजती आवाज दूर के जोखांग मंदिर से आ रही थी। ऐसा कहा गया है कि तांग झेंगगुआन के राज में ल्हासा में कई प्राकृतिक आपदाएँ हुई। लोगों के पास रोजगार का कोई साधन नहीं रह गया। राजकुमारी वेनचेंग, जो सभी नक्षत्रों, यिन एवं यांग, और पाँचों तत्वों को अच्छे से समझती थी; उसने पाया कि ल्हासा की भौगोलिक स्थिति उसकी पीठ पर बैठी डायन की तरह लगती थी। उस समय की दलदली जगह, जिसपर बाद में जोखांग मंदिर बनाया, डायन के धड़कनों की तरह थी, इसलिए उन्होंने बुरी आत्मा को भगाने के लिए झील में पानी भरा, और एक मंदिर बनवाया। इसके आलावा ल्हासा में "तीन महान मंदिर": द्रेपुंग मठ, सेरा मठ, और गांदेन मठ भी थे। जब हमने शहर में प्रवेश किया था, रंगबिरंगे पटाके हमारे ऊपर लहरा रहे थे; काफी कोहरा भी था, यह किसी सपने की कल्पनात्मक जगह लग रही थी। मैं खुद को बोलने से रोक नहीं पायाः ल्हासा, मैं आ गया।

तिब्बती परिवहन विभाग के मुख्या ने कहा कि सभी कमांडर ल्हासा में एकत्रित हों

जब हम ल्हासा पहुँचे, मैं पहली रेजिमेंट के उप–महासचिव ली शेंगरोंग से मिला। वह सिचुआन–तिब्बत हाईवे से अभी आए ही थे; वह यहाँ सातवीं बार आ रहे थे। उन्होंने रेजिमेंट पार्टी समिति द्वारा दिए गए कार्य आबंटन से जुड़े सभी निर्देशों का पालन किया था, और तिब्बत में चल रहे सभी कार्यों की खुद निगरानी की। वह परिवहन सैन्य इकाई के "कमान अफसर" बने और तिब्बत में तैनात सभी इकाई में उन्हें सबसे ज्यादा महत्वपूर्ण काम दिया गया। मैंने उन्हें मजाक करते हुए "जिला

पुलिस" या "तिब्बत के राजा" कहा। उन्होंने बताया कि तिब्बत से बाहर और तिब्बत की ओर जाने वाले हर हाईवे में कहीं न कहीं हथियारबंद पुलिस परिवहन सैन्य इकाई के सैनिक की परछाई मिलेगी। पश्चिम दिशा में शिनजियांग–तिब्बत हाईवे की मरम्मत करने और इसे यातायात के लिए खुला रखने की जिम्मेदारी आठवीं टुकड़ी की थी। पूर्व दिशा में सिचुआन–तिब्बत हाईवे का रखरखाव चौथी टुकड़ी कर रही थी। उत्तर दिशा में किंघाई–तिब्बत हाईवे पर तीस साल से पहली टुकड़ी संघर्ष कर रही थी। 1989 से दूसरी टुकड़ी दक्षिण दिशा की ओर चीन–नेपाल हाईवे में रखरखाव एवं मरम्मत का काम कर रही थी। तीसरी टुकड़ी ने तो अभी भी किंगहाई–तिब्बत हाईवे, सिचुआन–तिब्बत हाईवे और चीन–तिब्बत हाईवे में विकास का युद्ध छेड़ रखा है, और सैन्य इकाई अभी भी वहाँ कई निर्माण कार्यों में लगी हुई है।

हथियारबंद पुलिस सैन्य इकाई की कुछ इस प्रकार की महिमा है! पर मैंने कल्पना भी नहीं करी थी कि मैं ल्हासा में बड़े चमत्कारिक ढ़ंग से पाँचों टुकड़ियों के सभी रहनुमाओं से मिलूंगा। पहली टुकड़ी के महासचिव ही युक्शुन अभी गेर्मुओलमड से आए ही थे, जहाँ चल रहे सभी निर्माण कार्यों की वह देखरेख कर रहे थे; दूसरी टुकड़ी के कमांडर लिऊ बोजुन और महासचिव हांग हिजुन चीन–नेपाल हाईवे से आए; तीसरी टुकड़ी के कमांडर ली झोकिन और चौथी टुकड़ी के महासचिव ली शिपिंग सिचुआन–तिब्बत हाईवे से आए, आठवीं टुकड़ी के महासचिव जोंग कोंगलिन छुट्टी पर आए थे, अब वापस अली जाने की तैयारियाँ कर रहे थे। पाँचों हाईवे की 'महान और प्रसिद्ध' लोग किस्मत से एक–दूसरे से ल्हासा में मिले; मैं इसकी कल्पना नहीं कर सकता था। तिब्बती स्वायत्त क्षेत्र के परिवहन विभाग के मुख्या, जियाको, ने भी ऐसी कोई उम्मीद नहीं की थी। यह सभी ड्रैगन बोट त्यौहार के दिन में एकत्रित हो रहे थे, इसलिए जियाको काफी उत्साहित था। उन्होंने पाँचों हाईवे के 'महान और प्रसिद्ध' लोगों के स्वागत में पचास साल पुरानी दो माओताई की बोतलें निकाली। त्यौहार के इस अवसर पर जियाको बहुत खुश था और उसने एक लंबा भाषण दियाः जिसे मैंने पूरा अपनी मशीन में रेकार्ड किया।

विभाग ने कहा, "सैन्य इकाई ने तिब्बत के परिवहन मिशन में असली योगदान दिया है। मैं आप सभी का शुक्रिया करता हूँ! पचास के दशक में सिचुआन–तिब्बत हाईवे और किंघई–तिब्बत हाईवे के निर्माण की शुरुआत से लेकर अबतक, कोई ऐसा दिन नहीं होगा जब सैन्य इकाई अपनी सड़कों के प्रति और तिब्बत की पूरी परिवहन प्रणाली के प्रति जिम्मेदारियाँ भूली हो। विशेष रूप से हथियारबंद पुलिस परिवहन सैन्य इकाई ने तिब्बत में यातायात सुधरने के लक्ष्य को पूरा करने में सबसे ज्यादा योगदान दिया है; तिब्बत में राजनीतिक स्थिरता और आर्थिक समृद्धि लाने के लिए किए गए प्रयासों के कारण उन्हें उनकी विशिष्ट सेवा की लिए पुरस्कृत भी किया गया। उन्होंने सिर्फ हाईवे की मरम्मत और सड़कों के रखरखाव में ही अपनी भूमिका नहीं निभाई है, बल्कि सबसे महत्वपूर्ण बात, उन्होंने राष्ट्रीय सुरक्षा को मजबूत करने, मातृभूमि की एकता बनाए रखने, हर तरह की कठिन परिस्थितयों में सुरक्षा प्रदान करने और शान्ति बनाए रखने, और तिब्बती इलाकों की आर्थिक विकास को बढ़ावा देने में भी अहम भूमिका निभाई है; आप लोगों पर राजनीति, अर्थव्यवस्था, सेना की और भी कई जिम्मेदारियाँ है। इसलिए जब मैं आपको एक सैन्य इकाई के रूप में देखता हूँ, मुझे सिर्फ आर्थिक दृष्टि से ही नहीं देखना चाहिए, बल्कि और भी कई पहलुओं को ध्यान में रखने हुए आप लोगों की अहमियत को समझना चाहिए।

यह विशेषकर चौथी टुकड़ी और आठवीं टुकड़ी के लिए लागू होता है। सिचुआन–तिब्बत हाईवे बहुत महत्वपूर्ण रक्षा रेखा है। चौथी टुकड़ी का झुबालोंग से दोंगजिउ पुल की ओर जाता 800 किलोमीटर लंबे सड़क के भाग की मरम्मत एवं रखरखाव का कार्य बहुत ही खतरनाक और कठिन है, और सैन्य इकाई ने इस कार्य को पूरा करने के लिए भारी कीमतें चुकाई हैं। सड़क का यह भाग कई जानलेवा खतरों से भरा पड़ा है, जहाँ अक्सर प्राकृतिक आपदाएँ होती रहती हैं, और किसी भी क्षण किसी की भी जान जा सकती है। 102वें संरक्षण स्क्वाड का पारलुंग में हुआ प्राकृतिक अवरोध से सामना एक विशेष उदाहरण है। 102वें स्क्वाड की कुछ ने हद तक हालत काबू में भी किए। पर अभी भी पारलुंग में चौदह किलोमीटर

रास्ते में अभी भी अस्थायी सड़क ही है। यह उस रेखा की आखिरी सड़क का भाग है, जो यातायात के लिए बहुत ही खतरनाक है। सिचुआन–तिब्बत हाईवे में अक्सर भूस्खलन, हिमस्खलन, और कीचड़ धंसने की घटनाएँ होती रहती हैं। इन खतरनाक सड़कों को बहाल करने के कार्यों में अपनी जान झोंकने वाले चौथी टुकड़ी के सैनिकों के हौसलों को देखकर मैं भावुक हो उठता हूँ।

आठवीं टुकड़ी ने भी शिनजियांग–तिब्बत हाईवे में सराहनीय काम किया है। लेकिन शिनजियांग–तिब्बत हाईवे सामरिक दृष्टिकोण से सिचुआन–तिब्बत हाईवे जितना महत्वपूर्ण नहीं है, क्यूँकि यहाँ प्राकृतिक आपदाओं का उतना खतरा नहीं है। लेकिन फिर भी कई प्राकृतिक आपदाओं की घटनाएं हुई हैं; यहाँ सड़कों में बर्फ जमना, रेतीले तूफान की समस्या है, और सबसे बड़ा मसला ऊँचाई की बीमारी का है, जो सिचुआन–तिब्बत हाईवे से भी कई ज्यादा है। इस क्षेत्र में जीवन का पनपना मुश्किल है। सैनिक इस बंजर, कम आबादी वाले क्षेत्र में भी सड़कों की मरम्मत एवं रखरखाव का कार्य करके इस अलौकिक अभियान और इच्छा–शक्ति को बनाए रखते हैं। पिछले साल जब सैन्य इकाई यहाँ आई, उन्होंने सर्दियों में सड़कों को सबसे ज्यादा समय तक यातायात के लिए खुला रखने का नया कीर्तिमान बनाया। हमारे कई साथियों को ऊँचाई संबंधित बीमारियाँ हुई। उनमें से एक साथी की मृत्यु भी हुई। पर सैनिक फिर भी नहीं डरे, और उन्होंने अली प्रदेश में लगातार अपनी जड़ें मजबूत की। 219 राष्ट्रीय हाईवे किसी राष्ट्रीय सड़क की तरह इससे पहले नहीं लगा। पहले यात्री खुद ही अपनी सुविधानुसार सड़के खोदकर अपने वाहनों के लिए रास्ता बनाते रहे है। कभी–कभी तो मैं ही मजाक में कहता था कि यह हमारे अली का सबसे चौड़ा हाईवे था। क्यूँकि पहले अनजान अली क्षेत्र में असल में कोई भी सड़क नहीं थी, वहाँ जंगली घोड़े सरपट दौड़ा करते थे, और वाहन जहाँ मर्जी चला दिए जाते थे; कभी–कभार वह भटक भी जाते थे। आठवीं टुकड़ी के यहाँ आने के दो साल बाद तक उन्होंने सभी सड़कों का बुनियादी ढांचा तैयार किया और इस हाईवे की मरम्मत करके इसे हाईवे कहलाने लायक बनाया।

आजादी से पहले तिब्बत में कोई एक किलोमीटर लंबी हाईवे भी नहीं थी। अब यहाँ 41, 000 किलोमीटर लंबी हाईवे है। अब हमने परिस्थितयों को देखते हुए, 'तीन खड़ी और दो सीधी सड़कें, छह राजमार्ग, एक प्रथम दर्जे का स्थानीय हाईवे, और पूरे तिब्बत में फैला हाईवे का नेटवर्क बनाया है, जो देश की आर्थिक समृद्धि को पहले प्राथमिकता देता है। मुझे यह कहना ही पड़ेगा कि आजादी के बाद पार्टी की केन्द्रीय समिति और देशवासियों की मदद से तिब्बत में हाईवे निर्माण का असंभव कार्य कर के दिखाया। इस साल पच्चीस दिसम्बर को शिनजियांग–तिब्बत हाईवे और सिचुआन–तिब्बत हाईवे के यातायात के लिए पहली बार खोले जाने की पचासवीं जयंती है। हमें इस खुशी के अवसर में उन सैनिकों और मजदूरों को नहीं भूलना चाहिए, जिन्होंने तिब्बत की हर सड़क की कीमत अपनी जान देकर चुकाई है। यह जाम उन सैनिकों के नाम!"

जैसे ही उन्होंने अपना भाषण खत्म किया, परिवहन इकाई के लीडर ने अपना मओताई से भरा गिलास उठाया, और हॉल में खड़े साथियों ने भी अपना गिलास उठाया। उन्होंने अपना सर उठाया, और सारी शराब जमीन में बहा दी। शायद वह बहुत खुश थे या फिर शराब का असर था, पर परिवहन के लीडर मुझे बहुत बातूनी लगे।

"जब हाईवे बन गए, लोगों की आय बढ़ी। अगर सिचुआन–तिब्बत हाईवे के येला पहाड़ वाले भाग का उदाहरण देखें। पहाड़ पर दो गाँव हैं। एक का नाम तोंग्मी गाँव है, और दूसरा गामा गाँव है। पर आप लोगों को यह नहीं पता होगा कि जब हाईवे यातायात के लिए खुला, तो दोनों गाँवों के कुल इकहत्तर घरों की कुल औसतन सालाना आय 40, 000 युआन थी। जो पहले की तुलना में पाँच गुना थी। दो साल के अंदर इकहत्तर में से इकावन घरों ने नया वाहन खरीदा, एक ने तो छोटा ट्रक खरीदा, और नब्बे प्रतिशत परिवारों ने नए मकान बनाए। नब्बे प्रतिशत घरों में कंप्यूटरीकृत फोन लगा। सिचुआन–तिब्बत हाईवे की बासु काउंटी, जिसमें 10, 000 लोग रहते थे, में अब कुल 800 वाहन थे। इसलिए हमें नहीं भूलना चाहिए कि जहाँ सड़कों का विकास होता है, वहाँ लोगों का भी विकास होता है; और सबसे महत्वपूर्ण बात है कि पार्टी और लोगों में एक नया रिश्ता बना।"

परिवहन के लीडर सभी हाईवे की स्थिति से अच्छी तरह परिचित थे। उन्हें एक छोटे पहाड़ से जुड़े सभी आंकड़ें भी पता थे, जिसे सुनकर मैं भी हैरान हुआ। मैं सुनता गया और वह बोलते गये:

"सरकार को दिल से तिब्बत की परवाह है, और इसलिए अब तक उन्होंने हमें पूरा सहयोग दिया है। अब तिब्बत के लोगों को सरकार के लिए क्या करना चाहिए? मुझे लगता है कि उन्हें सबसे पहले 'मुख्य द्वार की निगरानी' करनी चाहिए, वहाँ से न किसी भेड़िये को अंदर आने दें, और न ही किसी संप्रदायवाद की ताकतों को अपनी मनमानी करने दें।

उन्हें हमारे निर्माण–कार्यों की सफलता की रक्षा करनी चाहिए। हम सबको तिब्बत के विकास के बारे में सोचना चाहिए। हाँ, ऐसे लोग भी होंगे जो तिब्बत के विकास को नकारात्मक चश्में से देखते हैं, जिनका मुख्य उद्देश्य ही तिब्बत को चीन से अलग करना है।"

"मैं एक तिब्बती वासी हूँ, मैंने पन्द्रह साल की उम्र से काम करना शुरू कर दिया था; अब मेरी पचास साल की सर्विस हो चुकी है। मैं तिब्बत में दो युग देख चुका हूँ। जब मैं जवान था, मुझे यह सब चीजें नहीं समझ आती थी, मैं अपने पुराने तिब्बत को ही देखता था। उस समय हमारा तिब्बत गरीब, पिछड़ा हुआ, और अशिक्षित था; आज के तिब्बत में कई जबरदस्त बदलाव हुए हैं। अब पुराने तिब्बत की तुलना में आप तिब्बत के दो अलग–अलग रूप देख सकते हो। हाईवे निर्माण ने तिब्बत में पर्यटन को भी बढ़ावा दिया है। अब खिड़की खुल चुकी है, और मौसम भी अच्छा है, और धूप भी शानदार है। लेकिन, हम कुछ 'मक्खियों' को अंदर आने से नहीं रोक पाए; इसकी पहले से ही उम्मीद की जा सकती थी। कई विदेशी ताकतों ने तिब्बत में हुए बेहतरी के लिए बदलावों को सराहा है। अब तो हमारे शत्रुओं को भी कम्युनिस्ट पार्टी के प्रभावशाली तरीकों को सराहना होगा।"

एक सड़क के अंत में ही दूसरी सड़क की शुरुआत है

जब हमने खाना खा लिया, मुझे लगा कि मैं ज्यादातर सैन्य टुकड़ियों के लीडरों से नहीं मिल पाया, और इसलिए हम स्वागत कक्ष में बैठे और

बीते पुराने दिनों की यादें ताजा करने लगे। बीते कई सालों में उन्होंने कई सड़कों से जंग लड़ी, पर शुरुआत से लेकर अंत तक तिब्बत में डटकर मोर्चे पर खड़े रहे। उनकी नजरों में एक सड़क के अंत में ही दूसरी सड़क की शुरुआत थी। वह मेरे कई साल से साथी रहे है, मैं भी उनकी भावनाओं को समझता हूँ, लेकिन फिर भी काफी कुछ था जो मुझे नहीं पता था। उन सभी को पहाड़ी मैदान का इतना अनुभव था, कि वह भी कोई किताब लिख सकते थे।

आठवीं टुकड़ी के महासचिव जू कोंग ने सुरक्षा कारणों से दो लगातार बसंत त्यौहार तिब्बत में बिताए। सिर्फ सुरक्षा कारण ही नहीं थे, बल्कि सर्दियों में सड़कों को यातायात के लिए खुला रखने की भी जिम्मेदारी थी। बसंत त्यौहार से लेकर अप्रैल तक, अली में कई बर्फीले तूफान आए, जिनमें पूरा अली दो से तीन मीटर की मोटी बर्फीली चादर में ढक गया। उन्होंने बुलडोजर से सड़कों में बर्फ हटाई। वह एक बर्फ की चादर को हटाते, तो एक और बर्फीला तूफान आ जाता।

2002 के बसंत त्यौहार के अवसर पर, महासचिव जू ने अपनी बीजिंग में हुई बैठक पूरी की, और फिर अपने घर अपने बीवी–बच्चों से मिलने चले गए। वह अपने घर एक दिन ही रुक पाए, और फिर लहासा की ओर रवाना हो गए। उस समय उन्हें जुकाम था, लेकिन फिर भी जाना पड़ा। सैन्य–इकाई को उनकी जरूरत थी, और उनके सैनिकों को उनकी जरूरत थी। वह अपनी पत्नी, बच्चों को छोड़कर अली में अपने सैनिकों के साथ नया साल मनाने निकल पड़े।

उनके साथ एक सहयोगी भी था, उन्होंने वाहन में सैनिकों के लिए नए साल के तोहफे भरे। फिर सड़कों पर निकल पड़े, उन्हें साथ ही ड्रिप भी चढ़ाया जा रहा था। जव वह सागा में अपने वाहन से नीचे उतरे, उनके घुटने इतने कमजोर थे कि वह पालथी मारकर भी नहीं बैठ पाए। उन्हें खून की उल्टी हुई, उनकी नाक से भी खून बह रहा था। उन्हें लगा कि उन्हें शायद फेफड़े की बीमारी थी, लेकिन उन्हें फिर भी आगे बढ़ना था। उन्हें नए साल से पहले शिकुआन नदी पहुँचना था। वह सागा से झोंग्बा तक पूरे रास्ते में ड्रिप पर थे, लगभग कोमा में ही थे। जब झोंग्बा पहुँचे,

उन्होंने ड्रिप हटाई, और खुद को वाहन के बाहर ले गए। उन्होंने अली में सुरक्षा कारणों से रुके सैनिकों को पहले से ही नए साल की बधाई दे दी। हुओ'अर में कोई टेलेफोन तो नहीं था, लेकिन उन्होंने जाने से पहले वहाँ अपने वाहन से निकालकर एक फोन लगवाया था, ताकि सैनिक नए साल के मौके पर अपने–अपने घरवालों से बात कर सके। लेकिन उन्हें नहीं पता था कि अगली खतरनाक जगह में उनकी जान खतरे में पड़ जाएगी। वह सैन्य इकाई से भी संपर्क नहीं कर सकते थे, क्यूँकि अब उनके वाहन में कोई फोन नहीं था।

हुओ'अर से सौ किलोमीटर दूर काफी अँधेरा था, और भारी बर्फीला तूफान भी शुरू हो गया। पूरा आसमान और धरती सफेद चादर में ढक गए। वह इस तरह अपना सफर पूरा नहीं कर सकते थे, और सड़कों में बर्फ की चादर और मोटी होती गई। वह पहाड़ी मैदान में बर्फीले तूफान से लगातार लड़ रहे थे, पर उनका वाहन आखिरकार बर्फ में गहरा धंस गया। तीखी ठंडी हवा बह रही थी, और बर्फ की बारिश हो रही थी; तापमान शून्य से तीस डिग्री तक घट गया। उन्होंने सुबह के दो बजे तक इंतजार किया, लेकिन हालात अभी भी नहीं सुधरे थे। वह बहुत थक चुके थे, और फोन न होने की वजह से सैन्य–इकाई से भी नहीं संपर्क कर सकते थे। उन्हें वाहन में ही बैठकर किसी दूसरे वाहन के आने की प्रतीक्षा करनी थी।

थोड़ा शारीरिक परिश्रम करने और बीमारी के वजह से जैसे वह वाहन में अंदर बैठने लगे, वह बेहोश हो गए। जब उन्हें होश आया, उन्होंने देखा कि वाहन को कई भेड़ियों ने घेर रखा था; उनकी संख्या लगभग दस की थी। वह अपने पंजों से वाहन के दरवाजे को खरोंच रहे थे, और जोर से गरज रहे थे। महासचिव जू कोंग ने भेड़ियों को डराने के लिए अखबार जलाकर खिड़की से बाहर फेंका, लेकिन भेड़िये नहीं डरे। सवेरा होने पर ही आखिरकार भेड़िये वहाँ से गए। अगले दिन भी उन्होंने लंबे समय तक प्रतीक्षा की, लेकिन वहाँ से कोई वाहन नहीं गुजरा। सर्दियों में बहुत कम वाहन ही अली में प्रवेश करते थे। उन्होंने आखिरकार पूरी जान लगाकर वाहन को गड्डे से बाहर निकला।

दूसरी टुकड़ी के महासचिव हांग हिजुन और चौथी टुकड़ी के महासचिव ली शिपिंग मेरे साथ ही सेना में शामिल हुए थे। 1982 में हमने अपने शांक्षी के गृहनगर से पश्चिम की ओर साथ–साथ सफर किया था और किंघाई–तिब्बत हाईवे के संरक्षण एवं निर्माण–स्थल में कदम रखा। हांग हिजुन ने किंघाई–तिब्बत हाईवे में उन्नीस सालों तक काम किया, और पिछले साल ही उनका ल्हासा में तबादला हुआ, जहाँ उन्होंने झोंग्नी हाईवे में प्रकृति के खिलाफ युद्ध छेड़ा। ली शिपिंग भी किंघाई–तिब्बत हाईवे से झोंग्नी–रेखा गए, जहाँ से वह सीमा सुरक्षा हाईवे गए। अब उन्होंने सिचुआन–तिब्बत हाईवे में अपनी लड़ाई जारी रखी है। दोनों ने सेना में शामिल होने से लेकर अब तक तिब्बत नहीं छोड़ा है। दूसरी टुकड़ी के कमांडर, लिऊ बौजुन, ने 1980 में सेना में शामिल होने के बाद से ही प्रसिद्ध तियान पहाड़ के हाईवे के निर्माण में भूमिका निभाई है। 1983 में उनका तबादला किंघई–तिब्बत हाईवे में हुआ, फिर वह सैन्य–इकाई के साथ चीन–नेपाल हाईवे की ओर रवाना हुआ, जहाँ वह अब तक तैनात हैं। सबसे महत्वपूर्ण घटना 2001 में हैतोंग घाटी में हुई बड़े भूस्खलन की है। उन्होंने राहत एवं पुनर्वास मिशन के अधीन एक छोटी ब्रिगेड की अगुवाई की। उन्होंने कई जानलेवा खतरों का सामना किया और सड़कों में पड़े मलवे को हटाया। उन्होंने पूरा मिशन सत्रह दिन पहले ही पूरा किया, तिब्बती स्वायत्त क्षेत्र के उप–अध्यक्ष यांग सोंग ने भी उनकी जमकर तारीफ की थी।

पिछले के पिछले दिन शाम के समय, लिऊ बोजुन और रेजिमेंट के प्रेस सचिव झांग ऐलोंग शितोंगमेन निर्माण–स्थल से ल्हासा की ओर रवाना हुए। रास्ते में तेज बारिश हुई, और पहाड़ के किनारे से कीचड़ का तेज प्रवाह बहने लगा कीचड़ और बारिश का पानी वाहन के दरवाजे से घुसकर सीट तक पहुँच गया। उन्होंने खिड़की से बाहर देखा, तो कीचड़ वाहन की छत पर भी जमा हुआ था। कई किलोमीटर पैदल चलने के बाद उन्हें एक छोटा ट्रक मिला, जिसकी मदद से उन्होंने अपने वाहन को कीचड़ से बाहर निकाला। जब मैंने यह विषय उठाया, मैंने देखा झांग ऐलोंग के इसका काफी दुःख था। वह सिर्फ वाहन से अपना कैमरा ही

निकाल पाए, और वाहन से फटाफट निकले। उनके कई दर्जन विडियो टेप खराब हो गए। पलक झपकते ही सारा सामान कीचड़ में डूब गया। अब वह उनका कोई उपयोग नही कर पाएंगे, महीनों की मेहनत पल में बर्बाद हो गयी।

तीसरी टुकड़ी के कमांडर लू झोकिन पिछले चौदह सालों से किंघाई–तिब्बत हाईवे में काम कर रहे थे। उनकी टुकड़ी का मुख्य कार्य सिचुआन–तिब्बत हाईवे की मरम्मत एवं रखरखाव रहा था। उन्होंने कुल मिलाकर सात सड़कें, बारह पुल बनाए, इक्कीस आपातकालीन संघर्षों में जूझे। उन्हें पाँच बार तीसरी श्रेणी का पुरस्कार दिया गया, और एक बार तीसरी श्रेणी का पुरस्कार। उन्होंने कहा कि उन्होंने तिब्बत में कई चीजों का अनुभव किया, उनके सबके बारे में बताना संभव नहीं था। लेकिन एक अविस्मरणीय घटना थीः एक वर्ष उनकी पत्नी उनसे मिलने सैन्य इकाई आई, उस समय वह हेइचांग निर्माण–स्थल में अपनी सैन्य–इकाई की अगुवाई कर रहे थे। उनकी पत्नी दो हफ्तों तक गोलमड के सुरक्षा स्टेशन में रुकी, पर उनकी अपने पति से कोई बात नहीं हो पाई; उन्हें लगा कि कहीं उनके पति को कुछ हो गया हो। वह हर दिन स्वागत कक्ष में बैठकर रोती रही। पच्चीस दिन बाद लिऊ झोकिन को पता चल पाया कि उनकी पत्नी गोलमड में ठहरी थी। उस समय उन्हें कई आवश्यक कार्य दिए गए थे; अगर वह वहाँ से निकल भी पाते, तो गोलमड पहुँचने में पूरा हफ्ता लग जाता, और उनकी पत्नी के एक महीने की छुट्टियाँ भी खत्म हो जाती। सैनिकों से विवाह करने वाली लड़कियाँ भी सहती हैं!"

पहली टुकड़ी के महासचिव ही युक्शुन, पहले किंघाई–तिब्बत हाईवे में तैनात थे, फिर बाद में उनका तबादला सिचुआन–तिब्बत हाईवे में हुआ और उन्हें चौथी टुकड़ी का महासचिव बनाया गया। एक महीने पहले ही उनका तबादला एक बार फिर किंघाई–तिब्बत हाईवे में किया गया। जब उन्होंने सिचुआन–तिब्बत हाईवे में हुए कई खतरों से सामने के बारे में बताया, उन्होंने कहा कि वह इन सब के आदी हो चुके थे। उन्होंने बताया कि वह एक बार सड़क से मलवा हटाने के कार्य में जुटे सैन्य दल की अगुवाई कर रहे थे, ऊपर से एक पत्थर नीचे लुढ़कता हुआ आया, उनके

एक सैनिक ने कहा, "महासचिव, भागो!" वह पलक झपकते ही किनारे भागने लगे, और पत्थर उनसे कुछ मीटर की दूरी पर ही गिरा। 2002 के बसंत त्यौहार के अवसर में वह हाईवे से सैन्य इकाई के पास जा रहे थे; पूरे रास्ते सड़क में बर्फ की मोटी परत बिछी हुई थी। जब वह रान्वु घाटी से बाहर निकले, उन्होंने ध्यान दिया कि इनकी गाड़ी का टायर फट चुका था। उन्होंने टायर बदला और फिर आगे बढ़े, रास्ते में फिर एक पहिये से टायर फटकर बाहर निकल गया। वह खाई की गहराई की ओर जाने लगे, जहाँ पहिये का धातु वाला हिस्सा कई दर्जन मीटर खरोंचता हुआ गया, और वह आखिरकार चोटी के बिल्कुल किनारे पर गाड़ी रोकने में कामयाब हुए। वह वाहन से बाहर उतरे और पाया कि पहिये के दो बोल्ट निकल चुके थे।

अध्याय – 6

सजीला से हुआ आमना–सामना

मैं चौबीस जून को चौथी टुकड़ी के कमांडर ली शिपिंग और पहली ब्रिगेड के प्रेस सचिव झांग ऐलोंग के साथ सिचुआन–तिब्बत हाईवे रवाना हुआ। मैं कई सालों से उस हाईवे नहीं गया था। जब मेरा 2000 में बीजिंग में तबादला हुआ था, तब आखिरी बार गया था। लेकिन उस यात्रा के दौरान मुझे प्रसिद्ध 'नूबा' भूस्खलन से सामना करना पड़ा था, और इस कारण अपना सफर पूरा नहीं कर पाया था। अब सिचुआन–तिब्बत हाईवे कैसा होगा, मैं यही सोचता गया? मुझे किसी भी माध्यम से पता नहीं चल सकता था। लोग कहते थे कि चौथी टुकड़ी द्वारा प्रशासित 800 किलोमीटर रास्ते के आधे में बिल्कुल पक्की सड़क ही थी।

जैसे ही हमने मिला पहाड़ पार किया, मौसम और दृश्य बिल्कुल बदल गए। मिला पहाड़ तिब्बत के दक्षिण और उत्तर के मौसम की विभाजन–रेखा है। बांग्लादेश से होते हुए इंडियन ओसियन की गर्म मौसमी हवाएँ, यहाँ इस पहाड़ से टकराकर मुड़ जाती हैं। गर्म और नम मौसमी हवाओं के रुकने के कारण, तिब्बत के उत्तर में सूखी, कड़ाके की ठडं रहती है, बल्कि दक्षिण में गर्मी रहती है। अगर आप और आगे जाएँगे, तो आपको घना जंगल मिलेगा, जहाँ पेड़ो में हरी पत्तियां, हरी घास, सफेद चमकदार बकरियाँ, साथ ही पहाड़ के ढ़लान में कुछ रंगबिरंगे फूल देखने को मिलेंगे। हम बायी कसबे से होकर गए, जो लिंझी क्षेत्र का प्रशासन केंद्र था, फिर हम सजीला पहाड़ पार करने लगे, जो समुद्रतल से 4, 729 मीटर

की ऊँचाई पर था। जून के महीने में खूबसूरत अजीला फूल पूरे पहाड़ के घने जंगलों में खिला करते थे, जैसे इस आदिम जंगल के गले में कोई फूलों की माला हो। जिंझी क्षेत्र में भी अजीला फूल जून की मध्य में उगते थे। हमारा दुर्भाग्य था कि 'अजीला त्यौहार' बीत चुका था, लेकिन सजीला के फूल अभी भी थे। कहीं छुपे हुए थे, और कहीं बादलों से घिरे हुए घने जंगलों में भी देखे जा सकते थे, जैसे कोई शर्मीली लड़कियों की मंडली हमारा स्वागत कर रही हों।

पर मैं सबसे ज्यादा आश्चर्यचकित हुआ कि सजीला पहाड़ में, जहाँ रंगबिरंगे अजीला फूल खिले थे, हम वांग हाई, पहली ब्रिगेड के राजनितिक विभाग के पदग्राही निदेशक और चौथी टुकड़ी के पहले महासचिव, से मिले। वह अभी सिचुआन–तिब्बत हाईवे से आए ही थे, जहाँ वह सभी निर्माण–कार्यों की देखरेख कर रहे थे। उन्होंने बताया कि पारलुंग में चौदह किलोमीटर लंबी अस्थायी सड़क में एक भूस्खलन हुआ था, और अब हम अपनी यात्रा में और आगे नहीं बढ़ सकते थे। ऐसी स्थिति में कुछ भी नहीं किया जा सकता था, इसलिए हमें वांग हाई के साथ वापस लौटना पड़ा। शाम के समय हमने लिंझी की पार्टी समिति के अतिथि कक्ष में वांग हाई से काफी देर तक बातें की।

आठ सौ ली लंबी सड़क पर बादल और चांद

वांग हाई ने सजीला पहाड़ के बारे में कहा कि यह अजीला फूल या प्रकृति सुंदरता की ही जगह नहीं है। सर्दियों के समय, उसने बताया, यह जगह एक सुदंर जाल बन जाती है। मार्च 1997 में मौसम बहुत ठंडा था, और वह ल्हासा परिवहन विभाग की एक बैठक के लिए गए। वह सुबह बोमी से निकले थे, और रात को बायी रुकने की योजना थी। रास्ता 233 किलोमीटर लंबा था, उन्हें दोपहर के समय पहुँच जाना चाहिए था; लेकिन, उनका सफर अगले दिन सुबह एक बजे तक चला।

जब उन्होंने 'बर्फ रेखा' में प्रवेश किया, हाईवे में बर्फ की मोटी चादर थी। मौसम और भी बुरा होता गया। उन्होंने एक तीखा मोड़ लिया और वहाँ फंस गए। पी.ऐ.एल के काफिले का एक वाहन फिसलते हुए एक पेड़

से टकरा गया; वाहन पहाड़ की ढ़लान में उल्टा झूल रहा था। धीरे–धीरे उसके ऊपर भी बर्फ की चादर बिछने लगी। लोगों ने पूरी जान लगाकर वाहन को सीधा पलटने की कोशिश की।

वह ल्हासा से आए थे, और चेंगडु की ओर जा रहे थे; जब पिछले दिन दोपहर में उन्होंने सजीला पहाड़ पार किया था, बर्फ पड़ने के कारण सड़क में काफी फिसलन थी। वाहन के पलटने के बाद स्टेशन से मदद भी पहुँची। वाहन के अंदर फंसे सभी लोगों को सुरक्षित बाहर निकाला गया, और फिर दो घंटे बाद वाहन को भी सीधा पलटा गया।

फिर वह अपनी लिंझी की यात्रा में आगे बढ़े। अब फिर अचानक बर्फ पड़ने लगी, जितनी ज्यादा देर होती गयी, उतनी मोटी बर्फ की चादर भी सड़कों पर बिछती गयी। फिर ड्राईवर सड़क के किनारों का अंदाजा लगाते हुए आगे बढ़ने लगा। वह बढ़ी कठिनाइयों से पहाड़ के चोटी तक पहुँचे, पर उन्हें क्या पता था कि आगे का सफर और भी खतरनाक होने वाला था। दो दिनों की बर्फबारी के बाद, पहाड़ की चढ़ाई करना आसान था, पर नीचे उतरना मुश्किल था। ड्राईवर ने पहले गाड़ी को उलटे गियर में डाला, फिर गियर कम किया, पर वाहन अभी भी सड़क में एक किनारे से दूसरे किनारे डोलते हुए आगे बढ़ रहा था। नियंत्रण खोने और फिसलकर गहरी खाई में गिरने का लगातार खतरा बना हुआ था। वह इसी तरह मीटर दर मीटर आगे बढ़ते रहे, और सुबह एक बजे जाकर ही बायी पहुँच पाए।

वांग हाई ने कहा कि 1954 मे सिचुआन–तिब्बत हाईवे के पहली बार यातायात के लिए खुलने से लेकर अबतक, बीच–बीच में कई बड़ी समस्याओं के कारण हाईवे पर यातायात ठप्प पड़ा। इसकी कुछ समस्याओं में है– इसकी भूगर्भीय स्थिति की जटिलता, बाढ़, भूस्खलन, हिमस्खलन, कीचड़ धंसना और कई अन्य प्राकृतिक आपदाएँ, पी.एल.ऐ भी इस जगह से जुड़ी राजनीतिक समस्याओं के चलते स्वतंत्र होकर जरूरी कार्यवाही नहीं कर पाया; यह सब सेना द्वारा चलाए गए इतने निर्माण एवं संरक्षण अभियानों के बावजूद हुआ। लेकिन फिर भी यह राष्ट्रीय सुरक्षा हाईवे था, यह राजनीतिक, सैन्य, आर्थिक और सामरिक दृष्टिकोण से भी अति

महत्वपूर्ण था। इसलिए पार्टी केन्द्रीय समिति, राज्य परिषद, और केन्द्रीय सैन्य समिति ने इस हाईवे को बहुत महत्व दिया है, इसलिए कई अनुसंधानों के परिणाम मिलने के बाद सिचुआन–तिब्बत हाईवे के लिए एक यंत्रीकृत हथियारबंद परिवहन सैन्य इकाई के मरम्मत एवं रखरखाव दल (यह वर्तमान समय में चौथी सैन्य टुकड़ी है) का गठन किया गया। झुबालोंग से लेकर दोंगजिउ तक की 800 किलोमीटर लम्बी सड़क की मरम्मत और इसे यातायात के लिए खुला रखने की जिम्मेदारी गठित दल को सौंपी गयी। आठ नवम्बर 1966 को तिब्बत की बोमी काउंटी में औपचारिक रूप से इस सैन्य–टुकड़ी का गठन किया गया।

टुकड़ी की सभा में सभी लोगों ने शपथ ली, पाँच सितारा लाल झंडों (चीन का राष्ट्रीय झंडा) के सामने सभी लोगों के दिल गर्व से भरे हुए थे। मैं उस उत्तेजक दृश्य को कभी नहीं भूल पाऊंगा। उन्हें अभी भी शपथ के सभी शब्द याद है, क्यूँकि वह उन्होंने ही लिखे थे। वांग हाई नजरें हटाकर दूर देखने लगे, जैसे 9 साल पहले की घटना को याद कर रहे हों। शपथ के शब्द कुछ इस प्रकार के थेः हम जनता के हथियारबंद पुलिस सैनिक हैं, और मैं इस नए युग का अग्र–दूत हूँ। सैनिकों के पवित्र मिशन को पूरा करने की, मातृभूमि के लिए माल ढुलाई के कार्यों को पूरा करनी की, सीमान्त क्षेत्रों में स्थिरता और खुशहाली लाने की, मैं शपथ लेता हूँः अपनी मातृभूमि को पूरे दिल से चाहने की; पूरी ईमानदारी से अपना योगदान देने की; सभ्यता के लाभकारी पहलुओं को आगे ले जाने की; दिल से देश और देशवासियों की सेवा करने की; पहाड़ी मैदान में सेना की जड़ें जमाने और सीमांत क्षेत्रों को स्थिर करने की; "दो चीजें जिनसे मैं नहीं डरताः मौत और मेहनत" के जज्बे को बढ़ावा देने की; सिचुआन–तिब्बत हाईवे को खुला रखने की; सभी निर्देशों और आदेशों का पालन करने कीय अभ्यास करके अपने हुनर में और माहिर होने कीय लोगों को नए योगदान देने की; सब का साथ देने की; साहसी और मेहनती होने की; ऊंचे मानक बनाने और कड़ी मांगों को पूरा करने की; एक अच्छी संरक्षण टुकड़ी बनाने की; मैं शपथ लेता हूँ! वांग हाई ने कहा कि उस समय सर्दियों का आगमन हो चुका था, और पन्द्रह नवम्बर से पहले पूरी सैन्य इकाई को आठ सौ

किलोमीटर तक फैले बीस निर्माण–स्थलों में प्रवेश करना था। उन्हें सोलह तारीख से सभी निर्माण कार्य शुरू करने थे। मंगकांग का निर्माण–बिंदु सबसे दूर था; शुरुआत में पिछले स्टाफ चीफ पू शिगुआंग की अगुवाई में पहली टुकड़ी बोमी से रवाना हुई, और रास्ते में उन्हें समुद्रतल से चार हजार मीटर की ऊँचाई के चार पहाड़ों को पार करना था। खतरनाक सड़कें, कठिन सफर और ऊँचाई की बीमारी ने हाल ही में बनी इकाई के सामने कड़ी चुनौती पेश की। क्या सैन्य इकाई इन चुनौतियों पर खरा उतरेगी? वह बहुत चिंतित थे, और सैन्य इकाई के यात्रा पर निकलने के बाद उन्होंने एक समूह भी जांच पड़ताल के लिए भेजा। अन्जिउला पहाड़ पर, समुद्रतल से 4, 400 मीटर की ऊँचाई पर, सैनिकों को सरदर्द, जी मचलना, उल्टी होना, और कई ऊँचाई की बीमारी के लक्षणों ने सताया। वांग हाई अपने सैनिकों के बारे में काफी चिंतित थे। कई नए सैनिक पहली बार किसी पहाड़ी मैदान में जा रहे थे– बड़े ट्रक में बैठे तीखी सर्द हवाओं के कारण लगातार कांपते हुए, क्या वह यह सब सह पाएंगे? वांग हाई ने जल्दी पहुँचने के लिए ड्राईवर को और तेजी से वाहन चलने को कहा। वाहन समुद्रतल से 4, 000 किलोमीटर की ऊँचाई पर एक खड़ी चट्टान पर चढ़ रहा था; उन्होंने एक दिन में 200 किलोमीटर का सफर किया और शाम के समय बासु काउंटी पहुँचे।

अगले दिन उन्होंने नू नदी की घाटी पार की, और साथ ही '99 मोड़ों' वाले येला पहाड़ को भी पार किया। वह रात के बारह बजे जुओगोंग काउंटी पहुँचे और वहाँ दूसरे सैन्य दलों से मिले। उस समय बाहर तापमाप शून्य से तीस डिग्री तक घट गया था। स्टाफ चीफ पु के साथ वह स्टेशन में सोए सैनिकों को देखने गए। वह तीसरे दिन प्रातः सुबह फिर आगे की यात्रा पर निकल पड़े, और फिर "उस जगह की सबसे बड़ी चोटी"– दोंग्दा पहाड़, जो समुद्रतल से 5, 008 मीटर की ऊँचाई पर थी, को पार किया। बारह घंटों के सफर में अनजान चोटियों और जानलेवा घाटियों को पार करने के बाद दोपहर छह बजे मंगकांग पहुँचे।

वांग हाई ने कहा कि वहाँ एक ऐसी चीज भी थी, जो वह कभी नहीं भुला पाएंगे। एक छोटी काउंटी सीट, जो पठार में समुद्रतल से चार हजार

मीटर की ऊँचाई पर थी, में उनके आने से हलचल बढ़ गयी। काउंटी के आंतरिक सुरक्षा विभाग के मुखिया ने एक रंगीन वाहन और ड्रम बजाने वालों की एक मंडली के साथ पाँच किलोमीटर तक पैदल यात्रा करके उनका स्वागत किया। काउंटी के पार्टी सचिव और काउंटी मुखिया ने अपने हाथों में सफेद चमकदार हाडा स्कार्फ पकड़े हुए थे, जो वह दूर से आए हुए अतिथियों को दिया करते थे। तिब्बती लड़कियों ने दूर से आए हुए सड़क–निर्माण के सैनिकों के लिए मक्खन डालकर चाय बनायी थी। पूरा कस्बा बंद था, स्कूलों में बच्चों की जल्दी छुट्टी हो गयी, और हर समाज के लोग गलियों में लाइन लगाकर खड़े थे, हाथों मे ताजे फूल लिए हाथ हिला रहे थे, और ऊंचे स्वर में कर रहे थेः "स्वागत, स्वागत हम बहुत खुश हैं कि आप यहाँ आए!" उस क्षण से उन्होंने निर्णय लिया। वह सैन्य इकाई का संचालन अच्छे से करेंगे, और पार्टी और लोगों द्वारा दिया गया हर कार्य करेंगे, ताकि सिचुआन–तिब्बत हाईवे खुले और निरंतर खुला रहे, यहाँ के लोग खुशहाल और सेहतमंद जीवन बिताएं!

उन्होंने जीवन–रेखा या मौत को अड़तीस बार पार किया

अगर आप सिचुआन–तिब्बत हाईवे में अक्सर सफर करते हैं, आपको हर मोड़ पर खतरे मिलेंगे। वांग हाई ने बताया कि पिछले पाँच सालों में, जब वह महासचिव के पद पर थे, उन्होंने सिचुआन–तिब्बत हाईवे को अड़तीस बार सफलतापूर्वक पार किया, उन्होंने कई खतरों का सामना भी करना पड़ा, अब वह उन सब की गिनती भी भूल चुके हैं। कभी–कभी मुसीबतें बिल्कुल भी अपेक्षित नहीं होती, जैसे स्वर्ग से हो, और उससे बचने का कोई भी जरिया नहीं होता; कभी–कभार जिम्मेदारियों या मिशन के चलते भी कई समस्याओं का सामना करना पड़ता हैः "हर कोई पहाड़ में जाता है, जबकि हर किसी को यह भी पता है कि वहाँ खतरनाक बाघ हैं।"

1997 का नया साल अभी बीता ही था, और वह चेंगडु पश्चिम से वाहन में सिचुआन–तिब्बत हाईवे की ओर निकल पड़े। रास्ते में ड्राईवर, चेन वेन, ने बड़े लगन और सतर्कता से वाहन चलाया, और एक–एक

करके उन्होंने प्रसिद्ध झेदुओ और एर्लांग पहाड़, बर्फ से ढके हुए, को अपने से बहुत पीछे छोड़ दिया। नदी और लितांग के बीच सड़क, जो पहाड़ से चिपकी हुई थी और नदी के किनारे बनी थी, वहाँ वाहन का स्टीयरिंग व्हील अचानक रुक गया। वाहन का पीछे का भाग घूमा और अग्रिम हिस्सा फिसलकर नदी किनारे पहुँचा। चेन ने जोर से ब्रेक पर पांव रखा, और वाहन 180 डिग्री घूम गया और पहाड़ से टकरा गया। उस क्षण उन्होंने मन ही मन बोला, "मैं खत्म हूँ!" अचानक उनका दिमाग बिल्कुल सून्न पड़ गए, और स्तब्ध होकर वाहन के अंदर ही काफी देर तक बैठे रहे। जब उन्होंने बाहर निकलकर देखा, तो और भी ज्यादा डर गए। वाहन के आगे की गार्ड रेल, पानी की टंकी का ढक्कन और फेंडर बिल्कुल तहस–नहस हो गए। एक बड़ा पत्थर भी टकराकर चूर हो गया था। सड़क की सतह पहले ही बर्फ में जमी हुई थी, और बर्फ फिर धूल से ढकी हुई थी; नजदीक से देखने पर ही बर्फ दिखाई दे रही थी।

पच्चीस अप्रैल 2001 को सिचुआन–तिब्बत हाईवे की हैतोंग घाटी में अब तक का सबसे बड़ा हिमस्खलन और भूस्खलन हुआ। सिर्फ एक रात में ही कई सैंकड़ों हजार वर्ग मीटर की मिटटी और पत्थर समुद्रतल से 3, 500 मीटर की ऊँचाई की चोटी से नीचे लुढ़ककर आए। उन्होंने पूरी हैतोंग घाटी को ही अवरुद्ध कर दिया। नदी का जल स्तर बढ़ा, और हाईवे भी डूबकर एक बड़े तालाब में बदल गया। यह बहुत ही विकट समय था। वांग हाई ने आधिकारिक आपातकालीन कमान सैन्य इकाई की अगुवाई की और दुगुनी तेजी से घटना–स्थल की ओर बढ़े।

भूस्खलन–ग्रस्त इलाके में तीन बड़े पिरामिड बन गए, और पहाड़ की चोटी पर भी दो सौ मीटर ऊँचा चट्टानों का ढेर किसी टोपी की तरह लग रहा था। पहाड़ से अक्सर हर आकार के पत्थर नीचे गिरते हैं, घाटी में गिरते हैं या खड़ी चट्टानों से टकराते हैं, जिससे भी काफी धूल उठती है। राज्य परिषद ने विशेषज्ञों का दल भेजाः तिब्बती स्वायत्त क्षेत्र के उप–अध्यक्ष, यांग सोंग, जो खुद मोर्चे पर सभी जरूरी निर्देश देने आए, हथियारबंद पुलिस के पुलिस दफ्तर के विभाग मुख्या, झू एमिन, और पहली ब्रिगेड के चीफ स्टाफ, वांग झितिंग, मोर्चे पर सभी संघर्षों की कमान संभालने आए।

आपातकालीन राहत मिशन की योजना बनाई गयी, और वांग हाई ने सुबह पहाड़ की थोड़ी स्थिर स्थिति को देखते हुए दुर्घटना–स्थल पार किया। वह पूरी कार्यवाही का संचालन करने अनुप्रवाह नदी से बोट में गए। फिर पहली डिवीजन से बीस पुष्ट और स्वस्थ सैनिक चुने और फिर पानी के माध्यम से नाव में दुर्घटना–स्थल की ओर रवाना हुए। जब वह बांध के करीब पहुँचे, रक्षापुरुषों ने वॉकी–टॉकी से बताया कि ऊपर पहाड़ से अभी भी पत्थर नीचे लुढ़क रहे थे। उन्होंने तुरंत बोट चालक को बोट वापस उल्टी दिशा में पलटने को कहा। जब वह पहाड़ से दूर पहुँचे, चट्टान टूटकर तालाब के पानी में गिरी, और पानी दस मीटर की ऊँचाई तक उछला। उन्होंने भूस्खलन के रुकने का बीस मिनट तक इंतजार किया, फिर आगे बढ़े। वह भूस्खलन–स्थल से दूर विपरीत पहाड़ की तलहटी पर उतरे, और फिर बांध को पार किया। चट्टानों के टुकड़े पूरी तलहटी में फैले हुए थे, इसलिए सैनिकों को उनके ऊपर से कूद–कूदकर जाना पड़ रहा था। सैनिक पत्थरों से टकराकर गिर भी रहे थे, लेकिन कोई भी समय बर्बाद नहीं करना चाहता था। हर किसी के एक ही इच्छा थीः वहाँ से जल्दी बाहर निकलना। जब वहाँ से निकलकर एक सुरक्षित समतल समतल जगह पहुँचे, उन सबके सीने में दिल जोर–जोर से धड़क रहे थे। उनमें से कई सैनिकों के घुटनों में खरोंचों के निशान बन गए।

सड़कों को साफ करने और मलबे में फंसे वाहनों को सुरक्षित बाहर निकालने के लिए, आपातकालीन मुख्यालय ने निर्णय लियाः वह बांध पर गिरे मलवे को धमाके से उड़ाएंगे, इससे बांध में रुका हुआ पानी फिर से बहेगा और हाईवे से भी पानी हटेगा। धमाके से उड़ाने से पहले उन्हें बांध में फैले मलबे में मशीनों की आवाजाही के लिए रास्ता भी बनाना था। पर सबसे बड़ी मुश्किल थी कि भूस्खलन अभी भी जारी था; इसलिए ऐसी स्थिति में निर्माण–कार्य बहुत ही खतरनाक थे।

सबसे पहले उन्हें पहाड़ से खतरे को दूर करना था। टुकड़ी के वर्तमान कमांडर (जो पहले उप–कमांडर थे) चेन गुआंगयोंग की अगुवाई में पहाड़ पर सभी खतरों को हटाने के लिए एक शॉक ब्रिगेड भेजी।

पहले दिन वह स्टील की रोड, तंबू, और राहन का दूसरा सामान अपने कंधों पर उठाकर ऊपर चढ़ने लगे। पाँच घंटे की चढ़ाई के बाद, वह आखिरकार चोटी पर पहुँचे। चेन गुआंगयोंग ने अपने सैनिकों को तंबू गाढ़ने, खाना पकाने के लिए एक अस्थायी चूल्हा बनाने, और राहत मिशन की पूरी योजना बनाने के लिए पूरे भूखंड का निरीक्षण करने का निर्देश दिया। जब उन्होंने दोपहर का खाना खा लिया, शॉक ब्रिगेड के सभी सदस्यों ने फिसलन भरी ढ़लान की ढीली मिटटी पर बचाव के लिए दस स्टील की रोड गाढ़ी। चेन गुआंगयोंग ने एक सुरक्षा हार्नेस बांधा, और सभी सैनिकों को लेकर आपातकालीन स्थिति से निपटने के लिए खड़ी चट्टान से धीरे–धीरे नीचे उतरने लगे। ढ़लान की सतह पर छोटे–छोटे चट्टानों के टुकड़ों की वजह से काफी फिसलन थी; छोटी सी लापरवाही के कारण पत्थर नीचे लुढ़कते हुए जा सकते थे। लेकिन, पहला दिन फिर भी योजना के अनुसार ही गया। दूसरे दिन सुबह, आसमान और भी काला होता गया, और प्रचंड तूफान बारिश की बूंदों के साथ मिलकर उनका पीछा करता रहा। पहाड़ से पत्थर भी एक–एक करते नीच गिरते रहे; चेन ने सभी सैनिकों को वहाँ से सुरक्षित निकलने के निर्देश दिए। जब वह अपने बैरक पहुँचे, उन्होंने देखा कि तेज हवाओं के कारण उनके तंबू फट चुके थे। लगातार बारिश और तूफान के कारण उन्होंने पहाड़ी घाटी से सारे तंबू इकठ्ठा किये, लेकिन उनके टुकड़े–टुकड़े हो गए थे, अब वह किसी भी काम के नहीं थे। सभी को गीली पहाड़ी जमीन में खुले आसमान के नीचे इतनी ठंड में रात काटनी पड़ी।

जब लगातार भूस्खलन हो रहे हों, और नीचे पत्थर लुढ़क रहे हो, ऐसे में सड़क की मरम्मत करने लिए न सिर्फ आपको नीडर होकर सभी चुनौतियों से लड़ने का साहस चाहिए। बल्कि पूरी वैज्ञानिक तरीके से सावधानी बरतने की समझ और एक सम्पूर्ण और संभव योजना भी चाहिए। जब झांग चेंघाई, उप चीफ स्टाफ, और झू शुएझी, पहली डिवीजन के कमांडर, हैतोंग घाटी में राहत आपातकालीन कार्यों से जुड़े थे, उन्होंने बढ़चढ़कर मिशन के सबसे महत्वपूर्ण कार्यों की जिम्मेदारी मांगी थी, और फिर कई शॉक ब्रिगेड करते हुए सबसे कठिन कार्यों को पूरा किया था।

यह ऐसी परीक्षा थी, जिसमें उनका मौत से सीधे सामना हुआ, और ऐसा संघर्ष था, जिसमें बहादुरी के साथ–साथ समझदारी की भी जरूरत थी। एक विस्तृत जांच के बाद उन्होंने पाया की सुबह के समय पहाड़ के छोटे–छोटे पत्थर तुलनात्मक ज्यादा स्थिर रहते थे; और दो भूस्खलनों के बीच का समय बीस मिनट से लेकर एक घंटे का हो सकता था। दोपहर की तेज धूप में, जब हवाएं ज्यादा तेज चलती थी, भूस्खलन होने की सबसे ज्यादा संभावनाएं थी। उन्हें सुबह के समय का सही प्रयोग करना था, फिर देर दोपहर तक धमाके से बड़ी चट्टानों को तोड़ना था, एक गलियारे बनाने की लिए खुदाई करनी थी, और फिर सभी खतरों को ध्यान रखते हुए निर्माण–कार्यों को शुरू करना था। उन्होंने पहाड़ी रास्तों और भूस्खलन–ग्रस्त स्थल के विपरीत दिशा बांध में सन्तरी चौकियाँ बनाई, और चोटी पर पड़े मलबे के ढेर पर निगरानी रखी। जैसे ही मिटटी या पत्थर फिसलकर नीचे आते, तुरंत अलार्म बजा दिया जाता। उन बीस सेकंड के महत्वपूर्ण क्षणों में सभी सैनिक किसी सुरक्षित स्थान पर जा सकते थे। सात दिनों तक उन्होंने एक यही नियमित कार्यक्रम अपनाया; भूस्खलन होने पर वह बिखर जाते, और रुकने पर वापस आ जाते। उन्होंने हर दिन दस विस्फोट कराए, और हर बारी देतोनाटर को बारह बम के गोलों से भरते, और फिर पत्थरों के ढेर में विस्फोट करके मशीनों की आवाजाही के लिए पाँच मीटर चौड़ा और 150 मीटर लंबा रास्ता बनाया।

हर बार जब सन्तरी अलार्म बजाते, सभी खड़ी चट्टान के ऊपर चढ़ने लगते, जैसे कोई छिपकली पहाड़ से चिपकी हुई हो। चट्टानें चिंघाड़ते हुए चोटी से नीचे लुढ़कती। एक बार उन्होंने खुद की ओर आते पत्थर देखे, लेकिन बचकर भागने का समय नहीं था, फिर किसी बड़े पत्थर के पीछे छुप गए। पहाड़ों से भयंकर गड़गड़ाने की आवाजें सुनाई देती थी, पत्थर हर दिशा में बह रहे थे। कुछ लोगों के कपड़े फट गए, और कुछ को पैरों, हाथों में चोटें लगी।

वांग हाई ने कहा कि उसे याद नहीं कि उसने कितनी बार एर्लांग पहाड़ को पार किया होगा। लेकिन, जुलाई 1988 की एक रात का तूफान उन्हें अच्छी तरह याद है।

वह वाहन में चीफ इंजिनियर वांग हैलिन, स्टाफ चीफ पू शिगुआंग, और सैन्य संचालन विभाग के मुख्या एन शुवेन के साथ चेंगडु की ओर जा रहे थे। वह शाम छह बजे कांगडिंग पहुँचे। प्रोटोकॉल के अनुसार तो उन्हें वहाँ रात में रुकना चाहिए था। लेकिन फिर उन्हें एर्लांग पहाड़ में "विषम दिन में प्रवेश और सम दिन में बाहर निकलने" का लागू किया गया नियम याद आया; अगर वह उस दिन पहाड़ को पार नहीं करते, तो उन्हें वहाँ एक दिन और बिताना पड़ता। इसलिए उन्होंने उसी रात एर्लान पहाड़ की ओर रवाना होने का निर्णय लिया। कांगडिंग से निकलने के एक घंटे बाद ही वह लुडिंग पहुँचे। रात के अंधेरे में ही उन्होंने एर्लांग पहाड़ की ओर जाती सड़क में प्रवेश किया। शुरुआत में तो उन्हें कोई खास समस्या नहीं हुई, पर जब वह चोटी की ओर बढ़ने लगे, उन्होंने अपने आगे खड़े वाहनों की लम्बी कतार देखी। फिर वह घोंघे की रफतार से आगे बढ़े। आगे काफी दूर तक ट्रैफिक जाम था। उन्होंने वाहन से बाहर निकलकर आगे किसी वाहन चालक से पूछा, और जाना कि पहाड़ के आगे के हिस्से में भारी बारिश हो रही थी; सड़कें संकीर्ण और दलदली थी, वाहन फिसलकर सड़क किनारे नाले में गिर रहे थे। ड्राईवर ने बताया कि वह सुबह लुडिंग से निकले थे, लकिन अभी यहीं तक ही पहुँचे पाए थे; वह किसी बैलगाड़ी से भी धीमे चल रहे थे, और इसके लिए वह कुछ कर भी नहीं सकते थे।

ऐसी स्थिति में कोई क्या कर सकता था, और इसलिए उन्हें दूसरे वाहनों के साथ रेंगते हुए ही आगे बढ़ना पड़ा। रात के बारह बजे, वह आखिरकार चोटी पर पहुँचे। बारिश और तेज होती गयी, और उसके साथ–साथ आगे की यात्रा भी मुश्किल होती गयी। वह पहाड़ के किनारे ढ़लान में उतरे और फिर आगे बिल्कुल भी नहीं बढ़ पाए। आसमान में बिजली चमकने के साथ बादलों की गड़गड़ाहट सुनाई दे रही थी, और बारिश की तेज बौछार किसी चाबुक की तरह लग रही थी। अगर अभी भूस्खलन या कीचड़ धंसने की कोई घटना हो जाए, तो उनके पास छुपने की कोई जगह नहीं थी। ऐसी स्थिति में कई वाहन और सैंकड़ों सैनिकों के पास मृत्यु की प्रतीक्षा के अलावा कोई रास्ता नहीं बचता। इस इलाके में भूस्खलन या कीचड़ धंसना बहुत आम बात थी। वह फटाफट अपने

वाहनों से बाहर निकले, और लगातार होती बारिश को झेलते हुए फंसे वाहनों को बचाने की कोशिश करने लगे। आपस में काम बांटकर उन्होंने वाहनों की मरम्मत की और नाले में फंसे वाहनों को बाहर निकाला। उन्होंने सड़कों से पत्थरों, पेड़ों, झाड़ियों को हटाया और बड़ी मुश्किल से एक–एक मीटर आगे बढ़ते रहे। वह सुबह छह बजे शिंगू के कसबे में पहुँचे, और फिर जाकर सभी ने राहत की सांस ली; शिंगू में पहुँचने का मतलब था कि वह अब खतरे से बाहर थे। दोपहर के वक्त उन्होंने किन्लाई के काउंटी सीट में एक छोटे रेस्टोरेंट में खाना खाया। रेस्टोरेंट में बैठे लोगों ने ध्यान दिया कि उनके कपड़ों से कीचड़ लगा हुआ था, और उन्होंने जुलाई के महीने में भी ऊनी कपड़े पहन रखे थे। किसी ने धीमी–दबी आवाज में अनुमान लगाया, "यह लोग तिब्बत से होंगे, मैं दावे से कह सकता हूँ। एक सैनिक का जीवन कितना कठिन होता है!"

प्यारे साथियों, मैं आपको कैसे भूल सकता हूँ

मुझे सिचुआन–तिब्बत हाईवे गए तीन या चार साल हो गए हैं, लेकिन मैं कुछ लोगों और कुछ घटनाएं को अभी तक नहीं भुला पाया। मेरे पास अभी भी सिचुआन–तिब्बत हाईवे में काम कर रहे मेरे साथियों से मिलने का मौका है, पर उन लोगों से शायद मिल पाऊँ, जिन्होंने अपना व्यवसाय बदल लिया या फिर अब सेवामुक्त हो गए। कुछ ऐसे साथी भी हैं, जिन्होंने अपना जीवन बलिदान कर दिया, जिनसे मैं दोबारा कभी भी नहीं मिल पाऊंगा..."

वांग हाई और नहीं बोल पाए। उन्होंने अपना सर झुका रखा था, और कमरे में लैंप की रोशनी भी कम थी, लेकिन मैं फिर भी उनकी नम आँखें देख सकता था। कुछ समय बाद, जब उन्होंने खुद को संभाला, उन्होंने अपनी कहानी जारी रखी।

दिसम्बर 2001 में उनके पाँच साथी, जिनमें टुकड़ी के भी सदस्य थे, उन्हें सैनिकों की संख्या में की गई कटौती के चलते सेना की नौकरी छोड़नी पड़ी। वो साथी जिनके साथ वह सभी खतरों, कठिन परिस्थितियों से लड़े, जिन लोगों के साथ नर्क से या जानलेवा पानी से बचकर निकले,

अब वह सभी सैन्य इकाई छोड़ने वाले थे। वह दिल से बहुत दुखी हुए। क्यूँकि उनमें से ज्यादातर लोगों के साथ ही उन्होंने, टुकड़ी के गठन होने से लेकर अब तक, कई चौकियाँ संभाली थी, और साथ में बीस साल सेना की सेवा करी थी। सब साथ रहे, साथ काम किया, साथ उन्नति की, और अपनी जवानी और कई साल सैन्य इकाई और पठार को दिए; सभी की उम्र चालीस वर्ष से ऊपर की थी, और पहाड़ी मैदान में इतने दुःख–दर्द सहने के बाद कोई भी सिचुआन–तिब्बत हाईवे छोड़कर जाने को तैयार नहीं था। शायद वह भावुक हो गए थे या फिर दूसरा व्यवसाय ढूँढने का दबाव भी रहा होगा।

पूर्व स्टाफ चीफ, पू शिगुआंग, मार्च 1976 में सेना में शामिल हुए थे और उन्होंने पहाड़ी मैदानों में छब्बीस सालों तक काम किया। उन्हें हुए बदलावों के बारे में कुछ नहीं कहना था, उन्होंने चुपचाप अपनी सैन्य वर्दी पहनी, खुद को तैयार किया और सैन्य इकाई को अलविदा कहा। उस क्षण वांग हाई, जो महासचिव भी थे, बहुत असहाय महसूस कर रहे थे। वह जानते थे कि पू शिगुआंग को सैन्य इकाई की बहुत परवाह थी, वह अपने सभी साथी सैनिकों को दिल से चाहते थे। उन्होंने वैसे ही अपना जीवन, अपनी सभी भावनाएँ सिचुआन–तिब्बत हाईवे में ही झोंक रखी थी। इन सब बातों को ध्यान में रखते हुए, लेकिन, वह क्या कह सकते थे, वह जो भी कहते कम ही होता; उन्होंने सिर्फ 'हाथ मिलाकर सबसे विदा लिया, खुद के आंसू पोंछे, और खुद को इतना बेबस पाया कि उनके मुँह से एक शब्द नहीं निकल पाया।'

वांग हाई ने कहा, "उनके जाने के बाद, मैं अंदर ही अंदर बहुत अकेला महसूस करने लगा। ऐसा लग रहा था जैसे किसी ने मेरे दिल में छेद कर दिया हो। मैं उनसे लंबे समय तक नहीं मिल पाया, और न ही जान पाया कि उनका जीवन कैसा व्यतीत हो रहा था, क्या वह खुद को आंतरिक इलाकों के मौसम के अनुकूल ढाल पाए थे, उनका नया व्यवसाय कैसा चल रहा था, उनकी अब किन लोगों से मित्रता थी। उन्होंने इतना लम्बा लंबा समय पठार में बिताया था; लेकिन उन्होंने शारीरिक एवं मानसिक रूप से खुद को यहाँ की मिट्टी के हर कण के अनुकूल ढाल लिया था, और

मुझे बहुत चिंता थी कि वह जब वापस गए होंगे, वह खुद को वापस बदल पाए होंगे।"

हमने बहुत बातें की, पर मुझे नहीं पता था कि रान्वु घाटी का विषय कैसे उठाऊं। मैं उस घाटी से परिचित था, वहाँ कई बार चला था। मेरे मन में रान्वु घाटी का बना चित्र इस प्रकार था– संकीर्ण पहाड़ी घाटियाँ और डरावने हिमस्खलन। यह अन्जिउला पहाड़ के उत्तर–पश्चिम में स्थित हाईवे था, और समुद्रतल से चार हजार मीटर की ऊँचाई पर था। इसके दोनों तरफ पहाड़ की चोटियाँ छह या सात हजार मीटर ऊँची थी। हर सर्दी और बसंत के मौसम में तीखी सर्द हवाएं बहती, बर्फीले तूफान पन्द्रह दिनों तक रहते, जिससे सड़कों पर मोटी बर्फ की चादरें बिछ जाती। यहाँ से गुजरने वाले वाहन बर्फ में फंस जाते या फिर उन्हें कई रुकावटों का अनुभव करना पड़ता। पर सबसे ज्यादा डरावना था पूरा साल चोटी पर जमा होती बर्फ, जो कभी नहीं पिघलती, फिर एक समय के बाद वही हिमस्खलन का कारण बनती। मार्च 1996 में सिचुआन–तिब्बत हाईवे के इतिहास में सबसे बड़ी दुखद घटना यहीं हुई थी। पहले दस दिनों तक लगातार बर्फ पड़ती रही; यहाँ से गुजरते दस वाहन इस घाटी में ही फंस गए। छब्बीस की दोपहर को एक विशाल हिमस्खलन हुआ, जिसमें पन्द्रह वाहन और उनमें सवार छप्पन लोग बर्फ के नीचे ही दब गए। उनमें से कोई नही बचा।

उस समय संरक्षण टुकड़ी का गठन नहीं हुआ था। अक्टूबर के महीने में पार्टी केन्द्रीय आयोग और सैन्य समिति ने एक संरक्षण सैन्य टुकड़ी बनाने का निर्णय लिया, जो शायद उस हिमस्खलन के कारण ही संभव हुआ। लेकिन वांग हाई के लिए अगर किसी को भुलाना असंभव था, तो वह सू चेंगयून नाम का सैनिक था। वह छठी डिवीजन का एक प्राइवेट– सैनिक था, और बुलडोजर चालक था। अप्रैल 1998 के महीने में वह अन्जिउला पहाड़ की सड़कों से बर्फ हटाते हुए अपने बुलडोजर में वापस डिवीजन की ओर जा रहा था। अप्रैल के महीने में अन्जिउला पहाड़ में कड़ाके की सर्दी थी, सड़कों पर बर्फ जमी हुई थी; पानी की एक बूँद भी पल भर में ठोस बन जाती। चेंगयून बड़ी सावधानी से बर्फीली सड़कों पर

बुलडोजर चला रहा था। जब उसे आगे खड़ी चट्टान पर बनी सड़क पार करनी थी, उसने देखा कि आगे भी दूर तक सड़कों में भी बर्फ की मोटी चादर ही बिछ रखी थी। उसने आगे की बर्फ हटाने के लिए गति बढ़ाई। लेकिन उसकी उम्मीद के विपरीत, वह बर्फ भी नहीं हटा पाया, और बुलडोजर एक किनारे से दूसरे किनारे फिसलता रहा। फिर बुलडोजर अपने आस–पास की बर्फ समेत नदी में गिर गया। डिवीजन कमांडर ली शिलिन ने सू चेंगयून का काफी देर तक इंतजार किया। उन्हें लगा कि कुछ गलत हुआ था, और तुरंत एक दल को लेकर रास्ते में चेंगयून को ढूंढने निकल पड़े। उन्हें निर्माण–स्थल में डिवीजन का कोई भी सैनिक नहीं दिखा, न ही कोई बुलडोजर दिखा। ली शिलिन और डर गए, और अब उन्हें पक्का विश्वास हो गया था कि चेंगयून के साथ कोई दुर्घटना घटी थी। ली शिलिन ने चेंगयूं को ढूँढने के लिए पूरे हाईवे का चक्कर लगाया, ऊंचें स्वर में सू का नाम पुकारते रहे। बाद में उन्हें बुलडोजर के टुकड़े नदी की दस या कुछ मीटर गहरी खाई में दिखे। थोड़ा करीब से देखने पर उन्होंने पाया की चेंगयून एक बड़े से पत्थर पर लेटा उनकी तरफ हाथ हिलाकर इशारे कर रहा था। जब वह चेंगयून को नदी किनारे सुरक्षित ले जाने में कामयाब हुए, वह लगभग बेहोश ही हो गया। उसके भीगे कपड़े जमकर ठोस हो चुके थे। हस्पताल में हुई देखभाल के बाद, वह एक हफ्ते में ही फिर से स्वस्थ हो गया, लेकिन हाथ में चोट लगने के कारण उसे शारीरिक काम करने के लिए मना किया गया। बाद में पता चला कि बुलडोजर के नदी में गिरने पर ड्राईवर की सीट अलग हो गयी थी। सु ड्राईवर सीट समेत ही नदी में लुढ़कता हुआ गिरा। फिर अपनी पूरी जान लगाकर नदी में बड़े पत्थर के ऊपर चढ़ पाया, और इस तरह अपनी जान बचा पाया।

ऐसी एक और विचित्र कहानी थी। पुर्लांग घाटी को सिचुआन–तिब्बत हाईवे का"प्राकृतिक खतरों का सबसे बड़ा स्रोत" भी कहा जाता है। लेकिन उन्होंने खतरों की परवाह नहीं की, और ढ़लान भरी चट्टानों और खाईयों से बीच से गुजरे हाईवे के इस हिस्से पर भी सड़कों के निर्माण–कार्य किए। ऊपर चट्टान थी और नीचे पुर्लांग त्सांग्पो नदी का तेज जल–प्रवाह।

हर बारी मानसून का मौसम आता, नदी का खौलता पानी दोनों किनारों से टकराता, कई लहरें तो तेज गर्जन के साथ–साथ हवा में कई मीटर ऊँची उठती। आठ नवम्बर 1999 को, आठवीं डिवीजन के कमांडर, लुओ शियानुनम, यहाँ अपने सैनिकों के साथ हाईवे के मरम्मत एवं रखरखाव कार्यों के लिए आए। जब उन्होंने उत्साहित होकर पत्थर मारा, पूरी जान लगाकर फेंका गया पत्थर चोटी से कई मीटर नीचे तक गया।

सैनिक डर गए, और उनमें से कुछ तो चुपचाप रोने लगे। हताश होकर कहतेः कमांडर, कमांडर! डिवीजन कमांडर को लोहे की तारों के दो बंडल मिले, पहले उन्होंने एक तार का सिरा अपने कमर में बांधा, फिर अपने सैनिकों को दूसरा सिरा खींचकर पकड़ने को कहा। फिर वह धीरे–धीरे पहाड़ के नीचे उतरे। जब वह कुछ सत्तर मीटर नीचे तक गए, उन्होंने देखा कि लुओ शियानुन का हाथ चट्टान में फंसा हुआ था। उनका सर चट्टान की दरार में दबा हुआ था, और वह उल्टा चट्टान से नीचे लटके हुए थे। वह खून से लथपथ और बेहोश थे। कमांडर ने लुओ को पीठ से पकड़कर ऊपर तक खींचा, फिर उन्हें काउंटी के हस्पताल ले गए। आधे घंटे के आपातकालीन उपचार के बाद लुओ आखिरकार होश में आए, पर वह अब बिल्कुल किसी "सब्जी" की तरह बन गए थे। फिर उन्हें चेंगडु के हाक्षी हस्पताल ले जाया गया, वहाँ एक साल के इलाज के बाद वह धीरे–धीरे अपनी बेहोशी से जागे, और उनकी याददाश्त भी वापस आई। उन्हें याद आया वो क्षण जब वह गिरे थे, टहनियों से टकराते हुए नीचे गिरना उन्हें याद था, लेकिन उसके बाद का उन्हें कुछ नहीं पता था।

जब वह ली मिंगचेन के बारे में बताने लगे, वांग हाई की आँखें फिर से नम हो गयी। उन्होंने कहा, "वह लड़का हेबेई की वेई काउंटी से आया था। उसने 1986 से बुलडोजर चलाना शुरू किया, और किंघाई–तिब्बत पठार की सड़कों के निर्माण कार्य किए। उसने ग्यारह साल बर्फबारी और तेज बारिशें सही; मुझे तो याद भी नहीं उसने कितनी बार तेज प्रवाह वाली नदियाँ पार की थी। मैं सोच भी नहीं सकता था कि सिचुआन–तिब्बत हाईवे में ही उसकी कब्र बन जाएगी; जब उसकी मौत हुई अधिकारियों ने उस घटना–स्थल को फिर से बहाल किया; वह बिना किसी गोलेबारी का

युद्ध–क्षेत्र था। उस साल जनवरी में नदियों के पानी से बांध का जलस्तर भी बढ़ा, और फिर बर्फ में जम गया, क्यूँकि जुओगोंग विद्युत केंद्र का जलद्वार भी जम गया था। जलस्तर बढ़ने के कारण नदी के साथ का हाईवे तक भी पानी पहुँच गया। दो सौ मीटर लंबी सड़क एक मीटर गहरे पानी में डूब गयी। बसंत त्यौहार आने वाला था, सड़क के दोनों छोर से सामान लादे हुए वाहनों का हुजूम उमड़ा हुआ था। लोग घर जाकर नया साल मनाने को बेकरार थे। वांग हाई एक जीप में सड़क के उस जलप्रवाहित हिस्से का निरीक्षण करने निकल पड़े। वहाँ वाहन बड़ी मुश्किलों से आगे बढ़ता रहा, लेकिन नदी का पानी इंजन में घुस गया, और वाहन के शीशों तक भी पहुँच गया। बर्फ के टुकड़ों से आगे की हेडलाइट टूट गयी। लेकिन उन्हें हर मुश्किलों को दरकिनार करके लोगों को सुरक्षित उनके घर पहुँचाना था। ली मिंगचेंग ने कई बुलडोजर से वाहनों को पानी में से खींचकर बाहर निकालने का आदेश मांगा। कई दिनों तक वह सुबह जल्दी निकलता और शाम को देरी से वापस आता, उसका चेहरा ठंड से फूल गया था, उसके हाथ छिल गए थे। लेकिन उसने अपने कष्टों की किसी से भी कोई शिकायत नहीं की। जब तक सारे वाहन सुरक्षित बाहर न निकले, वह रोज लगातार तब तक काम करता रहा। फिर आराम करने डिवीजन के पास वापस गया। सभी वाहन चालक और यात्री उससे काफी प्रभावित हुए। लेकिन, किसी ने भी उम्मीद नहीं की थी कि महीने की दस तारीख को शाम आठ बजे, जब ली मिंगचेन ने सारे वाहन वापस निकाल लिए थे, और वापस जाने की तैयारी कर रहा था, बुलडोजर का हाइड्रोलिक उपकरण पानी में गहरा चला गया। इसके परिणाम, वह दिशा से भटक गया। वह कड़ी चट्टान से तीस मीटर नीचे गिरकर एक शहीद की मौत मरा। शोक सभा में जुओगोंग काउंटी के मुखिया ने दबी आवाज में कहा, "ली चेंगमिंग ने अपना अनमोल जीवन लोगों की भलाई के लिए दान कर दिया। वह हथियारबंद पुलिस सैन्य इकाई का एक सैनिक था, और वह तिब्बती पठार, इस पावन धरती, में हमेशा अपने योगदान के लिए याद किया जाएगा।

अध्याय – 7

पुर्लांग खाई को पार किया

मैंने निदेशक वांग हाई को अलविदा कहा, और फिर पूर्व की ओर सिचुआन–तिब्बत हाईवे में आगे बढ़ा। दो घंटे बाद, मैंने बिना किसी परेशानी के सजीला पहाड़ पार किया और दोंगजिउ पुल पहुँचा। यह 800 किलोमीटर लंबी सड़क का प्रारम्भ–बिंदु था, और इसके मरम्मत एवं रखरखाव की जिम्मेदारी चौथी टुकड़ी पर थी। इसका अंतिम–बिंदु झुबालोंग में था। मैं यहाँ से निकला और फिर मैंने पुर्लांग खाई में प्रवेश किया। तिब्बती हाईवे के आँकड़े बताते थे कि झुबालोंग से ल्हासा की ओर जाती 1, 285 लंबी सड़क में ऐसे 2011 बिंदु थे, जहाँ हर तरह की प्राकृतिक आपदाएँ हुई थी। उनमें से अस्सी प्रतिशत तो सैन्य इकाई द्वारा संरक्षित 800 किलोमीटर लंबे सड़क के हिस्से में ही हुए थे। हर किलोमीटर में ऐसे दो खतरनाक बिंदु थे। प्राकृतिक आपदा एवं वातावरण अनुसंधान संस्थान द्वारा किये गए पहाड़ी मैदान के सर्वेक्षण के अनुसार, ऐसे 128 बिंदु थे, जहाँ भूस्खलन, कीचड़ के तेज प्रवाह जैसी घटनाओं के होने की संभावना थी। 256 कीचड़ की नालियाँ थी, और 500 क्षेत्रों में कीचड़ धंसने जैसी प्राकृतिक आपदाएं होने की सम्भावना थी। उन सब में पुर्लांग खाई सबसे ज्यादा खतरनाक थी। इसके ऊपर भी एक जगह भूस्खलन हुआ था, जैसा कि निदेशक वांग हाई ने पिछले दिन बताया था।

आधी शताब्दी पहले एक बार दलाई लामा यहाँ चले थे

जैसी की उम्मीद थी, लगभग सात किलोमीटर दूर दोन्गिजउ पुल पार

करने के बाद आगे का रास्ता बिल्कुल बंद था। रातों रात 200 मीटर लंबा सड़क का वह भाग बिल्कुल चकनाचूर हो गया था। आठवें डिवीजन के एक सैन्य दल की अगुवाई कर रहे निर्माण ब्रिगेड कमांडर झांग चेंगजी ने उस गलियारे की सफाई करने का प्रयास किया। उन्होंने आगे सड़क की ओर इशारा करते हुए कहा, "पिछले दिन हमने इस भाग की मरम्मत की थी, रातों रात ही यह सड़क ढह गयी, और पूरी सड़क ही गायब हो गयी। हमें वाहनों की आवाजाही के लिए पहाड़ काटकर नया रास्ता बनाना होगा।" मैंने उनसे सख्ती से पूछा कि और कितना समय लगेगा, और उन्होंने कहा ज्यादा से ज्यादा एक घंटा।

दो बुलडोजर आगे बढ़कर नयी सड़क खोदने लगे। उसके आगे–पीछे दौड़ते सैनिक पत्थर हटाकर उस बंजर जमीन को समतल करने लगे। उस निर्माण–स्थल में एक साथ कई कार्यवाहियाँ हो रही थी। खड़ी चट्टान के किनारे जमीन पर बैठकर एक सैनिक दोपहर का खाना तैयार कर रहा था; उन्होंने तीन पत्थरों के ऊपर एक प्रेशर कुकर रखा, जो उबल रहा था और सीटियाँ बजा रहा था। मैं वहाँ जाकर उस सैनिक के पास बैठ गया, और बातचीत शुरू की। उस व्यक्ति का नाम चेन लियांग था। चेन लियांग ने कहा, "यहाँ लगभग हर दिन ही खतरा बना रहता है। अगर सड़क नहीं टूटती, तो कीचड़ में धंस जाती। डिवीजन ने यहाँ विशेष रूप से एक पलटन का बेस कैंप बनाया है, और हम वहीं रहते, खाते हैं। क्यूँकि यहाँ बहुत ज्यादा बारिश होती है, तंबू अक्सर गीले होते हैं, और रजाइयाँ भी नहीं सूखती। हम गीले कपड़ों को ही पहन लेते हैं, उनके सूखने का भी इंतजार नहीं करते। हम हर दिन कीचड़ भरी बारिश में भीगते हैं, कभी–कभी तो कपड़े बदलने का भी मन नहीं करता। अब हमें गीले कपड़े पहने रखना ही पसंद हैं, लेकिनः पलटन कमांडर ने कहा कि इस सड़क से बहुत लोग गुजरते हैं, और हम हथियारबंद पुलिस की छवि को बिगड़ने नहीं देंगे। इसलिए हमें कपड़े बदलने पड़ते हैं। हम हर रोज ही अपने कपड़े बदलते हैं।"

चेन लियांग ने दूर सड़क के एक भाग की ओर इशारा करते हुआ कहा, "वह हिस्सा सिचुआन–तिब्बत हाईवे का सबसे खतरनाक हिस्सा है।

अभी तो उसे हिस्से को फिर से सुधारने का हमारे पास कोई तरीका नहीं है। बीजिंग और ल्हासा के विशेषज्ञ भी कोई तरीका नहीं सुझा पाए, इसलिए हमें बस वहाँ भूस्खलन होने पर उसके रखरखाव की पूरी कोशिश करनी है। हमने उस हिस्से की मरम्मत में बहुत समय गंवाया है। सच तो है कि हम उस हिस्से से प्यार और नफरत दोनों करते हैं। प्यार इसलिए करते हैं कि क्यूँकि हमने इस पर बहुत मेहनत की है, और इस वजह एक भावुक रिश्ता बन गया है। नफरत इसलिए करते हैं क्यूँकि यह हमें रोज कष्ट पहुँचाता है।" मैं कल्पना भी नहीं कर सकता था कि एक सैनिक इस तरह बात करेगा।

मैंने सड़क के उस भाग से जुड़ी कुछ जानकारियाँ पूछी। पारलुंग घाटी कई किलोमीटर लंबी थी, और इसकी इस तरह की बनावट कई प्राचीन ग्लेशियरों के कारण थी। यहाँ ऊंचे पहाड़ थे, और गहरी वादियाँ थी, दोनों की ऊँचाई में 2, 000 से 4, 000 मीटर तक का फर्क था। यहाँ का गुरुत्वाकर्षण बल भी असाधारण था। जब सिचुआन–तिब्बत हाईवे यातायात के लिए खुला, उन्होंने पुर्लांग घाटी में तीन लकड़ी के पुल बनाए। 1960 के दशक में डिजाइन में बदलाव किये गए, और एक सिंगल कंक्रीट का बत्तीस मीटर लंबा धातु का पुल बनाया गया। उनत्तीस जुलाई 1983 को वहाँ पहली बार कीचड़ धंसने की घटना हुई। इसमें पूरा पुल तबाह हो गया, और दो बुलडोजर, एक वाहन और दस घर दलदल में डूब गए। छब्बीस जुलाई, 1984 को, पिछले साल से तीन दिन पहले, एक और कीचड़ धंसने की घटना हुई, जिसमें स्टील निर्मित नया पुल बर्बाद हो गया।

एक हफ्ते के अंदर एक के बाद एक ऐसी दस कीचड़ धंसने की घटनाएं हुई। छह अगस्त की शाम को, सैन्य इकाई और सड़क–निर्माण के सैनिक पुल की मरम्मत कर रहे थे, फिर अचानक कीचड़ का सैलाब आया। छह लोग मारे गए। तेइस अगस्त को एक और बड़े स्तर की कीचड़ धंसने की घटना हुई, तेइस घंटों की कीचड़ भरी बाढ़ में पुर्लांग का गाँव और अभियांत्रिकी ग्रह बर्बाद हो गया। इसने पुर्लांग त्सांग्पो नदी के जलप्रवाह को रोककर एक तालाब में बदल दिया और छह किलोमीटर

लंबा हाईवे का हिस्सा बर्बाद कर दिया। उसके बाद से पुर्लांग में ऐसी कई घटनाएँ हुई। उनत्तीस मई 1985 को घटी में एक कीचड़ धंसने की घटना हुई, और पूरा स्टील का पुल पल भर में नष्ट हो गया। अठारह से बीस जून के बीच एक और कीचड़ भरी बाढ़ ऊँचे स्थान पर बने मकान बहा कर ले गयी, तीन बुलडोजर, सामान से लदे अस्सी वाहन घाटी में फंस गए। यह सिचुआन–तिब्बत हाईवे के इतिहास की सबसे बड़ी त्रासदी थी। उसके बाद तीन महीने तक सड़क के उस हिस्से की मरम्मत की गयी, तीन मौतें भी हुई और दस से भी ज्यादा लोगों को गंभीर चोटें आई।

एक घंटे बाद, रास्ता साफ किया गया। फिर हम अपनी यात्रा में आगे बढ़े। सड़कें खाई के बीच से निकली हुई थी। वाहन लड़खड़ाते हुए, एक किनारे से दूसरे किनारे झूलते हुए आगे बढ़ रहा था; वह बहुत ही कठिन रास्ता था। हमने पच्चीस किलोमीटर का रास्ता तय किया और मेन्बा गाँव पहुँचे। गाँव के प्रवेश द्वार में एक लोहे और लकड़ी का चलसेतु था, जो नदी के दूसरे छोर की तरफ जाता था। वह पुल पुर्लांग त्सांग्पो नदी से तीस मीटर की दूरी पर था, और बहुत ही तंग था। वाहन एक–एक करके ही पार कर रहे थे। पुल के दोनों तरफ रंगबिरंगे प्रार्थना झंडे लगे थे। पुर्लांग त्सांग्पो घाटी के बड़े जलसरोवर का पैदल चलकर सैन्य–परीक्षण करने के लिए वह एक उत्तम प्रारम्भ बिंदु था। हम यहाँ से पैदल निकले, पुर्लांग त्सांग्पो नदी के पूर्वी तट की घुमावदार पहाड़ी सड़क पर चले। हम तीस किलोमीटर से भी ज्यादा चले, और फिर झाकू गाँव पहुँचे, जहाँ खाड़ी के घोड़े के खुर जैसे मोड़ पर एक सुंदर दृश्य देखने को मिलता था। हम और आगे बढ़े और पुर्लांग घाटी के सबसे खतरनाक हिस्से पहुँचे। मेन्बा गाँव से तोंग्माई तक का हिस्सा सिचुआन–तिब्बत हाईवे में "चौदह किलोमीटर की सड़क" के नाम से प्रसिद्ध था।

अगस्त 1967 को हाईवे सैन्य निरीक्षण कोर के कुछ बीस लोग इस इलाके की जांच कर रहे थे। अचानक पहाड़ में एक बड़ी दरार बन गयी, और और एक धीमी, पर तेज गर्जन की आवाज से पूरी घाटी दहल गयी। धरती हिलने लगी, और पहाड़ कांपने लगे। बिजली चमकी और तेज गड़गड़ाहट की आवाज गूंजी, सारा आसमान धूल से भर गया। घरों और

पेड़ जितने बड़े पत्थर मिटटी या दलदल में किसी जंगली जानवर की तरह उछलते हुए नीचे आ रहा थे। उस बाढ़ ने नौ के नौ वैज्ञानिक निगल लिए। मरने वालों में पी.ऐ.एल. के दस सैनिक भी थे। केन्द्रीय सैन्य कमीशन ने दस शहीदों के लिए एक निर्देश जारी किया, जिसका शीर्षक था– सिचुआन–तिब्बत हाईवे के दस हीरो।" स्थानीय लोगों ने उनकी तिब्बती लोगों को दिए योगदान को देखते हुए, उनकी याद में तोंगमाई पुल में दो घरों जितने बड़े स्मारक खड़े किये। अप्रैल 2000 में एक और कीचड़ के सैलाब ने पूरे देश को दहला दिया, तोंगमाई पुल के साथ उसके ऊपर खड़े किए गए स्मारक भी बह गए। वर्तमान तोंगमाई पुल एक साधारण स्टील का पुल है। हर दिन आठवीं डिवीजन के दो सैनिक इसकी देखभाल करते हैं। मैं पुल पर दोनों पहरेदारों से हाथ मिलाने रुका। मैंने उनसे पूछा कि क्या सारा दिन पुल की रखवाली करते हुए अकेलापन तो नहीं लगता। उनमें से एक ने कहा, "मैं झूठ बोल रहा हूँगा, अगर मैं बोलू कि अकेला महसूस नहीं करता। पर हमें अब आदत भी हो गयी है। आखिरी बार जब डिवीजन ने हमें यहाँ से हटाया, तो हम इसके आदी हो चुके थे, इसलिए वापस आने का अनुरोध किया। रोज रात को सोते हुए इस बहते पानी की आवाज सुनने की आदत हो गयी है। डिवीजन में रात को काफी सुनसान रहता है, जबतक मैं इस नदी की आवाज न सुनूं, मुझे नींद नहीं आती।"

दूसरे सैनिक ने घुमावदार पहाड़ी रास्ते की ओर इशारा किया, जिससे हम चलकर आए थे। "वैसे कहा जाता है कि यह काफी खतरनाक है, पर इसने हमें बहुत मजबूत किया है। पहली बार जब हम यहाँ आए थे, मैं बहुत डरा हुआ था, लेकिन अब बिल्कुल भी नहीं डर लगता। सिचुआन–तिब्बत हाईवे तिब्बत की जान है। आपको पता है कि पचास साल पहले दलाई लामा यहाँ आए थे?" मुझे पहले से ही इतिहास में दर्ज यह बात पता थी। उस समय सिचुआन–तिब्बत हाईवे नया–नया बना था। सड़क पर हुई प्राकृतिक आपदाओं के वजह से, सैन्य इकाई ने यह जगह नहीं छोड़ी, बल्कि सड़कों को यातायात के लिए खुला रखने के लिए यहीं रुके।

चेंगडु सैन्य जिला की बूढ़ी लेखिका ने अपनी संस्मरण में दर्ज किया, "एक शाम हम अपने साथियों के साथ मिलकर विस्फोट से धमाका कर रहे थे, तब एक सैनिक ने मुझे कंपनी के मुख्यालय में एक बैठक के लिए बुलाया। मैं वापस स्टेशन की ओर दौड़ा और मुख्यालय के अंदर घुस गया। मैंने सिर्फ पलटन के एक अफसर, की शुअशुआ, को वहाँ इंतजार करते देखा। जब सब पहुँच गए, वह उनके पीछे बैठी। कमांडर ने बड़े उत्साह से, पर थोड़ी गंभीरता से कहा, "मैं आपको एक खुशखबरी सुनाना चाहता हूँ; पहली राष्ट्रीय जनता कांग्रेस आयोजित की गयी है! कमांडर झांग गुओहुआ और दलाई लामा ल्हासा से बीजिंग की ओर बैठकों के लिए आ रहे हैं, और वह इस स्थान से होकर गुजरेंगे। हमारे निर्माण–स्थल में अक्सर कीचड़ धंसने की घटनाएं होती रहती हैं, और यह बहुत खतरनाक भी है। कमांडर झांग ने हमें एक विशेष कार्य सौंपा है। दलाई लामा और उनके रिश्तेदारों को इस खतरनाक रास्ते से सुरक्षित ले जाने के लिए वह चाहते हैं कि हम पाँच हृष्ट–पुष्ट नौजवान चुनें!"

अगली सुबह पहाड़ की चोटी पर धुंधले बादल थे। लगातार बारिश हो रही थी, और पागल हवाएं चीख रही थी। पानी और कीचड़ के कुंड इस भूस्खलन–ग्रस्त इलाके में हर जगह फैले हुए थे। दलाई लामा के सम्मान में, सैनिक तंबुओं में एक भाषण सुनने इकठ्ठा हुए थे। निर्माण–स्थल में कोई भी नहीं था। लेकिन, यांग शिन्हुओ एक लेखक थी, और उन्हें दूर से उस वाक्या को देखने की अनुमति दी गयी थी। विस्फोटकों से बानाए हुए गड्ढों में बैठकर देखती रही। निर्माण–स्थल बिल्कुल सुनसान था; उन्हें सिर्फ पानी की बौछारें, पहाड़ों से चट्टानों का लुढ़कना और कीचड़ के बहने की आवाजें ही सुनाई दे रही थी। कुछ समय बाद चट्टान के पीछे से लाल, बैंगनी रंगों के तिब्बती कपड़े और स्वर्ण रंग की सूती पोशाक पहने लोगों की एक कतार निकली। उसने एक छोटा बालक कसाका ओढ़े, जो पीछे चल रहे पलटन लीडर के सामने तक फैले हुए थी, को देखा। दलाई लामा के पीछे एक सैनिक एक उच्च श्रेणी की महिला को अपनी पीठ पर उठाकर चल रहा था। बिखरे पत्थरों और कीचड़ भरे गड्ढों पर वह लड़खड़ाते हुए आगे बढ़ रहा था। उसे बाद में पता चला कि वह महिला दलाई लामा की बहन थी।

वह शियांगबाला था

आठवीं डिवीजन का सेनानिवास घने जंगलों से घिरे एक खाली मैदान पर था। चमकदार बर्फीले पहाड़ दूर से दिखाई देते थे। सेनानिवास का आकार घोड़े की खुर जैसा था, इसकी सफेद दीवारें थी और ज्यादातर सफेद टाइलों से सजा था। आंगन में फूलों का बाग पठार की कई सुंदर फूलों की प्रजातियों से सजा था, जिनमें से गेसांग फूल सबसे खूबसूरत था। खाना अभी भी बन रहा था। डिवीजन कमांडर झांग गुओताई मुझे सेनानिवास के आसपास घुमाने ले गए। हम एक छोटे गेट से बाहर निकले, और हमारी आँखों के सामने एक फूलों का बगीचा था। उसके अंदर फूलों की नर्सरी था, हरी पत्तियों और सब्जियों का भी एक पौधा–घर बनाया गया था, और एक फलों का बगीचा था; वहाँ कुछ पाली हुई मुर्गियाँ और बत्तखें भी थी। गाओ गुओताई ने सब्जियों के पौधा–घर और फलों के बगीचों की ओर इशारा किया और मुझे एक–एक करके उनके बारे में बताया: "यह फलों और सब्जियों के वृक्ष सभी सैनिकों ने खुद उगाए हैं; वह अपने गृहनगरों से बीज लाते हैं। यह देखो, यह शांदोंग का सेब है, वह गांसू का आड़ू है, और वह शांक्षी का अनार है। टुकड़ी के पास सत्तर प्रतिशत सब्जियाँ हमारे सैनिक ही उगाते हैं; पिछले साल हमारे पास हजार किलो के आड़ू ही थे।" मैं बहुत हैरान था कि समुद्रतल से 3, 000 मीटर की ऊँचाई पर इतने फल और सब्जियाँ भी उगाई जा सकती थी। आठवीं डिवीजन के सैनिक इस खतरनाक वातावरण में निर्माण–कार्य ही नहीं पूरे करते हैं, वह इतने मुश्किल हालातों में खुद के खाने–पीने का सामान भी जुटा लेते हैं क्या यह सब इतना आसन था!

हम एक पेवेलियन पर चले, और एक गोल आकार के बेंच पर बैठे। हमारे चारों ओर ताजे फूल खिल रहे थे; पूरा लाल, पीले रंगों और कई खुशबुओं से भरा हुआ था। मैं पिछले एक महीने से इस पहाड़ी मैदान पर था, और पहली बार मैं इतनी खूबसूरत जगह पर आया। मैं बड़ा लालची होकर इस हवा में सांस ले रहा था, अपने नाक से सारी खुशबू अंदर खींच लेना चाहता था, और ताजी हवाओं से मेरे ऑक्सीजन को तरसे फेफड़ों को तृप्त करना चाहता था। गाओ गुओताई ने कहा, "यह पेवेलियन भी सैनिकों

ने ही बनाया है। आपको क्या लगता है क्या यह बीजिंग के गर्मियों के महल से क्या कम है, की नहीं?

मुझे मानना ही पड़ा वह जगह सच में बहुत खूबसूरत थी। मैंने कहा, "यह शियांगबाला की तरह ही सुंदर है।" गाओ गुओताई ने बड़े गर्व से कहा, "यही शियांगबाला है।"

शियांगबाला एक आदर्श राज्य था और एक खूबसूरत इतिहास था। तिब्बती शास्त्रों में दर्ज है कि शियांगबाला राज्य तिब्बती की अंधेरी जगहों और बर्फीले पहाड़ों के साथ एक रहस्यमयी जगह में छुपा है। सफेद बर्फीले पहाड़ों की दो परतें पूरे शियांगबाला को चारों तरफ से घेरती हैं। उनमें आठ जगह कमल की पत्तियों की तरह लगती हैं, बीचोंबीच एक गोले में एक ऊँचा पहाड़ बड़ी शान से खड़ा रहता है। इसे झालाबा महल की जगह भी कहा गया है, और इसके अंदर शियांगबाला के राजा रहते थे। यहाँ के सभी वासी बहुत दयालु और अच्छे लोग हैं और उनमें एक असाधारण बुद्धिमत्ता है। उन्होंने पक्षपात और लोभ का त्याग किया है। वह वहाँ सदियों से खुशहाल जीवन व्यतीत कर रहे थे।

हमारा खाना काफी शानदार था और उसके साथ एक महत्त्व भी जुड़ा था। सैनिकों ने खुद राजमा, बैंगन, पत्तागोभी, और आलू उगाए थे; कैंटीन के रसोइये ने पास के पहाड़ से दिल के आकार की पत्तियाँ तोड़ी थी। उन्होंने पुर्लांग त्सांग्पो नदी से मछलियाँ भी पकड़ी थी। खाना खाने के बाद, मैं पेवेलियन में 'पीछे के बगीचे' में कई सैनिकों के साथ बैठा, और हमने एक छोटा सेमीनार शुरू किया, जिसका मुख्य केंद्र सड़कों के निर्माण–कार्यों से जुड़ी कहानियाँ थी।

हान अंगांग का दो साल पहले आठवीं टुकड़ी में तबादला किया गया था। वह पहले पलटन कमांडर थे, पर इस साल उन्हें उन्हें उप–डिवीजन कमांडर के पद पर पदोन्नत किया गया। वह एक यूनिवर्सिटी छात्र थे, जिनका दाखिला उनके शहर के कॉलेज में हो रखा था। उनके अंकल, हान जुवेन, भी परिवहन विभाग के एक पुराने सिपाही थे, इसलिए बहुत छोटी उम्र में ही उन्होंने अपने अंकल के सिचुआन–तिब्बत हाईवे में किए गए संघर्षों के बारे में सुना था। लेकिन, उन्होंने कभी कल्पना नहीं की थी

कि असल में यहाँ हालत इतने कठिन होंगे। उन्होंने बताया कि सिचुआन–तिब्बत हाईवे के दो सबसे मुश्किल भाग थे "चौदह किलोमीटर लंबी सड़क" और "102वां भूस्खलन–ग्रस्त स्थल।" दोनों क्षेत्रों की सड़कों के रखरखाव और उन्हें खुला रखने की जिम्मेदारी आठवीं डिवीजन पर थी। यह उन पर भोरोसा किया गया था और उनकी परीक्षा भी थी। उन्होंने कहा कि "102" क्षेत्र की चोटी पर एक झील थी। मानसून का मौसम आने पर उस झील का जलस्तर बढ़ जाता, जिससे भूस्खलन और कीचड़ धंसने की घटना होती। टुकड़ी के पास एक खुदाई करने वाली मशीन और कई सैनिक थे, जो लगातार वहाँ निगरानी रखते थे। वह वहीं सड़क पर खाते, और रहते, सारी प्राकृतिक आपदाओं को सहते और फिर सड़क की सफाई करके उसे फिर से यातायात के लिए खुला रखते। मैंने उससे पूछा कि कितनी लंबी शिफ्ट होती थी। उसने बताया कि यहाँ कोई सैनिकों की अदला–बदली नहीं थी, क्यूँकि कोई भी किसी और जगह नहीं जाना चाहता था। मैंने उससे पूछा कि ऐसा क्यों था, उन्होंने किसी ओर सैनिक की ओर इशारा किया और मुझे उससे पूछने को कहा।

उस सैनिक का नाम वांग झूशियांग था। उस सुबह ही वह "102वें" क्षेत्र की डिवीजन से कुछ सामान लेने लौटा था। वांग ने बताया, "मैं '102वें' क्षेत्र के नियमों को किसी और की तुलना में ज्यादा अच्छे से समझता हूँ। दूसरे सैनिक वहाँ गए थे, लेकिन वहाँ की स्थिति को नहीं समझ पाए, जिस कारण खतरा बढ़ा। मैं उस जगह काफी लंबे समय से रह रहा हूँ और उस जगह का आदी हो चुका हूँ। मैं वापस डिवीजन में आने पर भी उसी जगह के बारे में सोचता रहता हूँ। मैं यहाँ रातों को सो नहीं पाता, मैं यहाँ की तुलना में खुद को'102वें' क्षेत्र में ज्यादा शांत महसूस करता हूँ।"

सैनिक तियान जिबो ने बताया कि एक बार पुलांग घाटी में पाँच भूस्खलन हुए और पलक झपकते ही तीस मीटर लंबी सड़क बर्बाद हो गयी। टुकड़ी ने उसे पाँच दिनों के अंदर साफ करने का आदेश दिया। वहाँ कोई सड़क ही नहीं थी, वह पहाड़ के घुमावदार रास्ते में अपने कंधों पर विस्फोटक लादकर चले। समय की कमी के कारण हर किसी ने हर

एक चक्कर में अपने कंधों पर दो बैग लाद रखे थे। वह थक के चूर हो गए, लेकिन उन्हें थकावट का बिल्कुल भी डर नहीं था, क्यूँकि वह खतरनाक जगह थी। मूसलाधार बारिश शुरू हुई, पहाड़ों पर बना रास्ता बिल्कुल मिट गया; वह हाथों और पैरों के बल रेंगते हुए आगे बढ़ रहे थे। ऊपर चट्टान से दलदल और पत्थर लगातार नीचे की ओर आ रहे थे। इस तरीके से उन्होंने एक नया रास्ता बनाया और काम को तीन दिनों में ही खत्म किया। उसके बाद वह अपने बिस्तर पर पूरा दिन बेहोशी जैसी स्थिति में सोता रहा, जब वह जागा तो उसकी कमर इतनी दर्द कर रही थी कि वह सीधा खड़ा भी नहीं हो पाया।

सैनिक ली हाई ने फिर बताया कि वह थकावट के कारण अपंग जैसे हो चुके थे, और बहुत ज्यादा डर गए थे। शुरुआत में जब उसने ऊपर पहाड़ से लगातार पत्थरों को नीचे लुढ़कते देखा, वह विस्फोटक बिल्कुल नहीं ले जाना चाहता था, क्यूँकि अगर एक भी पत्थर टकराता, तो वह तहस–नहस हो जाता। उसकी अभी शादी नहीं होती थी, और भली जवानी में खुद को शहीद नहीं करना चाहता था। पर जब उसने अपने डिवीजन के अफसरों को पतलून को ऊपर करके, विस्फोटक ले जाते देखा, वह बहुत शर्मिंदा हुआ और उनके साथ बिना किसी शिकायत चलने लगा।

लिऊ जिनफे पिछले साल ही सेना में शामिल हुआ था, और डिवीजन का इकलौता ऐसा सैनिक था, जो यूनिवर्सिटी स्टूडेंट भी था। उसने चोंगकिंग यूनिवर्सिटी से ग्रेजुएशन किया था। उसने बताया कि जब वह हाई स्कूल में पढ़ता था, उसका सपना यूनिवर्सिटी में प्रवेश पाना था। जब वह यूनिवर्सिटी में पहुँचा, उसके आदर्श बदल गए, अब वह एक सैनिक बनने के बारे में सोचता था। जब वह यूनिवर्सिटी से ग्रेजुएट हुआ, उसने एक वर्क यूनिट में एक महीना बिताया, फिर सेना में शामिल हुआ और तिब्बत आ गया। शुरुआत में उसे यहाँ काम बहुत खतरनाक लगा और यहाँ का जीवन भी नीरस था। उसे बहुत दुःख और पछतावा हुआ। फिर जब बाद में उसने दूसरे सैनिकों के साथ समय बिताया, फिर धीरे–धीरे उसके विचार बदलने लगे। उसने कमांडर को कहते सुना कि पहले

डिवीजन में एक बूढ़ा सैनिक हुआ करता था, जिसे साल के अंत में दो सूचनाएं मिली। पहला इकाई की तरफ से सुरक्षा कारणों से ठहरने का आदेश था; दूसरे में उसकी महिला मित्र उससे घर आकर विवाह करने का अनुरोध कर रही थी। उसने सुरक्षा के चलते वहीं डिवीजन में ठहरने का फैसला किया। वह एक साल बाद वापस अपने घर लौटा, तो उसने पाया कि उसकी महिला मित्र ने किसी और से शादी कर ली। यह कोई नयी बात तो नहीं थी, लेकिन उसके पैरों तले जमीन खिसक गयी।

उसने आखिरकार कहा, "अगर यहाँ सभी सैनिक चुपचाप खुद को सेना को सौंप सकते हैं, तो मैं क्यों नहीं? मेरी इच्छा है कि मैं अगले साल सैन्य विश्वविद्यालय में दाखिला लूं; मैं सिचुआन–तिब्बत हाईवे में लंबे समय तक तभी काम कर सकता हूँ, जब मेरा कॉलेज में दाखिला होगा।" उसकी बातों में कुछ सच्चाई थी।

सिचुआन–तिब्बत हाईवे में एक अच्छी आठवीं कंपनी है और उस अच्छी कंपनी के पास कमांडर झाओ हैं

दोपहर में मुझे यिगोंग गाँव के पार्टी सचिव दुओजीसीदेंग ने बुलाया। उन्होंने मेरे आने का स्वागत एक अच्छी मक्खन की चाय से किया। दुओजीसीदेंग आठवीं डिवीजन के बारे में बात करते बहुत उत्साहित हुए। "मैं इस तरह के काम पिछले छब्बीस साल से कर रहा हूँ, लेकिन कोई इकाई इतनी अपने काम में इतनी निपुण नहीं देखी। अगर सड़क के उस भाग के रखरखाव और उसे यातायात के लिए खुला रखने के लिए वह नहीं होते, तो गाँव के लोगों के पास अपनी पैदावार और संसाधनों की आवाजाही का कोई और तरीका नहीं था। इकाई ने यहाँ एक बहुत अहम भूमिका निभाई है, हमें बहुत सहारा दिया, और हमारी बहुत मदद की है। यह इकाई इतना बढ़िया काम कैसे कर रही है, अगर तुम ऐसा पूछो? ऐसा इसलिए क्यूँकि इनके अफसर अच्छे हैं, और कमांडर झाओ वेनशेंग एक अच्छे अफसर हैं!"

दुर्भाग्य से, लेकिन, झाओ वेनशेंग आंतरिक इलाकों में कुछ अध्ययन करने गए थे। इसलिए मैं उनका इंटरव्यू नहीं कर पाया। लेकिन मैंने झाओ

के सैनिकों से उनके बारे में बहुत कुछ जाना। सैनिकों ने कहा कि खतरों को लेकर हमेशा सतर्क रहते थे, वो भी एक स्थानीय यूनिवर्सिटी का एक नामांकित छात्र अफसर होने के बावजूद। वह हमेशा खतरे की जगह तुरंत पहुँचते थे। हमेशा एक समस्या इंतजार कर रही होती है, उन्होंने कहा। पिछले साल मई में चोटी से चालीस टन वजनी विशाल पत्थर फिसलकर, लुढ़कता हुआ नीचे आया और तीस मीटर की सड़क को धुएँ में बदल गया। वह डिवीजन से एक टीम लेकर तुरंत घटना–स्थल पहुँचे। दुर्घटना–स्थल के आस–पास की जगह उस पूरे भूखंड में सबसे महत्वपूर्ण जगह थी। पहाड़ के ऊपर की चट्टानों में काफी फिसलन थी, और चट्टानें अक्सर टूटकर नीचे लुढ़क रही थी। उन्होंने सैनिकों को पहले किसी सुरक्षित स्थान पर पहुँचने को कहा, जबकि वह खुद खतरनाक स्थिति में भी आगे बढ़े। उन्होंने घटना–स्थल में प्रवेश किया और पूरे इलाके की जाँच की। फिर एक चट्टान में विस्फोटक लगाकर वहाँ धमाका करवाया।

एक बार निर्माण कार्यों के दौरान, ऊपर पहाड़ से लगभग बीस मीटर वर्ग में फैला चट्टानों और मिटटी से भरा मालवा नीचे चेन शियांगजून की ओर तेजी से बढ़ रहा था। झाओ ने चिल्लाकर उसे वहाँ से हटने को कहा, और खुद उसे बचाने के लिए उसके आगे खड़े हो गए। एक क्षण के अंदर दोनों बचकर किनारे कूदे, और मालवा फिर भी तेजी से आगे बढ़ता रहा। फिर जाकर पुर्लांग त्सांगो नदी में जाकर गिरा, और पानी में लहरें कई मीटर ऊँची उठी। उड़ते पत्थरों से उसके कंधे में चोट आई, और उसका काफी खून बहा। एक बार फिर सुबह की पहली किरणों के साथ ही '102वें' क्षेत्र में भूस्खलन हुआ। तेज बारिश भी हुई, और झाओ वेनशेंग दुर्घटना–स्थल में राहत ब्रिगेड की टीम लेकर पहुँचे। उस आपातकालीन स्थिति से निपटने के लिए वह घटना–स्थल पर कई बुलडोजर लेकर गए। जब वह सड़क की मरम्मत का काम शुरू ही करने वाले थे, एक लगभग 3 टन वजनी पत्थर मिट्टी समेत चीखता हुआ तेजी से उनकी ओर आया। वह चिल्लाने लगे, "खतरा–भागो!" सैनिकों ने तुरंत वह जगह खाली की। वह उस खतरनाक दृश्य के सबसे नजदीक थे; बचकर भागने का कोई समय नहीं था, इसलिए पास के एक बुलडोजर के पीछे छिप गए। उनके

सर के ऊपर से पत्थर उड़ते हुए गए। सभी सैनिक बहुत ज्यादा डर गए, उन्हें लगा कि अब झाओ मर चुके होंगे। लेकिन आसमान से धूल हटने के बाद, उन्होंने फिर राहत कार्य शुरू करवाए।

झाओ वेनशेंग सबसे बड़े सख्ती से काम करवा रहे थे, लेकिन दिल से वह अभी नर्म और सचेत थे। वह अपने सभी सैनिकों का बहुत ख्याल रखते थे। डिवीजन के तीन स्वतंत्र जाँच चौकियाँ थी, और सभी की स्थिति बेहद नाजुक थी। विशेष रूप से, "102 वां" क्षेत्र तो सबसे ज्यादा मुश्किल था। अब तक भी, उनके तंबुओं में कोई बिजली नहीं थी, और सैनिक दिन के उजाले में भूस्खलनों से निपटते और रात में खुले आसमान के नीचे सो जाते। यहाँ मानसून का मौसम भी लंबा चलता है, और कभी–कभार वह महीनों तक सूरज नहीं देख पाते। वातावरण काफी नम है, और जहरीले मच्छर और जोंकें हर जगह हैं। आप कहीं भी जाएँ, वहाँ मच्छर आपका पीछा करेंगे। जोंकें ज्यादा खतरनाक थी। वह पेड़ों से चुपचाप आपके शरीर पर गिरतीं है, और फिर चिपककर खून चूसने लगती हैं। आप उन्हें आसानी से हटा नहीं सकतेः आप पूरी जान लगाकर उन्हें मसलते हैं, उन पर सिगरेट–बट लगाते हैं। सैनिकों के शरीर कीलों और मुँहासों से भरे हुए थे, और कई सैनिकों को गठिया हो गया था। झाओ वेंगशेंग स्टोव, मच्छरों को मारने की दवाइयाँ और कुछ रोजमर्रा में इस्तेमाल होने वाली दवाईयाँ खरीदने बायी के कसबे गए। एक सैनिक अचानक सुबह बिस्तर से नहीं उठ पा रहा था। जब उससे पूछा कि क्या कोई पारिवारिक समस्या थी, वह एक शब्द भी नहीं बोला; जब उससे पूछा कि क्या उसकी महिला मित्र उससे अलग हो गयी थी, उसने कुछ भी नहीं कहा। झाओ वेनशेंग के शांतिपूर्वक पूछने पर पता चला कि उसे खाज(स्कैबिज) की बीमारी बन गयी थी, उसके शरीर का निचला भाग खुजली कर–करके बहुत घिनौना बन गया था; उसे डर था कि लोग उसपर हँसेंगे। वह शर्मिंदा होकर इलाज के लिए छुट्टियाँ माँगने लगा। झाओ वेनशेंग न कहा कि उसे अपनी बीमारी को राज ही रखना चाहिए। और वह खुद उसे हस्पताल लेकर जाएँगे।

एक सैनिक के मंगेतर, जिसके साथ तीन साल से उसका संबंध चल रहा था, ने उससे अलग होने की बात कही, क्यूँकि वह सालभर उससे

मिल नहीं पाई थी। एक पल के लिए सैनिक को कुछ समझ नहीं आया; यह उसपर एक और मानसिक बोझ था। झाओ वेनशेंग ने सैनिक की मंगेतर को एक के बाद एक आठ पत्र लिखे, उसे सैनिक की सैन्य इकाई में बहुत अच्छे प्रदर्शन के बारे में लिखा, और यह भी लिखा कि वह उसे भी बहुत चाहता था।

तीन महीने बाद लड़की ने वापस एक पत्र भेजा, और सैनिक से क्षमा मांगी। पिछले साल ही वह अपने घर शादी करने गया था।

सेना में एक गुओ जोंगबांग नाम का सैनिक था, जो पढ़ने–लिखने में थोड़ा सीमित था। जब वह डिवीजन में नया–नया आया था, तो उसके लिखे पत्रों में हर लाइन में तीन गलतियाँ होती थी। खाली समय में कमांडर ने उसे रोज दस नए अक्षर सिखाए। एक साल की मेहनत के बाद, गाओ के काफी कुछ सीखा, अब वह पत्र लिखने में निपुण था। वह डिवीजन ना लिए रिपोर्ट बनाने में भी सहायता करता था। वांग फू, गांसू का एक सैनिक, और तबादला किया गया, और उसने झाओ वेनशेंग को 2, 000 युआन दिए। झाओ ने एकदम मना कर दिया, और उसे बहुत डांटा। झाओ ने बाद में उससे तीन बार शांत होकर बातचीत की। उन्होंने कहा, "अगर तुम डिवीजन में रहना चाहते हो, तो अच्छी बात है, पर तुम्हें इन घटिया तरीकों के बजाय अपनी उपलब्धियों और मेहनत पर ज्यादा भरोसा करना होगा। वांग फू ने वो बात समझी, फिर वह अपने कार्यों में बहुत निपुण रहा; साल एक अंत में उसे "सर्वश्रेष्ठ सैनिक" चुना गया। जब वांग को झाओ की तरफ से पुरस्कार में एक सर्टिफिकेट मिला, वह बहुत खुश हुआ और रोने लगा। उन सालों में डिवीजन को कई बार अग्रिम सैन्य इकाई बनाने के लिए नामांकित किया गया, और झाओ को दो बार तीसरी श्रेणी का पुरस्कार दिया गया, और उसके उच्च अधिकारियों ने भी उसकी जमकर तारीफ की। दुओजीसिदेंग सही थे; मैंने भी झाओ में वो कारण देखा, जिसके चलते आठवीं डिवीजन इतनी प्रभावशाली और हर समस्याओं से डटकर लड़ने वाली इकाई थी।

अध्याय – 8

झामु में रोका गया

तोंग्माई के नब्बे किलोमीटर पूर्व, आप झामु पहुँचते हो। जो बोमी काउंटी की सरकार की सीट थी। बोमी का मतलब तिब्बती भाषा में "प्राचीन" था। यह समुद्रतल से 2, 700 मीटर की ऊँचाई पर थी, और यहाँ का वातावरण काफी बेहतर था। पुर्लांग त्सांग्पो नदी, झामु से होकर गुजरती थी, और कसबे के दोनों तरफ के पहाड़ घने जंगलों से भरे पड़े थे। अगर आप पश्चिम की ओर जाओ, तो आपको दूर से चमकदार सफेद बर्फ की चोटियाँ दिख जाएँगी। पश्चिम से आए यात्री झामु को "तिब्बत का स्विट्ज़रलैंड" कहते थे। चौथी इकाई का प्रशासन कस्बे के दक्षिण दिशा में एक पहाड़ की तलहटी पर तैनात था। हम वैसे झामु में दो दिन रुकना चाहते थे, पर फिर वहाँ एक हफ्ते रहे। हमारे इतने दिनों तक रुकने का कारण सिर्फ सड़को की चल रही मरम्मत ही नहीं थी, बल्कि मैं भी बीमार पड़ गया था।

कोई गंभीर बीमारी नहीं, सिर्फ जुकाम हुआ था। लेकिन, सिर्फ जुकाम की वजह से ही मुझे महीना भर खांसी रही। यह सब मेरी लापरवाही की वजह से ही हुआ। मुझे लगा, क्यूँकि मैं अनजान अली क्षेत्र से बाहर निकल चुका था, मुझे लगा कि सिचुआन–तिब्बत हाईवे में कोई परेशानी नहीं होगी। इस तरह की मानसिकता के साथ मैं बिल्कुल निश्चिंत रहा। मैंने बोमी काउंटी की सीट में पहाड़ की तलहटी पर सैन्य टुकड़ी के साथ रात का खाना खाया, और फिर मैं चोटी के नीचे घास के मैदान में पीठ के बल

लेट गया, मेरे साथ वहाँ टुकड़ी के कमांडर चेन गुआंगयोंग और महासचिव ली शिपिंग भी थे। हमने ऊपर आसमान में सफेद बादलों को गुजरते देखा, और सिचुआन–तिब्बत हाईवे में हुई घटनाओं के बारें में बात की, जिनमें से कुछ मैं जानता था, और कुछ मुझे भी नहीं पता थी। समय का कोई अंदाजा नहीं रहा, मुझे पीठ में ठंड लगनी शुरू हुई, फिर मैं एकदम उठा। पर काफी देर हो चुकी थी, पठार की सर्दी मेरे शरीर के अंदर प्रवेश कर चुकी थी। मैंने छींकना शुरू किया; मुझे जुकाम हो गया। उस रात मुझे बुखार भी हुआ और मुझे ड्रिप चढ़ाई गयी। मैं जानता था कि सिर्फ घास में लेटने की वजह से ही जुकाम नहीं हुआ था; महीने भर की कठिन यात्रा से भी मैं काफी कमजोर हो चुका था। मेरी रोग प्रतिरोधक शक्ति कम हुई, और जरा सी सर्दी के कारण बीमार पड़ गया। मुझे कई दिन ड्रिप चढ़ाई गयी, और मैंने टुकड़ी के स्वागत कक्ष में ही कई इंटरव्यू लिए।

इसकी वजह है कि मुझे यह सैन्य वर्दी बहुत पसंद है

टुकड़ी के कमांडर के पास शब्दों की थोड़ी कमी थी, और वह काफी दब–दबकर भी बातें करते थे। उन्होंने सारी घटनाएँ कुछ शब्दों में ही कह डाली। उन्होंने बताया कि जब वह हैतोंग घाटी की आपातकालीन स्थिति से निपट रहे थे, टुकड़ी से स्थायी समिति के पाँच सदस्य पहाड़ के ऊपर गए, और वह खुद अग्रिम ब्रिगेड के कमांडर थे। खतरे को देखते हुए वह रस्सी के सहारे ऊपर चढ़े। ऊपर चोटी से अक्सर चट्टानें टूटकर नीचे पड़ रही थी, जो काफी खतरनाक था। उस पूरी खतरनाक कार्यवाही के दौरान, वह रात में अपने कपड़े नहीं उतारते थे, और ऐसे ही घास के मैदान में सो जाते थे। उन्होंने ऐसा पाँच दिन तक किया, फिर उन्हें गठिया हो गया।

अन्जिउला पहाड़ में हुए भयंकर बर्फीली तूफान के दौरान, उन्होंने अग्रिम ब्रिगेड की अगुवाई की, वहीँ पहाड़ पर ही रहे, वहीँ खाया–पिया और बुलडोजरों की मदद से चालीस किलोमीटर लंबी सड़क खोद निकाली। उनका चेहरा बिल्कुल फूल गया था, उनके शरीर में हर जगह चमड़ी फट गयी थी, उनकी आँखें बच गयी क्यूँकि वह धूप का चश्मा लगाते थे।

उनके होंठ इतने फट गए थे कि उनमें से खून बह रहा था, और उनकी नाक से लगातार मवाद बह रहा रहा। 2002 में लेंग्कु नदी में हुए भूस्खलन के दौरान, एक स्थानीय डाकगाड़ी मलबे के अंदर फंस गयी, और उसके अंदर सवार चारों लोगों की मौत हो गयी। जब उनकी कमान में इकाई घटना–स्थल पहुँची, पहाड़ अभी भी अशांत था। वह सबसे आगे कार्यों की देखरेख कर रहे थे, जब झांग जून उनसे चिल्लाकर बोला, "कमांडर, भागो!" वह अपनी जगह से थोड़ा सा ही खिसके, मालवा लगभग उन्हीं अपने साथ बहाकर ले ही गया था।

जब मैंने उनकी पत्नी और बच्चो से पूछा उनकी प्रतिक्रिया तो और भी संक्षिप्त थी। वह छब्बीस सालों से एक सैनिक थे, और वह हमेशा अपने परिवार से दूर ही रहे थे। अब पूरा परिवार तीन जगहों में अलग–अलग रहता था; वह सिचुआन–तिब्बत हाईवे में थे, उनकी पत्नी निंगबो में थी, और उनका बच्चा हांगझू में पढ़ाई कर रहा था। छब्बीस सालों में उनकी पत्नी सिर्फ एक बार सैन्य–इकाई आई थी। वह दस दिन रुकी और फिर चली गयी, क्योंकि वह किसी काम पर पूरे काफिले के साथ जा रहे थे। उनकी पत्नी एक आर्थिक रूप से समृद्ध तटीय शहर में थी और वह सिचुआन–तिब्बत हाईवे के दूरवर्ती इलाके में थे। मैंने उनसे पूछा कि ऐसा क्यों? उन्होंने थोड़ा सोचा और एक वाक्य में उत्तर दिया, "शायद मुझे मेरी सैन्य वर्दी पसंद है।" ऐसा कोई और भी था, जिसने भी मुझे यही जवाब दिया था। उसका नाम चेन फालिंग था, और वह अन्हुई से था। वह शी'अन हाईवे कॉलेज से ग्रेजुएट हुआ और फिर टुकड़ी का स्टाफ चीफ बना। वह इस इकाई में बारह सालों से था। उसने अपने लिए कभी एक सूट भी नहीं खरीदा। जब वह छुट्टियों में अपने घर जाता, वह कभी भी आम कपड़े नहीं डालता था; उसे अपनी सैन्य वर्दी में ही ज्यादा आराम लगता था। उनके एक दोस्त ने लियानिंग में व्यापार शुरू किया, जहाँ उन्हें भी उच्च श्रेणी की कार्यनिर्माण परियोजना का ठेका मिला। उनकी कुल संपत्ति पाँच या छह सालों में बढ़कर दस मिलियन युआन की हो गयी। उनके दोस्त ने कई बार उनसे सैन्य वर्दी उतारने का आग्रह किया, उनसे व्यापार में साझेधारी की भी बात की। उन्हें कई प्रलोभन दिए कि वह सेना

से मिलती सालाना आय एक महीने में ही कमा सकते थे। उन्होंने कभी स्वीकार नहीं किया, और उनका कारण बिल्कुल सरल था; वह था कि उन्हें सैन्य वर्दी पसंद थी।

उनके ससुर भी उन्हें सेना की वर्दी में देखना पसंद करते थे। शायद इसी कारण से उनकी उनके ससुर से अच्छी बनती थी, अपने पिता से भी ज्यादा। पिछले साल जब उनकी छुट्टियाँ खत्म हुई और उनके घर से रवाना होने का समय आ गया, इकहत्तर साल के बुजुर्ग की आँखों में आँसू थे। उनकी सास कहती थी कि उन्होंने अपने पति की आँखों में कभी आँसू नहीं देखे। शायद बिछड़ने के समय में बूढ़े ससुर को महसूस हुआ कि वह आखिरी बार ही अलविदा कह रहे थे। जैसा की उम्मीद थी, उनके सैन्य इकाई पहुँचने के कुछ समय बाद ही उन्हें तार आया जिसमें लिखा था कि बूढ़े आदमी की हालत बहुत नाजुक थी। उस समय, सैन्य इकाई द्वारा शुरू किए गए निर्माण कार्य अभी दूर इलाकों में फैलने शुरू ही हुए थे; वह कैसे छोड़कर जा सकते थे, अब वह स्टाफ चीफ थे? वह वहाँ मई तक रुके। फिर छुट्टियाँ होने पर ही घर वापस गए। लेकिन जब वह आधे रास्ते में थे, उन्हें उनकी पत्नी ने फोन पर बताया कि बूढ़ा आदमी मर चुका था। मरते समय भी वह बार–बार यही कह रहा था कि उसे अपने दामाद से मिलना था। कमांडर बांगडा पहुँचे, तो पता चला कि विमान देरी से चल रहे थे। वह अपनी यात्रा में वापस गए, और फिर ल्हासा की ओर जाने वाले विमान में चढ़े। उनके ससुर को तब तक दफनाया जा चुका था।

काफिले ने 1, 800 किलोमीटर अड़तीस दिनों में पूरे किए

सैन्य–संचालन के मुखिया, चेन शिनहोंग के परिवार की स्थिति टुकड़ी में सबसे बेहतर थी। लेकिन, उनके खुद के पास कोई पैसा नहीं था। वह अपने बड़े घर के एक गरीब सदस्य थे। चेन शिनहोंग का परिवार शीशी में रहता था। उनके रिश्तेदार और उनके घरवाले सभी व्यापार से जुड़े थे। उनके छोटे भाई की सालाना आमदनी दो मिलियन के आसपास थी। उनके स्कूल का एक मित्र भी था, जिसकी कुल संपत्ति बीस मिलियन थी। यहाँ तक कि उनकी पत्नी की सालाना आय भी उनके पाँच साल की

आमदनी से ज्यादा थी। पहले कभी भी उनकी पत्नी ने इस बारे में कभी कोई शिकायत नहीं की, पर पिछले कुछ सालों में उनके आसपास के सभी लोग अमीर हुए जा रहे थे। उनकी पत्नी का धैर्य भी टूटा, और वह कभी–कभी शिकायत करतीः "एक सैनिक से शादी करने पर मुझे क्या मिला? न ही पैसे, न कोई सत्ता, और तुम घर पर भी नहीं रहते हो।"

चेन शिनहोन्ग मुझसे कहते, "कभी कभार मैं खुद अपना मानसिक संतुलन खो बैठता हूँ। हम वहीं रह गए, और लोग कहाँ पहुँच गए। चाहे कुछ भी जो जाए, हमें यहीं रहना है और बस सहते रहना है! पर जब मैंने शांत होकर सोचा, एक व्यक्ति का जीवन बहुत सीमित होता है। आप अपनी सभी इच्छाओं को पूरा नहीं कर सकते। आपको एक या दो चीजें अच्छी करनी होगी, और उसी से खुश रहना होगा। क्यूँकि हमने यह व्यवसाय चुना है, हमें अपने कर्तव्यों का पूरी श्रद्धा से निर्वाह करना चाहिए।" जब हमने अविस्मरणीय घटनाओ की बात करना शुरू की, चेन शिनहोंग ने कहा, "तो मुझे 1998 की घटना बतानी चाहिए, जब मैं एक काफिले के साथ तिब्बत आया था। हमने एक हफ्ते में बोमी से चेंगडु का सफर किया, लेकिन वापस आते वक्त अड़तीस दिन लगे; वह इतना बुरा नहीं, तो कठिन लंबा मार्च का महीना तो था!"

उस समय, वह सुरक्षा डिवीजन के कमांडर थे। वह अठारह सैनिकों और सोलह वाहनों में तिलहन की फसलें लेकर चेंगडु की ओर जा रहे थे। वापस आते वक्त वह लेतांग से होकर गए, जहाँ उन्होंने सुना कि आगे एक भूस्खलन हुआ था। वह अकेले एक वाहन लेकर आगे का रास्ता देखने गए; वहाँ भूस्खलन हुआ था, जैसा कि उम्मीद थी, और बहुत भयंकर भूस्खलन था। वहाँ दर्जनों वाहन रास्ते में गए। ऐसा लग रहा था कि पन्द्रह या महीने से पहले रास्ता फिर से नहीं खुल पाएगा। उन्होंने लितांग में एक हफ्ते इंतजार किया, जहाँ उन्हें आगे के रास्ते की जानकारी मिली। खबरों में बताया गया कि यातायात के लिए सड़क के फिर से खुलने में एक महीना लग सकता था। सैन्य इकाई को बहुत जरूरी तिलहन (आयल सीड) चाहिए थे, और वह और प्रतीक्षा नहीं कर सकते थे। उन्होंने टुकड़ी फोन करके निर्देश पूछे और लंबे घुमावदार उत्तरी रास्ते से आने की

अनुमति मांगी। उत्तरी रास्ता खतरनाक था, और वहाँ से कई सालों में कोई वाहन नहीं गुजरा था। लेकिन, उनके पास कोई और रास्ता नहीं था; टुकड़ी ने उनकी राय मान ली। वह काफिले को वापस शिंदु पुल की ओर ले गए, और उत्तरी रास्ते में कदम रखा। मानसून का समय था और सड़कों की स्थिति के बारे में कुछ भीं नहीं पता था; छोटे, बड़े भूस्खलन होने की संभावना बनी हुई थी। इसलिए उन्होंने जगह–जगह रुककर जरूरी आपातकालीन प्रक्रियाएँ की और आखिरकार दस दिन बाद जियांग्दा काउंटी पहुँचे। वह काउंटी से निकल रहे थे, कि एक वाहन का एक्सल टूट गया। उन्होंने फिर काउंटी सीट में किसी को वह हिस्सा खरीदने भेजा। पूरे काफिले ने समुद्रतल से 4, 000 मीटर की ऊँचाई के एक पहाड़ में रात काटी; वाहन भी अगले दिन दोपहर तक ही ठीक हो पाया। सड़क पर दूर–दूर तक कोई मनुष्य नहीं दिखा, और वह दर्जनों किलोमीटर गए, कहीं कोई घर नहीं था। वहाँ बहुत कम रेस्टोरेंट भी थे। वह नदी से पानी निकालकर बाल्टी में ही नूडल्स उबाल रहे थे। जब वह मोला पहाड़ पहुँचे, वहाँ तेज बारिश हो रही थी। वह पहाड़ की चढ़ाई चढ़ रहे थे, सड़क लाल कीचड़ में बदल गया। वाहन वापस फिसल रहे थे। जरा सी लापरवाही उन्हें खड़ी चट्टान के नीचे ले जा सकती थी। जब वह ढ़लान के नीचे उतर रहे थे, एक और कीचड़ भरी बाढ़ उनकी और बढ़ने लगी। काफिले को रुकना ही पड़ा। उन्होंने उसी खतरनाक जगह में तंबू गाड़कर रात बिताई। जब सवेरा हुआ, वह कई किलोमीटर चले और हाईवे के संरक्षण स्क्वाड के पास पहुँचे, जिनके जरिये उन्होंने सड़क की खतरनाक स्थिति की सूचना चेंगडु संरक्षण केन्द्रीय दफ्तर में दी। अगली सुबह संरक्षण दफ्तर के मुखिया अपने साथ कई लोग और मशीनें लेकर उन्हें उस स्थिति से बचाने आए। उन्होंने आधी कार्यवाही के दौरान मशीनों के खराब पड़ जाने की उम्मीद नहीं की थी, फिर आगे का सड़क की सफाई का काम सैनिकों को खुद ही करना पड़ा। वह मजदूरों के साथ उतावले बंदरों की तरह काम कर रहे थे। ऊपर पहाड़ों से कीचड़ का बहाव अभी भी नीचे की ओर आ रहा था। उन्होंने सड़क के एक हिस्से को साफ किया, और पल भर में वह फिर दलदल में डूब गया।

उन्होंने शाम तक लगातार काम किया और वाहन सड़क में थोड़ी आगे जा पाए। सड़क पर जमी पीली मिटटी किसी टायर जितने ऊँचाई पर ही थी। सड़क दलदल से पत्थर हटाने उतरे, तो घुटनों तक डूब गए। उन्होंने थोड़ी जगह के पत्थर हटाए, और एक वाहन वहाँ से गुजर पाया। जब आखिर के दो वाहन ही रह गए, कीचड़ और तेजी से बहता हुआ आया, और फिर बचकर निकलने की कोई जगह नहीं थी। उन्हें पहाड़ों में एक और रात बितानी थी। रात के समय बारिश भी तेज हो रही थी। उन्होंने अगले दिन सड़कों का सफाई अभियान फिर से शुरू लिया, धक्का देते, खींचते, हांफते, और लड़खड़ाते; फिर आखिरकार एक वाहन को उस जगह से निकालने में कामयाब हुए। आखिरी वाहन कीचड़ में काफी फिसल रहा था, वाहन का क्लच ही खराब हो गया और वह वहीं कीचड़ के छोटे तालाब में फंसा रह गया। एक इंच भी नहीं हिला। एक दिन की मरम्मत के बाद, वह अभी भी ठीक नहीं हुआ और इस वजह उन्हें पहाड़ में एक और रात बितानी पड़ी। वाहन चौथे दिन की शाम को जाकर ठीक हो पाया; लेकिन, वह उसे कीचड़ के तालाब में से नहीं निकाल पाए। आसपास के तिब्बती लोगों को भी भनक लगी और वह अपने दोंगफेंग वाहनों में उस जगह पहुँचे। दोंगफेंग की मदद से, बीस से तीस लोगों के आगे की तरफ से खींचने पर, और पीछे से तीस से चालीस लोगों के धक्का लगाने पर वाहन कीचड़ से बाहर निकल पाया।

जब वह चंग्दु पहुँचे, उन्होंने पाया कि बांगडा की ओर जाने वाली सड़क भी बंद थी। काफिला एक और हफ्ते सड़क पर ही रुका। बाद में उन्हें सड़क के फिर से खुलने की खबर मिली; लेकिन अभी भी भूस्खलन–ग्रस्त इलाके के करीब आना खतरे से खाली नहीं था, इसलिए उन्होंने दो दिन और इंतजार किया। अड़तीसवें दिन आखिरकार वह दक्षिणी घुमावदार रास्ते से बाहर निकले और सफलतापूर्वक बांगडा पहुँचे। उस समय तक भी सैन्य इकाई के पास कोई आयल सीड (तिलहन) नहीं था। वह बिल्कुल सही समय ही पहुँचे थे। जब टुकड़ी के लीडरों ने काफिले के सुरक्षित वापस पहुँचने की खबर सुनी, वह बहुत खुश हुए और उन्होंने तुरंत एक तार भेजा, और पूरी टुकड़ी को उनसे सीखने को कहा। एक स्थानीय

तिब्बती ड्राईवर, जो पिछले कई सालों में सिचुआन–तिब्बत हाईवे में कई बार सफर कर चुका था, को जब उनके अनुभव के बारे में पता चला, उसने बड़े आश्चर्य होते कहा, "मैंने उस रास्ते से जाने की कभी हिम्मत नही की, पर आप सैनिक बहुत बहादुर होते हो, आप लोगों को ऐसी खतरनाक स्थितियों से डर नहीं लगता, और आप काफी हुनरमंद भी होते हो!"

एक प्राथमिक विद्यालय कीचड़ में लगभग बह गया

मैं अठाईस जुलाई से बिस्तर पर तीन दिन तक पड़ा रहा, जब तक और न सहा गया। मैंने नाश्ता किया, और फिर चिकित्सा दल के डॉक्टर ने मुझे ड्रिप चढ़ाई। मैंने झाई किंगजियांग, चौथी टुकड़ी के राजनीतिक विभाग के निदेशक, से बात की और उनसे "हथियारबंद पुलिस परिवहन सैन्य इकाई आशा प्राथमिक विद्यालय" जाने का निवेदन लिया। निदेशक झाई ने मुझसे पूरी तरह स्वस्थ होने पर ही जाने का आग्रह किया। पर मैंने कहा कि मैं पहली ही खांसी, जुकाम काफी सह चुका था, और इस तरह तो मुझे ठीक होने में दस से पन्द्रह दिन और लग जाते। मैं इतने समय तक कैसे इंतजार कर सकता था; मुझे लगा कि "आशा प्राथमिक विद्यालय" में इंटरव्यू लेना काफी जरूरी था और मैं वहाँ किसी भी हालत में जाना चाहता था। निदेशक झाई ने हठपूर्वक मना कर दिया, पर हार मानकर उन्हें भी मेरे साथ चलना पड़ा।

रास्ते में, झाई किंगजियांग ने मुझे बताया कि जब 1996 में सैन्य इकाई तिब्बत में तैनात थी, उन्होंने वहाँ गरीबी कम करने में मदद की, जरूरतमंदों की मदद की, और पढ़नेवाले बच्चों को आर्थिक मदद की। उस समय पूरे हाईवे में हमने एक उपदेश "तिब्बती लोगों की तरह सोचो, और राह चलते हर इंसान की मदद करो" का पालन किया। सीधे शब्दों में, पढाई से अछूते रहे दस बच्चों की सहायता की, दस बेसहारा परिवारों को आश्रय दिया, बूढ़े लोगों की देखभाल की, पे रोल से बाहर के सैनिकों के लिए दस ठिकाने बनाए, और स्कूलों के लिए दस अध्यापक चुनकर भेजे। यह योजना आगे जाकर और भी कई जगह फैली। टुकड़ी से

संबंधित सैन्य इकाई ने हाईवे के पास के तेरह स्कूलों के साथ संबंध बनाए, और उनकी बेहतरी और स्थापना के लिए पूंजी दी। उन्होंने पढ़ाई से वंचित रहे 160 बच्चों को वापस स्कूल में जाने में सहायता की। इस योजना को फिर चार काउंटी और तेरह गाँवों में बढ़ाया गया। अब पाँच सौ से भी ज्यादा बच्चों को आर्थिक सहायता दी गयी। इस साल, आंतरिक क्षेत्रों के हाई स्कूलों में उनत्तीस तिब्बती बच्चों का दाखिला हुआ, जबकि चार को यूनिवर्सिटी में भी जगह मिली।

निदेशक झा न कहा, "हम जिस प्राथमिक विद्यालय में जा रहे हैं, वह उन तेरह विद्यालयों में एक है। शुरुआत में इस स्कूल की इमारत बहुत ही कच्ची और सादी थी; कक्षाएँ लकड़ियों की बनी थी और दीवारों पर भूरे रंग का वालपेपर लगाया हुआ था। कुछ बच्चे तीस किलोमीटर पैदल चलकर ऐसी सड़कों से पढ़ने आते थे, जहाँ वाहनों को भी अनुमति नहीं दी जाती। स्कूल में कोई छात्रावास नहीं था, और परिवार के बूढ़े लोग अपनी मर्जी से लकड़ियाँ ढोकर लाते थे। उन्होंने एक साधारण लकड़ी का ब्लाक बनाया। जब सैन्य इकाई यहाँ आई, बूढ़े महासचिव वांग हाई स्कूल को देखने आए। इस छोटी लकड़ी की इमारत में भी कई छेद थे, हवा और रोशनी इन छेदों से अंदर आती थी। फटे पुराने गद्दों की कतार और उन पर बिछी चादरों के अलावा और कुछ नही था। स्कूल में कोई कैंटीन नहीं थी, इसलिए बच्चे घरों से हर हफ्ते आते पैनकेक के भरोसे ही चल रहे थे। हर साल कई बच्चें पढ़ाई छोड़ देते थे, क्यूँकि उनका परिवार बहुत ही गरीब था।

जब बूढ़े महासचिव वांग हाई स्कूल से वापस आए, उन्होंने पार्टी समिति को सूचित किया। उन्होंने प्रशासन और सैनिकों से स्कूल के लिए पूंजी जुटाने की अपील की। समिति के सदस्यों ने बढ़–चढ़कर दान किया। हर व्यक्ति ने पढाई से वंचित रहे एक बच्चे की पढ़ाई का जिम्मा लिया। एक साल बाद, सैन्य इकाई के सहयोग से स्कूल का नक्शा ही बदल गया। लेकिन, 2000 में स्कूल के पास में ही कीचड़ धंसने की एक घटना हुई, जिसमें स्थानीय सरकार का ऊर्जा केंद्र बह गया। स्कूल भी उस सैलाब में लगभग डूब ही गया था। बच्चों की कक्षाओं से कीचड़

लगभग दस मीटर दूर ही था। बच्चे इसी दलदली जगह में रहे और पढ़े; कितना खतरनाक था! टुकड़ी ने इस बारे में काउंटी की सरकार से बात की, और स्कूल को किसी दूसरी सुरक्षित जगह ले जाने की तैयारियाँ की। काउंटी की सरकार ने बहुत मदद की, और घने जंगलों के किनारे स्कूल की नयी जमीन चुनी। टुकड़ी ने दो डिवीजनों को भारी–भरकम मशीनों के साथ निर्माण कार्यों के लिए इस जगह भेजा। 6, 500 युआन इकठ्ठा हुए, और बच्चों के लिए एक नया स्कूल बनाया गया।

उसके बाद, निदेशक झाई ने वांग कांग की बात की। वांग कांग डिवीजन का एक चिकित्सा कर्मी था, और राष्ट्रीय एकता के लिए काम करने वाला एक अफसर था। वह 1991 में सैनिक बना। क्यूँकि उनका परिवार बहुत गरीब था, इसलिए उन्होंने ही स्कूल की पढ़ाई बीच में ही छोड़ दी। वह पढ़ाई छोड़ने और इलाज के लिए पैसे न होने का दर्द समझता था। "बहरे और गूंगों" गाँव के विकास की परियोजना के दौरान, वांग कांग खुद आगे बढ़कर गाँव के प्राथमिक विद्यालय के निरीक्षक और चीनी भाषा के अध्यापक बने। दोपहर के समय, वह निर्माण–स्थल में काम करते, और शाम के वक्त वह किताबों के चैप्टर तैयार करते। उन्होंने गरीब परिवारों की मदद के लिए दान दिया और कई संसाधन जुटाए, और पढ़ाई से वंचित रहे बच्चों की शिक्षा की जिम्मेदारी ली। उन्होंने गाँव के चरवाहों के लिए रात का स्कूल भी खोला, उन्हें खाद्य कवक, सब्जियाँ उगने और बैक्टीरिया मारने के उपाय समझाए। उन्होंने गाँववालों से मिलकर एक प्लास्टिक का शेड खड़ा किया, और उन्हें सब्जियाँ उगाने में मदद की। एक रात एक तिब्बती पहाड़ों, चोटियों को पार करके डिवीजन के पास आया, उसने कहा कि उसकी माता को दो दिनों से तेज बुखार था; वह बेहोश हो गयी थी। उसने इकाई से उसके घर जाकर उसकी माँ को बचाने की विनती की। उस समय, वांग कांग को खुद बुखार हो रखा था, साथ में जुकाम भी था, पर उन्होंने ज्यादा कुछ नहीं कहा। वह दो घंटों की चढ़ाई के बाद बूढ़ी तिब्बती माँ के घर पहुँचे। उन्होंने उसे ड्रिप चढ़ाई और उसे अपने साथ ले गए, फिर दो दिनों तक उसकी देखभाल की। वह डिवीजन वापस तभी गए, जब उस बूढ़ी माँ को होश आ गया।

पन्द्रह किलोमीटर का सफर बहुत छोटा लगा, और हम बहुत जल्दी पहुँच गए। मेरी नजरें सबसे पहले प्रवेश द्वार के बाहर लटके बोर्ड पर पड़ी, जिसमें लिखा था "हथियारबंद पुलिस परिवहन सैन्य इकाई आशा प्राथमिक विद्यालय।" हमारा वाहन उस गेट से अंदर गया ही था, एक तिब्बती लड़की हमारी ओर दौड़ते हुए आई। निदेशक झाई ने उसका परिचय करायाः "यह यांग झेन है, इस स्कूल की प्रधानाचार्य।" मैं हैरान हो गया; लड़की की उम्र लगभग बीस साल की ही थी। वह स्कूल की प्राचार्य कैसे हो सकती थी? जब यांग झेन ने हमें देखा, वह बहुत खुश हुई। उसके चेहरे पर एक स्थिर मुस्कान थी। प्राचार्य के दफ्तर में ले गई, और हमें मक्खन वाली चाय पिलाई। मैं काफी हैरान था कि एक तिब्बती लड़की, बहुत अच्छी चीनी भाषा बोलती थी। जब मैंने बात की, तो मुझे पता चला कि यांग झेन ने आंतरिक क्षेत्रों की एक यूनिवर्सिटी से अपनी स्नातकता पूरी की थी, और फिर तिब्बत पढ़ाने के लिए वापस आई। वह सिर्फ चौबीस साल की थी, लेकिन चार सालों से पढ़ा रही थी। उसने मुझे बताया कि वह बीस साल की उम्र में ग्रेजुएट बनी, और उसने बगाई नाम की जगह में भी पढ़ाया था। वहाँ का प्राथमिक विद्यालय बहुत ही बीहड़ जगह था और उनके घर से भी काफी दूर था; वह अपने घोड़े पर सवार होकर यिगोंग घाटी से तीन दिन की यात्रा करती थी। उन्होंने वहाँ तीन साल तक काम किया, हर साल उन लंबे, घुमावदार रास्तों से चार या पाँच बारी आना–जाना पड़ा। वह जो रास्ता लेती थी, वह बहुत ही जंगली और सुनसान था। रात के समय वह अपना घोड़ा पेड़ से बाँध देती थी और वहीं पेड़ के नीचे ही सो जाती थी।

मैंने जंग झेन से पूछाः 'आपके स्कूल में इस समय कितने बच्चे और टीचर हैं?" यांग झेन ने कहा, "बारह टीचर, और एक सौ पचास बच्चे।" मैंने उससे पूछा, "क्या गरीब परिवारों से भी बच्चे हैं?" उन्होंने कहा, "अब तो बहुत ही कम, चौथी टुकड़ी ने परिवारों की काफी मदद की है।" मैंने पूछा, "कौन सी परिस्थिति सबसे मुश्किल होती है?" यांग झेन बाहर गयी और एक और महिला शिक्षक अंदर आई। उसने मुझसे कहा, "यह झुओमालामू हैं, यह तीसरी क्लास की निदेशक हैं। इनकी कक्षा में सबसे

कठिन विद्यार्थी लेझन है।" झुओमालामू ने बताया कि लेझन स्कूल में ही रहती थी। वह पूरी कक्षा में सबसे गरीब परिवार से थी और पढ़ाई में सबसे अच्छी भी थी। वह गणित और चीनी भाषा की परीक्षाओं में अव्वल आई थी। उसका घर सुआतांग गाँव में था; वह छह भाई–बहन थे, उनमें से पाँच लड़कियाँ थी। उनमें से भी दो ही स्कूल में पढ़ती थी। मैंने मुड़कर यांग झेन से पूछा, "क्या बच्चों का यहाँ रहना ज्यादा महंगा पड़ता है?"

यांग झेन न कहा, "फीस इतनी ज्यादा नहीं है। सरकार ने तिब्बती इलाके के बच्चों के लिए "तीन दान" की नीति अपनाई है। पहला खाना देना; दूसरा रहने की व्यवस्था करना; तीसरा स्कूल की फीस कम करना। प्रशासन हर बच्चे की पढ़ाई के लिए हर साल 250 युआन देता है, जो पर्याप्त है। स्कूल में पढ़ने वाले बच्चे ट्रेक्टर के लिए लकड़ियाँ दे सकते हैं या रहने की लिए 70 युआन। पर कुछ बच्चे तो बहुत ही ज्यादा गरीब परिवार से हैं, वह 70 युआन भी नहीं दे सकते हैं। और उन्हें रोजमर्रा की जरूरतों के लिए कपड़े और अन्य वस्तुएँ भी खरीदनी होती है, इसलिए उनके लिए पढ़ाई का खर्च उठाना और भी मुश्किल हो जाता है। बिल्कुल, पिछले कुछ सालों में लोगों की माली हालत सुधरी है, और उनकी आय भी बढ़ी है। लेकिन अभी भी कुछ परिवार गरीबी रेखा से नीचे के है।

मैंने यांग झेन से कहा, "अबसे, मैं लेझन का सारा खर्च उठाऊँगा। मैं इसकी यूनिवर्सिटी जाने तक आर्थिक सहायता कर सकता हूँ।" हम बात कर रहे थे, और कक्षा के खत्म होने की घंटी बजी। यांग झेन ने झुओमालामू को लेझन को बुलाने को कहा। लेझन दस साल की थी, बहुत डरते–डरते कमरे के अंदर आई। वह अपनी जैकेट का निचला भाग सहलाते हुए मेरे सामने खड़ी हो गयी। स्कूल की प्रधानाचार्य ने उसे मेरे द्वारा उसके पढ़ाई के खर्च उठाने के बारे में बताया। लेझन और भी ज्यादा शर्माने लगी। उसने अपना सर झुका लिया, और कुछ नहीं बोली। फिर अचानक सर उठाकर मुझे शर्मिंदा होते हुए देखती। मुझे ऐसा लगा कि मेरा इस छोटी लड़की के साथ कोई रिश्ता बन गया, एक ऐसा रिश्ता जो कभी नहीं टूटेगा।

मैंने अपनी जेब से 800 युआन निकाले और यांग झेन को दिए। उससे कहा कि लेझन की पढ़ाई के लिए यह मेरी तरफ से पहली किश्त थी। उस दिन हर साल मैं स्कूल को पैसे भेजता हूँ।

दोपहर के समय, मैंने महासचिव शी शिपिंग के साथ काउंटी प्रशासन का इंटरव्यू लिया। प्रशासन के दूसरे नेता गाँवों का दौरा करने गए थे, वांग दुई, काउंटी के उप–प्रधान और प्रशासन के कार्यप्रभारी अफसर, अकेले हमारा स्वागत करने खड़े थे। काउंटी के प्रधान वांग हुई ने बताया, "यहाँ चौथी टुकड़ी तैनात है। उन्होंने बोमी की आर्थिक, सांस्कृतिक, एकता और कई जरूरी क्षेत्रों में अहम भूमिका निभाई है।

उन्होंने स्कूलों का खर्च उठाया है, वहाँ एक बड़ी रकम निवेश की है। उन्होंने गू गाँव के प्राथमिक विद्यालय को हथियारबंद पुलिस परिवहन सैन्य इकाई आशा स्कूल बनाया है, और वहाँ एक टेलीविजन स्टेशन का भी निर्माण किया है। गू गाँव पूरे बोमी में सबसे पिछड़ा हुआ गाँव था। उन्होंने यह सब गाँव की सहायता करने के लिए किया, गरीब परिवारों (बीस से भी ज्यादा परिवार) की मदद की, और यहाँ परिवहन और अन्न की समस्या भी सुझाई। उन्होंने हर महीने की चौदह तारीख को "बूढ़ों का आदर करो" दिन भी नियुक्त किया। इकाई के नेताओं और सैनिकों ने वृद्ध–आश्रमों में जाकर खाने की चीजें दी, वहाँ सफाई की, और उनके लिए खाना भी पकाया। सबसे महत्वपूर्ण, सैन्य इकाई ने इस क्षेत्र के विकास के लिए यहाँ कई सैनिक, मशीनें तैनात की हैं। जब वह नौ साल पहले से तुलना करते हैं, मैं दावे से कह सकता हूँ कि यहाँ बहुत सकारात्मक बदलाव हुए हैं। यहाँ नौ साल पहले औसतन आय 1, 000 युआन थीय पिछले साल के आंकड़ों के अनुसार यहाँ की औसतन आय 3, 000 युआन तक पहुँच गयी थी। मैं आपको एक और उदाहरण देता हूँ, नौ साल पहले यहाँ कई जगह निर्माण–कार्यों की आवश्यकता थी; कोई पक्की सड़क नहीं थी, पर कुछ ऊँची इमारतें थी। मैंने 1992 में एक कॉलेज से ग्रेजुएशन पूरी की, और मुझे यहाँ भेजा गया। उस समय, बोमी काउंटी में लकड़ियों की इमारतों की एक लंबी कतार थी। अब आप हर जगह देखोगे, तो आपको पक्के मकान मिलेंगे, जिनमें से कुछ पाँच मंजिला भी है।

"वह सिचुआन–तिब्बत हाईवे को दूसरे लोगों तक अपने विचार, संस्कृति और उर्जा पहुँचाने का माध्यम समझते हैं। सैनिकों ने इस सड़क के महत्वपूर्ण भाग की मरम्मत एंव रखरखाव के लिए अपना बलिदान दिया है; उन्होंने बड़ी ईमानदारी से यहाँ के लोगों के मौलिक अधिकारों की भी रक्षा की है। उन्होंने पार्टी और सेना की छवि को भी ऊपर उठाया है।" प्रधान वांग हाई सही थे! यह एक और प्रकार का संरक्षण था, एक जरूरी प्रकार!

अध्याय – 9

शियांगबाला से विदा हुआ

दूसरी जुलाई के दिन, मैं अपनी तबियत थोड़ी बेहतर महसूस कर रहा था, इसलिए हम बोमी से रवाना हुए। मेरे साथ टुकड़ी के उप–महासचिव झेंग यूझोंग भी थे, हम सिचुआन–तिब्बत हाईवे से पूर्व की ओर जा रहे थे। हमने बोमी से एक सौ किलोमीटर का सफर किया, और फिर ध्यान दिया कि हम जितना आगे बढ़ रहे थे, आगे के भू–दृश्य उतने सुनसान और बेरंग हो रहे थे; लकड़ी के मकान और घने जंगल दिखना भी बंद हो गए। मैं जानता था कि रान्वु घटी "मौत की घाटी", नुजियांग घाटी, दोंग्दा पहाड़, अन्जिउला पहाड़, हैतोंग पहाड़, हैजी पहाड़, और एर्लांग पहाड़ सब पीछे ही छूट गये थे। यह सब मिलकर "स्वर्ग की घाटी" बनाते थे, जिसे हम पार कर चुके थे। मैं यह भी जानता था, कि कहीं न कहीं हम रहस्यमयी शियांगबाला को भी अलविदा कह चुके थे।

उसने "मौत की घाटी" का तीन सौ बार चक्कर लगाया

दो घंटे बाद, हम रान्वु झील पहुँचे। नदी के मुख के नजदीक से पानी के बुलबलों की आवाज सुनाई दी। हम एक किनारे से मुड़े और हमारे सामने थी विशाल, स्थिर और समतल झील। ऊपर से गुजरते सफेद बादलों और बर्फीले पहाड़ों की परछाई पानी पर पड़ रही थी, और यह किसी कविता या चित्र का दृश्य लग रहा था। इस झील का संबंध पोदोऊ झान्बू नदी से है और इस नदी का ऊपरी हिस्सा है। बहुत साल पहले

एक भयानक कीचड़ के सैलाब ने घाटी के मुख को बंद कर दिया और एक कुदरती बांध बन गया।

हम झील का चक्कर लगाते हुए वाहन को एक संकीर्ण पहाड़ी खाड़ी की ओर ले गए। यह रान्वु घाटी थी, जिसे "मौत की घाटी" भी कहा गया। 1953 में जब यहाँ से गुजरने वाला हाईवे का हिस्सा बनाया गया, तब पी. ऐ.एल के लगभग दस हजार सैनिकों ने इन खड़े पहाड़ों में विस्फोट करके सुराग किए। डिवीजन के अंदर पत्थरों पर काम करने वाली सर्वश्रेष्ठ बत्तीस कंपनियों ने एक के बाद एक यहाँ कई प्रयास किए। उन्होंने दिन–रात मेहनत की, और समय से आगे चलते हुए पहली ही काम खत्म किया, जिससे उन्हें ल्हासा की ओर जाती सड़क को यातायात के लिए निर्धारित समय पर खोलने के लिए निर्माण–कार्यों का भी वक्त मिला। 1996 में यहाँ एक बड़ा भूस्खलन हुआ, जिसमें छप्पन जानें गई। तब से कुछ दशकों में ही अनगिनत लोगों ने इस घाटी में अपनी जान गंवाई है।

रान्वु नदी के किनारे सड़क पर एक संधि–स्थल (जंक्शन) था, जिसके पूर्व की ओर सिचुआन–तिब्बत हाईवे की ओर रास्ता जाता था, और दक्षिण की ओर, 170 किलोमीटर दूर, चायु काउंटी थी। चायु हिमालय और हेंगदुआन के पहाड़ों के बीच की पहाड़ी खाड़ियों का एक क्षेत्र था। इसके दक्षिण–पूर्व दिशा में भारत और नेपाल की सीमा थी, उसकी इसके पूर्व यानुन नदी बहती थी। उत्तर दिशा में यह क्षेत्र समुद्रतल से ज्यादा ऊँचाई पर था और दक्षिण में ऊँचाई तुलनात्मक कम थी। यहाँ के भूदृश्यों में लगातार परिवर्तन आता रहता था। यहाँ का वातावरण सामान्य था, पर्याप्त बारिशें होती थी, और नदियों की भरमार थी। धूप भी सही पड़ती थी, और प्राकृतिक दृश्य सुंदर थे। लोग इसे "तिब्बत का जियांगनान" कहते थे। हम सड़क के जंक्शन के पूर्व की ओर आगे बढ़े। वाहन रान्वु घाटी के बीच से निकला।

मैं खुद को किसी व्यक्ति के बारे में सोचने से रोक नहीं पाया। उसे हाल ही में "चीनी हथियारबंद पुलिस के ऊपर के दस निष्ठावान रक्षकों" में शामिल किया गया था और उसे सबसे ज्यादा वोट मिलने के बाद सम्मानित किया गया। उस व्यक्ति का नाम लिऊ होंगचुन था, वह पाँचवीं

डिवीजन के कमांडर थे। दुर्भाग्य से, जब मैं उस समय गया था, मैं उनसे मिल नहीं पाया वह बीजिंग की एक प्रशस्ति समारोह में गए थे। लेकिन, दो महीने पहले मैंने चेंगडु में उनका इंटरव्यू लिया था।

पाँचवी डिवीजन को लिऊ होंगचेन के कमान में "जमीनी स्तर पर निर्माण–कार्य करने वाले कुशल सैनिकों की डिवीजन" कहा जाता था। पूरी डिवीजन को एक साथ तीसरी श्रेणी का सम्मान भी दिया गया था। उन्हें खुद एक बार पहली श्रेणी का सम्मान, एक बार दूसरी श्रेणी का सम्मान, और तीन बार तीसरी श्रेणी का सम्मान दिया गया। उन्हें हथियारबंद पुलिस मुख्यालय ने भी "जमीनी स्तर में निर्माण–कार्यों में सबसे निपुण" और "जमीनी स्तर का सर्वश्रेष्ठ अफसर और निष्ठावान सैनिक" कहकर संबोधित किया। सात साल पहले, रान्चु घाटी को एक खतरनाक हिमस्खलन सहना पड़ा, उस तरह का भूस्खलन पिछले पचास सालों में नहीं हुआ था। उस समय सड़क तीन मीटर बर्फ के अंदर दफन थी, और वहाँ सैंकड़ों वाहन और तीन सौ लोग फंसे हुए थे। लिऊ होंगचेन तुरंत सैनिकों को लेकर घटना–स्थल गए, जहाँ उन्होंने खुद को एक कठिन संघर्ष में झोंक दिया। उस आपातकालीन स्थिति पर सफलतापूर्वक काबू पाने के लिए, उन्होंने एक व्यापक योजना बनाई। पहले वह विस्फोट कराते, फिर किनारे इकट्ठा हुई बर्फ को हटाते। उनकी कमान में उन्होंने दस सैनिकों के दल के साथ पहाड़ की चढ़ाई की। उन्होंने वहाँ पहले एक छेद बनाया, और फिर ढीली हुई बर्फ को विस्फोट करके हटाया। लेकिन, उन्हें अभी भी कई जगह से घुटनों तक जमी बर्फ को हटाना था। आगे का रास्ता बुलडोजर की मदद से भी साफ करा। कई बार उनके बुलडोजर फिसलकर गहरी खाई में गिरते–गिरते बचे। आधी रात के समय तापमान शून्य से तीस डिग्री कम तक पहुँच गया।

वह उस खतरनाक सड़क के हिस्से में बढ़ी कठिनाइयों से आगे बढ़ते रहे। सड़कों पर एक मीटर की ऊँचाई तक बर्फ थी। उस समय बुलडोजर फिसलकर नीचे खाई में भी गिर सकते थे या एक और भूस्खलन में निगले जा सकते थे। ड्राईवर थोड़े डरे हुए भी थे। लिऊ होंगचुन खुद एक बुलडोजर पर चढ़े, और पूरी इकाई को लेकर आगे बढ़ते रहे। इस तरीके

से, उन्होंने बाईस घंटों में ही घटना स्थल में "बर्फीली सड़क" की खुदाई करके वहाँ का रास्ता साफ किया। वह कई दिनों तक अपने सैनिकों के साथ उस शून्य से तीस डिग्री कम तापमान की कड़ाके की सर्दी से जूझते रहे। उन्होंने सड़क से बार–बार बर्फ हटाते हुए "मौत की घाटी" का तेरह बार चक्कर लगा लिया और कम से कम 600 किलोमीटर का सफर कर लिया। उन्होंने वहाँ फंसे सभी लोगों को मौत के मुँह से बचाया।

लिऊ होंगचुन अभी राहत मिशन से लौटे ही थे, जब उन्हें पता चला कि एक बड़ी बस अन्जिउला पहाड़ की चोटी से फिसलकर, जोकि समुद्रतल से 4, 300 मीटर की ऊँचाई पर थी, पहाड़ी घाटी में गिर गयी। उसमें सवार लोगों के बारें में कोई खबर नहीं थी। उनके पास आराम करने का समय नहीं था, उन्होंने तुरंत एक आपातकालीन ब्रिगेड बनाई। सैनिकों ने अपने कंधों पर दवाईयाँ और राशन लादे, और पैदल पहाड़ की ओर निकल पड़े। उस समय, आसमान में बादलों से घिरा हुआ था, और बर्फ लगातार नीचे गिर रही थी। वह बिल्कुल रास्तों की पहचान नहीं कर पा रहे थे। पसीने और बर्फ से उनके कपड़े जमकर ठोस हो गए। हर एक कदम में वह हांफते हुए गहरी सांसें ले रहे थे। बारह घंटों की खतरनाक चढ़ाई के बाद, उन्हें आखिरकार घाटी में गिरी बस मिली। वह तिब्बती ड्राईवर, जो बेहोश हो रखा था, और सभी यात्रियों की जान बचाने में कामयाब हुए। बूढ़ा साठ साल की उम्र का तिब्बती, झाक्सी, आंसू बहाने लगा। वह बार–बार कहता, "तुजिकी! तुजिकी!" (इसका मतलब "धन्यवाद")

जुलाई 2002 में नू नदी की घाटी में एक पहाड़ से चट्टान टूटकर नीचे गिरी, और एक बढ़े–स्तर की कीचड़ भरी बाढ़ बन गयी। एक बस खड़ी एक बड़े गड्डे में पलट गयी। बीस लोगों घायल हुए, वह मौत और जीवन के बीच झूल रहे थे। लिऊ होंगचुन ने अपनी कमर में रस्सी बांधी और गिरते हुए पत्थरों की परवाह न करते हुए, जो किसी भी क्षण उनसे टकरा सकते थे, वह पहाड़ से नीचे उतरने लगे। उनके साथ उनकी अगुवाई में आठ मुख्य अफसर भी पचास मीटर ऊँची खड़ी चट्टान ने नीचे उतरे। उन्होंने घायलों को एक–एक करके सुरक्षित स्थान पहुँचाया।

जून 2003 में एक अचानक बना कीचड़ का सैलाब बासु से बोमी की ओर जा रही बस को बहाकर नदी में ले गया। तीस से भी ज्यादा लोगों को जानलेवा चोटें लगी। लिऊ होंगचुन बड़े तेजी से अपने सैनिकों को लेकर घटना–स्थल पहुँचे, उन्होंने अपनी गठिया की बीमारी की भी परवाह नहीं की। उन्होंने खुद उस हड्डियाँ जमा देने वाली नदी में छलांग लगाई, और एक–एक करके यात्रियों को सुरक्षित बाहर निकाला। जब आखिरी यात्री को भी मौत के मुँह से निकला गया, होंगचुन बेहोश होकर जमीन में गिर गए, उनकी सारी उर्जा खर्च हो चुकी थी। उन्हें उनकी गठिया की बीमारी भी सताने लगी।

लिऊ होंगचुन ने चोंगकिंग कॉलेज से अपनी स्नाताकता पूरी की थी। वह प्राकृतिक आपदाओं और कई आपाकालीन स्थितियों के समय में युद्ध रेखा की कमान नहीं संभालना चाहते थे, और निर्माण–कार्यों से जुड़ी मुश्किलों के बारे में भी बोलते रहे। उन्होंने हाईवे में बीमारियों से बचाव पर बने कई साहित्य पढ़े, वह सिचुआन–तिब्बत हाईवे में सैनिकों को हुई कई बीमारियों का हल ढूँढना चाहते थे। उन्होंने इसपर दस लाख से भी ज्यादा शब्दों में नोट्स बनाए।

मैंने लिऊ होंगचेन से पूछा कि उन्हें दस साल तक सिचुआन–तिब्बत हाईवे के जानलेवा खतरों से लड़ने की प्रेरणा कहाँ से मिली। लिऊ होंगचेन ने बताया, "मरने और जीने का जज्बा तो साथ–साथ चला रहता है, किसी जोड़े की तरह! मेरे सैनिकों ने मेरे से भी कई ज्यादा कठिनाइयों का सामना किया है; मैं उनके इन निष्ठावान प्रयासों को देखकर भावुक हो उठता हूँ; वह मुझे सबसे ज्यादा प्रेरित करते हैं।" उन्होंने मुझे तीन चीजें विस्तार में बताई। पहली एक घटना बताई, जब यूनिवर्सिटी से सेना में शामिल होने के कुछ दिनों बाद ही उन्होंने एक जगह विस्फोट करा था। उन्होंने विस्फोटक के फ्यूज को आग लगाईं, और जल्दी–जल्दी बूढ़े सैनिक झोऊ जिन्फु के साथ उस जगह से दूर गए। वह एक उबड़–खाबड़ सड़क पर वाहन के पीछे छुपे। उन्होंने धमाके की आवाज सुनी, और फिर झोऊ जिन्फु ने उन्हें जोर से धक्का दिया। उनके पास कोई प्रतिक्रिया देने का समय भी नहीं था, और जिस जगह वह खड़े थे, वहाँ एक कटोरी

जितना बड़ा पत्थर आकर गिर गया। अगर उस दिन झोऊ जिन्फु उन्हें धक्का नहीं देते, तो वह मारे जाते।

एक और घटना थी; एक राहत मिशन के दौरान, जिसमें वह एक हिमस्खलन से निपट रहे थे, उन्होंने बर्फीली जमीन में लाल खून के धब्बे देखे। उन्होंने अपने सैनिकों को आवाज लगाई, "यह किसका खून है?" कोई कुछ नहीं बोला। उन धब्बों का उन्होंने कई मीटर पीछा किया, फिर वह एक सैनिक, लियांग झिवेई से मिले। लियांग झिवेई एक हाथ से ही बड़ी हड़बड़ी में बर्फ को हटा रहा था, और दूसरा हाथ उसने अपने मुँह पर रखा हुआ था। उस कड़ाके की सर्दी और ऑक्सीजन की कमी की वजह से उसकी नाक से कई दिनों से खून बह रहा था। उसने लियांग को वापस जाकर आराम करने को कहा, पर वह इंसान बिल्कुल नहीं हिला। बल्कि उसने एक साधारण सी बैंडेज अपने नाक में लगाई और अपने–आप को फिर उस लड़ाई में झोंक दिया। लिऊ होंगचेन उससे बहुत प्रभावित हुए।

एक और ऐसी घटना थी। एक वर्ष, वह दो सैनिकों को लेकर बर्फ में भटके तीन तिब्बतियों को ढूँढने गए। अपनी पीठ पर थोड़ा बोझ कम करने के लिए, वह अपने साथ बहुत कम राशन और कुछ सेब लेकर निकले। उस दिन हवा और बर्फ, दोनों तेजी से बह रही थी। ठंडी हवा की लहरों में रुई जैसी बर्फ सैनिकों के मुँह में जाकर लग रही थी, जिससे उनका दम घुट रहा था। वह उस बर्फीले तूफान में सुबह से शाम तक घूमते रहे। उनका सारा राशन भी खत्म हो गया, उनकी टांगें भी बर्फ की कारण सुन्न पड़ गयी। आगे बढ़ता हर कदम उनके लिये बड़ा कठिन हो गया था। जब वह वहाँ एक उजड़े हुए मिट्टी के मकान के पास से गुजरे, वह वहाँ कुछ देर आराम करके फिर आगे और बढ़ने की सोचने लगे। उनमें से एक सैनिक ने आखिरी बचा हुआ सेब भी बाहर निकाला, जो जमकर सख्त हो गया था और उसका रंग भी बदल गया था। सैनिक ने लिऊ होंगचुन को सेब पकड़ाया, और कहा, "कमांडर, आप खाओ; हम अभी जवान है, हम सह सकते हैं!" उन्होंने उन दोनों को अपने सीने से लगाया, बहुत कोशिश के बाद भी उनके आंसू नहीं रुके। वह तीनों फिर आगे बढ़े। रात होने से

पहले ही उन्होंने तीनों भटके तिब्बतियों को बचा लिया था। लेकिन उनके चेहरे और पैरों में बर्फ के कारण गहरी चोटें आई थी, कई महीनों के इलाज के बाद ही वह फिर से स्वस्थ हो पाए।

इंटरव्यू के दौरान, लिऊ होंगचुन ने अपनी पत्नी का भी विषय उठाया। अपनी पत्नी से मिलने से पहले, उनका किसी और लड़की के साथ संबंध था। वह दोनों उस साल राष्ट्रीय दिवस की छुट्टी के दिन शादी करने की सोच रहे थे, लेकिन जब वह वक्त आया, सिचुआन–तिब्बत हाईवे में एक और पहाड़ टूटकर गिरा; वह अपनी इकाई के साथ उस आपातकालीन राहत मिशन में गए, और वापस नहीं आए। जिसके कारण उनकी महिला मित्र ने उनसे रिश्ता तोड़ लिया। बाद में उनके किसी दोस्त ने उनसे उनकी पत्नी की पहली बार पहचान कराई। सच बताऊँ तो वह कोई मुलाकात नहीं थी, फिर बाद में पत्रों और फोटों का आदान–प्रदान हुआ; वह दोनों फिर भी नहीं मिले थे। आठ महीनों में लिऊ होंगचेन को उनकी पत्नी ने अड़सठ पत्र भेजे। लिऊ ने बताया कि उन्होंने वो सारे संभाल कर रखे थे, उन्हें उनसे बहुत ताकत मिलती थी। वह आखिरकार पहली बार साल के अंत में जाकर अपनी पत्नी से मिले। जब वह मिले, यह दो बिछड़े हुए दोस्तों के मिलने जैसा था, और उनकी आपस में काफी बनने लगी। उन्होंने बहुत जल्दी शादी भी कर ली। उनकी बेटी तीन या चार साल की थी। उनकी शादी साधारण ही रही, लेकिन लिऊ खुश थे।

उन्होंने कहा, "शायद, ऊपर वाला मुझे इतना चाहता है; उसने मुझे इतनी अच्छी पत्नी से मिलवाया।" उनकी पत्नी ने अकेले ही उनकी बेटी की देखभाल की। उनकी पत्नी का जीवन भी बहुत कठिन रहा, उनकी नौकरी छूट गयी। बिना नौकरी के, घर में कोई कमाने वाला नहीं था। उनकी पत्नी ने एक 'मिल्क हाउस' खोला, लेकिन वह उसपर उतना ध्यान नहीं दे पाई, जितना देना चाहिए था; वह जल्दी बंद हो गया। अब उन्होंने अपनी बेटी के देखभाल की, और रोज घर–घर जाकर दूध बेचने लगी, जिससे कुछ पैसे कमाकर वह घर का थोड़ा खर्चा चला सकी। अपने पत्नी और बच्चे के बारें में बोलते समय, लिऊ होंगचेन की आँखें नम थी। उसने बताया कि उसकी पत्नी मानसिक रूप से बहुत मजबूत थी, कभी नहीं रोई,

चाहे कितने मुश्किल हालत क्यों न हो, और उसने कभी भी लिऊ होंगचेन से कोई शिकायत नहीं की। उसकी पत्नी ने बताया कि वह बहुत संतुष्ट होंगी, अगर उनके पति सैन्य इकाई में अपनी पूरी मेहनत से काम करेंगे और बेहतर भविष्य के निर्माण में अपना योगदान देंगे। हम जब रान्वु घाटी में चल रहे थे, मैंने सामने पहाड़ को ऊपर से नीचे तक देखा, भूस्खलन, हिमस्खलन या कोई कीचड़ धंसने की घटना होने का डर तो था। लेकिन अंत में सब ठीक हुआ; कुछ भयानक नहीं हुआ। मैंने लंबी राहत भरी सांस ली। लेकिन, मुसीबत ने अभी पीछा नहीं छोड़ा था।

हमें नू घाटी में आठ कीचड़ धंसने की घटना का सामना करना पड़ा

पाँचवी डिवीजन का बैरक बासु काउंटी सीट से पश्चिम दिशा की ओर कुछ किलोमीटर पर था। जब हमने सैन्य बैरक में प्रवेश किया, वह जगह पूरी खाली थी, हमने किसी को भी नहीं देखा। थोड़ी देर बाद हमारे पीछे सब्जियों के बगीचे से एक सूचना कर्मी दौड़ता हुआ आया, उसने बताया कि नु घाटी में एक कीचड़ धंसने की घटना हुई थी, और इकाई के सभी सैनिक वहाँ मदद करने गए थे। हम भी वहाँ नहीं रुके, और वाहन को निर्माण–स्थल की ओर मोड़ा। बासु काउंटी की सीट एक बहुत छोटा इलाका था, और हम दो मिनट में ही बाहर निकल गए। फिर सात या आठ किलोमीटर आगे बढ़े, तो पाया कि दोनों तरफ से आती हुई गाड़ियाँ वहाँ फंसी हुई थी। हमारा वाहन तो आगे नहीं जा सकता था, इसलिए हम बाहर निकले और पैदल ही चलने लगे। हम ज्यादा दूर नहीं गए थे, और हमने आपातकालीन इकाई को देखा। छोटी खुदाई करने वाली मशीनें काले धुंए में आगे बढ़ रही थी, वह सड़क पर फैली एक इंच मोटी कीचड़ और मिटटी की परत साफ कर रहे थे। सैनिकों ने अपनी पतलून थोड़ी ऊपर कर रखी थी, और मशीनों के पीछे–पीछे कुदाल से सड़क से कीचड़ हटा रहे थे।

उप–प्रशिक्षक हांग मिंग, उप–निर्माण ब्रिगेड कमांडर लिऊ वानलिन, और उप–डिवीजन कमांडर शी गुआंगफू दूसरे अफसरों के साथ पूरी कार्यवाही की देखरेख कर रहे थे। जब उन्होंने हमें देखा, वह हमारी ओर

दौड़ते हुए आए। हांग मिंग ने घटना का पूरा विवरण दिया "कल रात मूसलाधार बारिश हो रही थी। और सुबह तक आठ कीचड़ धंसने की घटनाएँ हो चुकी थी। हम पिछले तीन घंटे से काम कर रहे हैं, छह जगह की सड़कें ही खोल पाए हैं, अभी भी दो जगह की सड़कें बची हैं। हमें लगता हैं हम एक घंटे के अंदर सभी जगह की सड़कों को यातायात के लिए खोल पाएँगे।" मैं भी उस दलदल में उप–महासचिव झेंग के साथ खड़ा था, और इस राहत मिशन का निरीक्षण कर रहा था। थोड़ी दूर खड़े तिब्बती लोग अपने स्थानीय गीत गा रहे थे। उनकी आवाज बहुत मधुर और सुंदर लग रही थी, हवा के साथ बहती हुई नू नदी की आवाज घाटी में गूंज रही थी।

एक हरे रंग का बाज बर्फीले पहाड़ों के ऊपर से उड़ रहा था,
अक हरे रंग का बाज,
इसके फड़फड़ाते पंख बहुत खूबसूरत लग रहे थे,
इस शरीर खुशियों के बीज लिए हुए थे........
जब उन्होंने एक गाना गा लिए, उन्होंने दूसरा गाना गायाः
जब सूरज निकला,
रेशम की सफेद चादर साफ, नीले आसमान के नीचे थी,
यह कोई सफेद रेशम नहीं था, यह हमारी प्यारी मातृभूमि थी;
जब सूरज निकला, बादलों में एक तंबू खड़ा किया गया था,
नहीं, यह कोई तंबू नहीं था,
यह तो जिनझूमामी का बैरक था,

जब वह गा रहे थे, सैनिक और भी ज्यादा उत्साहित हो गए। एक घंटे के अदंर सड़क साफ की गयी। हांग मिंग ने अपनी घड़ी देखी और कहा, "हमने कुल तीन घंटे लगाए।" पाँचवीं डिवीजन अपने काम में इतनी निपुण थी, कि वह सड़कों को बहुत यातायात के लिए खोल सकती थी। मैंने हांग मिंग से पूछा, "पहले ऐसी समस्याओं को हल करने में कितना समय लगता था?" हांग मिंग ने बताया, "कम से कम एक दिन, और कभी–कभार दो से

तीन दिन भी लग सकते थे, एक हफ्ता भी। अप हमने मशीनों का उपयोग ज्यादा कर दिया है, और इसलिए जल्दी–जल्दी काम खत्म होते हैं।"

फिर हम सड़क किनारे खड़े हो गए, और गुजरते हुए वाहनों को आते–जाते देखने लगे। लगभग हर गुजरता वाहन सैनिकों की सराहना करता जा रहा था। कुछ ड्राईवर तो खिड़की से बाहर मुँह निकालकर अंगूठा ऊँचा करके दिखा रहे थे। आखिरी गुजरते ट्रक में बीस या उससे भी ज्यादा तिब्बती लोग सवार थे। जब वह वहाँ से गुजरा, लोग जोर–जोर से चिल्लाने लगे, सैनिकों का हाथ हिलाकर अभिवादन कर रहे थे। हम नू घाटी में अगले कई दर्जन किलोमीटर तक ऐसे कई दुर्घटना–स्थलों से होकर निकले। हम नू नदी के पुल पहुँचे। सुरंग से बाहर निकले और फिर पुल में प्रवेश किया। पुल के कुछ मीटर नीचे नदी को उफनते, आगे बढ़ते देखा, और पुल के दोनों किनारों पर दो खड़ी चट्टानें थी। मैं कल्पना भी नहीं कर सकता था कि पीपलस लिबरेशन आर्मी ने वह इन्द्रधनुष जैसा पुल कैसे बना लिया। पचास साल पहले, जब सड़कों की नींव रखी जा रही थी, यहाँ जांच–पड़ताल करने आया सैन्य–निरिक्षण दल इन खड़ी चट्टानों की चढ़ाई नहीं चढ़ पाई। उन्होंने कागज के पन्ने में ही पाँच किलोमीटर लंबी "हवाई रेखा" खींची। सड़क निर्माण बल के महासचिव रांग मिंगदे और कमांडर झांग झोंग ने खुद यहाँ नू नदी किनारे सारे निर्माण–कार्यों की देखरेख की। कंपनी कमांडर गान यानलिन और तकनीशियनों ने काफी अनुसंधान किए, और फिर नू नदी को पार करने की एक योजना बनाई। पहला कदम था नदी के दोनों छोरों को लोहे की तार से जोड़ना; फिर एक अस्थायी पुल बनाना और फिर जाकर सैन्य इकाई पश्चिम छोर तक पहुँच सकती थी। दूसरा कदम था सड़क की दिशा और पुल बनाने के लिए जगह तय करना, निर्माण–कार्य के लिए सैनिकों की नियुक्ति करना और नदी के खतरों से निपटने के लिए व्यापक निर्माण योजना बनाना।

नदी के दोनों छोरों को जोड़ने के लिए उनके पास एक ही औजार था, और वह स्थानीय तिब्बतियों द्वारा दी गयी गाय के चमड़े की बनी नांव थी। जब उन्होंने नांव को पानी में उतारा, वह पेड़ की पत्तियों की तरह लग रही

थी। फिर नांव को लोहे की तार के सहारे आगे बढ़ाया गया, बीच में नांव तेज प्रवाह के कारण लगातार आगे–पीछे डोलती रही। फिर लोही की तार ही छूट गयी और नांव पानी के बहाव की दिशा में बह गयी। पलक झपकते ही नांव गायब हो गई। नदी को पार करने का उनका इकलौता औजार भी बह गया! छह सैनिकों ने पहाड़ की चढ़ाई की, खड़ी चट्टान के ऊपर चढ़े, और नांव का कई दर्जन किलोमीटर दूर तक पीछा किया। उन्हें आखिरकार एक संकीर्ण खाड़ी में नांव को पकड़ पाए। चार दिन के संघर्ष के बाद वह आखिरकार नांव से पश्चिमी छोर पहुँच पाए। वह युद्ध सत्तर दिनों तक चला, फिर आखिरकार नदी के ऊपर एक स्टील का पुल बनाया गया। बाद में उन्होंने पुल में परिवर्तन करके उसमें लोहे के सरिये भी डाले गए। इस काम में तीन सैनिकों ने अपनी जान गंवाई।

यह इतिहास का ऐसा हिस्सा था, जो अब कहीं धूल में दफन था। नू नदी का प्रचंड पानी भी उस साल की दुखद घटनाओं का गवाह है। चौथी डिवीजन की एक पलटन गामा घाटी में तैनात थी, जो नू नदी घाटी का भी अंतिम क्षेत्र है। वहाँ सैनिकों ने मुझे कई कठिन परिस्थितियाँ बतायी, जिनसे वह गुजरे थे। मार्च 2003 में घाटी में एक इंच मोटी बर्फ पड़ रही थी। सड़कों में फिसलन थी, थल सेना के परिवहन विभाग का एक वाहन पलट गया। कमांडर मशीन चालक यु जूनकिन के साथ लोडर में सवार होकर फंसे हुए सैनिकों को बचाने निकल पड़े। लोडर भी बर्फीली सड़कों पर फिसल रहा था, और उनका वाहन भी घाटी में पलटने से कई बार बचा। वह उस खतरे से तो बच गए। यू जिनकिन लोडर से वाहन को खींच रहे थे, और दूसरे सैनिक लोडर फिसलन से बचाने के लिए उसके आगे की सड़क में सीमेंट छिड़क रहे थे। उन्होंने ऐसा पाँच घंटों तक किया, और फिर आखिरकार सुरक्षित वाहन को बाहर निकाला गया।

बूढ़े सैनिक काओ हूहू ने बताया कि एक बार, एक साथ बीस हिमस्खलन हुए, लगभग हर किलोमीटर में एक हिमस्खलन। सड़कों पर एक मीटर से भी ऊँची बर्फ की परत जमी हुई थी। थल सेना के परिवहन विभाग के दो दल वहाँ आए। उन्होंने विस्फोट करके बर्फ हटाई, बुलडोजर के सहारे बर्फ हटाई। उन्होंने उस बर्फबारी में दस घंटें काम करके सड़क

को फिर से यातायात के लिए खोला। सुन यिंग, एक उच्च स्तर के स्वयंसेवक सैनिक, ने बताया कि एक अगस्त के हादसे के पिछले दिन, नू नदी की घाटी में एक बड़ा भूस्खलन हुआ। वहाँ डिवीजन आपातकालीन राहत कार्यों में लगी हुई थी, और तभी उनके पीछे ही एक और भूस्खलन हुआ। वह बीच में फंस गए। पूरा दिन बिना खाए–पिए वह वही फंसे रहे। डिवीजन कमांडर लिऊ वानलिन ने कई जानलेवा खतरों का सामना करते हुए पहाड़ों की चढ़ाई की, और नदियों से गुजरे, अपने और याकों के कंधों पर खाने–पीने की चीजें लादकर फंसे सैनिकों के पास पहुँचे; इससे फंसे हुए सैनिकों को अंतिम विजय तक डटे रहने के लिए जरूरी संसाधन मिल गए।

लोंग योंगकिंग एक पलटन कमांडर थे, जो 2001 में कॉलेज की पढ़ाई पूरी करने के बाद सेना में शामिल हुए। उन्हें पहली ही साल में पहाड़ों में सुरक्षा कारणों के लिए तैनात किया गया। उन सर्दियों में उन्होंने एक चीज अनुभव की, जिसे "आग द्वारा बप्तिस्मा" कहा जाता है। उस समय, सड़कों पर तीस सेंटीमीटर बर्फ की परत जमी थी। वह रास्ता साफ करने बर्फ में कूद गए; अगर उनके फावड़े काम न आए, तो उन्होंने विस्फोटकों का सहारा लिया। उन सर्दियों में उन्होंने कई विस्फोट कराए, जिसके कारण वह बहरे होने से बाल–बाल बचे। एक बार, उन्होंने दूर से वाहन को फिसलकर घाटी में गिरते हुए देखा, वह तुरंत दौड़कर गए। वाहन में सवार एक व्यक्ति की पसलियाँ टूट गयी, और दूसरे की बाजुओं में चोट आई। वह घायलों को काउंटी हस्पताल लेकर गए। रास्ते में कई बार उनके खुद का वाहन पलटने से बचा। वह अब भी उस हादसे के बारे में सोचता है, तो कांपने लगता है।

तीसरी श्रेणी के स्वयंसेवक सैनिक, तियान झेन, दस सालों से सिचुआन–तिब्बत हाईवे में था, और पूरे हाईवे के चप्पे–चप्पे से वाकिफ था। उसने बताया कि बहुत ज्यादा सर्दियों और बहुत ज्यादा गर्मी पड़ने के दौरान कई हादसे होते थे। सर्दियों में बर्फीली सड़कें बहुत खतरनाक होती थी, और गर्मियों में तेज बौछार के कारण भूस्खलन और कीचड़ धंसने की घटना का डर बना रहता था। एक सर्दियों में उसकी ड्यूटी

पहाड़ पर लगी थी। एक रात, अचानक दो तिब्बती डिवीजन के पास आए। एक का चेहरा खून से लाल था, और उसने अपनी एक आँख पर हाथ रखा हुआ था। दूसरा व्यक्ति अपने एक हाथ से दूसरी बाजू को पकड़े हुए था। ऐसा लगा कि उसकी बाजू टूट गयी थी। जैसे ही तिब्बतियों ने दरवाजे के अंदर प्रवेश किया, वह घुटनों के बल बैठकर रोने लगे, "जिनझूमामी, जल्दी चलो और उन्हें बचाओ!" उनका वाहन एक नदी में पलट गया था और तीन बाहर नहीं निकल पाए थे।

पलटन कमांडर, चेन शियोगुआंग, तियांग झेन और ड्यूटी पर तैनात दूसरे सैनिकों के साथ उस आपातकालीन स्थिति में वाहन लेकर फंसे लोगों की जान बचाने निकल पड़े। वह नदी किनारे पहुँचे, उन्होंने नदी के बीच एक जीप तैरती देखी, जीप बिल्कुल पलट चुकी थी, उसका निचला भाग ऊपर की ओर था। सात या आठ सैनिकों को तैरना नहीं आता था, लेकिन हालात बहुत ही नाजुक थे; इसलिए पलटन कमांडर बिना किसी संकोच के कहा, "जल्दी जाओ!" उन्होंने एक रस्सी ली, एक सिरा अपनी कमर से बांधा, दूसरा वाहन के आगे के टायर से बांधा। फिर नदी में कूद गए। दूसरे सैनिक भी अपने कमांडर से प्रेरणा लेते हुए उस ठंडे पानी में कूद गए। उन्होंने पानी के नीचे बड़ा जोर लगाकर जीप का दरवाजा खोला। जीप से एक तिब्बती टोपी निकलकर सतह तक पहुँची। उन्होंने दो वयस्क लोगों और एक बच्चे को वाहन से बाहर निकला। दुर्भाग्य से, इतना समय पानी के अंदर रहने के कारण उनकी सांसें रुक गयी थी।

दोंग्दा पहाड़ में रातें स्थिर और शांत हैं

शाम के नौ बजे, हम जुओगोंग काउंटी पहुँचे। मूसलाधार बारिश हो रही थी, गलियों में आधे इंच तक पानी जमा हो रखा था। हम तीसरी डिवीजन से अभी भी कई किलोमीटर दूर थे; हमने अंदाजा लगाया कि उन्होंने रात का खाना खा लिया होगा। हम उन्हें परेशान नहीं करना चाहते थे, इसलिए हमने पहले ही सड़क किनारे एक छोटे रेस्टोरेंट में खाना खा लिया, और फिर दोंग्दा पहाड़ की तलहटी में तीसरी डिवीजन

के बैरक की ओर आगे बढ़ने लगे। रास्ते में कई इंटरव्यू लेने और इतनी लंबी यात्रा करने के कारण पिछले दस घंटों से मुझे तेज सरदर्द था, साथ में खांसी–जुकाम भी था, जो अभी तक नहीं गया था। मैं ठंड से ठिठुर रहा था, लेकिन मैं जमीनी स्तर के सैनिकों को अपने बिगड़े स्वास्थ्य के कारण निरुत्साहित नहीं करना चाहता था; लेकिन मैं जानता था कि अगर मुझे ड्रिप नहीं चढ़ाई गयी, तो मैं बेहोश हो सकता था। ऐसे में क्या करना चाहिए था? मुझे यथार्थवादी होना चाहिए था, और ड्रिप लगा लेनी चाहिए थी। मैंने वाहन के लैंप की धीमी रोशनी में सैनिकों से बात करते हुए ही सारी प्रक्रिया की। तीसरी श्रेणी के स्वयंसेवक सैनिक, झांग फे, ने पहाड़ी मैदानों में बारह साल का लंबा समय बिताया था, और इस साल वह शायद सेवामुक्त होकर अपने निजी जीवन में लौट सकता था। मैंने उससे पूछा कि नौकरी के दस साल से ऊपर का समय बिताने के बाद सेवामुक्त होकर वापस घर जाने के बारे में उसके क्या विचार थे।

उसने कहा, "मैं सिर्फ एक ही चीज सोच रहा हूँ कि मैं सैन्य इकाई, और दोंग्दा पहाड़ को छोड़ने की बात सोच भी नहीं सकता। मैंने यहाँ अपने सबसे अच्छे साल गुजारे हैं; मैं ऐसे कैसे सब कुछ छोड़कर जा सकता हूँ? अगर सैन्य इकाई मुझे रोकना चाहेगी, तो मैं रुक जाऊँगा; लेकिन, मुझे डर है कि मैं चाहकर भी यहाँ नहीं रुक पाऊंगा। पहला कारण है कि सैन्य इकाई के नियमों के अनुसार, हर किसी को कभी तो सेना को छोड़कर वापस अपने घर जाना ही पड़ेगा। दूसरा, मेरा स्वास्थ्य भी अब ठीक नहीं रहता। लंबे समय से पठार में रहने के कारण मुझे जीर्ण ब्रोंकाइटिस की बीमारी लग गयी। जब बीमारी ज्यादा बिगड़ जाती है, तो मुझे सांस लेने में भी तकलीफ होती है। लेकिन मुझे इन पहाड़ी मैदानों से कोई शिकायत नहीं है; लेकिन फिर भी कभी–कभार दुःख तो होता है। मैं अपना दुःख किसी को समझा भी नहीं सकता, और अपने अंदर भी नहीं रख सकता। शायद मैं कुछ ज्यादा ही भावुक इंसान हूँ। हर बार जब मैं हवाई यात्रा करके पठार जाता हूँ, मैं देखता हूँ कि विमान परिचालक ऑक्सीजन ले रहे होते हैं, डरे हुए होते हैं; यह देखकर मुझे पता नहीं क्यों, पर बुरा लगता है। ऐसा इसलिए नहीं कि मैं जलता हूँ या उनको

ऑक्सीजन लेते देखकर असहाय महसूस करता हूँ। बल्कि, मैं उस क्षण दोंग्दा पहाड़ में तैनात सैनिकों के बारे में सोचने लगता हूँ।

हम साल भर समुद्रतल से हजारों मीटर की ऊँचाई पर कई निर्माण–कार्य करते हैं, और वहाँ ऑक्सीजन का स्तर बहुत ही कम होता है। हाँ, हमें कृत्रिम ऑक्सीजन के कनिस्टर दिए जाते हैं, लेकिन कोई भी उनका इस्तेमाल नही करना चाहता। बहुत ज्यादा जरूरत पड़ने पर ही इस्तेमाल करते हैं।

हम सभी इंसान हैं! हम सबका जीवन अनमोल है। मैं जानता हूँ कि एक सैनिक से योगदान और बलिदान की उम्मीद की जाती है, पर सबसे ज्यादा दुःख तब लगता है, जब कई लोग हमें समझ नहीं पाते। हर बार जब मैं छुट्टियों में घर जाता हूँ और चेंगडु हवाई अड्डे से बाहर निकलता हूँ, मैं एक ऐसी भीड़ इकठ्ठा कर लेता हूँ, जिसे लगता है कि मैं कोई विचित्र जीव हूँ। ऐसा इसलिए क्यूँकि मैंने इतनी गर्मियों में भी ऊनी कपड़े पहन रखे होते हैं। कुछ लोगों को लगता है कि मैं पागल हूँ। जब मैं कोई बस लेता हूँ, या कोई चीज खरीदना चाहता हूँ, लोग बस मेरा मजाक उड़ाना चाहते हैं। उन्हें बिल्कुल भी दया नहीं आती, मेरा अपमान करते हैं, मुझे "बेवकूफ बूढ़ा सैनिक" कहते हैं। डिवीजन कमांडर झू शूझी ने झांग फे को बीच में रोकते हुए कहा, "इस बारे में बात मत करो। क्या एक गाने 'कुछ न कहो' ने सब कुछ नहीं कह दिया? गाना इस प्रकार है: "तुम वाहन चलाते हो, मैं चढ़ाई चढ़ता हूँ; तुम शराब पीते हो, और मैं उबले बन खाता हूँ। मैं कुछ नहीं कह रहा। मातृभूमि जानती है कि मेरी यह बर्फ से लड़ाई और इससे मोहब्बत कितने काम की है' यह गाना कितना सही है!

डिवीजन कमांडर ने अपनी बात रखी, और फिर दूसरे सैनिकों ने भी दोंग्दा पहाड़ की कई कहानियाँ सुना दी। इतनी देर से ड्रिप चढ़ाए जाने के कारण, मेरा बायाँ हाथ सूज गया था, इसलिए मुझे सिरिंज हटाकर दाएं हाथ में लगानी पड़ी। इस कारण मैं बिल्कुल भी लिख नहीं सकता था। शायद मुझे ऑक्सीजन की कमी भी महसूस हो रही थी, इसलिए मैं कई कहानियाँ याद नहीं रख पाया। लेकिन, दो कहानियाँ याद रह गयी। पलटन कमांडर, लिऊ एमिन की उनकी मंगेतर, गाओ यी, से शादी की

तारीख तय हो गयी। उनकी मंगेतर सिचुआन के दुजियांगयान शहर में एक म्यूजिक टीचर थीं। वह दोनों 2003 की नए साल की छुट्टियों में शादी करने वाले थे। सैन्य इकाई ने भी उनकी छुट्टी मंजूर कर ली। लेकिन, उनके घर जाने से पिछले दिन, एक बहुत बड़ा हिमस्खलन हुआ। पूरा हाईवे बर्फ की चादर में ढक गया। सैन्य इकाई एक सैनिकों ने खुद को आपातकालीन राहत कार्यों और सड़कों को यातायात के लिए खुला रखने में झोंक दिया, लिऊ एमिन भी रुक गए। उन्होंने अपनी शादी वसंत त्यौहार की छुट्टियों तक टाल दी। वह सोच भी नहीं सकते थे कि बसंत त्यौहार के दिनों में एक बर्फीले तूफान दोंग्दा पहाड़ में आक्रमण कर देगा और सड़कें बंद पड़ जाएँगी। उन्हें उनकी मंगेतर को तार भेजना ही पड़ा, जिसमें लिखा थाः इस बार भी शादी नहीं हो पाएगी। जब उनकी मंगेतर को तार मिला, गाओ यी ने अपनी शादी पूरी करने के लिए तिब्बत जाने का फैसला कर लिया। वह अपने साथ विवाह में काम आने वाली चीजें लेकर तिब्बत की ओर निकल पड़ी। उन्होंने पहले विमान में चेंगडु से बांगडा तक का सफर तय किया, और फिर आगे वाहन से यात्रा की। हाईवे का सफर किया, और जल्द ही तीसरी डिवीजन पहुँच गयी। बर्फ से ढके दोंग्दा पहाड़ में विवाह संस्कार रखा गया। सैनिकों ने विवाह के लिए लाल रंग के बड़े अक्षर काटकर, बैरक के दरवाजों के बाहर सजावट की। उन्होंने पहाड़ की बर्फ पर कुदालों से भी कई शब्द लिखेः कमांडर लिऊ को उनकी शादी की बढ़ाई! विवाह की कोई पोशाक नहीं थी, कोई हॉल नहीं था, कोई विवाह यात्रा नहीं थी, चारों और सिर्फ बर्फ ही बर्फ थी। लेकिन, दुल्हन गाओ यी, खुश थी, उसकी आँखों के सामने एक सफेद दुनिया थी, और आशीर्वाद देने के लिए सभी सैनिक थे। अपने पति के गले लगने पर उसकी आँखें नम हो गयी। लिऊ एमिन ने धीमी आवाज में कहा, "मुझे माफ करना– मैंने तुम्हे निराश किया।" गाओ यी ने कहा, "ऐसा मत कहो। मुझे यह सब अच्छा लगा। यह संसार की सबसे ज्यादा रोमानी शादी है।" एक सैनिक शादी का सर्टिफिकेट लेकर आगे आया, और पलटन कमांडर को छेड़ते हुए पूछने लगा, "क्या आप गाओ यी को अपनी पत्नी स्वीकार करते हो?" लिऊ एमिन ने गाओ यी को अपने सीने से लगा

लिया, और कहा, "हाँ, मैं करता हूँ!" "गाओ यी, क्या तुम कमांडर लिऊ से शादी करना चाहती हो?" गाओ यी ने बड़े भावुक होकर लिऊ की तरफ देखा, और कहा, "हाँ, मैं करती हूँ। मैं सारी जिंदगी लिऊ से प्यार करुँगी!" लेकिन हर जोड़े की लिऊ एमिन और गाओ यी जैसी किस्मत नहीं होती। सैनिकों ने बताया कि उनके साथी सैनिक हांग शुओ के साथ बड़ी दुखद घटना हुई। दस साल पहले, हांग शुओ घर छोड़कर एक सैनिक का कर्तव्य निभाने जा रहा था। जब वह वाहन में बैठने जा रहा था, उसकी मंगेतर, लान, ने उसका हाथ पकड़ लिया, और उसे जाने न दे। वह फूट–फूटकर रोने लगी, "जल्दी वापस आना; मैं तुम्हारा इंतजार करुंगी...."

लेकिन जब हांग शुओ पहाड़ी मैदानों में आया, वह अपना पद बदलकर स्वयंसेवक सैनिक बन गया और उसने सिचुआन–तिब्बत हाईवे में ही रहने का फैसला कर लिया। एक सर्दियों में वह सुरक्षा ड्यूटी पर पहाड़ पर ही रुका रहा। दोंग्दा पहाड़ में दो हफ्ते तक बर्फ गिरी, और सर्दी बहुत बढ़ गयी। लान, जिसने हांग शुओ को दो साल से नहीं देखा था, चुपचाप अकेले यात्रा पर निकल पड़ी, वह एक लंबे समय से हांग शुओ से शादी करना चाहती थी। हांग हैरान भी हुआ और खुश भी। उसे डर था कि लान, जो बहुत ही नाजुक थी, समुद्रतल से 4, 000 मीटर की ऊँचाई के अनगिनत पहाड़ को कैसे पार करेगी। वह लड़की, जिसे वह इतना चाहता था, अनजान जगहों में बिल्कुल अकेले सफर कर रही थी। वह खुद उसे ढूँढने निकल पड़ा। जब वह सड़क पर मिले, लान, जो अपने घर से इतनी दूर पहले कभी नहीं आई थी, ऊँचाई की बीमारी के कारण बेहोश हो गई। हांग ने उसको अपनी बाँहों में लिया। वह काँप रही थी, और ठीक तरह से सांस भी नही ले पा रही थी। उसने वहाँ से गुजरते एक वाहन को रोका, और फिर उसे सैंकड़ों किलोमीटर दूर काउंटी हस्पताल ले गया। लेकिन, डॉक्टरों की लाख कोशिशें व्यर्थ गयी, लान की मृत्यु हो गयी। लान हमेशा के लिए हांग शुओ की दुल्हन बन गयी।

जुएबा पहाड़ से लेकर हैजी पहाड़ तक

अगली सुबह, हमने दोंग्दा पहाड़ पार किया, और एक तुलनात्मक

आसान पहाड़ी रास्ते पर चले। उसके बाद, हमने युएबा पहाड़ की यात्रा शुरू की। जुएबा ऊँचाई में कम था, समुद्रतल से 3, 900 मीटर की ऊँचाई पर, लेकिन घाटी और पहाड़ की ऊँचाई में काफी अंतर था। हाईवे घुमावदार, टेढ़े–मेढ़े रास्तों से चोटी तक गया। चोटी पर चट्टानें काफी खड़ी थी, और हमारे पैरों के नीचे सफेद बादल मंडरा रहे थे। नीचे देखने पर आपको चक्कर आ सकते थे, आपका जी मचलने लग सकता था। एक तीखे मोड़ के बाद, हमारी आँखों के सामने अचानक हरियाली थी। दूसरी डिवीजन के सात या आठ सैनिक सड़क पर गिरी चट्टानें साफ कर रहे थे, ली शिलिन भी उनमें से एक था। ली शिलिन हमसे कोई अपरिचित नहीं थी; मैंने कहानी की शुरुआत में ही उसके बारे में बताया था। 2000 के भयानक बर्फीले तूफान में उसने कई बड़ी उपलब्धियाँ हासिल की। वह उस समय, रान्चु नदी में, छठी डिवीजन का कमांडर था। अब वह पहली निर्माण ब्रिगेड का कमांडर था। मैंने एक छोटा पत्थर उसकी ओर पहाड़ के नीचे धकेला। फिर हमने सड़क किनारे घास में बैठकर बातचीत शुरू की।

ली शिलिन 1984 में सेना में शामिल हुआ, वह जियांगजिन से सिचुआन मे और बाद में तिब्बत आया। वह तीसरी टुकड़ी, जिसमें उसकी सबसे पहले भर्ती हुई थी, के साथ निर्माण कार्यों के लिए किंघाई–तिब्बत हाईवे और फिर नाकुचांग्दु रेखा गया। 1990 में उसने सिचुआन–तिब्बत हाईवे में प्रवेश किया, जहाँ उसने हाईवे के एक बड़े हिस्से की मरम्मत एवं रखरखाव का कार्य किया। जब 1996 में संरक्षण टुकड़ी बनी, तब उसका तबादला वापस उसके "मुख्य कैडर" में कर दिया। उसने सिचुआन–तिब्बत हाईवे में चौदह साल गुजारे। उसने बताया कि उसने इन सालों में तिब्बत में बहुत कुछ सहा, और उसके लिए कुछ भी सही नहीं घटा। एक स्वयंसेवक सैनिक नियुक्त होने के बाद एक अफसर के पद तक पहुँचने में उसे चार साल लग गए। उस साल नियुक्त हुए उसके कई साथी अफसरों को रेजिमेंट का काम सौंपा गया, पर वह खुद अभी भी कैंप में ही रहे। उसने आह भरते हुए कहा, "यह सब भाग्य है! यह मेरा भाग्य था कि मुझे सिचुआन–तिब्बत में जमीनी–स्तर में काम करना पड़ा। अब कैंप से भी

बढ़ती उम्र के कारण सेवामुक्त होने की स्थिति में हूँ। अगर आप अगले साल आओ, तो शायद मैं आपको ना मिलूं।" उसकी इन बातों को सुनकर मुझे थोड़ा दुःख हुआ।

ली शिलिन हाथों से इशारे करते हुए बर्फीले तूफान के बारे में बोले, "अब वह बीत चुका है। उन सब विषयों को फिर से उठाना, बिल्कुल निरर्थक है। उन हालातों में हर अफसर अपना काम करना चाहेगा, मैंने भी किया। पर एक चीज है जो मैं नहीं भूल पाऊँगा। यह पहली बार था, जब मैं किसी सैनिक के सामने रोया था। तब बर्फ एक मीटर तक ऊँची थी, और बहुत सारे वाहन सड़कों में फंसे हुए थे। हम बुलडोजर से रास्ता साफ कर रहे थे। सड़कों के दोनों किनारों पर बर्फ की बनी दीवारें किसी इंसान जितनी ऊंची थी; हमारे पीछे फंसे वाहनों को खींचा जा रहा था, वाहन किसी रेलगाड़ी की तरह एक–दूसरे से रस्सी से बंधे थे। हमने वाहनों को लगभग बीस किलोमीटर तक, सुबह चार बजे तक, खींचा और फिर उन्हें सुरक्षित उनके ठिकानों में सुरक्षित पहुँचाया गया। हम डिवीजन के पास वापस पहुँचे, पर जब हमने हाजिरी लेना शुरू किया, एक जन कम था। सैनिक, चेन शुएदोंग वापस नहीं आया था। मैं बहुत डर गया कि बर्फ से ढकी सड़कों में कही उसे कुछ हो न गया हो। मैं तुरंत उसकी तलाश में हाईवे में एक बुलडोजर पर सवार होकर निकला, मेरे साथ ऑपरेटर, झांग पिंग'आन भी थे। हमने कई दर्जन किलोमीटर तक उसे ढूंढा, और आखिरकार वह रान्चु घाटी के सबसे ज्यादा बर्फ वाले हिस्से में मिला। वह बर्फ पर रेंगता हुए आगे बढ़ रहा था, उसका शरीर जमकर ठोस हो चुका था। उसने अपने पीछे सफेद बर्फ में कई निशान छोड़े हुए थे। मैंने उसको अपनी बाँहों में पकड़ा, मैंने देखा कि उसकी आँखें धीरे–धीरे बंद हो रही थी, और वह कुछ बोल नहीं पा रहा था। मैं रोने लगा, मेरे आंसू बहते हुए उस बर्फीली जमीन पर पड़े। मुझे बाद में पता चला कि उसे सैनिकों के गुम हो जाने का डर रहता था, इसलिए वह हमेशा काफिले के पीछे खड़ा होता था। लेकिन वह बहुत थकता गया, और धीरे–धीरे खुद ही पीछे छूट गया। पिछले दस किलोमीटर से वह रेंगते हुए आगे बढ़ा।

जब हमने खतरों से हुए सामनों के बारे में बात की, बूढ़े सैनिक, शी यानलिन, ने बताया कि पिछले साल जुलाई में वह पूरे स्क्वाड के साथ पहाड़ पर मरम्मत एवं रखरखाव की कुछ वस्तुएँ स्थापित करने गया। अचानक एक भूस्खलन हुआ; सीटी बजने के आवाज सुनने से पहले ही सारे बिखर गए। लुओ हैयान, जो सबसे आगे खड़ा था, उसके पास भागने का वक्त ही नहीं था, और वह धूल और दलदल भरे मलबे के नीचे दब गया। सब उसे बचाने के लिए दौड़े। उन्हें घायल लुओ हैयान की चिंता होने लगी, उन्होंने खुदाई के लिए कुदाल ढूंढने की भी जरूरत नहीं समझी। सबने घबराहट में हाथों से ही खोदना शुरू किया। कुछ लोगों के नाखून ही उतर गए। उन्होंने लुओ हैयान को मलवे से बाहर निकाला। उसके नाक, मुँह में मिटटी फंसी हुई थी, और वह बेहोश था। मलबा गिरने के कारण उसकी टाँग टूट गयी थी। किस्मत से कोई बड़ा पत्थर नहीं था, वरना हालात और भी बुरे हो सकते थे। लुओ हैयान जब शी यानलिन के पास पहुँचा, तब जाकर उसे एहसास हुआ कि उसकी टांगों में चोट लगी थी। उसके हाथ काँपते रुक नहीं रहे थे।

सैनिक, यान जून, ने फिर कहा कि पिछले महीने वह और जिया सोंग पहाड़ की एक सड़क की मरम्मत कर रहे थे। जिया सोंग पहले से ही बहुत कमजोर था। धूप अच्छी निकली थी, इसलिए उन्हें लंबे समय तक काम करना पड़ा। जिया सोंग अचानक बेहोश होने लगा। यान जून उसे सड़क किनारे ले गया, लेकिन कई कोशिशों के बाद भी उसे होश में नहीं ला पाया। दोपहर के समय उस पहाड़ी सड़क में एक इंसान भी नहीं गुजरा, वह अकेला उसकी मदद के लिए था। वह बहुत डर गया। वह दौड़ता हुआ पहाड़ के एक तिब्बती घर में गया और उनसे मक्खन की चाय से भरा मटका मांगा। वह वापस जिया के पास ले गया, उसे चाय पिलाई। फिर कुछ देर बाद जिया को होश आया।

मैंने सैनिकों से पूछा, "क्याँ यहाँ निर्माण–कार्यों के दौरान कोई खास परेशानी होती है?" नया सैनिक, दू शूबिन ने कहा, "कई परेशानियाँ होती हैं, लेकिन हम इनके आदी हो चुके हैं। सबसे ज्यादा जरूरी बात है कि सैनिक एक–दूसरे की देखभाल करते हैं, मदद करते हैं। इस तरह के बड़े,

देखभाल करने वाले परिवार में रहने में, कुछ पता नहीं चलता कि निर्माण–कार्य इतने मुश्किल हैं हमें इतनी खास परेशानी नहीं महसूस होती।" उसने कहा कि पिछले साल की शुरुआत में उसे घर से एक कॉल आया, उसके पिता बहुत बीमार थे और उनका हस्पताल में ऑपरेशन होना था। उस समय, वह एक महीने से सिचुआन–तिब्बत हाईवे पर तैनात थे; पहले तो वह कोई फैसला लेने की स्थिति में नहीं था, क्यूँकि वह जिस जगह ठहरे थे, वह बिल्कुल सुनसान और बेरंग इलाका था। और उसे खुद अपने शारीर पर ऊँचाई के कई नकारात्मक प्रभाव दिखाई दे रहे थे। जब उसने सुना कि उसके पिता बीमार थे, और पैसों की सख्त जरूरत थी, उसका मनोबल और गिर गया। उनके समूह के कमांडर ने देखा कि वह बहुत निराश लग रहा था और उससे कई बार पूछा। उसने आखिरकार सच बताया। समूह कमांडर ने पलटन कमांडर को सूचना की, और उस रात सभी "मुख्य अफसरों" और वरिष्ठ सैनिकों की एक बैठक बुलाई गई। उन्होंने दू के पिता के इलाज के लिए आर्थिक मदद देने की संभावना के बारे में विचार किया। उन्होंने उस रात 1, 600 युआन जुटाए। डिवीजन को बाद में पता चला और सैनिकों ने 5, 000 युआन इकठ्ठा किए। अगले दिन, कमांडर ने पैसे उसके घर भेजे।

मैंने दूसरी डिवीजन के सैनिकों को अलविदा कहा और आगे बढ़ा। जुएबा पहाड़ के नीचे उतरा, और फिर रुमेई घाटी से होते हुए, समुद्रतल से 4, 300 मीटर की ऊँचाई के लावू शान को पार किया। बीच में हम मांगकांग काउंटी की सीट भी पहुँचे। मांगकांग में सिचुआन–तिब्बत हाईवे और यूननान–तिब्बत हाईवे, दोनों मिलते थे। यहाँ से जिंशा नदी का दक्षिण दिशा की ओर चक्कर लगाते हुए डेकिन, झोंगदियान और यूननान के शियागुन में प्रवेश किया। यूननान हाईवे कुल 715 किलोमीटर लंबा था, और तिब्बत के आंतरिक इलाकों से जोड़ने वाले चार मुख्य हाईवे में से एक था। आजादी से पहले, यूननान से तिब्बत की ओर जाने वाला एक ही रास्ता था, और वह पहाड़ों के बीच से होकर गुजरता था। तिब्बती और स्थानीय नाखी लोग तिब्बती दवाइयों और अन्य वस्तुओं को शियागुन और यूननान की लिजियांग में पहुँचाने के लिए अपने घोड़ों और याकों में

सामान लादकर बैमांग और होंग्दा पहाड़ के बीचोंबीच निकलते रास्तों से यात्रा करते थे; और फिर वहाँ से चाय पत्ती लादकर उन्हीं रास्तों से वापस तिब्बत जाते थे। उन्हें पूरी यात्रा करने में कई महीने लग जाते थे। इस प्राचीन रास्ते को "प्राचीन चायपत्ती रास्ता" भी कहा जाता था।

किसी भी देश की सुरक्षा में सड़कों का बड़ा महत्त्व होता है। इसलिए आजादी के कुछ समय बाद से ही सैन्य इकाई ने हाईवे का निर्माण शुरू कर दिया। सैन्य इकाई ने सड़क निर्माण–कार्य शुरू किए, और पश्चिमी यूननान के लोग ने उन तक खाने–पीने की चीजें और अन्य सहायता पहुँचाई। मजदूर जिंशा नदी के किनारे के पहाड़ों की चढ़ाई करते; हर अनाज के बोरी पहुँचाने में उन्हें एक महीना से भी ज्यादा का समय लग जाता। अनाज पहुँचाने की जिम्मेदारी संभालने वाला दल, पहुँचते–पहुँचते एक–तिहाई अनाज खो देता, इसलिए निर्माण–कार्य भी धीमी रफ्तार से चल रहे थे। उन्होंने उस परियोजना के दौरान दो बार निर्माण–कार्य बीच में रोके, पहली बार तो पाँच सालों के लिए काम रुक गया, और दूसरी बार छह सालों के लिए। दिसम्बर 1973 तक ही पूरी सड़क यातायात के लिए खोली गई। पहली डिवीजन मांगकांग काउंटी में तैनात थी। वह चौथी सैन्य–टुकड़ी की आखिरी डिवीजन थी। वहाँ ठहरने वाले लोगों में सूचना कर्मी और रसोइये ही थे; बाकी सभी निर्माण–स्थल में ही रहते थे।

हम हैतोंग घाटी में चल रहे निर्माण–कार्यों की कमान संभाले हुए एक व्यक्ति से मिले। मुझे अचानक याद आया कि हम जब बोमी से चले थे, तो महासचिव ली शिपिंग ने गाड़ी में दो तरबूज रखवाए थे। मैंने ड्राईवर, चेन वेन, को उन्हें बाहर निकालने को कहा, और फिर मैंने सैनिकों को सड़क किनारे बुलाया और हम सबसे तरबूज खाया। सैनिकों को अच्छा लगा, पर वह शर्माते हुए खाने से मना कर रहे थे। मैंने उनसे कहा कि हम जल्दी ही तिब्बत से निकलकर सिचुआन में प्रवेश करेंगे, जहाँ तरबूज ढूँढना मुश्किल नहीं होगा। मैंने सब साथियों को तरबूज खत्म करने का निर्देश दिया।

जब हम तरबूज खा रहे थे, डिवीजन के उप–कमांडर, शेन युएबो, ने मुझे सड़कों की हालत के बारे में बताया: "हैतोंग घाटी में भूस्खलन से प्रभावित हुआ सड़क का हिस्सा चालीस सालों से है। अब पाँच जगहों से

सड़क ढह गयी है, और दो जगह ढ़लान पर सड़क काफी टूट चुकी है। एक ऐसी जगह भी है, जहाँ आप अंदाजा नहीं लगा सकते कि पत्थर कहाँ से गिर रहे होते हैं। सैनिक उस जगह को "उड़ते पत्थरों की जगह" कहते हैं। मानसून के मौसम में लगभग हर दिन ही सैन्य इकाई आपातकालीन राहत कार्यों में लगी रहती है। हर साल यहाँ से गुजरने वाले दर्जनों वाहन ऊपर पहाड़ से नीचे लुढ़कते पत्थरों से टकरा जाते है, और दर्जनों लोगों की उन दुर्घटनाओं में मृत्यु हो जाती है। लेकिन, सैन्य इकाई द्वारा किए गए मरम्मत एवं रखरखाव के कार्यों के कारण यहाँ परिस्थितियाँ काफी सुधरी हैं। लेकिन, फिर भी इस क्षेत्र के हर कोनों में भूस्खलन होने का खतरा बना रहता है।" एक बार जब वह निर्माण–कार्यों की देखरेख कर रहे थे, एक भूस्खलन हुआ। उन्होंने सैनिकों को तुरंत जगह खाली करने को कहा, और खुद एक किनारे कूद गए। जिस जगह वह खड़े थे, वहाँ एक टेबल जितना बड़ा पत्थर गिरा। वह इतना डर गए थे, कि उनकी टांगे लगातार कांप रही थी। कुछ दिन एक और जगह निर्माण–कार्यों के दौरान एक भूस्खलन हुआ। लोडर के चारों तरफ के शीशे चकनाचूर हो गए। ऑपरेटर को चेहरे में भी कई खरोंचे आई। पिछले साल के अक्टूबर में भी उप–कमांडर शेन युएबो की अगुवाई में सैनिक ढ़लान वाली जगह पर बनी सड़क में भूस्खलन के कारण इकठ्ठा हुए मलबे की सफाई कर रहे थे। शेन युएबो खुद लोडर में बैठे हुए सभी सैनिकों को निर्देश दे रहे थे। अचानक सड़क ढह गई, वह और ऑपरेटर दोनों लोडर समेत धंसकर नदी में गिरे। सौभाग्य से ऑपरेटर ने बहुत समझदारी से काम लिया। उसने तुरंत लोडर का खोदने वाला अग्रिम भाग नीचे कर दिया, जो नदी के तले की मिटटी में अटक गया। जिस कारण लोडर पानी में ज्यादा गहरा नहीं गया। वह दोनों नदी किनारे बहुत देर तक खड़े रहे और कुछ नहीं बोले। उस दिन संयोग से उप–कमांडर शेन युएबो का जन्मदिन भी था, पर उन्हें कोई खबर नहीं थी। हर दिन निर्माण–स्थलों के राहत कार्यों में व्यतीत करते, उन्हें समय का पता ही नहीं चला। जब शाम को वह डिवीजन पहुँचे, उनकी पत्नी ने उन्हें फोन किया और तब जाकर उन्हें याद आया।

शेन युएबो ने कहा, "शायद मौत ने देखा कि उस दिन मेरा जन्मदिन था और उसे दया आ गयी; शायद इसी वजह उस दिन मौत ने मुझे छोड़ दिया।" सैनिक, गाओ झिरोंग, ने कहा कि जिस साल उसकी नियुक्ति पलटन में की गयी थी, उस साल की जून में उसकी तैनाती एक पहाड़ पर, वहाँ की सड़कों को खुला रखने के लिए, हुई। एक सुबह के दो या तीन बजे, अचानक उन्हें एक विचित्र से आवाज सुनाई दी। पलटन कमांडर ने चिल्लाते हुए कहा, "भागो बाढ़ आ रही है!" वह खिड़की से बाहर कूदे और हड़बड़ी में पहाड़ की ओर दौड़ने लगे। उसने पीछे मुड़कर देखा कि उसका कमरा पानी से आधा भर गया। उन्होंने पहाड़ पर तंबू गाड़े और तीन महीने तक वहीं रहे। बाढ़ के पानी में सारी सड़कें टूट चुकी थी, इसलिए जिस जगह वह रह रहे थे, वह एक सुनसान टापू में बदल गयी। डिवीजन ने सैनिकों को उन तक खाना पहुँचाने भेजा। वह वहीं तंबुओं में रहते रहे, और सड़कों को यातायात के लिए खोलने के लिए राहत कार्य करते रहे। जब बाढ़ का पानी कम हुआ, तब वह भी वापस जाकर अपने वास्तविक घरों में चले गए। वह उस घर के आधे बचे हिस्से में तीन या चार साल रहे, फिर बाद में पिछले साल उनके लिए एक नया ठिकाना बनाया गया।

दोपहर के समय हम हैतोंग घाटी से अपनी आगे की यात्रा पर निकले। हमने जिंशा नदी का पुल पार किया, और फिर सिचुआन में प्रवेश किया। कहने का मतलब, हमने 800 किलोमीटर लंबी सड़क पार की, जिसके रखरखाव और जिसे खुला रखने का प्रभार चौथी टुकड़ी को सौंपा गया था। लेकिन, हैजी पहाड़ में हमने कुछ लोग परिवहन सैन्य इकाई के भी देखे। वह दूसरी टुकड़ी के तीसरी निर्माण ब्रिगेड के दसवीं डिवीजन के सैनिक थे। उन्होंने पहाड़ के आंतरिक इलाकों और घुमावदार सड़कों, समुद्रतल से 4, 000 मीटर की ऊँचाई पर, में खुद को व्यस्त कर रखा था। उन्हें हैजी पहाड़ पर पुल बनाने की एक कठिन परियोजना सौंपी गयी थी। वह एक सुरंग खोद रहे थे– लिएयी सुरंग।

उस गुफा जैसे प्रवेश द्वार में हम वांग डुओ, दूसरी टुकड़ी के स्टाफ चीफ, से मिले, जो अभी वहाँ आए ही थे। वह छोटे कद के थे, और उनके

सर से लेकर पाँव तक धूल–कीचड़ लगा हुआ था। वह बहुत साधारण लग रहे थे, लेकिन सिचुआन–तिब्बत हाईवे में वह एक जाने–पहचाने व्यक्ति थे। वह और उनकी सैन्य इकाई को उनके कारनामों के लिए कई सम्मान दिए गए थे, और निर्माण–स्थलों में उनके द्वारा कार्यांवित की गयी परियोजनाओं को सराहा गया। जब वह किसी निर्माण कार्य को पूरा करके अपनी सैन्य इकाई के साथ वहाँ से जाने की तैयारी करते हैं, स्थानीय लोग अपनी मर्जी से हाईवे के दोनों किनारों में खड़े हो जाते हैं, उनके हाथों में सैनिकों के देने के लिए हाडा स्कार्फ और जौ की शराब होती है, वह वहाँ से किसी को भी आसानी से नहीं जाने देते। कुछ दिनों पहले, जब हम यिगोंग काउंटी से गुजरे थे, मैंने वहाँ वांग डुओ और उनके सैनिकों के सम्मान में खड़ा किया गया एक स्तंभ देखा। वह स्तंभ कई साल पहले बनाया गया था। उस पर लिखा थाः हथियारबंद पुलिस परिवहन सैन्य इकाई ने जुओगोंग की बहुत देखभाल की है; उन्होंने अपने निष्ठावान कार्यों से यहाँ के लोगों पर उपकार किया है।

वांग डुओ ने कहा कि वह सुरंग दो किलोमीटर लंबी थी। इसे बनाने में तीन साल लगे, और अब सैन्य इकाई दिन–रात इसके दोनों तरफ की चट्टानों पर सुराख कर रही थी। वह इस सुरंग को साल के अंत तक, निर्धारित समय से पहले ही, यातायात के लिए खोल देना चाहती थी। जब यह सुरंग यातायात के लिए खोली जाएगी, हैजी पहाड़ के ऊपर की सड़कों का सफर, अब सीधा चालीस किलोमीटर का हो जाएगा। जब मैंने अंधेरी, लंबी लिएयी सुरंग, को देखा, मुझे एक और सुरंग के बारे में ध्यान आयाः एर्लांग पहाड़ की सुरंग।

एर्लांग पहाड़, आखिरी बैरियर

दो दिन बाद, हमने एर्लान पहाड़ पार किया। यथार्थ रूप से कहूं, तो हम इसके अंदर से निकले। हमने प्रसिद्ध 'एर्लांग सुरंग' से यात्रा की, जिसने वास्तविक घुमावदार पहाड़ी हाईवे को सीधा पच्चीस किलोमीटर तक कम कर दिया। यह हमारे तिब्बत के यात्रा कार्यक्रम का आखिरी बैरियर था।

पहाड़ी एर्लांग क्षेत्र परिवहन मार्ग, सिचुआन–तिब्बत हाईवे, में स्थित है। यह समुद्रतल से 3, 000 मीटर की ऊँचाई पर है, खड़ी चढ़ाई और सर चकरा देने वाले यह पहाड़, बारिशों और धुंध से ढका रहता है। यहाँ की सड़कों में कई तीखे मोड़ हैं, और किसी भी वक्त कोई दुर्घटना घटित हो सकती है। पहले के समय में एर्लांग पहाड़ एक खतरनाक जंगल था, जिसपर मनुष्य कभी–कभार ही कदम रखा करते थे। किन राज–वंश के आखिरी दिनों में सिचुआन के गवर्नर–जनरल झाओ एर्फेंग ने चेंगडु से कांगडिंग की ओर जाने वाली पहली सड़क बनाई। पर उस समय पर्याप्त तकनीकी आधार नहीं था, इसलिए कुछ समय बाद ही निर्माण–कार्य रोक दिए गए, और झाओ एर्फेंग ने हार मान ली। वह सिर्फ पहाड़ को देख सकते थे और लंबी आंहें भर सकते थे। रिपब्लिकन युग के दौरान, एक सिचुआनी सेनापति ने निर्माण–कार्यों को फिर से शुरू किया, उनका बैनर था– 'देश के रोगों का उपचार करो और सीमाओं को जोड़ो'। लेकिन, अगले कुछ सालों में भी श्रमशक्ति बेकार ही गयी और संसाधन बेवजह नष्ट किए गए। लेकिन सड़क नहीं बन पाई, और लोगों के मन में और हताशा भर गई। उन्हें अपना बोरिया–बिस्तर बांधकर वापस घर जाना पड़ा।

नए चीन के निर्माण के बाद ही एर्लांग पहाड़ पराजित हो पाया। पीपलस लिबरेशन आर्मी और दस हजार से ज्यादा मजदूरों ने अद्भुत इच्छा–शक्ति और अपना पूरा शारीरिक बल लगाकर एर्लांग के "फ्लावर रिज" की खड़ी चट्टानों के बीच से उपयुक्त हाईवे खोद निकाला।

तब से अब तक कई सालों में, इस सड़क ने तिब्बत के आर्थिक निर्माण और दक्षिण–पश्चिमी सीमाओं पर सुरक्षा को और मजबूत करने में अहम भूमिका निभाई है। लेकिन, क्यूँकि हाईवे के इस हिस्से की खड़ी, मुश्किल चढ़ाई है, यहाँ तेज बारिश और भारी बर्फबारी भी होती रहती है, और अनगिनत भूस्खलन और कीचड़ धंसने की घटनाओं के कारण यहाँ अक्सर कई दुर्घटनाएँ होती हैं, और कई लोगों ने अपनी जान गंवाई है। हर साल यह हाईवे यातायात के लिए मुश्किल से 90 दिन ही खुल पता है; यह एक तरह का "मौसमी" हाईवे बन गया है।

परिवहन विभाग के आँकड़ों के अनुसार, 1975 और 1983 के बीच 9 सालों की अवधि के दौरान एर्लांग पहाड़ के पूर्वी भाग में ही 104 मौतें और 136 सड़क दुर्घटनाएँ हुई थी। यहाँ इस क्षेत्र में एक कहावत फैली हुई थी, "एर्लांग पहाड़ों में किसी वाहन को लेकर जाने का मतलब नर्क के द्वारों में प्रवेश करना है; जब आप मृत आत्माओं की चट्टानों को पार कर लेते हो, आपका सामना 'बाघ के मुख' से होता है। आगे मौत के ढ़लान से नीचे उतरते हो, तो अतृप्त आत्माएँ आपको पुकारती हैं। अगर किसी चमत्कार से आप फिर भी जीवित निकलते हो तो, आपका शरीर बर्फ में जम जाएगा, कांपने लगेगा।" सैन्य–परीक्षण के बाद सरकार ने एर्लांग में एक सुरंग बनाने का निर्णय लिया। सुरंग 4, 176 किलोमीटर लंबा था, और इसने पाँच नए राष्ट्रीय कीर्तिमान बनाए। सबसे पेचीदा भौगोलिक स्थिति और समुद्रतल से सबसे ज्यादा ऊँचाई पर बनने वाली सुरंग, और सबसे ज्यादा गहरी सुरंग। लोगों को सबसे ज्यादा भय ढ़ीली चट्टानों का था, जिसकी वजह थी यहाँ का पेचीदा वातावरण और एक खतरनाक क्षेत्र में इस सुरंग का होना। कौन इस खतरनाक कार्य को पूरा कर सकता था? सैन्य इकाई ही कर सकती थी हथियारबंद पुलिस परिवहन सैन्य इकाई! जब एर्लांग पहाड़ सुरंग का निर्माण चल रहा था, मैं वहाँ इंटरव्यू लेने तीन बार गया। मुझे कुछ लोग और कुछ चीजें ऐसे याद है, जैसे हाल ही में हुई हो। सुरंग बनाने का कार्य मुख्य रूप से दो डिवीजन को सौंपा गया था। पहली डिवीजन का काम "सुरंग खोदना" था, और दूसरी डिवीजन का काम "सुरंग बिछाना" था। पहली डिवीजन के कमांडर, सुन शु, एक लंबे और रोबदार व्यक्ति थे, और सीधी बात किया करते थे। वह सभी समस्याओं का बड़ी समझदारी और नियंत्रित होकर समाधान निकालते थे। हर बार जब वह सुरंग के अंदर विस्फोट करने जाते, वह खुद सारा बारूद भरकर आग लगाते। कोई खतरनाक स्थिति उत्पन्न होती, वह खुद सबसे आगे जाकर समस्या से निपटते। एक बार जब वह पहाड़ के अंदर की खुदाई कर रहे थे, कार्बन मोनो–ऑक्साइड की मात्रा सामान्य से कई गुना बढ़ गयी, और कई लोग दम घुटने की वजह से बेहोश हो गए। उन्होंने अपनी पूरी ताकत लगाकर बीस मिनट में तेरह सैनिकों को सुरंग से बाहर निकाला।

जब आखिरी सैनिक सुरंग से बाहर निकल पाया, तब वह खुद ही बेहोश हो गए।

दूसरी डिवीजन के कमांडर, दुआन झेंगचुआन, एक बूढ़े सैनिक थे और 1982 में सेना में शामिल हुए थे। उनके काम करने का स्तर ऊँचा था और उनकी महत्वकांक्षाएँ भी बड़ी थी। डिवीजन के "सुरंग खोदने" वाले कार्य के लिए उच्च स्तर की तकनीकी कुशलता चाहिए थी; उन्हें मिटटी और बजरे के अनुपात से लेकर कंक्रीट के लिए सीमेंट मिलाने तक हर चीज का बड़ी बारीकी से ध्यान रखना था। उन्होंने खुद कंपनी के साथ हर रोज काम किया। काम करने की प्रक्रिया के भी कुछ सख्त मानक तय किए गए थे। उन्हें इतने तरल वातावरण में लंबे दिनों तक काम करने के कारण गंभीर गठिये का रोग हो गया; उन्होंने लड़खड़ाते हुए चलना शुरू कर दिया।

उस समय, निर्माण–कार्य मुश्किल थे, और खतरनाक भी। सुरंग के अन्दर ही खतरा नहीं था, बल्कि बाहर भी था, जहाँ कोई भी उड़ती वस्तु उनके निर्माण–कार्यों को बहुत हानि पहुँचा सकती थी। एक बार मैंने कार्य स्थल में तीन बड़े पत्थर, लियांग जियालोंग के टेबल पर पड़े देखे, वह निर्माण–कार्य से जुड़े एक कमांडर थे। मैंने उनसे पूछा, और पाया कि तीन "बहुत दूर से आई वस्तुएँ" थी। एक दिन, वह कार्य स्थल में निर्माण–स्थल के नक्शे का सर्वेक्षण कर रहे थे, और तीन पत्थर ऊपर से आए। एक लोहे की अलमारी से टकराया, और उसमें छेद हो गया; दूसरे पत्थर से टेबल में छेद हो गया, और तीसरे पत्थर का तीखा भाग उनकी टांगों से टकराया और उनका तुरंत खून बहना शुरू हो गया।

मैंने कार्य स्थल में एक लड़की देखी। उसका नाम जियांग यानकिन था, और वह शिनान नोर्मन यूनिवर्सिटी में मनोविज्ञान की पोस्ट–ग्रेजुएट छात्र थी। वह अपनी छुट्टियों में अपने पुरुष–मित्र से मिलने आई थी। उनके मित्र का नाम भी जियांग था, और वह पहली डिवीजन का उप–कमांडर था। उसने बताया कि उसके यहाँ आने के बाद पहले कुछ दिनों में जब वह गुफा में किसी विस्फोट की आवाज सुनती, तो बेहद डर जाती। लेकिन अब वह आदी हो चुकी है, और बिल्कुल नहीं डरती।

लेकिन, अब अगर वह किसी धमाके की आवाज नहीं सुनती, तो डर जाती, उसे लगता कि सैनिकों कहीं धमाके में न घायल हो गए हों। वह रातों को सो नहीं पाती थी, और सुरंग से आई विस्फोट की आवाजों को गिना करती थी। उसकी आँखें सुबह तक भी खुली रहती थी। अगली सुबह जब वह अपने मित्र को जीवित देखती, तो जाकर संतुष्ट होती। उसकी छुट्टियाँ खत्म होने पर उसका वापस जाने को मन नहीं कर रहा था।

मैंने उससे पूछा कि ऐसा क्यों, और उसने बताया कि दो दिनों में ही मध्य–शरद त्यौहार होगा, और वह अपने सबसे प्रिय इंसान के साथ एर्लांग पहाड़ पर चाँद की चांदनी देखना चाहती थी। मैंने निर्माण–स्थल में एक महिला लेफ्टिनेंट की कहानी सुनी। मैं उसका नाम भूल गया; सिर्फ इतना ध्यान रहा कि वह वित्त विभाग में एक अकाउंटेंट थी। वह और उनके पति मूल रूप से एर्लांग पहाड़ में ही रहते थे, और उनकी शादी सुरंग के मुख में ही हुई थी। उसके बाद उनके पति का तबादला कहीं और हो गया। जब यह हुआ, वह छह महीनों से गर्भवती थी। नियमों के अनुसार उन्हें भी अपने पति के साथ जाने की अनुमति थी, लेकिन उन्हें रिपोर्ट तैयार करने के लिए चार रात लगातार ड्यूटी करनी थी। उन्हें अब्दोमिनल एनजाइना बन गया और थकावट के कारण वह कार्य स्थल में बेहोश हो गयी। उन्हें जाँच के लिए या'आन हस्पताल भेजा गया और वहाँ पता चला कि उनके बच्चे की मौत हो गयी; उनका गर्भपात करना पड़ा। एक नवजात जीवन एर्लांग सुरंग के खातिर चुपचाप बुझ गया।

एर्लांग सुरंग के बाहर दो पत्थर गाड़े गए थे। पहली में सारी निर्माण–प्रक्रियाएँ लिखी हुई थी, और दूसरे में एक छोटा गीत "एर्लांग पहाड़ का गाना" लिखा हुआ था। मैं उन पत्थरों के सामने खड़ा हुआ, मेरे मन में अनगिनत भावनाएँ थी। ऐसा लग रहा था जैसे मुझे यहाँ सैनिकों के आवाजाही, पहाड़ को दहला देने वाले धमाकों की आवाजें, सुनाई दे रही थी। और मुझे मेरे कानों में एक परिचित गीत भी सुनाई दे रहा था:

हाँ, हाँ, एर्लांग पहाड़,
तुम बेशक दस हजार झांग ऊँचे हो,

पीपलस लिबरेशन आर्मी और उनके साहसी सैनिकों, ने निर्णय कर लिया है, एक पक्का इरादा, तिब्बत की ओर जाने वाला हाईवे बनाने का इरादा।

आपकी कभी तिब्बत में सफर करना बंद नहीं करोगे

8 जुलाई 2004 को हम, बिना कोई परेशानी हुए, चेंगडु पहुँचे। इस तरह हमारा तिब्बत का अड़तीस दिनों का सफर खत्म हुआ। दो महीने बाद, हथियारबंद पुलिस परिवहन सैन्य इकाई के महासचिव और मेजर जनरल झेंग शुनमिन तिब्बत गए, उन्होंने किंघाई–तिब्बत हाईवे, चीन–नेपाल सीमा हाईवे और कुछ देर सिचुआन–तिब्बत हाईवे में पच्चीस दिनों का समय बिताया और कुल उनकी यात्रा 6, 000 किलोमीटर लंबी थी। तिब्बत की स्थानीय सरकार के कहने पर ही मेजर जनरल झेंग शुनमिन तिब्बत आए थे; सिचुआन–तिब्बत हाईवे के यातायात के लिए पहली बार खुलने की ल्हासा में पचासवीं सालगिरह मनाई जा रही थी। वह सीधे विमान से ल्हासा भी पहुँच सकते थे, लेकिन उन्होंने ऐसा नहीं किया। समुद्रतल से चार हजार किलोमीटर की ऊँचाई पर खड़े पठार के हाईवे पर चलना ही उन्हें सही लगा। ऐसा करने की वजह थी कि दस हजार सैनिक तूफान और बर्फबारी से जूझ रहे थे, वह कड़ाके की सर्दी, प्राकृतिक आपदाओं से लड़ रहे थे, कुछ इन बर्फ में ही समा गए, और बाकी अभी भी इन बर्फीले तूफानों में रेंगते हुए आगे बढ़ रहे थे। उन्होंने तिब्बत की इस मुख्य जीवन–रेखा को खुला रखने के लिए अपना सब कुछ झोंक रखा था।

वह उन सैनिकों को लेकर काफी चिंतित थे, और जाकर उनसे मिलना चाहते थे। फेंग वुगुई, मुख्यालय के उप– चीफ इंजिनियर, और राजनितिक विभाग के सचिव झू युक्सिन, भी जनरल के साथ थे, उन्होंने कहाः महासचिव को पेट की बीमारी है, इसका मतलब कि मुट्ठी भर ठंडे चावल खाने से भी उनके पेट में मरोड़ बन जाती है। फिर भी उन्होंने रास्ते में जंगलों से कुछ फल तोड़कर खाए, और फिर बिना उबाले पानी पी लिया। उन्हें रीढ़ की हड्डी में भी तकलीफ रहती है, ज्यादा लंबे समय से बैठे रहने के कारण भी उनकी तकलीफ बढ़ जाती है। सारा दिन हिलते–डुलते

वाहन में बैठे रहने से उनके हाथ–पाँव फूल गए थे। लेकिन वह फिर भी सभी सैनिकों से मिलना चाहते थेय जहाँ एक ही सैनिक होता, वह वहाँ भी गाड़ी रुकवाते थे। उन्होंने ऊँचाई की बीमारी और सड़कों पर उछलते–कूदते वाहन को पूरी यात्रा के दौरान झेला। फिर भी वह बड़ी हिम्मत करके राह मिलते सैनिकों से हाथ मिलाते, उनका हालचाल पूछते, और उनके संघर्षों की कहानियाँ सुनते।

तांगगुला पहाड़ में जनरल ने सूती कपड़े पहने हुए कुछ सैनिकों को देखा, तीखी हवाओं और बर्फबारी में काम करने के कारण उनके चेहरे काले पड़ गए थे। जनरल वाहन से उतरे और एक–एक करके उन सबसे हाथ मिलाया। उन सैनिकों ने सबकी एक ग्रुप फोटो भी खींची और फिर जनरल ने सबको एक–एक नोटबुक दी। हर किसी में उन्होंने खुद अपने हाथों से एक सन्देश लिखा था और अपने हस्ताक्षर भी किए थे। उन्होंने पहली शाम को गोलमुड में ही सभी नोट बुक में साफ–साफ सन्देश लिखे थे। उस रात, वह बिल्कुल नहीं सोए थे। उन सैनिकों के लिए वो कोई साधारण नोट बुक नहीं थी; यह जनरल का उन सैनिकों पर किया भरोसा था, और उनका सैनिकों के प्रति सम्मान दिखता था। सभी सैनिकों के नोट बुक पाकर आँखों में आंसू थे, उन्होंने कहा,

"धन्यवाद, महासचिव!"

जनरल की आँखें भी नम थी; उन्होंने सैनिकों से कसकर हाथ मिलाए और कहा, "उल्टा मुझे तुम्हारा धन्यवाद करना चाहिए। तुम लोगों ने हमारे देश और तिब्बत की परिवहन प्रणाली के लिए बहुत कुछ किया है; आप लोगों ने बहुत कुर्बानियाँ भी दी हैं, और हथियारबंद पुलिस परिवहन सैन्य इकाई को आप पर गर्व है। मैं आप जैसे सैनिकों के कारण बहुत गर्व महसूस करता हूँ! आप सबका धन्यवाद!"

मेरी तिब्बत की यात्रा के तीन महीने बाद, जब मैंने यह सारे शब्द लिख लिए, मुझे लगा कि मैं वापस तिब्बत जाना चाहता हूँ। मैं वहाँ की टिकट भी कटा ली है। कल अक्टूबर, 2004 की तेरह तारीख है। मैं फिर से ल्हासा के लिए उड़ान भरूँगा, और सिचुआन–तिब्बत हाईवे में प्रवेश करूँगा, जिससे मैं भली भाँती परिचित हूँ।

हर बार तिब्बत की यात्रा से पहले, मैं अपने उत्साह को नियंत्रित नहीं कर पा रहा हूँ; जैसे बहुत लंबे समय की गैर–हाजिरी के बाद वापस अपनी मातृभूमि जा रहा हूँ। मैंने अपने घर में अभी कदम भी नहीं रखा था, और मेरा दिल बेपरवाह होकर उस पावन, पवित्र धरती के गहराईयों में चला गया, जिसके मैं अक्सर सपने भी देखा करता हूँ। मेरी रूह काँप रही है और मेरा दिल किसी ड्रम की तरह लगातार धक–धक कर रहा है। मैं जानता हूँ की यह किसी भी यात्रा में निकलने से पहले का उत्साह है; मैं जानता हूँ कि यह एक और बारी आग से बप्तिस्मा अपनाने जैसा होगा। लेकिन, मुझे नहीं पता कि वापस तिब्बत जाकर और किन चीजों का सामना करूँगा।